GONGDIAN FUWU YUNYING GUANKONG YEWU YINGYONG JISHU

供电服务运营管控业务应用技术

国网宁夏电力有限公司宁东供电公司 编

中国电力出版社
CHINA ELECTRIC POWER PRESS

图书在版编目（CIP）数据

供电服务运营管控业务应用技术 / 国网宁夏电力有
限公司宁东供电公司编. -- 北京 ： 中国电力出版社，
2024. 10. -- ISBN 978-7-5198-9137-4

Ⅰ. F426.61

中国国家版本馆 CIP 数据核字第 2024YR4217 号

出版发行：中国电力出版社

地　　址：北京市东城区北京站西街 19 号（邮政编码 100005）

网　　址：http://www.cepp.sgcc.com.cn

责任编辑：雍志娟

责任校对：黄　蓓　郝军燕　常燕昆

装帧设计：郝晓燕

责任印制：石　雷

印　　刷：廊坊市文峰档案印务有限公司

版　　次：2024 年 10 月第一版

印　　次：2024 年 10 月北京第一次印刷

开　　本：787 毫米×1092 毫米　16 开本

印　　张：25.5

字　　数：568 千字

印　　数：0001—1000 册

定　　价：125.00 元

《供电服务运营管控业务应用技术》

编 委 会

编 写 组

前　言

随着中国式现代化发展步伐的加快以及社会经济的逐渐提高，现代智慧配电网及优质服务体系建设迎来前所未有的发展态势。国家电网有限公司 2023 年工作会议指出，加快构建新发展格局，着力推动高质量发展，以高质量发展全面推进具有中国特色国际领先的能源互联网企业建设，为中国式现代化做贡献。供电服务涉及电力系统规划、建设、运维各阶段管理，而有效的运营管控则能够确保电力系统的安全稳定运行，降低运营成本，提高供电可靠性，提升服务质量。面对用电需求的多样性以及供电服务质量更高要求，特编写本教材，以提升供电服务指挥（配网调控中心）综合业务能力水平，提高故障抢修质效和供电服务业务规范性，更好地支撑专业管理部门做好优质供电服务。

本教材内容涵盖了供电服务运营管控业务所涉及的营配调专业知识，共分为三篇六部分。理论篇主要是基础理论知识的概述，包括配电网基础、配电自动化基础、配网调度控制基础、电能质量基础、配网运营管控基础、供电服务指挥基础、供电优质服务等内容；实践篇包括配电二次运维、配网调度控制、配网运营管控、供电服务指挥；展望篇主要是新技术、管理模式探索应用部分。本教材配有详细的业务理论、工作流程和实操指导，旨在让读者能够深入了解供电服务运营管控业务在实践应用中的具体操作和细节。

本教材可作为供电服务指挥（配网调控中心）综合业务从业人员的岗位技能培训教材，亦可作为电力相关业务参考工具书。我们希望通过本教材的学习，为广大电力从业者更好地掌握供电服务运营管控业务实践应用技术提供参考和帮助，为加快建设现代智慧配电网，推动电网高质量发展贡献微薄之力。

本教材在编写过程中参阅了国内外供电服务运营管控业务方面的相关论文、专著、技术标准和资料，并引用了部分内容，在此对相关作者表示感谢！

由于编写时间仓促，且受笔者能力限制，本教材中难免存在不足之处，欢迎读者批评指正。

编　者

2024 年 10 月

目 录

前言

/ 理 论 篇 /

| 实　践　篇 |

| 展 望 篇 |

理 论 篇

第一部分　概　述

第一章　配　电　网　基　础

第一节　配　电　网

一、配电网定义

配电网是指从电源侧（输电网、发电设施、分布式电源等）接受电能，并通过配电设施就地或主机分配到各类用户的电力网络，是输电网和电力用户之间的连接纽带。配电网由变（配）电站（室）、开关站、架空线路、电缆等电力设施、设备组成，涉及高压配电线路和变电站、中压配电线路和配电变压器、低压配电线路、用户和分布式电源等四个紧密关联的层级。用于将高压输电网的电能降压并分配到各个用户，满足用户不同的电能需求。配电网通常以低压电力线路为主，覆盖城市、乡村等各种用电场所，是电力系统中的重要组成部分。

配电网一般采用闭环设计、开环运行，其结构呈辐射状。采用闭环结构是为了提高运行的灵活性和供电可靠性。开环运行，一方面是为了限制短路故障电流，防止断路器超出遮断容量发生爆炸，另一方面是控制故障波及范围，避免故障停电范围扩大。

二、配电网分类

配电网按电压等级的不同，可分为高压配电网（110/35kV）、中压配电网（20、10kV）和低压配电网（220/380V）；按配电线路的不同，可分为架空配电网、电缆配电网以及架空电缆混合配电网；按电网功能分类，配电网可分为主网（66kV 及以上）和配网（35kV及以下）。

电网电压等级一般可划分为特高压（1000kV 交流及以上和±800kV 直流）、超高压（330kV 及以上至 1000kV 以下）、高压（35～220kV）、中压（6～20kV）、低压（0.4kV）五类。我国配电系统的电压等级，根据 Q/GDW 10738—2020 配电网规划设计技术导则的规定，35kV、110kV 为高压配电系统；10kV（20kV）为中压配电系统；220V（380V）为低压配电系统。

表 1-1　　　　　　　　　　交直流电压等级对照表

	低压	中压	高压	超高压	特高压
交流	0.38/0.22kV 0.66kV、1kV	3kV、6kV、10kV、 20kV、35kV、66kV	110kV、220kV	330kV、500kV、 750kV	1000kV

	低压	高压	超高压
直流	±110V、±220V、±600V、±750V、±1500V	±110kV、±200kV、±320kV、±400kV、±500kV、±660kV	±800kV、±1100kV

（一）按电压等级分类

1. 高压配电网

指由高压配电线路和相应等级的配电变电站组成的向用户提供电能的配电网。其功能是从上一级电源接受电能后，直接向高压用户供电，或通过配电变压器为下一级中压配电网提供电源。高压配电网分为 110/66/35kV 三个电压等级，城市配电网一般采用 110kV 作为高压配电电压。高压配电网具有容量大、负荷重、负荷节点少、供电可靠性要求高等特点。

2. 中压配电网

指由中压配电线路和配电变电站组成的向用户提供电能的配电网。其功能是从输电网或高压配电网接受电能，向中压用户供电，或向用户用电小区负荷中心的配电变电站供电，再经过降压后向下一级低压配电网提供电源。中压配电网具有供电范围面广、容量大、配电点多等特点。我国中压配电网一般采用 10kV 为标准额定电压。

3. 低压配电网

指由低压配电线路及其附属电气设备组成的向用户提供电能的配电网。其功能是以中压配电网的配电变压器为电源，将电能通过低压配电线路直接送给用户低压配电网的供电距离较近，低压电源点较多，一台配电变压器就可作为一个低压配电网的电源，两个电源点之间的距离通常不超过几百米。低压配电线路供电容量不大，但分布面广，除一些集中用电的用户外，大量是供给城乡居民生活用电及分散的街道照明用电等低压配电网主要采用三相四线制、单相和三相三线制组成的混合系统。我国规定采用单相 220V、三相 380V 的低压额定电压。

（二）按供电区域分类

城市配电网（提供城市居民工作生活，负荷相对集中）；

农村配电网（提供农业生产和农村正常生活用电，供电半径大）；

工厂配电网（提供工业基地生产所需的电能，负荷较大）。

（三）按电网功能分类

主网（66kV 及以上）；

配网（35kV 及以下）。

（四）按供电方式分类

1. 交流供电方式

三相三线制：分为三角形接线（用于高压配电，三相 220V 电动机和照明）和星形接线（用于高压配电、三相 380V 电动机）。

三相四线制：用于 380/220V 低压动力与照明混合配电。

三相二线一地制：多用于农村配电。

三相单线制：常用于电气铁路牵引供电。

单相二线制：主要应用于居民用电。

2. 直流供电方式

二线制：用于城市无轨电车、地铁机车、矿山牵引机车等的供电；

三线制：供应发电厂、变电所、配电所自用电和二次设备用电，电解和电镀用电。

66kV（110kV）电网的主要作用是连接区域高压（220kV 及以上）电网。35kV 及以下配网的主要作用是为各个配电站和各类用户提供电源。10kV 及以上电压等级的高压用户直接由供电（农电）变电站高压配电装置以及高压用户专用线提供电源。

电压等级的选择问题是一个技术经济问题。需求随电压增大而下降的运行成本曲线与上升的投资成本曲线的交点。我国中压配电网以 10kV 为主。随着近年来经济的迅猛发展，用电需求急剧攀升，10kV 配电系统呈现出容量小、损耗大、供电半径短、占用通道多等劣势，配电网建设与土地资源利用的矛盾日益显现。20kV 中压供电优势：20kV 是介于 35kV 与 10kV 之间的新供电模式。与 35kV 相比，20kV 可降低造价、节约土地、减少电压转换环节、集约利用廊道资源。与 10kV 相比，20kV 供电半径增加 60%，供电范围扩大 1.5 倍，供电能力提高 1 倍，输送损耗降低 75%，通道宽度基本相当，在输送功率相同时，可减少变电站和线路布点。

三、配电网特点

配电网具有电压等级多，网络结构复杂，设备类型多样，作业点多面广，安全环境相对较差等特点，因此配电网的安全风险因素也相对较多。另外，由于配电网的功能是为各类用户提供电力能源，这就对配电网的安全可靠运行提出更高要求。

配电线路导线线径比输电线路的小，且"主干线与分支线"以及"上、下相邻线路"导线型号规格差异大，导致配电线的线路短路阻抗角 φ 较小，即 R/X 较大。不仅使得在输电网中所采用的潮流计算常规算法难以在配网潮流计算时得到收敛，还会因不同点故障的短路阻抗角不一致，对保护动作灵敏度和可靠性产生一定影响。

四、配电网发展趋势

首先随着经济发展模式的深刻转变、城市化进程的持续加速、能源结构的不断优化升级以及电力体制改革的深入推进，配电网在"十四五"时期将迈向全新的发展阶段。在这一阶段，配电网不仅要确保安全稳定供电，还要在保障质量的同时，追求更高的效率。因此，逐步向安全可靠、绿色智能、友好互动、经济高效的智慧配电网转型，成为配电网发展的必由之路。

其次，为了深入贯彻落实中央的决策部署，配电网必须进一步强化其普遍服务能力。在"十三五"期间，我国已完成了多项电网建设的关键工程，显著提升了电力供应水平。而在"十四五"时期，随着区域协调发展和乡村振兴战略的深入实施，配电网作为支撑国家发展和民生改善的重要基础设施，必须消除一切安全隐患，补齐发展短板，确保电力供应的普遍性和可靠性，以满足人民对美好生活的电力需求。

再者，为了支持经济社会的高质量发展，配电网的供电保障能力也需进一步加强。

当前，我国正处于发展的关键时期，经济结构的优化和增长动力的转换都需要强大的电力支撑。同时，"两新一重"建设的加快推进也预示着国内经济将保持中高速增长。因此，配电网需要适度超前发展，持续增强供电保障能力，确保经济社会发展的电力需求得到及时、充足的满足。

此外，在推动能源生产和消费革命的过程中，配电网的综合承载能力也需不断提升。面对全球气候变化的严峻挑战，我国已明确提出碳达峰和碳中和的目标。这意味着在未来相当长的一段时间内，节能减排将成为电力领域的核心任务。随着可再生能源的快速发展，配电网必须具备强大的综合承载能力，以支持清洁能源的全额消纳和多元化负荷的灵活接入，推动能源结构的绿色转型。

随着新型电力系统及"双碳"战略的稳步推进，配电网发展呈现以下趋势。

（1）智能化：配电网将逐步实现智能化管理，通过智能感知、监控、控制和优化技术，提高电网运行效率和可靠性。

（2）分布式能源：随着分布式能源（如太阳能、风能）的普及和发展，配电网将面临更多的双向供电需求和电能管理挑战。

（3）储能技术应用：储能技术将逐渐应用于配电网中，提高电能的利用效率、平衡供需关系，以及提供备用电源和调峰削峰功能。

（4）电动化：电动汽车的普及将对配电网提出更高的电能需求，同时也为配电网提供了新的灵活性和调节能力。

（5）微电网发展：微电网的兴起将改变传统的集中式供电模式，促进配电网向更加灵活、可持续和安全的方向发展。

（6）数据驱动：配电网将更多地依赖数据采集、分析和应用，以实现对电网运行状态的实时监测、预测和优化。

（7）绿色可持续：配电网将逐步向绿色、低碳、可持续的方向发展，促进清洁能源的利用和碳排放的减少。

第二节　配电网主要设备

一、中压配电开关设备

开关设备是一种重要的配电设备。配电网继电保护与自动化系统通过对开关设备的分合控制，实现配电网故障的切除和恢复供电以及优化运行。在进行配电网继电保护与自动化系统的设计时，需要了解各种开关设备的构成、工作原理、特点及其操作控制回路，以更好地与其进行接口、配合。

中压配电开关设备包括用于架空线路的柱上开关设备与用于电缆网络的环网柜和电缆分支箱。

（一）柱上开关设备

柱上开关设备有安装在架空线柱上的断路器、重合器、负荷开关、自动分段器等。

1. 柱上断路器

柱上断路器能开断、关合短路电流，在中压配电网中有着广泛的应用。它既可用于架空线路中，作为短路保护设备；亦可用作线路分段负荷开关，加装配电网终端后，实现配电网自动化。

按照灭弧介质的不同，柱上断路器主要有空气、绝缘油、SF_6 与真空断路器四类。目前，前两类已逐步淘汰，占主导地位的是真空断路器。下面介绍两种典型的在国内普遍使用的真空断路器。

（1）ZW32 型柱上真空断路器外形如图 1-1 所示。其采用电动储能、电动分合，同时具有手动储能、手动分合功能。内置过流脱扣器，完成过电流与短路保护功能；当用作分段负荷开关时，需要将过流脱扣器拆除或退出运行。ZW32 型柱上真空断路器配置弹簧储能操动机构，有的采用永磁操动机构。断路器内置三相电流互感器与零序电流互感器，供过电流或短路保护用或提供电流采集信号。操作电源需要外引交流 220V 电源或直流电源，一般在 10kV 线路上外置电源变压器或电压互感器，以获得交流 220V 电源。有的在底座上加装电阻或电容分压式传感器，用于测量线路电压。

（2）ZW20 型柱上真空断路器外形如图 1-2 所示，采用真空灭弧、SF_6。绝缘，配置弹簧储能操动机构具有良好的电气特性与高可靠性，内置三相电流互感器与零序电流互感器。操作电源可以外引交流或直流 220V 电源，一般是在 10kV 线路上外置电源变压器或电压互感器，以获得交流 220V 操作电源。

图 1-1　ZW32 型柱上真空断路器　　　　图 1-2　ZW20 型柱上真空断路器

2. 重合器

重合器是一种本身具有控制与保护功能的成套开关设备。它能检测故障电流并按预先设定的分合操作次数自动切断故障电流与重合，并在动作后能自动复位或自锁；其作用相当于安装了保护设备的断路器，具有保护性能完善、体积小、造价低的特点，广泛用于变电站出口处或配电线路上。

常用的重合器主要有真空灭弧与 SF_6 灭弧两种，其外形如图 1-3 所示。

重合器具有反时限电流保护特性，并有多种特性曲线可选。早期生产的重合器采用液压控制，现在生产的重合器一般是采用电子控制器的柱上断路器，控制器留有配电网

(a)

(b)

图 1-3　重合器

自动化接口，便于实现遥信、遥控与遥测功能。电子控制的重合器常用电磁铁或电动机作为合闸动力，分闸则通过释放分闸弹簧储能来完成，分闸弹簧在合闸过程中储能。用于线路上的重合器，其操作电源直接取自高压线路，用于变电站内时取自变电站内低压电源。

上面介绍的柱上断路器加装具有自动重合功能的配电网终端，亦可作为一个重合器使用。

3. 柱上负荷开关

柱上负荷开关能够切断负荷电流和关合短路电流，但不能开断短路电流；非常适合用作配电线路分段开关，与配电网终端配合，实现配电网自动化。

目前，柱上负荷开关常用的灭弧室有 SF_6 与真空灭弧室，结构有箱式与敞开式两种，如图 1-4 所示。

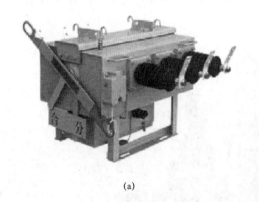
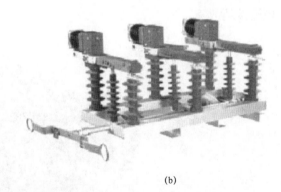

(a)

(b)

图 1-4　柱上负荷开关结构

(a) 箱式；(b) 敞开式

柱上负荷开关通常内置三相电流互感器与零序电流互感器，提供电流采集信号；有的开关内置电阻或电容分压式传感器，提供电压采集信号。

柱上负荷开关一般都具有电动分合与手动分合功能。电动操动机构电源取自 48V 或 24V 直流蓄电池。在实施配电网自动化时，需要安装外部电压互感器或高压取能装置，为终端装置提供电源并给蓄电池充电。

4. 自动分段器

自动分段器是一种本身配有控制器的负荷开关，能够关合到故障上，但不能开断短路电流，是一种由重合器发展而来的自动开关设备。其作为分段开关安装在配电线路上，与变电站出口处的重合器或断路器配合，按顺序动作，隔离线路故障。

自动分段器的控制电源由高压线路通过电源变压器或电压互感器提供，为保证开关在故障电流时不分断，通过电流互感器为合闸线圈提供维持电流，以保证开关在大电流时处于合闸状态。

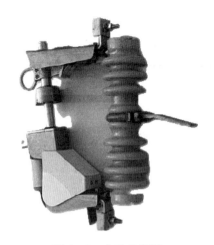

图 1-5 自动分段器

根据检测和控制原理的不同，自动分段器分为电压型与电流型。检测到线路失压后即跳来电后延时重合的称为电压型；检测到短路电流出现次数超过设定值后跳闸的称为电流型号。

以上介绍的柱上负荷开关加装具有自动分段功能的配电网终端后，也可作为自动分段器使用。

5. 自动分界开关

近年来，一种俗称为"看门狗"的自动分界开关在国内获得了广泛应用。自动分界开关的构成与自动分段开关类似，只是其安装地点是在用户供电系统与供电企业所管辖的主系统的分界点上。

自动分界开关可采用电流型控制原理隔离用户侧系统的短路故障，也可配置电流保护直接切除用户侧系统的短路故障，同时，可检测或根据需要自动隔离用户侧系统的小电流接地故障。

图 1-6 自动分界开关断路器

6. 自动分支开关

自动分支开关安装在配电线路分支线的出口上，用于直接切除或隔离分支线上的故障，其构成和工作原理与自动分界开关类似。

（二）环网开关柜

环网开关柜，简称环网柜，用于电缆环网中，起着分支、分段、联络功能。环网柜是一种组合配电装置包含负荷开关柜、断路器柜、负荷开关－熔断器组合电器柜等功能柜单元。可将负荷开关柜或组合电器柜做成单个柜子，也可将几个负荷开关柜与组合电器柜集成在一个柜（箱）体内，根据需要可配置接地开关、电流互感器、电压互感器、避雷器、高压带电显示器、"五防闭锁"装置、配电网终端等。有的环网柜箱内，留有专门的安装配电网终端的间隔。

一个环网柜的进出线回路数一般在 3～6 路之间。图 1－7（a）、（b）给出了一典型的四间隔户外箱式环网柜外观图与接线图，两条接入电缆环网的进线采用负荷开关柜，两条对外供电的出线采用负荷开关－熔断器组合电器柜。也有用断路器代替进线负荷开关与出线负荷开关－熔断器组合的情况。

环网柜进线与出线配置三相电流互感器，提供电流采集信号；在母线上安装电压互感器提供电压采集信号，并为电动操动机构与配电网终端提供电源。

环网柜具有结构紧凑、造价低体积小、安装方便的优点，可以根据需要扩展，不受外部环境的影响，在城市电网中获得了广泛应用。在国内，环网柜除用作环网供电单元外，还越来越多地用作开闭所多回路开关设备与用户终端配电设备。

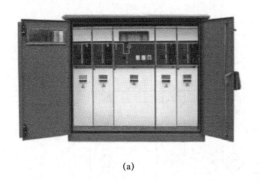

（a）

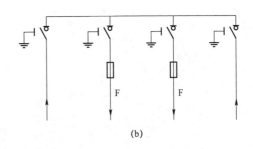

（b）

图 1－7　环网开关柜

（a）外观图；（b）电气接线图

（三）电缆分支箱

配电电缆分支箱是根据配电电缆支接的需要制成的能够安装一定数量的配电电缆终端的户外封闭箱。为便于随时投切分支电缆，通常在其每一个配电电缆终端与汇流母线间接入熔断器、隔离开关或可带电插拔的电缆终端头。

有的电缆分支箱配有开关设备用于对分支线路的投切控制。

二、开关设备的操动机构

本模块主要介绍开关设备操动机构的构成与性能，以便读者了解开关设备的动作速度以及如何与保护控制装置配合。

中压开关设备的操动机构有电磁、弹簧储能与永磁三种形式。

图 1-8 电缆分支箱

（一）电磁操动机构

电磁操动机构由一个电磁线圈和铁芯，加上分闸弹簧和必要的机械锁扣系统组成。合闸时，利用合闸线圈通电过程中产生的吸力实现合闸，同时压紧跳闸弹簧，储存分闸时使用的能量；分闸时，给分闸线圈通电，驱动跳闸弹簧脱扣实现分闸。

对于安装了短路保护的断路器来说，如果采用电磁操动机构，则需要在其操作控制回路里采取防跳措施，以防止合闸到故障上时出现开关多次合闸与分闸的跳跃现象。

电磁操动机构还有一种来电合闸、失压释放的设计，其控制电路原理图如图 1-9 所示。开关合闸时控制继电器 CX 通电，CX 的触点 CXb 闭合，合闸线圈 CC 通电，驱动开关合闸。开关合闸后，其操动机构的行程开关 CCb 断开，控制继电器 CX 失电，CX 的触点 CXb 断开，控制电源经串联电阻 R3，给维持线圈 HC 供电，使开关维持在合闸状态。当失去控制电源时，HC 断电，开关在 1 后分闸。

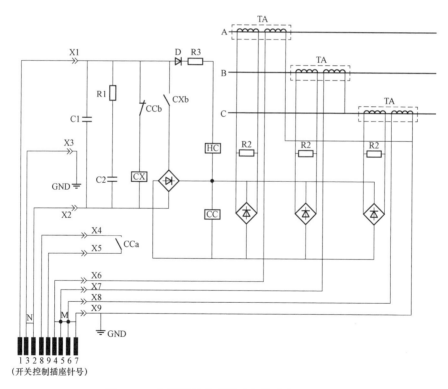

图 1-9 失压释放电磁操动机构电气原理图

失压释放操动机构可在没有供电电源的情况下分闸，因此，特别适用于需要在线路失压后跳闸的自动分段器，从而省去备用电源。由于线路发生故障时，开关可能因为线路电压降低而在变电站出口断路器跳闸之前分闸，因此，需要使用三个相电流互感器给控制回路供电，在短路电流存在期间维持线圈供电，使开关保持合闸状态。

电磁操动机构具有结构简单、零件数少、工作可靠、制造成本低的优点，但其合闸线圈消耗的功率太大对电源容量要求高，不适宜在供电电源与蓄电池容量有限的柱上开关、环网柜中使用；此外，还存在结构笨重、动作时间较长的缺点。电磁操动机构出现最早，但目前的应用趋于减少。

（二）弹簧储能操动机构

弹簧储能操动机构利用被压缩或拉长的弹簧释放势能产生的力，实现合闸与分闸。弹簧的储能有手动与电动两种方式。手动储能方式，操作人员用手拉动储能手柄，通过将合闸弹簧拉长而储能。电动储能方式采用以小型电动机带动拐臂旋转，使合闸弹簧储能；储能结束时，行程开关动作，切断电动机电源。

进行合闸操作时，拉动合闸拉环或给合闸线圈施加电压，打开锁扣装置，利用弹收缩的力量，带动合闸机构动作实现合闸，同时给分闸弹簧储能。合闸后，使合闸弹再次储能，为下一次合闸做准备，即在运行中即使失去电源仍能合闸操作一次，实现"分闸一等待 0.3s 一再次合闸与分闸"的一次重合闸操作。

弹簧储能操动机构操作控制回路如图 1−10 所示，图中所标注的复合开关、行程开关的状态均为分闸未储能的状态。

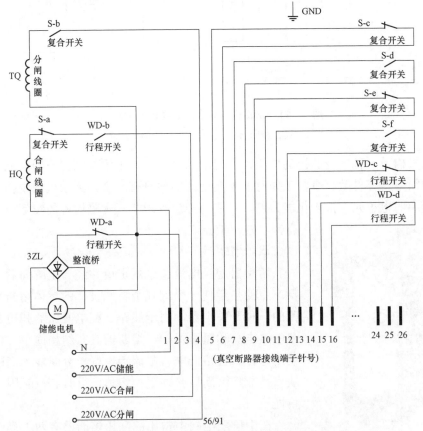

图 1−10　弹簧储能操动机构操作控制回路图

弹簧储能操动机构分合闸速度不受电源电压波动的影响，能够获得较高的合闸与分闸速度（分闸时间不大于 40ms，合闸时间不大于 60ms），减少了对合闸电流的要求对直流电源的容量要求也相应地降低，其缺点是机械零件多（达 160 多个），传动机构复杂，易发生故障。目前弹簧操动机构技术已经非常成熟，获得了广泛的应用。

（三）永磁操动机构

永磁操动机构将电磁机构与永久磁铁有机地组合，利用永久磁铁产生的保持力使开关维持在合闸或分闸的位置上。正常运行情况下，电磁线圈都不带电，通过通入不同极性的直流电，产生相吸或相斥的力，实现分闸与合闸。

永磁机构有单稳态与双稳态两种类型。单稳态机构在弹簧的帮助下快速分闸并保持在分闸位置上，只有合闸靠永磁力。双稳态机构分闸与合闸都依靠永磁力保持。

双稳态机构可以单电容双线圈或单线圈来控制，分别如图 1-11（a）、（b）所示。

永磁机构分闸速度非常快，分闸时间最快可达 20ms。

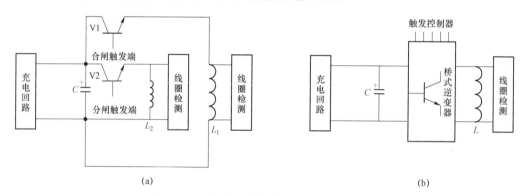

(a)   (b)

图 1-11 永磁机构分合闸线圈电气原理图

（a）双稳态双线圈原理；（b）双稳态单线圈原理

永磁机构是一种全新的操动机构，它利用永磁保持、电子控制、电容器储能。其优势是结构简单、零件数目少，工作时的主要运动部件只有一个，无须机械脱扣、锁扣装置，但其中的电子元件抗老化能力差，对使用寿命有影响。永磁机构的实际应用效果还有待于进一步验证。

三、熔断器

熔断器是当电流超过规定值并经一定时间后，以它本身产生的热量使一个或几个特殊设计的熔体熔断来分断电路的一种开关电器，用于线路、配电变压器和电容器等设备的过电流和短路保护。熔断器具有结构简单、体积小、使用方便、价格低廉、限流特性好、分断能力高的优点，缺点是故障熔断后必须更换熔体，只具有反时限电流保护特性。

图 1-12 熔断器

在中压配电网中常用的高压熔断器有两大类：一类是户内高压限流熔断器；另一类是户外高压喷射式熔断器，

在动作后熔断件自动跌落形成断口，通常称为跌落式熔断器。

四、中压低压配电设施

中压/低压配电设施指将中压电能转换成低压电能并向客户分配的设施，包括配电变压器台、配电所与开闭所、箱式变电站。

（一）配电变压器台

配电变压器台，即变台装置，又称变台，是由单台配电变压器及其辅助设备组成的中压/低压配电设施其接线如图 1-13 所示。

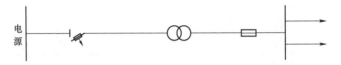

图 1-13　变压器台接线图

变压器台分为柱上变压器台与落地式变压器台两种。配电变压器容量在 30kVA 以下的宜采用单柱式变压器台，在 40～315kVA 的宜采用双柱式变压器台，315kVA 以上的采用落地式变压器台。

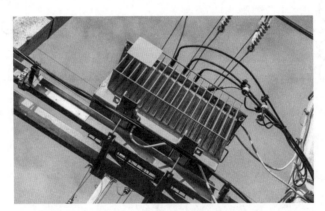

图 1-14　配电变压器台

变压器台是城市配电网中最常用的配电设施。柱上变压器台用于架空配电线路上，落地变压器台在架空线路与电缆线路上都有应用。变压器台的设置要使高压深入负荷中心，尽量避开车辆、行人多的场所；尽可能采用小容量配电变压器，多设配电点。

（二）配电所与开闭所

配电所，又称配电室或配电房是户内中压/低压配电设施，用于配电容量比较大、低压出线比较多的场合，具有安全可靠的优点，是住宅小区、机关、学校与工厂等经常应用的供电设施。

配电所的进线有单回进线、两路环网进线与两路及两路以上的多路电源进线。普通负荷采用单回进线，配置单台或多台配电变压器。对供电可靠性要求高的采用环网进线或多路进线，配电变压器按照"$N-1$"的安全原则配置两台及两台以上，其负荷率控制在 65% 以内。高压进线一般采用负荷开关加熔断器保护，如配电变压器容量比较大，可采用断路器加电流保护。

图 1-15 给出了几种典型的配电所接线图。图 1-15（a）是一种环网进线配电所的接线图。图 1-15（b）是一种两路电源进线配电所的接线图。图 1-15（c）所示配电所具有开闭所与配电所的双重功能，10kV 侧两条进线四条出线，采用单母线分段。图 1-15（d）所示配电所 10kV 侧有两路电源，采用内桥接线。

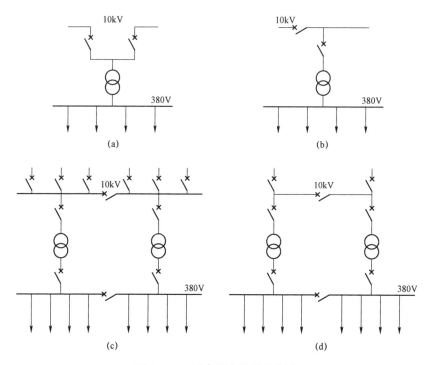

图 1-15　配电所主接线示意图

（a）环网进线配电所；（b）两路电源进线配电所；（c）具有开闭所与配电所双重功能的配电所；
（d）有两路电源采用内桥接线的配电所

随着城市配电网负荷密度的增加，要求配电点"小容量、多布，配电所或开闭所的应用逐步减点"少，有被环网供电方式的环网柜或箱式变电站所取代的趋势。

（三）箱式变电站

箱式变电站简称箱变，是一种将配电变压器、中压环网开关、低压开关按照一定的结构和接线方式组合起来的预装式配电装置。优点是占地面积小，可以工厂化生产，现场安装施工快，不需再建配电所等土建设施投资节约，外形美观且与环境相协调，因此已被广泛采用。

美式箱式变电站外观如图 1-16（a）所示。其有 1～2 路电源进线采用单台变压器，4～6 路低压馈出线；采用全密闭、全绝缘结构，将高低压开关的结构进行简化并与变压器浸入统一油箱中，具有体积小、结构紧凑、造价低、便于安装的优点。其缺点是开关与变压器共用油箱，散热不好，过电流能力差；此外，若其中一相熔断器熔断后负荷开关不分闸，会导致设备缺相运行。

欧式箱式变电站外观如图 1-16（b）所示。其由常规的环网开关柜与配电变压器构成，多路低压馈出线，有的还附设了电容器小室。目前已由早期的普通型（占地为 5～6m²），发展为广泛采用的紧凑型（占地约为 3.4m²），10kV 侧进线采用环网开关柜、配电变压器为 Dyn11 连接组别，欧式箱式变电站的体积比美式箱式变电站略大，但操作和运行更符合国内的习惯要求。

(a)　　　　　　　　　　　　　　　　　(b)

图 1-16　箱式变电站

（a）美式；（b）欧式

箱式变电站主接线如图 1-17 所示。高压进线通常采用开关与熔断器组合式保护，负荷开关采用真空断路器或 SF₆负荷开关。

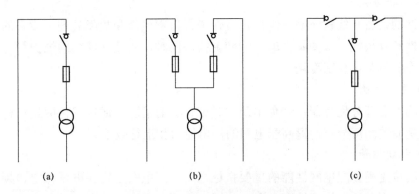

(a)　　　　　　　　　　　(b)　　　　　　　　　　　(c)

图 1-17　箱式变电站主接线图

（a）终端接线；（b）双电源接线；（c）环网接线

第三节　配 电 网 结 构

一、配电网的基本要求

配电网作为电力系统的末端环节，直接关系到广大用户的用电体验与电力供应的可靠性。为确保配电网的高效、稳定运行，以下是其基本要求的具体内容：

（一）安全可靠

安全可靠是配电网的基本要求之首。配电网需要确保连续、稳定的电力供应，防止因设备故障、外部干扰等原因导致的停电事故。此外，配电网的建设与运行应符合国家和地方的安全标准，确保设备和人员的安全。

（二）经济合理

配电网的建设与改造应充分考虑经济效益，合理规划投资，避免资源浪费。在设备选型、线路走向、网架结构等方面，要进行全面的技术经济比较，选择最优方案，实现投资与运行成本的最小化。

（三）灵活扩展

随着经济的发展和人民生活水平的提高，电力需求不断增长。配电网应具备灵活的扩展能力，能够适应未来负荷的增长，方便进行扩容和升级。同时，要合理规划配电网的接线方式，确保在扩展过程中不会对现有用户造成干扰。

（四）节能环保

配电网的运行应遵循环保要求，降低能耗和污染物排放。通过采用高效节能设备、优化运行方式等措施，减少电力传输和分配过程中的能量损失。同时，积极推广可再生能源接入配电网，提高清洁能源占比，促进绿色发展。

（五）自动化管理

配电网应逐步实现自动化管理，通过引进先进的技术和设备，实现远程监控、自动控制和智能调度。这不仅可以提高配电网的运行效率，还可以及时发现和处理潜在的安全隐患，提高供电的可靠性。

（六）维护方便

配电网的设备和线路应易于维护，方便进行日常检修和故障处理。设备的选型应考虑其通用性和互换性，方便备件的采购和更换。同时，要建立健全的维护管理制度，确保维护工作的规范化和制度化。

（七）负荷平衡

配电网应合理分配负荷，避免出现过载或轻载的情况。通过优化网架结构和运行方式，实现负荷的均衡分布，提高配电网的供电能力和运行效率。

（八）电能质量

电能质量是衡量配电网性能的重要指标之一。配电网应确保电压稳定、频率合格、波形正弦，减少谐波、闪变等不良影响。同时，要合理控制供电半径和线路阻抗，减少电压损失和波动，提高用户的用电体验。

二、配电网的负荷分类

配电网作为电力系统的末端环节，直接与用户相连，负责将电能分配给各类用户。配电网的负荷分类对于电力系统的规划、设计、运行和管理具有重要意义。根据不同的用电特性和需求，配电网的负荷可以分为多个类别。

（一）居民用电负荷

居民用电负荷是指居民日常生活中所使用的电能，主要包括照明、家电、空调等设备的用电。居民用电负荷具有多样性、分散性和随机性等特点，是配电网中最主要的负荷类型之一。

（二）商业用电负荷

商业用电负荷是指商业设施、商场、酒店、餐饮等商业场所的用电需求。商业用电负荷具有波动性较大、用电时间相对集中的特点，一般白天和节假日的用电负荷较高。

（三）工业用电负荷

工业用电负荷是指各类工业企业、加工厂等生产场所的用电需求。工业用电负荷通常具有用电量大、用电时间长、用电稳定等特点，是配电网中的重要负荷类型。

（四）农业用电负荷

农业用电负荷是指农业生产、灌溉、养殖等农业活动的用电需求。农业用电负荷具有明显的季节性和时段性，如灌溉用电主要集中在春秋两季。

（五）公共设施负荷

公共设施负荷是指公共场所、政府机构、学校、医院等公共设施的用电需求。公共设施负荷具有稳定性较高、用电时间相对均匀的特点。

（六）交通用电负荷

交通用电负荷是指交通设施、交通工具等交通领域的用电需求，如铁路、公路、航空、水路等交通设施的用电。交通用电负荷具有用电波动性大、用电时间不确定等特点。

（七）市政用电负荷

市政用电负荷是指城市基础设施、公共设施、景观照明等市政领域的用电需求。市政用电负荷具有多样性、稳定性较高等特点，是城市发展的重要支撑。

三、配电网结构与主要接线方式

（一）一般要求

合理的电网结构是满足电网安全可靠、提高运行灵活性、降低网络损耗的基础。高压、中压和低压配电网三个层级之间，以及与上级输电网（220kV 或 330kV 电网）之间，应相互匹配、强简有序相互支援，以实现配电网技术经济的整体最优。

（1）A+、A、B、C 类供电区域的配电网结构应满足以下基本要求：

1）正常运行时，各变电站（包括直接配出 10kV 线路的 220kV 变电站）应有相对独立的供电范围，供电范围不交叉、不重叠，故障或检修时，变电站之间应有一定比例的负荷转供能力。

2）变电站（包括直接配出 10kV 线路的 220kV 变电站）的 10kV 出线所供负荷宜均衡，应有合理的分段和联络；故障或检修时，应具有转供非停运段负荷的能力。

3）接入一定容量的分布式电源时，应合理选择接入点，控制短路电流及电压水平。高可靠的配电网结构应具备网络重构的条件，便于实现故障自动隔离。

（2）D、E 类供电区域的配电网以满足基本用电需求为主，可采用辐射结构。

（3）变电站间和中压线路间的转供能力，主要取决于正常运行时的变压器容量裕度、线路容量裕度、中压主干线的合理分段数和联络情况等，应满足供电安全准则及以下要求：

1）变电站间通过中压配电网转移负荷的比例，A+、A 类供电区域宜控制在 50%～70%，B、C 类供电区域宜控制在 30%～50%。除非有特殊保障要求，规划中不考虑变电站全停方式下的负荷全部转供需求。为提高配电网设备利用效率，原则上不设置变电站间中压专用联络线或专用各供线路。

2）A+、A、B、C类供电区域中压线路的非停运段负荷应能够全部转移至邻近线路（同一变电站出线）或对端联络线路（不同变电站出线）。

（4）配电网的拓扑结构包括常开点、常闭点、负荷点、电源接入点等，在规划时需合理配置，以保证运行的灵活性。各电压等级配电网的主要结构如下：

1）高压配电网结构应适当简化，主要有链式、环网和辐射结构；变电站接入方式主要有T接和π接等。

2）中压配电网结构应适度加强、范围清晰，中压线路之间联络应尽量在同一供电网格（单元）之内，避免过多接线组混杂交织，主要有双环式、单环式、多分段适度联络、多分段单联络、多分段单辐射结构。

3）低压配电网实行分区供电，结构应尽量简单，一般采用辐射结构。

（5）在电网建设的初期及过渡期，可根据供电安全准则要求和实际情况，适当简化目标网架作为过渡电网结构。

（6）变电站电气主接线应根据变电站功能定位、出线回路数、设备特点、负荷性质及电源与用户接入等条件确定，并满足供电可靠、运行灵活、检修方便、节约投资和便于扩建等要求。

（二）高压配电网

（1）各类供电区域高压配电网目标电网结构可参考表1-2确定，示意图参见下图。

表1-2　　　　　　　　　　　高压配电网目标电网结构推荐表

供电区域类型	目标电网结构
A+、B	双辐射、多辐射、双链、三链
B	双辐射、多辐射、双环网、单链、双链、三链
C	双辐射、双环网、单链、双链、单环网
D	双辐射、单环网、单链
E	单辐射、单环网、单链

110～35kV 电网结构示意图

辐射示意图如下：

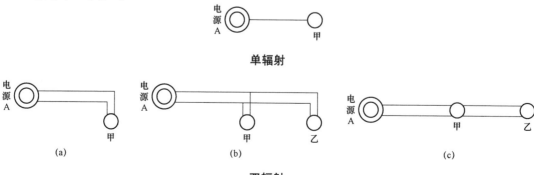

单辐射

双辐射

环网（环型结构、开环运行）示意图如下：

链式示意图如下：

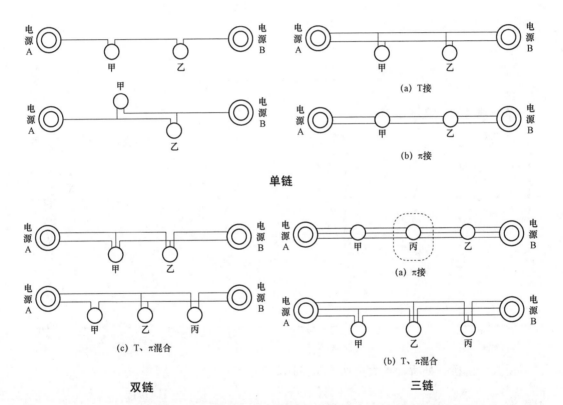

（2）A+、A、B 类供电区域宜采用双侧电源供电结构，不具备双侧电源时，应适当提高中压配电网的转供能力；在中压配电网转供能力较强时，高压配电网可采用双辐射、多辐射等简化结构。B 类供电区域双环网结构仅在上级电源点不足时采用。

（3）D、E 类供电区域采用单链、单环网结构时，若接入变电站数量超过 2 个，可采取局部加强措施。

（4）35~110kV 变电站高乐侧电气主接线有桥式、线变组、环入环出、单母线（分段）接线等，示意图参见下图。高压侧电气主接线应尽量简化，宜采用桥式、线变组接线。考虑规划发展需求并经过经济技术比较，也可采用其他形式。

35～110kV 电网结构示意图

单母线接线示意图如下：

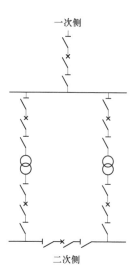

单母线分段示意图如下：

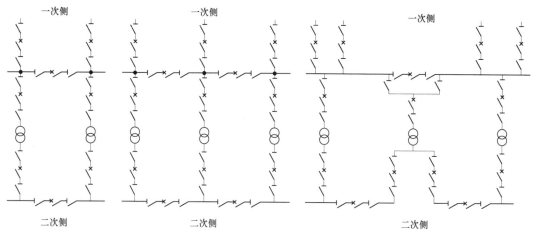

桥式（内桥、外桥、扩大内桥）示意图如下：

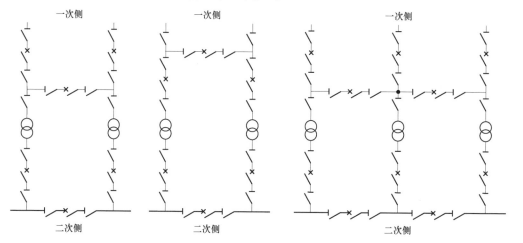

线变组示意图如下：

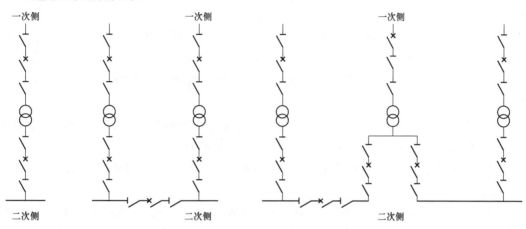

环入环出（仅适用于电缆 T 接方式）示意图如下：

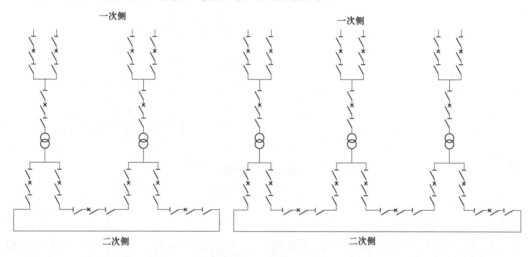

（5）110kV 和 220kV 变电站的 35kV 侧电气主接线主要采用单母线分段接线。

（6）35～110kV 变电站 10kV 侧电气主接线一般采用单母线分段接线或单母线分段环形接线，可采用 n 变 n 段、n 变 n+1 段、2n 分段接线。220kV 变电站直接配出 10kV 线路时，其 10kV 侧电气主接线参照执行。

（三）中压配电网

（1）各类供电区域中压配电网目标电网结构可参考表 1-3 确定。

表 1-3 中压配电网目标电网结构推荐表

线路型式	供电区域类型	目标电网结构
电缆网	A+、A、B	双环式、单环式
	C	单环式
架空网	A+、A、B、C	多分段适度联络、多分段单联络
	D	多分段单联络、多分段单辐射
	E	多分段单辐射

（2）网格化规划区域的中压配电网应根据变电站位置、负荷分布情况，以供电网格为单位，开展目标网架设计，并制定逐年过渡方案。

（3）中压架空线路主干线应根据线路长度和负荷分布情况进行分段（一般分为3段，不宜超过5段），并装设分段开关，且不应装设在变电站出口首端出线电杆上。重要或较大分支线路首端宜安装分支开关。宜减少同杆（塔）共架线路数量，便于开展不停电作业。

（4）中压架空线路联络点的数量根据周边电源情况和线路负载大小确定，一般不超过3个联络点。架空网具备条件时，宜在主干线路末端进行联络。

（5）中压电缆线路宜采用环网结构，环网室（箱）、用户设备可通过环进环出方式接入主干网。

（6）中压开关站、环网室、配电室电气主接线宜采用单母线分段或独立单母线接线（不宜超过两个），环网箱宜采用单母线接线，箱式变电站、柱上变压器宜采用线变组接线。

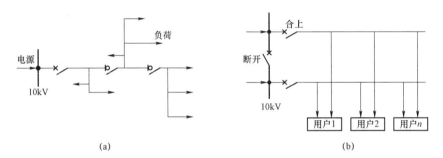

图1-18　放射式中压配电网接线图

（a）单射式；（b）双射式

（四）低压配电网

（1）低压配电网以配电变压器或配电室的供电范围实行分区供电，一般采用辐射结构。

（2）低压配电线路可与中压配电线路同杆（塔）共架。

（3）低压支线接入方式可分为放射型和树干型。

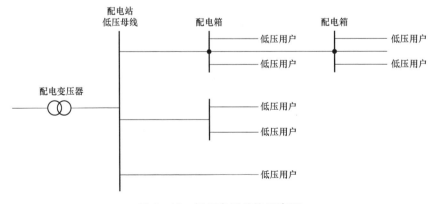

图1-19　低压电网结构示意图

四、城市配电网供电安全 *N*−1 准则

"*N*−1" 准则：当电网中的某一个设备因故障或计划退出运行时，不影响整个电网的安全稳定供电。即：当某一个设备退运时，原本流过它的电流，能通过其他设备转移，并且不会带来相关设备过载等后遗症，则该设备满足"*N*−1"准则。满足"*N*−1"准则，必须具备以下条件：① 拓扑上有转移负荷电流的通道；② 相邻设备有富余容量可以支撑电流转移。

值得注意的是，在不同的电压等级，"*N*−1"准则有不同的含义。

（1）高压配电网（110kV、35kV）："*N*−1"准则与上述一致，需要强调的是，满足"*N*−1"包括通过下级电网转供不损失负荷的情况。

（2）中压配电网 [10（20）kV]："*N*−1"准则不再针对一条完整的线路，而是针对线路的某一个分段（两个开关之间的线路部分称之为一个分段），当某一个分段因故障或计划退运时，两端开关断开隔离故障，非故障段通过转供恢复正常供电，则可以说该线路满足"*N*−1"准则。

第四节　配 电 可 靠 性

一、供电可靠性的定义

电网的第一指标是什么，就是供电可靠性，简单来说就是稳定用电不停电（维稳果然是第一要务），其次才是客户服务满意度、经营效益。简而言之，供电可靠性是指供电系统持续供电的能力。

二、主要指标

（一）供电可靠性

在统计期间内，对用户有效供电时间总小时数与统计期间小时数的比值，记作 RS−1。供电可靠率 =（1−用户平均停电时间/统计期间时间）×100%。

（二）用户平均停电时间

用户在统计期间内的平均停电小时数，记作 AIHC−1。

用户平均停电时间 = Σ（每户每次停电时间）/总用户数 = Σ（每次停电持续时间×每次停电用户数）/总用户数 h/户。

（三）用户平均停电次数

供电用户在统计期间内的平均停电次数，记作 AITC−1。用户平均停电次数 = Σ（每次停电用户数）/总用户数 次/户。

（四）用户平均故障停电时间

在统计期间内，每一户的平均故障停电小时数，记作 AIHC−F。

用户平均故障停电时间 = Σ（每次故障停电时间×每次故障停电用户数）/总用户数 h/户。

（五）用户平均故障停电次数

供电用户在统计期间内的平均故障停电次数，记作 AFTC。

用户平均故障停电次数＝∑（每次故障停电用户数）/总用户数次/户。

（六）用户平均预安排停电时间

在统计期间内，每一用户的平均预安排停电小时数，记作 AIHC－S。

用户平均预安排停电时间＝∑（每次预安排停电用户数×每次预安排停电时间）/总用户数 h/户。

（七）用户平均预安排停电次数

供电用户在统计期间内的平均预安排停电次数，记作 ASTC。

用户平均预安排停电次数＝∑（每次预安排停电用户数）/总用户数次/户。

这些可靠性指标反映了城市的电网建设情况、设备供电能力和电力部门停电管理的综合水平。指标与各种因素有关，例如网架结构、不同设备的可靠性、线路长度及负荷的专供能力等。

三、可靠性管理工作的重要性

（一）电力可靠性管理是保障电力安全可靠供应的重要基础

电力供应事关经济发展全局和社会稳定大局，是关系民生的大事。现阶段我国工业化、城镇化深入推进，电力需求持续增长，保障电力供应是电力管理工作的重中之重。电力可靠性管理是电力生产运行管理和技术管理的核心手段，基本任务是保障电力系统的充裕性和安全性，为保障电力供应发挥基础性作用。

（二）电力可靠性管理是保障社会经济发展的重要手段

进入新时代，人民追求美好生活对电力的需求已经从"用上电"变成"用好电"，党中央、国务院关于乡村振兴、优化营商环境等民生工作决策部署也对电力可靠性管理提出更高要求和明确目标，电力可靠性管理已成为提升电力普遍服务水平、支撑社会经济高质量发展的重要手段。

（三）电力可靠性管理是推动建设新型电力系统的重要保障

近年来，我国电力工业发生了巨大变化，电力体制改革全面提速，新能源和分布式能源快速发展，电力系统安全稳定运行面临新的形势和挑战。为有效应对新形势，推动构建新型电力系统和实现"双碳"目标，需要进一步发挥电力可靠性管理的作用，保障电力系统安全稳定运行和高质量发展。

四、供电可靠性的主要提升措施

（一）管理措施

1. 完善可靠性管理体系

完善的管理体系是供电可靠性提升的基础保障。

（1）强化可靠性管控机制。

设备部建立了供电可靠性全过程管控机制，逐步将供电可靠性管理要求贯穿于配电网规划、设计、建设、运维、服务全过程，实现全员、全业务聚焦供电可靠性业务提升。

（2）强化时户数预算式管控。

建立供电可靠性停电时户数目标管理机制，组织市县公司制定年、季、月度停电时户数预控目标和计划，逐级分解落实。

（3）加强预安排停电计划审核。

建立专业团队，分层分级开展预安排停电方案审核及审批制度，确保预安排停电计划"停电次数最少、停电时长最短、停电范围最小、停电影响最低"。

（4）加强可靠性数据跟踪预警。

建立供电可靠性动态跟踪、定期分析、超标预警机制对可靠性指标异常情况开展跟踪督办，保障停电时户数预控目标实现。

（5）提升供电可靠性智能分析能力。

建设基于网格的可靠性智慧管控模块，以网格为单元开展可靠性评估和预算式管控，从网架结构、设备状态、抢修效率等方面对可靠性制约因素量化评估，支撑精准投资和精益运维。

（6）实现预安排停电智能统筹。

基于 PMS3.0 构建预安排停电智能统筹微应用，实现配网工程、业扩迁改、消缺等预安排停电的智能统筹优化，进一步压缩预安排停电时户数。

（7）推行标准作业工时模式。

制定各类配网作业标准工序及人员配置要求，明确标准作业时长，加强对于超标准预安排停电计划审核，切实做到作业时长最优。

2. 推行可靠性差异化策略

可靠性差异化提升策略能有效保障精准投资。

（1）编制网格可靠性目标规划。综合考虑配网基础、政府规划、经济发展等因素，逐网格科学制定可靠性规划目标，确保网格可靠性建设目标合理、投资可控。

（2）以规划目标指导配网投资。对于与规划目标差距较大的网格，加大在网架建设设备升级改造等方面投资。对于已实现可靠性规划目标的网格，适度控制投资，通过强化设备精益运维维持网格内可靠性水平。

（3）开展可靠性提升措施成效评估。对已建成项目开展可靠性提升成效评估，对可靠性提升作用较小或无效的建设项目，及时调整投资建设策略，避免无效投资。

3. 提升配电网运维质效

夯实精益运维基础是降低故障停电的最经济手段。

（1）提升配网巡检效率。基于配网故障、智能巡检、在线监测、用户投诉报修，逐线制定差异化巡检策略，基于工单驱动业务提升设备巡检效率，重点加大故障频发、老旧设备、外破高风险等区域巡检频度，切实压降配网故障。

（2）加快故障频发线路治理。从网架结构、设备状态、通道状况等方面，逐线分析故障频发原因，针对性制定网架优化调整、设备改造及综合消缺方案，按时完成故障频发线路问题销号。

（3）开展运检抢一体化网格建设。制定网格化运检抢一体化管理标准、业务流程和评价方法，加快推进运检抢一体化网格驻点建设，加强人员业务能力及服务水平培训，提升运维质量及抢修效率。开展运检抢一体化网格达标创建，将一体化网格驻点打造成为配网运检"第二班组"，围绕故障压降、抢修效率等方面开展网格人员技能培训，推进网格班组数字化建设，依托工单驱动、移动作业、智能巡检等技术，提升网格运维效率和响应能力。

（4）深化工单驱动业务。利用新型智能移动巡检终端，通过配网巡视、消缺、配电自动化缺陷管控等业务工单化，实现精准排查消除隐患消缺。

（5）加强季节性隐患排查治理。持续改进鸟害防治措施，探索新型驱鸟措施；严抓配网通道特巡，开展树线矛盾、外破防治专项治理；开展汛期、台风、雷暴等特殊天气下的配电设施基础隐患排查，提升灾害抵御能力。

（6）加强专项隐患治理。推进电缆、环网柜、线路关键搭接点等设备周期性专项检测，及时开展设备防凝露治理，开展重要区段全绝缘化改造。

（7）抓故障闭环分析治理。强化各运检单位故障分析及时性和准确性，狠抓原因不明故障的分析深度，利用无人机、自动化、带电检测等综合手段查找不明原因故障的真实成因。

4. 推进配网网格化建设

（1）开展网格化需求滚动修编。

从接线组接线方式、线路联络、分段、大支线、负载及 $N-1$ 校验等方面，逐网格开展现状评估分析，查找影响供电可靠性的薄弱环节，按网格做好标准网架建设规划，滚动修编项目需求。

（2）加快推进配电网网格化建设。

以供电网格为单元，重点围绕网格内接线不清晰联络不足、分段不合理等问题，兼顾网格内设备改造、自动化建设等项目，加快实施标准接线改造，打造分区供电、接线标准的供电网格，提升网格互联互供能力。

（3）强化建设工艺质量管控。

全面推广电气模块化装配及土建基础预制技术，现场作业向机械化、轻量化、拼装化过渡，提升施工质量，缩短现场停电作业时长。

5. 加快主配网薄弱环节治理

消除电网薄弱环节能有效防范大面积故障停电。

（1）提升主网故障供电保障能力。

从保障配网供电可靠性角度，全面梳理上级电网网架薄弱点，按照主网主设备故障预想和检修方式，逐一制定主网网架薄弱地区的供电保障应急预案。

（2）补强配网网架结构。

加快网格化标准接线改造，重点排查治理单辐射、同杆及同母线联络等问题，有序推进三回及以上存量同杆线路改造，制定不同变电站联络提升计划。

（3）推动设备升级改造。

加快年限长、状态差、故障频发的设备改造，分年度推进非专供区 20kV 设备降压改造及故障频发的 20kV 电缆附件更换，针对性实施关键部位全绝缘化。

（4）狠抓建设工艺质量。

落实柱上变台、柱上开关等电气工厂化预制率、土建基础工厂化预制率两个 100%

的要求，对故障频发、新入网设备加强打样检测和物资抽检，加强土建施工、电缆头制作等关键工艺验收，确保设备"零缺陷"投运。

此外，积极推进配网管理体制机制创新：

（1）全面建立以工单驱动业务的配网运检管理新模式。

深化供电服务指挥中心运营，巩固营配贯通成果，在供电服务指挥系统中研发用户内部故障智能研判功能，提高抢修资源有效利用率。利用台区智能终端、智能电表等边端设备实现中低压拓扑动态辨识，拓展停电分析到户成果应用。强化供电服务业务状态全方位实时监测和问题全过程跟踪督办依托供电服务指挥中心将任务工单贯穿配网通道巡视、设备检修、故障抢修、项目管理数据贯通等各项业务全流程，深化移动终端现场业务、图形台账、电子信息交互应用，建立以工单驱动业务的管理新模式。

（2）加强配网建设运维一体化管理。

按照"管办分离"原则优化调整地市公司配网管理模式，构建一部二中心多业务主体的"$1+2+N$"配网建设运维一体化管理模式。强化地市公司运检部的配电专业职能管理，充分发挥地市公司项目管理中心作用，支持配网建设改造规模较大的地市公司成立配网项目中心。持续深化供电服务指挥中心建设运营，规范运作模式、业务流程和内设机构。强化地市公司对县公司的专业管理延伸，完善地市公司营配协同的区域化供电服务机构和全能型供电所建设，设置配电业务专业化班组，开展运检抢一体、中低压统筹、一、二次兼顾的综合运检班组试点建设，有力支撑配网可靠供电和客户优质服务。

（二）技术措施

1. 提升不停电作业能力

不停电作业是大幅度压降预安排停电时户数的有力保障。

（1）完善不停电作业管理体系。

修编配电网典型设计，提升不停电作业适应性，从设计源头提升不停电作业可行性。建立全流程不停电作业预审机制，将不停电作业管控关口前移至项目储备阶段，切实做到能带不停。

（2）优化不停电作业资源配置。

打造市县"区域一体、资源共享"管理模式，建立地市级不停电作业专业指挥机构，实现不停电作业资源统筹和高效调配，将人员、车辆等不停作业资源最大化利用。

（3）持续提升不停电作业能力。

实施不停电作业三年提升专项行动，依托产业化发展建成 1 家不停电作业中心，补充不停电作业人员、车辆，建成一个不停电作业培训基地。

（4）提升复杂不停电作业能力。

依托省、市、工区（县域）三级培训体系，加强不停电作业技能培训，重点加快县域复杂不停电作业能力孵化，实现所有县域公司具备复杂作业能力。加快外部电源快速接口、中低压发电储能车、带式绝缘斗臂车等先进技术装备应用，从技术上提升复杂作业可行性。

（5）创新不停电作业类型。

开发斗内绝缘短杆作业、发电车作业等 7 项不停电作业新项目，编制配套标准化作业规范，为公司拓展作业类型奠定基础。

（6）加快县域公司不停电能力建设。

对作业能力较强的县域公司，开展复杂项目独立作业能力认证。协同产业单位，加快县域不停电作业车辆及人员配置，加大人员培训力度，满足县域简单类不停电作业项目开展需求。

（7）打造零计划停电示范区。

开展零计划停电示范区建设，实施网架专项提升及运组消缺，开展关键设备检修方案预想，针对无法实现负荷转供场景制定不停电作业检修预案 2023 年起城市核心区基本取消计划停电。

2. 提升配电自动化实用化应用水平

推进配电自动化的实用化应用水平可大幅度压降故障停电时户数。

（1）完成新一代配电自动化建设。

完成新一代配电自动化主站投运，坚持配电自动化建设"五同步"原则，差异化开展配电自动化建设，实现配电自动化线路全覆盖。

（2）持续提升自动化实用化水平。

通过三遥线路自愈功能投运，实现三遥线路故障自动隔离时间缩短至 1min 内，坚持应遥必遥，大幅提升设备操作效率，压降检修或故障抢修时长。此外，推进配电自动化终端布点优化及专网接入，加快自动化开关二遥转三遥进度，城市核心区三遥线路、全自动 FA 线路全覆盖。

（3）加大分级保护应用。

对于故障率高的重要用户或分支线逐一制定分级保护启用计划，固化配网分级保护加全自动 FA 模式，实现故障点就近、快速切除，防止用户、支线等故障影响整条线路。

（4）强化自动化设备运维质量。

开展配电自动化终端全检工作，确保所有配电自动化终端零缺陷投运；构建运行终端缺陷库，限时完成缺陷隐患处理，避免因自动化缺陷导致的线路故障停电。

（5）提升设备状态感知能力。

依托配电自动化、融合终端、物联传感等在线监测手段实现停电事件全智慧感知、中低压故障分钟级研判、抢修过程全过程指挥，提升配网主动抢修能力。

3. 提升配电网智能化管控能力

（1）推进电网资源业务中台建设。

总结配网侧电网资源业务中台建设经验，持续迭代完善现有服务，拓展服务支撑应用，并向全网推广，分批次发布配网侧电网资源业务中服务目录，形成规模化支撑能力。积极拓展主网侧电网资源业务中台建设，全面支撑"网上电网"、数字基建、资产多维精益和设备资产全寿命周期管理。

（2）推进以台区智能终端为核心的配电物联网建设。

结合配网建设和技改专项，大力推进公变台区智能终端建设与应用，做好与营销表计和 HPLC 更换工作的协同推进。实发挥智能终端作用，深化停电主动分析研判、电动汽车有序充电、分布式电源接入等智能应用。探索中压物联网建设，打造中低压一、二次深度融合的标准体系。积极构建第三 App 服务产业生态链。

（3）全面深化配电自动化系统实用化应用。

推进新一代配电自动化主站改造，实现市配电自动化主站全覆盖，10kV 配电线路自动化覆盖率达到目标要求。加大一、二次融合设备应用力度，提升配网单相接地故障准确定位和快速处置能力，完善配网线路分级保护管理规范，加强配电终端保护定值管理，实现配网故障分区分段快速处置隔离。

4. 试点开展高弹性电网建设

当前，电网发展面临深刻变化和转型需求，电源侧发电类型丰富，新能源发展迅速，调节能力持续下降；电网侧安全红线不断紧，设备和运行冗余度大；负荷侧资源处于沉睡状态，交互机制能力尚未建立；储能侧设施配置少、难利用、无政策。电网面临源荷缺乏互动、安全依赖冗余、平衡能力缩水、提效手段匮乏等四大问题。

电网发展受源网荷储四方面集中挤压，亟须加快建设能源互联网形态下多元融合的高弹性电网，推进电网从"源随荷动"转变为"源荷互动"，从"以冗余保安全"转变为"降冗余促安全"，从"电力平衡"转变为"电量平衡"，从"保安全降效率"转变为"安全效率双提升"。

能源互联网形态下多元融合的高弹性电网是能源互联网的核心载体，是海量资源被唤醒、源网荷储全交互、安全效率双提升的电网，具有高承载、高互动、高自愈、高效能四大核心能力。基本特征表现为互动资源足，调节能力强，运行效率高，冲击恢复快，综合能效优。能源互联网形态下多元融合的高弹性电网依托于"四梁八柱"的体系架构。其中，"四梁"指源、网、荷、储四个电力系统核心环节，是多元融合的物理基础；"八柱"指为"四梁"赋能的八方面业务功能，是实现高弹性的支撑体系。具体为，灵活规划网架坚强的规划柱、电网引导多能互联的多能柱、设备挖潜运行高效的效率柱、安全承载耐受抗扰的安全柱、源网荷储弹性平衡的平台柱、用户资源唤醒集聚的资源柱、市场改革机制配套的市场柱、科创引领数智赋能的数智柱。

（1）灵活规划网架坚强。

建设灵活性可调节资源储备库及应用场景库，创新开展电网弹性规划，建设高适应性的骨干网架，构建全景式高弹性电网评价体系，建立效能提升红利全环节共享机制，从规划源头提高电网灵活高效调节能力。

（2）电网引导多能互联。

发挥电网配置能源资源核心平台作用，引导优化电源布局推广全景式即插即用系统化应用，推动多方主体参与储能建设。探索能源互联网新业态，拓展示范应用，促进电网向能源互联网演进，提升全社会综合能效。

（3）设备挖潜运行高效。

利用多元感知和灵活调控等技术，开展设备动态增容、断面限额在线计算、短路电流柔性抑制、潮流柔性控制、网络重构优化、配网降损增效等应用，实时评估设备载流能力，改善电网潮流分布，提升电网动态运行极限。

（4）安全承载耐受抗扰。

完善高弹性电网安全理论，强化三道防线，建设电网动态运行极限综合防御系统，确保电网在低冗余、高承载状态下的安全稳定运行。

（5）源网荷储弹性平衡。

打造源网荷储友好互动系统平台，提升电网资源汇聚和协调控制能力，推动"源随荷动"向"源荷互动"转变。

（6）用户资源唤醒集聚。

唤醒负荷侧海量沉睡资源，引导用户用电行为，聚合互动潜力谋划互动收益，拓展可控负荷类型和规模，培育负荷聚合商，以强交互能力支撑电网弹性。

（7）市场改革机制配套。

完善市场机制，建立各类电源、可中断负荷、储能参与现货和辅助服务市场的框架体系、准入规则、交易策略、价格机制，推动政策配套，疏导灵活性资源建设和运营的成本。

（8）科创引领数智赋能。

通过科技进步为电网发展注入新动能，助推大云物移智链技术与先进能源电力技术融合发展，信息平台支撑多元智慧应用，电力大数据价值得到充分发挥。

第二章　配电自动化基础

第一节　配电自动化基本概念

一、配电自动化概述

（一）配电自动化

配电自动化（简称 DA）以一次网架和设备为基础，综合利用计算机、信息及通信等技术，以配电自动化系统为核心，实现对配电系统的监测、控制和快速故障隔离，并通过与相关应用系统的信息集成，实现配电系统的科学管理。配电自动化是提高供电可性和供电质量，提升供电能力，实现配电网高效经济运行的重要手段，也是实现智能电网的重要内容之一，提高服务质量、管理效率以及设备利用率。

配电自动化系统（简称 DAS）实现了配电网运行监视和控制的自动化系统，具备配电 SCADA、故障处理、分析应用及与相关应用系统互连等功能，主要由配电自动化系统主站、配电自动化系统子站（可选）、配电自动化终端和通信网络等部分组成，通过信息交换总线实现与其他相关应用系统互连，实现数据共享和功能扩展。

1. 配电主站

配电主站是实现数据采集、处理及存储、人机联系和各种应用功能的核心。主要由计算机硬件、操作系统、支撑平台软件和配电网应用软件组成。其中支撑平台包括系统数据总线和平台的多项基本服务，配电网应用软件包括配电 SCADA 等基本功能以及电网分析应用、智能化应用等扩展功能，支持通过信息交互总线实现与其他相关系统的信息交互。

2. 配电子站

配电子站是配电主站与配电终端之间的中间层，实现所辖范围内的信息汇集、处理通信监视等功能。

3. 配电自动化终端

配电自动化终端为安装在现场的各类终端单元，远程实现对设备的监视，在配电系统中，和馈线开关配合的现场终端设备为馈线终端单元（FTU），实现馈线段的模拟、开关量的采样、远传和接收远方控制命令，和配电变压器配合的现场终端设备为配电变压器终端单元（TTU），实现配电变压器的模拟量、开关量监视，安装在开闭所、配电所以及环网柜等设备内的远方终端单位为站所终端（DTU），实现这些设备的模拟量、开关量采集及控制。

4. 配电自动化通信

配电自动化通信实现现场终端单元和配电子站、配电主站的通信，是配电自动化系统的重要环节。根据国家电网公司企业标准《配电自动化系统技术导则》中的有关规定，配电通信分为骨干网和接入网两层，骨干网的建设宜选用已建成的 SDH 光纤传输网扩容的方式，接入网的建设方案采用光纤 EPON、工业以太网、无线专网、无线公网 GPRS/CDMA 等通信方式相结合，组建配电通信接入网，通过构建配用电一体化通信平台来实现多种通信方式"统一接入、统一接口规范和统一监测管理"，确保通信通道安全、可靠、稳定运行。

（二）馈线自动化

馈线自动化（简称 FA）是指利用自动化装置或系统，监视配电网的运行状况，及时发现配电网故障，进行故障定位、隔离和恢复对非故障区域的供电。它是配电自动化系统的重要功能之一。

1. 主要方式

馈线自动化实现故障处理可采用集中型与就地型模式。

（1）集中型。

全自动式：主站通过收集区域内配电终端的信息，判断配电网运行状态，集中进行故障定位，自动完成故障隔离和非故障区域恢复供电。

半自动式：主站通过收集区域内配电终端的信息，判断配电网运行状态，集中进行故障识别，通过遥控完成故障隔离和非故障区域恢复供电。

集中型全自动馈线自动化原理：

1）故障定位。配电主站根据智能终端传送的故障信息，快速自动定位故障区段并在调度员工作站显示器上自动调出该信息点的接线图，以醒目方式显示故障发生点及相关信息。

2）故障区域隔离。配电主站能够处理配电网络的各种故障，对于线路上同时发生的多点故障时，能根据配电线路的重要性对故障区段进行优先级划分，重要的配电网故障可以优先进行处理。同时配电主站进行故障定位并确定隔离方案，故障隔离方案可以自动或经调度员确认后进行。

很多地区配网结构是：除变电站出口为断路器外，其余线路上设备均为负荷开关型，对于瞬时性故障，由变电站出口断路器通过速断保护动作切除故障，启动重合闸进行重合。由于故障已切除，此时不启动 FA 即可恢复供电。对于永久性故障，首先由变电站出口断路器通过速断保护动作切除故障，启动重合闸进行重合，失败后主站启动 FA，在无故障电流的情况下隔离故障区段。对于不投重合闸的线路，故障隔离时主站直接启动 FA 隔离故障区域。

3）非故障区域恢复供电。可自动设计非故障区段的恢复供电方案，并能避免恢复过程导致其他线路的过负荷；在具备多个备用电源的情况下，能根据各个电源点的负载能力，对恢复区域进行拆分恢复供电。

（2）就地型。

1）智能分布式：通过配电终端之间的故障处理逻辑，实现故障隔离和非故障区城恢复供电，并将故障处理结果上报给配电主站。

智能分布式馈线自动化原理：如果线路发生故障，在故障点电源侧的配电终端检测到故障信号，相反，负荷侧的配电终端检测不到故障信号。相邻配电终端之间通过保护信号专用网来交换故障信息，允许故障点两侧配电终端保护跳闸而闭锁其他终端保护跳闸功能，通过故障点两侧配电终端快速保护跳闸来隔离区域，利用高速光纤以太网通信技术，配电终端要在200ms内完成故障的检测以及故障隔离工作。变电站的出口断路器的主保护满足智能分布式FA的要求，在200ms内完成故障的检测以及故障隔离工作；变电站的出口断路器的后备保护由原自身保护装置实现动作时间设定在400~500ms之间。这样在线路发生故障时，变电站出口断路器不会动作达到最大程度减少停电范围，隔离故障的目的。

2）重合器式：在故障发生时，通过线路开关间的逻辑配合，利用重合器实现线路故障的定位、隔离和非故障区域恢复供电。

2. 实施原则

（1）对于主站与终端之间具备可靠通信条件，且开关具备遥控功能的区域，可采用集中型全自动式或半自动式。

（2）对于电缆环网等一次网架结构成熟稳定，且配电终端之间具备对等通信条件的区域，可采用就地型智能分布式。

（3）对于不具备通信条件的区域，可采用就地型重合器式。

（三）配电自动化类型

配电自动化主要分为以下5种类型：简易型、实用型、标准型、集成型、智能型。

1. 简易型和实用型

简易型和实用型配电自动化只适用于配电网结构比较简单，自动化要求不高，投资相对较低，功能相对比较简单的场合，在智能配电网中没有太大的使用价值。

2. 标准型

标准型配电自动化系统具备主站控制的FA功能，初步具备智能化的特点。它对通信系统要求较高，一般需要采用可靠、高效的通信手段，配电一次网架应该比较完善且相关的配电设备具备电动操作机构和受控功能。该类型系统的主站具备完整的SCADA功能和FA功能。另外，它与上级调度自动化系统和配电GIS应用系统要实现互联，以获得丰富的配电数据，建立完整的配网模型，可以支持基于全网拓扑的配电应用功能。它主要为配网调度服务，同时兼顾配电生产和运行管理部门的应用。

3. 集成型

集成型是在标准型的基础上，通过信息交换总线或综合数据平台技术将企业里各个与配电相关的系统实现互联，最大可能地整合配电信息、外延业务流程、扩展和丰富配电自动化系统的应用功能，全面支持配电调度、生产、运行以及用电营销等业务的闭环管理，同时也为供电企业的安全和经济指标的综合分析以及辅助决策提供服务。

4. 智能型

智能配电自动化系统是在传统配电自动化系统基础上，扩展对于分布式电源、微网以及储能装置等设备的接入功能，实现智能自愈的馈线自动化功能以及与智能用电系统的互动功能，并具有与输电网的协同调度功能以及多能源互补的智能能量管理分析软件功能。

（四）配电自动化的基本功能

配电自动化的基本功能可分为运行自动化功能和管理自动化功能两方面。数据采集与监控、故障自动隔离及恢复供电、高压及无功管理、负荷管理、自动读表等，称为配电网运行自动化功能；设备管理、检修管理、停电管理、规划及设计管理、用电管理等，称为配电网管理自动化功能。

1. 配电网运行自动化功能

（1）数据采集与监控。

数据采集与监控又称为SCADA，是远动"四遥"（遥测、遥信、遥控、遥调）功能的深化和扩展，使调度员能够从主站系统计算机界面上，实时监视配电网设备运行状态，并进行远程操作和调节。SCADA是配电自动化的基础功能。

（2）故障自动隔离及恢复供电。

国内外中压配电网广泛采用"手拉手"环网供电方式，并利用分段开关将线路分段。在线路发生永久故障后，该功能自动定位线路故障点，断开故障点两侧的分段开关，隔离故障区段，恢复非故障线路的供电，以缩小故障停电范围，加快故障抢修速度，减少停电时间，提高供电可靠性。

（3）高压及无功管理。

该功能通过高级应用软件对配电网的无功进行全局优化，自动调整变压器分接头挡位，控制无功补偿设备的投切，以保证供电电压合格、线损最小。由于配电网结构很复杂，并且不可能收集到完整的在线及离线数据，实际上很难做到真正意义上的无功分布优化，因而更多的是采用现场自动装置，以某控制点（通常是补偿设备接入点）的电压及功率因数为控制参数，就地调整变压器分接头挡位、投切无功补偿电容器。

（4）负荷管理。

该功能监视用户电力负荷状态，并利用降压减载、对用户可控负荷周期性投切、故障情况下拉闸限电三种控制方式削峰、填谷、错峰，改变系统负荷曲线的形状，以提高电力设备利用率，降低供电成本。

传统的负荷管理主要是供电企业控制用户的负荷，而在需求侧管理下，供电企业不再是单方面的管理用户负荷，而是调动需方积极性，根据用户不同用电设备的特性、用电量并结合天气情况及建筑物的供暖特性，依据市场化的电价机制，如分时电价、论质电价等，对用户负荷及其经营的分布式发电资源进行直接或间接控制，供需双方共同进行供电管理，以节约电力、降低供电成本、推迟电源投资、减少电费支出，形成双赢局面。

（5）自动读表。

自动读表是通过通信网络，读取远方用户电能表的有关数据，并对数据进行存储、统计及分析，生成所需报表和曲线，支持分时电价的实施，并加强对用户用电的管理和服务。

2. 配电网管理自动化功能

（1）设备管理。

配电网包括大量的设备，遍布于整个供电区域，传统的人工管理方式已不能满足日常管理工作的需求。设备管理功能在地理信息系统平台上，应用自动绘图工具，以地理图形为背景绘出并可分层显示网络接线、用户位置、配电设备及属性数据等，支持设备档案的计算机检索、调阅，并可查询、统计某区域内设备数量、负荷、用电量等。

（2）检修管理。

该功能在设备档案管理的基础上，制订科学的检修计划，对检修工作票、倒闸操作票、检修过程进行计算机管理，提高检修水平和工作效率。

（3）停电管理。

该功能对故障停电、用户电话投诉以及计划停电处理过程进行计算机管理，能够减少停电范围，缩短停电时间，提高用电服务质量。

（4）规划及设计管理。

配电自动化系统对配电网规划所需的地理、经济、负荷等数据进行集中存储、管理，并提供负荷预测、网络拓扑分析、短路电流计算等，不仅可以加速配电网设计过程，而且还可使最终得到的设计方案经济、高效、低耗。

（5）用电管理。

该功能对用户信息及其用电申请、电费缴纳等进行计算机管理，提高业务处理效率及服务质量。

二、配电自动化主站作用

（一）定义

配电自动化主站是整个配电网的监视、控制和管理中心，主要完成配电网信息的采集、处理与存储，并进行综合分析、计算与决策，并与配网 GIS、配网生产信息、调度自动化和计量自动化等系统进行信息共享与实时交互，按照功能模块的部署可分为简易型和集成型两种配电自动化主站系统。

简易型配电自动化主站主要部署基本的平台、SCADA 和馈线故障处理模块。集成型配电自动化主站是在简易型配电自动化主站系统的基础上，扩充了网络拓扑、馈线自动化、潮流计算、网络重构等电网分析应用功能。

（二）配电自动化主站功能

配电主站均应具备的基本功能包括：配电 SCADA；模型/图形管理；馈线自动化；拓扑分析（拓扑着色、负荷转供、停电分析等）；与调度自动化系统、GIS、PMS 等系统交互应用。

配电主站可具备的扩展功能包括：自动成图、操作票、状态估计、潮流计算、解合环分析、负荷预测、网络重构、安全运行分析、自愈控制、分布式电源接入控制应用、经济优化运行等配电网分析应用以及仿真培训功能。

（1）实时数据采集与监控功能。

1）数据采集和监控包括数据采集、处理、传输，实时报警、状态监视、事件记录、遥控、定值远方切换、统计计算、事故追忆、历史数据存储、信息集成、趋势曲线和制表打印等功能；

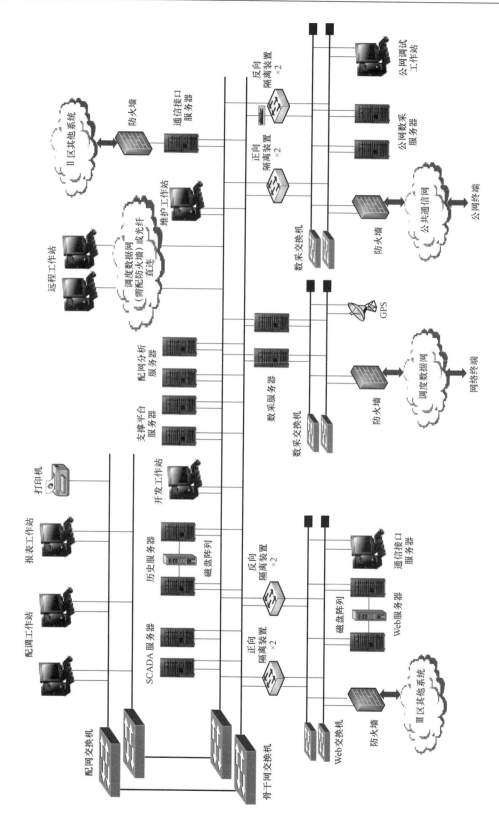

图 2－1　配电自动化主站典型结构图

2）馈电线路自动化正常运行状态下，能实现运行电量参数遥测、设备状态遥信、开关设备的遥控、保护、自动装置定值的远方整定以及电容器的远方投切。事故状态下，实现故障区段的自动定位、自动隔离、供电电源的转移及供电恢复。

（2）控制功能。针对设备的操作和控制，如开关控制、调节设备等，并实现自动化控制，如自动切换、自动重合闸等。

（3）保护功能。包括电力系统的过压、过流、欠压、欠流、短路等故障保护和防护，以及对系统的稳定性和可靠性的保护。

（4）信息交互。与调度自动化系统、GIS、PMS 等系统交互应用，实现信息的共享和实时交互。

（5）扩展功能。如模型/图形管理、馈线自动化、拓扑分析、状态估计、潮流计算、解合环分析、负荷预测、网络重构、安全运行分析、自愈控制、分布式电源接入控制应用、经济优化运行等。

三、配电自动化终端作用

（一）配电自动化终端概述

配电自动化终端：是安装于中压配电网现场的各种远方监测、控制单元的总称，是配网自动化系统的基本组成单元，其性能与可靠性直接影响到整个系统能否有效地发挥作用。配电自动化终端用于中压配电网中的开闭所、重合器、柱上分段开关、环网柜、配电变压器、线路调压器、无功补偿电容器的监视与控制，与配网自动化主站通信，提供配电网运行控制及管理所需的数据，执行主站给出的对配网设备进行调节控制的指令。

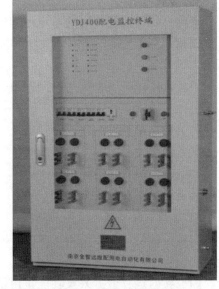

图 2-2　配电监控终端

（二）配电自动化终端构成

配电自动化终端的基本构成包括中心监控单元、人机接口电路、操作控制回路、通信终端、电源。

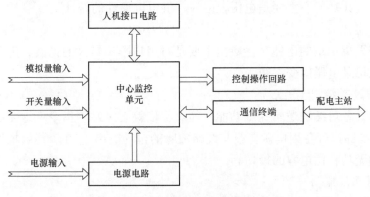

图 2-3　配电自动化终端的基本构成

中心监控单元是配电终端的核心部分。主要功能有：模拟量输入与开关量输入信号的采集，故障检测、电压、电流、有功功率等运行参数的计算，控制量的输出、远程通信等。

人机接口电路：用于对配电终端进行简单的配置维护，包括故障检测定值等主要运行参数进行整定，显示电压、电流、功率等主要测量数据以及其他反映装置运行状态的信息。

通信终端：实现监控单元与配网自动化通信介质的连接。

操作控制回路：主要用于FTU，提供人工操作开关的按钮。

电源回路：为配电终端电路提供各种直流电源。

（三）终端作用

1. SCADA功能

即三遥：遥测、遥信、遥控。

遥测：用于监视使用的蓄电池的电压和电流。

遥信：主要是接入配电开关辅助接点信号、储能机构储能正常信号、装置控制的"软压板"信号等。

遥控：配电开关合闸与跳闸输出，蓄电池活化控制等功能的开关量输出。

2. 故障监测与记录

（1）故障电流、电压值。

（2）故障发生时间及故障历时。

（3）小电流接地故障电流。

（4）故障方向。

3. 负荷监测

负荷监测功能主要适用于TTU，用于检测记录配电变压器低压侧运行数据。主要功能有：

（1）实时运行数据采集功能，用于负荷的实时监视。

（2）负荷记录功能，用于记录主要的反映负荷运行特征的参数，可保存在掉电不丢失的内存里。

（3）负荷统计功能，主要是电压合格率、供电可靠性的统计。

4. 电能质量监测

配电终端采集记录的电能质量数据主要是对用户影响最大的谐波、电压骤降数据，个别场合要求记录电压闪变参数。

5. 可编程逻辑控制（PLC）

配电终端具备可编程逻辑控制功能，能够不依赖于主站的指令就地完成一些控制功能，如DTU能够进行备用电源自投与线路故障的自动隔离、TTU能够根据电压与无功变化自动控制无功补偿电容的投切。

6. 断路器在线监测

用于断路器监控的配电终端通过检测记录断路器累计切断故障电流的水平、动作时间、动作次数可以监视断路器触头受电腐蚀的程度以及断路器的机械性能，为评估断路器运行状态并实施状态检修提供依据。

配电终端检测记录的参数及数据有：

（1）累计切断电流的水平。

（2）断路器动作时间。

（3）断路器动作次数。

7. 数据转发

为减少投资、优化通信结构，配网自动化系统一般采用主干通道与小区内分支通信网相结合的通道结构。位于主干节点上的 DTU 或 FTU 要具备数据转发功能，以转发附近其他现场智能装置的数据。

8. 配置维护功能

配电终端一般都有专用的维护通信口，把该口与 PC 机相连，运行专用程序，用户可在 PC 机上在线检查、修改装置的配置方式，监视装置的测量数据及运行状态。一些高性能的配电终端甚至可以做到通过该口下载应用程序模块，以更改有错误的程序，增加新的功能。通过配电终端的主站通信口，操作人员应该能够在主站通过通信通道上装或下载装置的配置方式。

第二节　配电自动化主站、终端运行要求

一、配电自动化主站运行要求

（一）配电自动化主站运行管理

配电自动化运维单位按要求落实人员配置，建立并完善岗位责任制，确保系统稳定可靠运行。运维单位制定配电自动化系统运行管理要求，包括配电自动化各类设备的运行巡视、投运退役管理、缺陷管理、设备异动管理、软件管理、二次安防要求等。

（二）配电自动化运行巡视要求

（1）配电主站运维人员应按照调控专业要求对配电主站、机房进行巡视，做好运行值班、交接班管理等工作。

（2）配电终端运维人员应结合一次设备同步对配电终端等进行巡视和检查，发现异常及时通知相关部门处理，同时启动缺陷管理流程并按规定上报。

（3）配网通信系统运维人员应定期对通信骨干网和 10kV 通信接入网相关设备进行巡视。

（4）地市供电企业可根据实际情况，在不影响人身、设备安全前提下，开展一、二次及配网通信设备的综合巡视。

（5）运维单位应完善各类配电自动化设备现场操作规程，提升标准化水平。

（6）配网调控人员应通过配电主站加强系统整体运行监控，积极开展遥控操作提升实用化水平。

（三）配电自动化缺陷管理要求

配电自动化缺陷分为危急缺陷、严重缺陷和一般缺陷。

（1）危急缺陷必须在 24h 内消除。包括配电主站故障停用或主要监控功能失效、配电通信系统片区性中断、配电终端发生误动等。

（2）严重缺陷必须在 5 个工作日内消除。包括配电主站重要功能失效或异常、遥控拒动、馈线自动化动作策略错误等。

（3）一般缺陷应列入检修计划尽快处理。

配电自动化运维单位应做好缺陷统计和分析工作，通过生产管理信息系统实现缺陷闭环管理。配电自动化管理部门至少每季度开展一次运行分析工作，针对系统运行中存在的问题，及时制定解决方案。

（四）配电自动化设备投运和退役管理要求

新产品、新设备由国网运检部统一组织相关测试，履行入网手续，并经挂网试运行和技术鉴定后方可投入正式运行，试运行期限不得少于半年。

新设备投运前应组织对新设备的运维人员开展技术培训。

配电自动化相关设备投入运行前或永久退出运行，应履行相应的审批手续。

（五）其他辅助运行的基本要求

1. 信息集成维护要求

运维总体原则：按照"源端维护，信息共享"的原则，具体运行维护要求如下：

（1）数据中心需开放缓冲区以接入生产管理系统及营销管理系统等完整的历史数据并通过 IEB 信息交互总线发布给其他各应用系统，并满足数据中心的分析、查询要求。

（2）数据中心需协助业务系统开发商验证传输数据的正确性，接口须有良好的错误处理机制，保证数据能按要求送入数据缓冲区中，保证数据的准确性、时效性和有效性。数据中心与其他各应用系统同步时间应保持在 15min 之内。

（3）数据中心需按省公司的需求对业务系统的数据进行整理、分析、展现。

（4）数据中心需协助业务系统开发商解读中间库结构。

（5）数据中心应是高度扩展的，能够适用大量数据传输。

2. 软件管理

配电自动化主站系统各运行维护部门应定期对业务数据与应用系统进行备份，确保在数据损坏或系统崩溃的情况下快速恢复数据与系统，保证系统的安全性、可靠性；配电主站运行维护部门应及时了解相关系统软件（操作系统、数据库系统各种工具软件）漏洞发布信息，及时获得补救措施或软件补丁对软件进行加固；配电自动化主站系统运维部门应严格按照国家电力监管委员会第 5 号令《电力二次系统安全防护规定》和《中低压电网自动化系统安全防护补充规定（试行）》（国家电网调〔2019〕168 号）的要求执行相关安全规定。

3. 设备台账管理

配电自动化主站系统通过 IEB 信息交互总线将设备台账信息交互至本系统；配电自动化主站系统运行部门应在主站系统设备变更后及时完成台账的更新工作；配电主站运

行维护应建立设备的台账（卡）、运行日志，并做好设备检修、故障处理、缺陷处理及数据测试等记录。

二、配电自动化终端运行要求

配电自动化终端的运行维护管理原则上按一次设备的运行和检修归属关系进行运行和检修管理，并照此原则进行职责划分。

1. 现场管理制度和人员要求

（1）配电自动化终端现场运行维护管理制度主要内容应包括：各类设备和功能停复役管理、缺陷管理、安全管理、检验管理、设备停复役管理等。

（2）各单位应配置配电终端专职运行维护人员，建立完善的岗位责任制。负责配电终端的巡视检查、故障处理、运行日志记录、信息定期核对等工作。

2. 现场管理制度和人员要求

（1）配电主站运行维护人员发现配电终端（子站）运行异常，应及时通知有关运行维护部门进行处理。

（2）配电终端运行维护人员应定期对终端设备进行巡视、检查、记录，发现异常情况及时处理，做好记录并按有关规定要求进行汇报。

（3）配电终端应建立设备的台账（卡）、设备缺陷、测试数据等记录。

（4）配电终端进行运行维护时，如可能会影响到调度员正常工作时，应提前通知当值调度员，获得准许并办理有关手续后方可进行。

（5）配电自动化终端运行维护部门应针对可能出现的故障，制定相应的应急方案和处理流程。

3. 缺陷管理

配电自动化终端缺陷分为三个等级：危急缺陷、严重缺陷和一般缺陷。

（1）危急缺陷。

是指威胁人身或设备安全，严重影响设备运行、使用寿命及可能造成自动化系统失效，危及电力系统安全、稳定和经济运行，必须立即进行处理的缺陷。

主要包括：整个自动化终端信息失效（遥测、遥信不刷新，遥控不执行）；自动化终端发生误动。

（2）严重缺陷。

是指对设备功能、使用寿命及系统正常运行有一定影响或可能发展成为危急缺陷，但允许其带缺陷继续运行或动态跟踪一段时间，必须限期安排进行处理的缺陷。

主要包括：自动化终端遥控拒动等异常；开关、刀闸等重要遥信量异常，自动化终端后备蓄电池组定期检验不合格。

（3）一般缺陷。

是指对人身和设备无威胁，对设备功能及系统稳定运行没有立即、明显的影响、且不至于发展成为严重缺陷，应结合检修计划尽快处理的缺陷。

主要包括一般遥测量、遥信量异常。

（4）其他一般缺陷。

缺陷处理响应时间及要求：

危急缺陷：发生此类缺陷时运行维护部门必须在 24h 内消除缺陷；

严重缺陷：发生此类缺陷时运行维护部门必须在 7 日内消除缺陷；

一般缺陷：发生此类缺陷时运行维护部门应酌情考虑列入检修计划尽快处理；

当发生的缺陷威胁到其他系统或一次设备正常运行时必须在第一时间采取有效的安全技术措施进行隔离；

缺陷消除前设备运行维护部门应对该设备加强监视防止缺陷升级。

（5）缺陷的统计与分析。

配电终端运行维护部门应按时上报配电自动化终端设备运行月报，内容应包括配电自动化终端设备缺陷汇总、配电自动化终端运行分析；

配电自动化终端管理部门每季度应至少开展一次集中分析工作，不定期组织对遗留缺陷和固有缺陷的原因进行分析，制定解决方案。

4. 投运和退役管理

（1）新建和改造配电自动化项目应按照《配电自动化验收细则（第一版）》（生配电〔2010〕226 号）和《配电自动化实用化验收细则（试行）》（生配电〔2011〕69 号）要求，分别组织开展工程验收和实用化验收。

（2）新建配电站、所的自动化终端设备应与配电一次设备同步建设、同步验收、同步投入使用。

（3）新研制的产品（设备），必须经过试运行和技术鉴定后方可投入正式运行，试运行期限不得少于半年。

（4）新终端设备投运前配电自动化终端有关管理部门应组织对新终端设备的运行维护人员进行技术培训。

（5）配电终端设备永久退出运行，应事先由其运行维护部门向该设备的调度部门提出书面申请，经批准后方可进行。

第三节　配电自动化保护定值管理

一、定值设定与调整

根据电网结构、设备特性和运行要求，合理设定配电自动化保护的定值。在设备投运前或电网结构发生变化时，对保护定值进行调整，确保保护功能的准确性和可靠性。

定值的设定和调整应遵循国家及行业的相关标准和规范，同时考虑电网的实际情况和发展趋势。

二、定值审核与批准

定值设定与调整完成后，应经过专业人员的审核，确保其正确性和合理性。审核合格后，定值需经过相关部门或领导的批准，方可正式实施。审核和批准过程应记录在案，以备后续查阅和追溯。

三、定值实施与监控

经审核批准的定值应及时实施到相应的配电自动化保护设备上。实施过程中应注意操作规范和安全防护措施，避免误操作或设备损坏。实施后，应对保护定值进行实时监控，确保其在实际运行中的准确性和有效性。

四、定值变更管理

在电网结构、设备特性或运行要求发生变化时，应及时对保护定值进行变更。定值变更应遵循相同的审核和批准流程，确保变更的合理性和正确性。定值变更后，应及时更新相关文档和记录，保持定值信息的最新性和准确性。

五、定值档案管理

应建立完善的定值档案管理制度，对定值设定、调整、审核、批准、实施、变更等全过程进行记录和管理。定值档案应包括定值表、计算书、审核记录、批准文件等相关资料。定值档案应妥善保存，方便后续查阅和追溯。

六、定值培训与教育

对负责配电自动化保护定值管理的人员进行专业培训和教育，提高其定值管理能力和水平。培训内容应包括定值管理的基本原理、操作规范、注意事项等。通过培训和教育，提高人员对定值重要性的认识，增强其对定值管理工作的责任感和使命感。

七、定值性能评估

定期对配电自动化保护定值进行性能评估，以检验其在实际运行中的准确性和可靠性。性能评估应结合电网的实际运行情况和故障记录进行分析和评估。根据评估结果，及时对定值进行优化和改进，提高保护功能的性能。

八、定值优化与改进

根据定值性能评估结果和电网发展的需要，对配电自动化保护定值进行优化和改进。优化和改进应考虑电网结构、设备特性、运行要求等多方面因素，确保定值更加合理和有效。优化和改进后的定值应经过相同的审核和批准流程，方可正式实施。

第四节　配电自动化系统网络安全防护

一、配电自动化系统二次安防要求

配电自动化系统安全防护应严格遵守《电力监控系统安全防护规定》（国家发展与改革委员会〔2014〕14 号令）、《中低压电网自动化系统安全防护补充规定（试行）》（国家电网调〔2011〕168 号）要求。

配电自动化系统应纳入本单位统一的电力二次系统安全防护体系，具备遥控功能的纵向通信应采用调度数字证书，满足专用认证、加密的要求，与其他信息系统进行交互应满足横向隔离要求。远程维护诊断必须满足电力二次系统安全防护的要求，并获相关主管部门批准后方可进行，同时做好远程维护的记录和审计工作。

严格执行权限管理规定，保证系统安全。严格执行责任区管理，根据设备管辖范围划分责任区，严禁跨区域操作和跨范围操作。系统运行维护部门应根据《电力二次系统安全加固规范》，做好相关系统软件（操作系统、数据库系统、各种工具软件）的安全加固；应根据电力二次系统安全防护要求，做好主站系统恶意代码防范的维护工作。

二、配电自动化系统网络安全整体方案

（一）信息安全防护

根据国家发改委〔2014〕14号令相关规定与Q/GDW 1594中三级系统安全防护要求，进行配电运行监控应用与配电运行状态管控应用的安全防护建设。

配电主站涉及的边界包括：大区边界B1.生产控制大区横向域边界B2.生产控制大区与安全接入区边界B3.信息内网与无线网络边界B4。配电主站边界划分如图2-4所示。

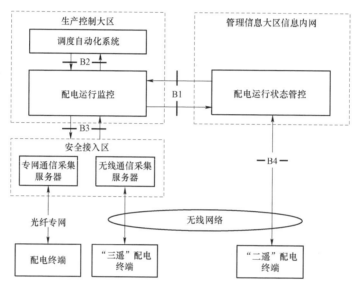

图2-4 配电主站边界划分示意图

（1）配电运行监控应用与配电运行状态管控应用之间为大区边界B1，采用电力专用横向单向安全隔离装置。

（2）配电运行监控应用与本级调度自动化或其他电力监控系统之间为生产控制大区横向区域边界B2，采用电力专用横向单向安全隔离装置。

（3）针对配电终端接入设立安全接入区，生产控制大区与安全接入区边界B3应采用电力专用横向单向安全隔离装置。

（4）当配电终端采用无线网络接入配电运行状态管控应用时，信息内网与无线网络边界B4应采用安全加密认证措施，实现接入认证和数据传输加密，配电主站与配电终端之间的访问控制、安全数据交换、单向认证，以及遥控、参数配置、版本升级等关键和敏感信息的加密传输。

（二）安全防护措施

为保障配电主站与配电终端交互安全，采用如下措施进行安全防护：

（1）在配电运行监控前置服务器配置基于非对称密码算法的配网加密认证装置，对控制命令和参数设置指令进行签名操作，实现子站/配电终端对配电主站的身份鉴别与报文完整性保护。

（2）对无线网络接入配电运行监控应用时，采用安全加密措施实现配电主站与配电终端之间的单向认证，以及遥控、参数配置、版本升级等关键和敏感信息的加密传输。

（3）对无线网络接入配电运行状态管控应用时，采用安全加密措施实现配电终端参数配置、版本升级等关键和敏感信息的加密传输。

（4）配电终端和配电主站之间的认证采取国家主管部门认可的非对称密码算法，配电终端和配电主站之间关键和敏感信息的加密采取国家主管部门认可的对称密码算法。

第三章 配网调度控制基础

第一节 配网调控综述

一、配网调控基本任务

配调在配网运行工作中代表地市供电公司行使指挥权，并对涉及配网调度方面的专业行使管理权。

配网调控管理的任务是负责组织、指挥、协调配网内配电设备的安全运行、操作和事故处理，遵循安全、优质、经济的原则，其主要任务是：

（1）充分发挥配网内供电设备能力，最大限度满足配网的用电需求。

（2）保证配网安全运行和对客户的持续供电。

（3）合理安排运行方式及检修计划，减少重复停电，保证配网在最安全可靠的方式下运行。

（4）根据国家有关法律、法规和政策，按照"公平、公正、公开"的原则对配网进行调控，保护供电、用电等有关方面的合法权益。

（一）基本管理制度

（1）配调既是配网的生产运行指挥机构，又是电力生产运行单位，具有双重职能。

（2）配调在地调领导下负责地区配网的调控工作，各县供电公司配网运维单位在配调的指挥下，确保配网的安全稳定运行。

（3）配调调控员在其值班期间为配网运行的指挥者和协调者，负责对其管辖范围内的设备操作和事故处理下达调度指令，并对下达的调度指令的正确性负责。

（4）地市供电公司领导发布的有关配网调控业务的指示应通过配调领导传达到配调值班调控员。

（5）属配调调控管辖的设备，凡需改变运行状态，必须得到配调值班调控员的指令才能进行，不允许私自操作设备，操作前后应与配调值班调控员核对设备状态。对人身和设备安全有威胁时，可先自行处理，事后及时汇报配调值班调控员，并做好录音和值班记录。

（6）各县供电公司配网运维单位的停送电联系人在接受指令后必须正确的复诵并执行，并及时汇报执行情况。如果受令人认为所接受的指令不正确，应及时提出意见，如发令人确认继续执行该调度指令，应按调度指令执行。如果执行该调度指令确实将危及人身、设备或系统安全时，受令人可以拒绝执行，同时将拒绝执行的理由及建议上报给发令人，并向本单位主管领导汇报。

（7）任何单位和个人不得干预调度系统值班人员发布或执行调度指令，调度值班人员有权拒绝各种非法干预。如有值班人员不执行、延误执行或变相执行调度指令，均视为不执行调度指令。不执行调度指令的值班人员和允许不执行调度指令的领导均对不执行调度指令所造成的后果负责。

（8）配调值班调控员在当值期间应认真监视 10kV 接入配调线路负荷情况，对重载线路及时进行运行方式的调整，并及时告知配网运行方式专责及设备运维单位。

（9）当线路负荷值发生突然变化或异常时，配调值班调控员应充分考虑到线路是否有大容量负荷投退、线路故障、远动设备异常等，并及时采取相应的处理措施。

（10）对拒绝执行调度指令，破坏调度纪律，有以下行为之一者，配调有权组织调查，并依据有关法律、法规和规定进行处理：

1）不执行配调下达的调度指令和保证电网安全的措施。

2）未经配调值班调控员许可，擅自改变配网运行方式。

3）不执行已批准的检修计划。

4）不如实反映执行调度指令情况。

5）不如实反映配网设备运行、检修、消缺情况。

6）与配调调控业务有关的配网调控自动化设备退出运行、检修或在调试前未向配调申请并得到同意的。

7）违反配网调度纪律的其他情况。

（二）配网调控值班制度

配调值班调控员应保持良好精神状态，调控业务联系要严肃认真，态度诚恳，语言简明，使用普通话和统一的调控术语。

配调调控员要严格遵守保密制度，不得向无关人员泄露生产数据和系统运行情况。调度大厅内各种资料、文件、物品未经调度班长同意不得外借。

配调调控员值班期间应掌握电网运行状况，及时调整运行方式，认真做好电网薄弱环节分析、事故预想及处理预案。做好各种记录，要求内容真实、完整、清晰。

（三）交接班制度

交班值应提前十分钟做好交班的准备工作，认真填写值班日志，将各种记录、报表、文件、相关资料收集齐全并摆放整齐，核对配网调度工作站上的接线和标示情况，检查本班各项工作的执行情况，保持调度大厅整洁。

接班值调控员应提前十分钟到达调度大厅，认真阅读休班期间的各种记录，全面了解配网运行接线方式和设备状态、停送电操作及潮流等情况，然后才能进行交接班。

交班时，交班人员应从接班人员上次交班后开始交起。交接班内容以交接班日志、记录为依据。交接内容包括：

（1）运行日志和各种记录的重要内容。

（2）操作和检修工作的进行情况。

（3）系统运行方式、继电保护及自动装置的变更情况。

（4）设备缺陷、系统事故异常状态及其处理情况。

（5）调度工作站上接地开关，接地线敷设情况。

（6）上级布置的工作、指示、传阅文件及有关单位联系事项。

（7）通信、录音设备、自动化装置及计算机等使用变动情况。

在处理事故或进行重要的倒闸操作时，不得进行交接班，待处理完毕或告一段落后，方可办理交接手续。

交接班时发生故障，应立即暂停交接班，并由交班调控员进行处理，直到故障处置告一段落或处置完毕，方可交接班。接班调控员可按交班调控员的要求协助处置故障。交接班完毕后，系统发生故障，交班调控员亦可应接班调控员的请求协助处置故障。

（四）配调调控员培训制度

1. 配调调控员

上岗前须取得上级调控机构下发的持证上岗证书，具备资格后的人员名单书面通知各有关单位。

配调调控员实习期间无权发布调度指令、进行遥控操作或进行调控业务联系。

配调调控员离岗一个月以上者，应跟班 1～3 天熟悉情况后方可正式值班。离岗三个月以上者，应经必要的跟班实习考试合格后方可正式值班。

2. 配网停送电联系人

配网停送电联系人负责所辖设备的停送电业务、执行配调值班调控员调度指令并向配调值班调控员汇报指令执行情况。接受调度指令的配网停送电联系人必须为调度指令的现场执行人员，不得转令。

配网停送电联系人根据已批准的停电计划或临时停电申请，严格按照已批准的停电时间申请。设备检修工作应严格控制在已批准的时间内完成，不得无故超计划时间检修。

配网停送电联系人原则上不得变更，如因特殊情况确需变更的，应征得配调值班调控员的同意后，委托在安质部备案的其他配网停送电联系人进行联系。

二、配网调度控制系统

（一）系统建设要求

（1）配电网调度控制系统是配电网调度运行控制、抢修指挥及调度运行管理等工作开展的重要技术支撑，是配电网安全、经济、优质运行的重要基础。

（2）系统构建在标准、通用的软硬件基础平台上，具备可靠性、可用性、扩展性和安全性。

（3）系统应按照地县一体化构架进行设计和建设。根据配电网的发展情况，大型县公司可根据业务需要单独建设配电主站；各地区（城市）可根据配电网规模和配电自动化应用基础情况，合理选择独立建设或调配一体化建设模式。

（4）系统建设应遵循统一的技术标准，满足国标、行标等相关要求。模型应采用 GB/T 30149 标准，图形应采用 DL/T 1230 标准，模型交互应采用 GB/T 30149、DL/T 890.301、DL/T 1080 标准，设备命名采用 DL/T 1171 标准，邮件采用 DL/T 1169 标准，流程采用 DL/T 1170 标准，服务采用 DL/T 1233 标准。配电主站应遵循 DL/T 814 标准中配电自动化主站的功能定位，并对其进行细化、补充和完善。

（5）系统应贯通生产控制大区与管理信息大区，按照"源端唯一、全局共享"的原则实现与相关系统之间数据通信，满足应用业务需求。

（6）系统应满足国家发改委（2014年）第14号令和配电网安全防护相关技术要求。

（二）系统架构

配电网调度控制系统面向配电网调度应用，实现生产控制大区的模型/图形管理、调度监控、拓扑分析应用、主动故障研判和停电分析、馈线自动化、网络分析等配电网调度控制功能，实现管理信息大区的故障抢修指挥、调度运行管理、方式计划及二次管理、统计分析等配电网调度管理功能。系统架构如图3-1所示。

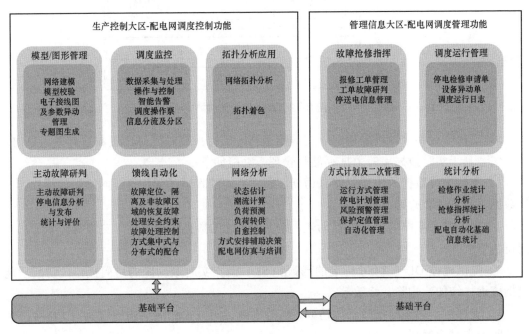

图3-1　系统架构图

（三）系统基础平台

1. 总体要求

基础平台是配电主站开发和运行的基础，包含硬件、操作系统、数据管理、信息传输与交换、公共服务和功能6个层次，采用面向服务的体系架构，为系统各类应用及横纵向贯通提供通用的技术支撑。基础平台结构如图3-2所示。

2. 数据库管理

（1）基于关系数据库的数据存储与管理，功能如下：

1）支持数据库的创建以及数据的存储和访问，支持标准SQL访问和遵循DL/T 1456标准的函数接口访问。关系数据库数据管理包括模型数据管理和历史数据管理；

2）数据库中间件访问接口应满足各应用对关系数据库的访问需求；

3）模型数据管理提供基于图模库一体化的模型管理、维护工具，支持模型建模、校验、维护等功能；

4）历史数据管理应支持历史数据采样、导入、导出、查询、统计及转存功能；

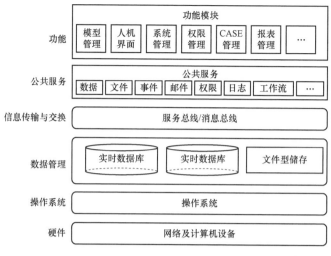

图 3-2 基础平台结构

5）支持秒级和分钟级周期的历史数据采样，支持按照时间对历史数据导入、导出。

（2）基于实时数据库的数据存储与管理，功能如下：

1）支持实时数据的快速存储和访问，提供高速的本地访问接口、网络访问接口，支持数据关系描述和检索；

2）根据关系库中的定义进行创建，提供图形化的数据维护界面，支持实时库的在线浏览、修改；

3）提供遵循 DL/T 1456 标准的函数和 SOL 两类实时数据库的访问接口，访问功能包括查询、增加、删除、修改等；

4）支持对不同态的实时数据访问，支持本地访问方式和网络访问方式，支持多态多节点间的实时库复制；

5）在冗余配置时，多实时库间的模型结构和记录数据能够自动保持一致；

6）提供工具将实时库文件生成 SQL 脚本，在模型库损坏的情况下恢复模型库。

（3）基于文件的数据存储与管理，功能如下：

1）提供文件在系统内的存储和管理功能，支持基于组件和服务的文件传输，提供用户级管理工具；

2）基于文件的数据存储与管理应支持冗余配置并对用户透明，同时本地访问和网络访问方式对应用透明；

3）提供文件实时同步功能，冗余配置节点间指定目录下的文件应保持一致；

4）具备文件版本管理、锁管理、目录管理和文件目录修改、删除访问接口等功能。

第二节 配网调控常用术语

在配网停送电过程中调度员通过下达操作指令来操作设备，操作指令包括综合操作指令、单项操作指令和逐项操作指令。以下介绍配电网常用调度术语。

一、开关和刀闸

（1）合上开关。使开关由分闸位置转为合闸位置。

（2）拉开开关。使开关由合闸位置转为分闸位置。

（3）合上刀闸。使刀闸由断开位置转为接通位置。

（4）拉开刀闸。使刀闸由接通位置转为断开位置。

（5）开关跳闸。开关非运行人员操作使三相同时由合闸转为分闸位置。

（6）开关跳闸、三相重合不成功。开关跳闸后，立即自动合上三相开关再自动跳开。

（7）开关跳闸、重合闸拒动。开关跳闸后，重合闸装置虽已投入，但未自动合上。

（8）线路强送成功。开关跳闸后，在线路故障是否消除尚不清楚时，合上开关，对线路进行全电压送电，开关未再跳闸。

（9）线路强送不成功。开关跳闸后，在线路故障是否消除尚不清楚时，合上开关对线路进行全电压送电，开关再次跳闸。

二、并列、解列

（1）核相。用仪表工具核对两电源或环路相位是否相同。

（2）核对相序。用仪表或其他手段，核对电源的相序是否正确。

（3）相位相同。开关两侧 A、B、C 三相均排列相同。

（4）解列。将一个电力系统分为两个独立系统运行。

三、线路

（1）线路强送电。线路事故跳闸后未经处理即送电。

（2）线路试送电。线路故障消除后的送电。

（3）带电巡线。对有电或停电未做好安全措施的线路巡线。

（4）停电巡线。在线路停电并挂好地线情况下巡线。

（5）事故巡线。线路发生事故后，为查明故障原因的巡线。

（6）特巡。对带电线路在暴风雨、覆冰、雾、河流开冰、水灾、大负荷、地震等情况下的巡线。

四、电力系统

（1）摆动。电力系统电压、电流产生有规律的小量摇摆现象。

（2）波动。电力系统电压发生瞬间下降或上升后立即恢复正常。

（3）振荡。电力系统并列运行的两部分或几部分间失去同期、系统电压、电流、有功和无功发生大幅度有规律的摆动现象。

（4）线路潮流。线路的电流或有功、无功功率方向大小。

第三节　配网调控相关法规

为贯彻落实《国调中心关于进一步加强配电网调度管理的通知》（调技〔2018〕89号）要求，适应分布式电源快速发展及供电服务指挥中心（配网调控中心）的建设要求，保障配电网安全、优质、经济运行，实现配电网调度管理的标准化、专业化、精益化，宁夏电力调度控制中心组织各地区电网调度控制中心、供电服务指挥中心（配网调控中心）修编统一的地区配电网调度控制管理规程，形成《国网宁夏电力有限公司配电网调度控制管理规程》。

该配电网调度控制管理规程修编参照《宁夏电网调度控制管理规程》，结合地区配电网调控运行管理的实际情况制定了修编大纲，由宁夏电力调度控制中心组织专业人员共同进行修编，经过多次讨论和修改，形成规程。

下列标准及文件均作为配网调控相关基本法律法规：

《中华人民共和国电力法》（2015）；

《电网运行准则》（GB/T 31464—2015）；

《光伏发电站接入电力系统技术规定》（GB/T 19964—2024）；

《光伏发电系统接入配电网技术规定》（GB/T 29319—2024）；

《电网调度规范用语》（DL/T 961—2005）；

《电力通信运行管理规程》（DL/T 544—2012）；

《3～110kV 电网继电保护装置运行整定规程》（DL/T 584—2007）；

《电力安全工作规程（变电部分）》（Q/GDW 1799.1—2013）；

《分布式电源调度运行管理规范》（Q/GDW 11071—2014）；

《国家电网公司关于印发分布式电源并网相关意见和规范（修订版）的通知》（国家电网办〔2013〕1781 号）；

《国家电网公司安全事故调查规程》（国家电网安监〔2011〕2024 号）；

《国家电网公司电力安全工作规程（配电部分）（试行）》（国家电网安质〔2014〕265 号）；

《国家电网公司关于全面推进供电服务指挥中心（配网调控中心）建设工作的通知》（国家电网办〔2018〕493 号）；

《国家电网有限公司关于印发供电服务指挥中心（配网调控中心）深化运营专项活动方案的通知》（国家电网设备〔2018〕1044 号）；

《国调中心关于进一步加强配电网调度管理的通知》（调技〔2018〕89 号）；

《国网宁夏电力公司 10kV 配电设备调度命名规范》（宁电调〔2014〕24 号）；

《宁夏电网调度控制管理规程》（宁电调〔2015〕353 号）；

《国网宁夏电力有限公司关于地市公司供电服务指挥中心（配网调控中心）实体化建设实施方案的批复》（宁电人资〔2018〕420 号）；

《宁夏电力调度控制中心关于印发宁夏配网调控管理能力提升专项活动工作方案的通知》（宁电调〔2018〕55 号）。

第四章 电能质量基础

第一节 电能质量基本知识

一、电能质量基本概念

电能质量，是指电力系统指定点处的电特性，关系到供用电设备正常工作(或运行)的电压、电流、频率的各种指标偏离基准技术参数的程度。电能质量指标包括电力系统频率偏差、供电电压偏差、谐波（间谐波）、三相电压不平衡、电压波动与闪变、电压暂升/暂降与短时中断等，各项电能质量指标应符合下列国家标准：

（1）《电能质量 电力系统频率偏差》（GB/T 15945）；

（2）《电能质量 供电电压偏差》（GB/T 12325）；

（3）《电能质量 公用电网谐波》（GB/T 14549）；

（4）《电能质量 公用电网间谐波》（GB/T 24337）；

（5）《电能质量 三相电压不平衡度》（GB/T 15543）；

（6）《电能质量 电压波动和闪变》（GB/T 12326）；

（7）《电能质量 电压暂降与短时中断》（GB/T 30137）；

（8）其他电能质量相关国家标准。

从严格意义上讲，衡量电能质量的主要指标有电压、频率和波形。从普遍意义上讲是指优质供电，包括电压质量、电流质量、供电质量和用电质量。在现代电力系统中，电压暂降和中断已成为最重要的电能质量问题。

（一）电压质量

是以实际电压与理想电压的偏差，反映供电企业向用户供应的电能是否合格的概念。这个定义能包括大多数电能质量问题，但不能包括频率造成的电能质量问题，也不包括用电设备对电网电能质量的影响和污染。

（二）电流质量

反映与电压质量有密切关系的电流的变化，是电力用户除对交流电源有恒定频率、正弦波形的要求外，还要求电流波形与供电电压同相位以保证高功率因素运行。

（三）供电质量

其技术含义是指供电可靠性和电能质量，非技术含义是指服务质量。

（四）用电质量

包括电流质量与反映供用电双方相互作用和影响中的用电方的权利、责任和义务，也包括电力用户是否按期、如数交纳电费等。

二、电能质量的标准

现阶段，我国电能质量标准组织制定的单位为全国电压电流等级和频率标准化技术委员会（TC 1）和全国电磁兼容标准化技术委员会（TC 246）。我国电能质量体系标准见表 4−1。

表 4−1   我国电能质量体系标准

标准号	名称
GB/T 12324—2008	电能质量供电电压偏差
GB/T 12324—2008	电能质量电力系统频率偏差
GB/T 15543—2008	电能质量三相电压不平衡度
GB/T 12326—2008	电能质量电压波动和闪变
GB/T 14549—1993	电能质量公用电网谐波
GB/T 24337—2009	电能质量公用电网间谐波
GB/T 19862—2005	电能质量监测设备通用要求

三、电能质量的特点

电能属于一种产品，与普通产品有所区别，因此，电能质量也与普通产品质量有所不同，经过总结电能质量有以下两方面特点：

（1）电能质量的高低，不完全由电力企业所决定，甚至有一些电能质量指标，如电压波动、谐波等指标，是由用电用户的干扰而决定的。除此之外，电能质量还会受到意外事故以及外部影响，例如雷击等无法预测的因素影响。

（2）供电地点不一样或者供电时间不一样，会导致电能质量指标的不同，通过这一点，说明电能质量受到时间和空间的限制，属于一种动态变化的状态。

四、电能质量的评价

电能属于一种产品，与普通产品有所区别，因此，电能质量也与普通产品质量有所不同，经过总结电能质量有以下两方面特点：

（1）电能质量的高低，不完全由电力企业所决定，甚至有一些电能质量指标，如电压波动、谐波等指标，是由用电用户的干扰而决定的。除此之外，电能质量还会受到意外事故以及外部影响，例如雷击等无法预测的因素影响。

（2）供电地点不一样或者供电时间不一样，会导致电能质量指标的不同，通过这一点，说明电能质量受到时间和空间的限制，属于一种动态变化的状态。

五、电能质量治理目的

（一）保障电力系统的稳定运行

通过控制电能质量问题，确保电力系统各部件的正常运行，提高电网的稳定性和可靠性。

（二）保障用户设备的安全运行

提高电能质量可以减少电力系统中的电压波动、谐波等问题，降低对用户设备的影响，保障用户设备的安全运行。

（三）提高电能利用效率

优化电能质量可以减少电能损耗，提高电能利用效率，降低生产成本。

（四）促进电力市场的健康发展

良好的电能质量可以提高用户满意度，促进电力市场的竞争和发展，推动电力行业的健康发展。

第二节 电能质量管理

一、分布式电源的电能质量并网要求

发电企业应当服从电力调度指令落实调频、调压有关措施，确保电能质量符合国家标准。

（1）新（改、扩）建的新能源场站、10kV 及以上电压等级并网的分布式电源和新型储能应当在接入电力系统规划可研阶段开展电能质量评估，配置电能质量在线监测装置，采取必要的电能质量防治措施。治理设备、在线监测装置应当与主体工程同时设计、同时施工、同时验收、同时投运。在试运行阶段（6个月内），应当开展电能质量监测，指标超标时应当主动采取治理措施。

（2）发电企业应当在生产运行阶段开展电能质量监测工作，针对自身原因引起的电能质量问题主动采取防治措施。新能源发电场站应当配置电能质量在线监测装置，并配合问题调查分析，为电能质量指标统计和问题分析提供数据支撑。

（3）10kV 以下电压等级并网的分布式电源应当配置具备必要的电能质量监测功能的设备，并进行电能质量指标超标预警和主动控制。电能质量指标不符合国家标准有关规定的，应当采取防治措施。采取防治措施后电能质量仍不符合国家标准，影响电网安全运行或其他电力用户正常用电时，应当配合电网企业执行出力控制或离网控制。

（4）发电企业应当开展电能质量管理工作相关信息采集与问题分析治理能力建设，建立变流器等干扰源设备、治理设备、监测装置台账库，定期维护更新。

（5）光伏发电系统接入配电网中的电能质量管理应注意如下情况：

1）电压偏差。

光伏发电系统接入后，引起公共连接点的电压偏差应满足 GB/T 12325 的要求。

2）电压波动和闪变。

光伏发电系统接入后，引起公共连接点的电压波动和闪变应满足 GB/T 12326 的要求。

3）谐波与间谐波。

光伏发电系统向所接入公共连接点的谐波注入电流应满足 GB/T 14549 的要求，其中光伏发电系统并网点向电力系统注入的谐波电流允许值，应按光伏发电系统安装容量与公共连接点上具有谐波源的发/供电设备总容量之比进行分配。

光伏发电系统接入后，引起公共连接点的间谐波应满足 GB/T 24337 的要求。

4）电压不平衡度。

光伏发电系统接入后，引起公共连接点的电压不平衡度应满足 GB/T 15543 的要求。

5）直流分量。

光伏发电系统向公共连接点注入的直流电流分量应不超过其交流额定功率的 0.5%。

6）监测与治理。

① 通过 10（6）kV 电压等级并网光伏发电系统的公共连接点应装设满足 GB/T 19862 要求的 A 级电能质量在线监测装置，电能质量监测数据应至少保存一年。

② 通过 380V 电压等级并网光伏发电系统的公共连接点宜装设满足 GB/T 19862 要求的电能质量在线监测装置或具备电能质量在线监测功能的设备，电能质量监测数据应至少保存一年。

③ 当光伏发电系统的电能质量指标不满足要求时，应安装电能质量治理设备。

光伏发电系统启停时所引起的电能质量变化应满足上述要求；光伏发电系统启动时并网点电压和频率应满足 GB/T 12325 和 GB/T 15945 的要求，否则不应启动。通过 10（6）kV 电压等级并网的光伏发电系统应在接收到电网调度机构的并网指令后恢复并网。

二、配电网供电电能质量要求

（1）电网企业应当不断完善网架结构、优化运行方式，提高电网适应性。在发电设备和用电设备接入电力系统时，电网企业应当审核发电设备和用电设备接入电力系统产生电能质量干扰的情况，可按照国家有关规定拒绝不符合规定的发电设备和用电设备接入电力系统。

（2）高压直流输电、柔性输电等非线性设施规划设计阶段应当开展电能质量评估，配置电能质量在线监测装置，必要时配置电能质量调控设备，且与主体工程同时设计、同时施工、同时验收、同时投运。

（3）电网企业应当加强对新能源场站并网点、10kV 及以上接有干扰源用户的公共连接点的电能质量问题分析。由于发电企业或电力用户影响电能质量或者干扰电力系统安全运行时，发电企业或电力用户应采取防治措施予以消除。对不采取措施或者采取措施不力的，电网企业可按照国家有关规定拒绝其接入电网或者中止供电，并报送本级电力管理部门、抄报所属国家能源局派出机构。

干扰源用户消除引起中止供电的原因后，电网企业应当在 24h 内恢复供电，不能在 24h 内恢复供电的，应向干扰源用户说明原因。

（4）电网企业应当开展电能质量管理工作相关信息采集与问题分析治理能力建设，建立电能质量监测、调控设备台账，定期维护更新。

三、用电电能质量管理

（1）干扰源用户接入电力系统时，应当在规划可研阶段开展电能质量评估，采取必要的电能质量防治措施，并与主体工程同时设计、同时施工、同时验收、同时投运。在试运行阶段（6 个月内），应当开展电能质量监测，指标超标时应当主动采取治理措施。

（2）对电能质量有特殊要求的用户在接入电力系统时，应当自行开展电能质量需求分析，采用耐受水平与电能质量需求相匹配的用电设备，以及配置合适的电能质量控制设备，确保电能质量满足自身需求。

（3）存在电能质量问题的干扰源用户和对电能质量有特殊要求的用户应当加强电能

质量监测分析，针对自身原因引起的电能质量问题主动采取防治措施，并配合问题调查分析，提供数据支撑。

（4）干扰源用户和对电能质量有特殊要求的用户应当建立干扰源设备、对电能质量有特殊需求的设备、治理设备、监测装置台账库，定期维护更新。

（5）鼓励各方为对电能质量有特殊要求的用户提供有偿增值服务等。

第三节　电能质量监测及调控

一、监控设备类型

（一）电能质量监测专用设备

通过对引入的电压，电流信号进行分析处理，实现对电能指标进行监测的专用装置。

（二）电能质量监测主站

具备电能质量监测数据采集、分析、管理等功能的应用软件及其运行环境。

（三）电能质量监测系统

由电能质量监测数据源、通信网络以及监测主站组成的系统。

二、监测方式选用

（1）综合考虑应用场景、监测成本等因素选用监测方式。

（2）对于配电网电能质量评估、配电网电能质量异常分析等应用场景，宜建立电能质量监测系统，进行长期在线监测，典型电能质量监测系统架构见图4-1。

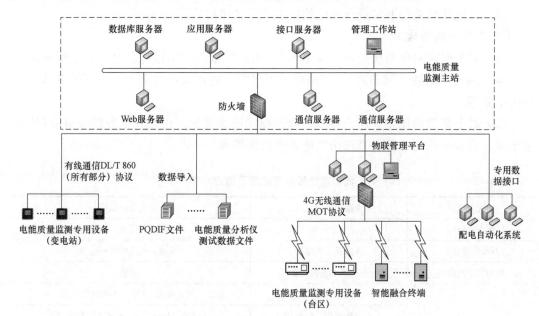

图4-1　典型电能质量监测系统架构

（3）对于 10kV 及以上电压等级的新能源场站和大容量干扰源用户电能质量评估等应用场景，宜采用长期在线监测方式。

（4）对于配电网电能量周期普查测试等应用场，宜采用专项测试方式。

三、监测点设置

（一）电网侧监测点设置

在以下位置设置电能质量监测点：

（1）变电站的重要供电母线及出线，如计量关口点等；为电气化铁路、电动汽车充电站、金属冶炼加工、变频调整负荷、电解负荷等非线性冲击性负荷。

（2）供电的导线及出线。

（3）GB/T 29328 规定的重要电力用户供电的长线及出线。

（4）风电场、光伏电站、分布式电源接入点的母线及出线，如 10kV 及以上电压等级新能源场站接入点，分布式光伏总容量超过配电变压器额定容量 25%的配电变压器电压母线等。

（5）装有 DFACTS 设备、电能质量治理设备的变电站母线及出线。

（6）曾发生电能质量超标或者用户投诉较多的变电站母线及出线。

（7）受换流站影响的变电站母线，如直流接地极周边变电站母线等。

（二）用户侧监测点设置

在以下位置设置电能质量监测点：

（1）接入配电网的 10kV 及以上电压等级新能源场站和非线性冲击性开户母线及出线。

（2）电能质量敏感或有特殊要求的配电网用户线输出。

（3）曾发生因电能质量问题导致设备损坏等事故的用户母线及出线。

（4）供电管理部门要求进行监测的供电点或者供电园区。

（三）监测指标选用

（1）对干配电网电能质量评估应用场景，电能质量监测指标包含电力系统频率偏差、供电电压偏差、谐波（间谐波）、三相电压不平衡、电压波动与闪变、电压暂升/暂降与短时中断等。

（2）对于新能源场站和用户接入司电网电能质量评估，电能质量异常分级治理等应用场景，宜根据监测对象类型选用电能质量监测指标。

表 4-2　　　　　　　典型电能质量干扰源及监测指标

干扰源类型	主要干扰源设备	电能质量指标
电气化铁路	电力机车	谐波、电压波动和闪变、负序、电压偏差
城市轨道交通	有轨及无轨交通	谐波、电压波动和闪变
电动汽车充电站	电动汽车充电设备	谐波
电加热负荷	交流电弧炉	谐波（简谐波）、电压波动和闪变闪变、负序
	直流电弧炉、精炼炉	谐波（间谐波）、电压波动和闪变
	电热炉	谐波、电压波动和闪变、负序
	中频炉	谐波、电压波动和闪变
	单（多）晶硅生产设备	谐波

续表

干扰源类型	主要干扰源设备	电能质量指标
轧机	交、直流轧机	谐波（间谐波）、电压波动和闪变
电解负荷	电解设备	谐波、电压波动和闪变
电焊负荷	电焊机	谐波、电压波动和闪变
起重负荷	电铲、升降门、门吊等	谐波、电压波动和闪变
风电场	风力发电机组、变流器	闪变、谐波（简谐波）、电压偏差
光伏电站	变流器	谐波、闪变
变频调速负荷	变频电机、水泵	谐波、电压波动和闪变
其他	变频空调、大型电梯、节能照明设备	谐波
	UPS、开关电源、逆变电源	谐波

（四）电能质量监测数据源

1. 监测数据源分类

监测数据源包括电能质量监测专用设备、智能融合终端、电表、电压监测仪等兼具电能质量监测功能的设备以及配电网周度控制系统、配电自动化系统、用电信息采集系统等其他数据源。

2. 监测设备

（1）电能质量监测功能。

监测功能应满足 GB/T 19862 和 GB/T 17626.30 要求。对于接入大量电力电子设备的配电网监测应用场景，出测设备宜具备超高次谐波监测功能。

（2）通信功能。

监测设备宜具备以太网、EIARS 232/485.4G 或 5G 通信、HPLC 等通信方式中的一种。对于 10kV 及以下电压等级的公用配电网、新能源场站和用户电能质量监测，监测设备宜具备无线通信功能。监测设备宜采用 MQTT 通协议或者 DL/T 860（所有部分）规定通信协议。监测设备宜配置 1 个 USB 接口，以便在不具备通信条件或紧急情况下通过移动拷贝等方式传输数据。

（3）信息安全功能。

监测设备宜具有访问控制、数据保护和审计等信息安全防护功能，防止无授权访问设备内部数据、控制利用设备接系统网络乃至广域数据网中的其他系统。用于公用配电网的监测设备宜配置信息安全加密芯片。

（4）对时功能。

监测设备应具有网络对时和卫星对时功能。监测专用设备与变电站内授时源应采用 IRIG－B 码方式对时。监测专用设备内时钟精度应满足 GB/T 19862 的要求。

四、电能质量监测数据应用

（1）宜结合监测目标开展配电网谐波期源分析、电暂降原因分析、电能质量经济性评估、容器谐振风险评估等监测数据应用。

（2）宜针对谐波电压超问题开展谐波溯源分析，基于监测数据分析谐波电流和谐波电压的相关性，综合考虑电网拓扑结构、主要干扰源运行状态、相关性等确定主要谐波源，实现波超标原因分析。

（3）宜根据暂态波形数据分析电压暂降幅值、持续时间、相位跳等特征信息基于特征信息对电压暂降事件进行分类，开展电压暂降源识别及定位分析，明确电压暂降原因（如短路、电机启动、冲击等）。

（4）宜基于监测数据开展电能质量经济性评估，结合分析模型计算谐波、三不平衡等电能质量问题导致的附加损耗，评估劣质电能质量可能对配电网或用户带来的经济损失，提出节能降损措施。

（5）宜在经常发生电容器损毁事件的电容器支路开展电能质量在线监测，通过监测电容器支路谐波电流和谐波电荷放大情况，评估电容器是否存在谐振风险。

第四节　电能质量经济性评估

一、电力用户的电能质量经济性评估原则

（1）系统性：经济性评估工作是一项系统性工作，应以技术有效、合理为前提，保证统计科学准确。

（2）客观性：应结合电力用户实际情况，以用户电能质量检测数据及相关生产统计数据为基础。

（3）实用性：成本统计应在规定的成本构成范围内。

二、电能质量经济成本

电力用户电能质量经济成本由电能质量经济损失、监测成本和治理成本构成，其中经济损失包括直接经济损失和间接经济损失，如图 4-2 所示。

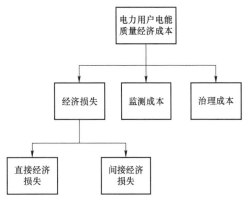

图 4-2　电能质量经济成本构成

三、经济损失评估方法

（一）电能质量对经济活动影响的评判方法及经济损失分类

经济活动环节之间存在串联或并联关系。当经济活动串联的某一环节或所有并联环节因电能质量事件造成停止工作，则认为经济活动发生了中断，否则认为未发生中断。

电能质量问题导致用户经济活动中断，给用户造成的经济损失为经济活动中断的经济损失；电能质量问题虽未导致用户经济活动中断，但仍给用户造成的经济损失为经济活动未中断的经济损失。

（二）经济活动中断的经济损失评估

（1）单次经济活动中断的经济损失（S_E）。

针对电能质量问题造成的每次经济活动中断的经济损失应单独统计，计算方式为：

$$S_E = C_1 + C_2 + C_3 + C_4 + C_5 + C_6 + C_7 + C_8 + C_9 - C_{10} - C_{11} + C_{12} + C_{13} \cdots$$

（2）经济活动中断的年经济损失。

实际发生的经济活动中断的年经济损失是全年每次中断经济损失 S_E 的累积统计，如下式计算：

$$A_{ES} = \sum_{k=1}^{N_{AE}} S_{E \cdot K}$$

式中：$S_{E \cdot K}$——第 k 次经济活动中断的经济损失，单位为元。

（3）当预估经济活动中断的年经济损失时，可以历史统计数据为基础，按不同电能质量现象类型进行估算，如下式所示：

$$A_{EE} = \sum_{J=1}^{N_{TE}} S_{E \cdot J} N_{AEJ}$$

式中：$S_{E \cdot J}$——第 j 类电能质量现象单次经济活动中断平均经济损失，单位为元；

N_{AEJ}——第 j 类电能质量类型现象造成的年均经济活动中断的次数。

（三）经济活动中未中断的经济损失评估

1. 电压暂降与短时中断

因电力用户经济活动模式的配置不同，有些电压暂降和短时中断虽未导致整个经济活动中断，但可能引起敏感设备的非正常运行，导致废品、减产或设备维修等，从而形成以下主要经济损失：

（1）废品损失（C_1）。

（2）额外检验费用（C_3）。

（3）生产补救费用（C_4）。

（4）设备成本（C_6）。

（5）其他直接成本（C_8）。

（6）减产的利润损失（C_{11}）。

（7）次品造成的利润损失（C_{12}）。

（8）年经济损失 A_1 统计方式为：

$$A_1 = \sum_{NUS} (C_1 + C_3 + C_4 + C_6 + C_8 + C_{11} + C_{12})$$

2. 瞬态过电压和暂时过电压

瞬态过电压和暂时过电压有时虽未导致整个经济活动中断，但可能引起敏感设备的非正常运行和绝缘损坏，形成次品等。因此造成的经济损失主要包括：

（1）额外检验费用（C_3）。

（2）设备成本（C_6）。

（3）次品造成的利润损失（C_{12}）。

年经济损失 A_2 统计为下式：

$$A_2 = \sum_{NUO}(C_3 + C_6 + C_{12})$$

3. 谐波/间谐波

谐波/间谐波易加速设备的绝缘老化，增加电量损耗，造成减产或产生次品等，从而形成以下主要损失：

（1）设备成本（C_6）。

（2）额外电费成本（C_7）。

（3）减产的利润损失（C_{11}）。

（4）因次品的利润损失（C_{12}）。

（5）年经济损失 A_3 统计为下式：

$$A_3 = C_{7.1} + \sum_{NTI}(C_6 + C_{7.2} + C_{11} + C_{12})$$

4. 电压波动和闪变

电压波动与闪变造成了照明闪烁，容易使人的心理和生理疲劳，降低劳动效率和质量，从而形成以下主要损失：

（1）减产的利润损失（C_{11}）。

（2）因次品的利润损失（C_{12}）。

年经济损失 A_4 统计为下式：

$$A_4 = \sum_{NTI}(C_{11} + C_{12})$$

5. 三相电压不平衡

三相电压不平衡易加速设备的绝缘老化，增加电量损耗，引起电机振动，降低劳动效率或产生次品等，从而形成以下主要损失：

（1）设备成本（C_6）。

（2）额外电费成本（C_7）。

（3）减产的利润损失（C_{11}）。

（4）因次品的利润损失（C_{12}）。

年经济损失 A_5 统计为下式：

$$A_5 = C_{7.1} + \sum_{NTI}(C_6 + C_{7.2} + C_{11} + C_{12})$$

6. 电压偏差

电压正偏差或负偏差易引起设备的绝缘老化或效率降低，甚至产生次品等，从而形成以下主要损失：

（1）设备成本（C_6）。

（2）减产的利润损失（C_{11}）。

（3）因次品的利润损失（C_{12}）。

年经济损失 A_6 统计为下式：

$$A_6 = \sum_{NTI}(C_6 + C_{11} + C_{12})$$

7. 频率偏差

频率正偏差或负偏差易引起设备非正常工作，产生次品等，从而形成以下主要损失。

（1）设备成本（C_6）。

（2）因次品的利润损失（C_{12}）。

年经济损失 A_7 统计为下式：

$$A_7 = \sum_{NTI}(C_6 + C_{12})$$

经济活动未中断的年经济损失经济活动未中断的年经济损失为统计周年内各电能质量现象引起的未中断经济损失之和，计算公式为：

$$A_{CS} = A_1 + A_2 + A_3 + A_4 + A_5 + A_6 + A_7$$

经济活动未中断的年经济损失也可以是以历史统计数据为基础，按不同电能质量现象类型进行估算，得到年估计值 A_{CE}。

（四）年经济损失统计方法

统计周年内用户因电能质量问题造成的年经济损失包括经济活动中断经济损失和经济活动未中断经济损失，年经济损失统计值如下式所示：

$$A_S = A_{ES} + A_{CS}$$

年经济损失估计值如下式所示：

$$A_E = A_{EE} + A_{CE}$$

四、经济损失评估流程

（1）用户开展电能质量经济损失评估流程如图 4-3 所示。

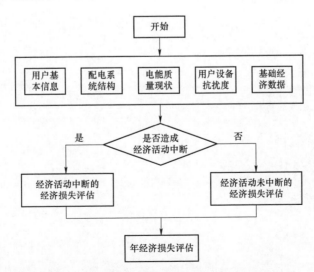

图 4-3　用户开展电能质量经济损失评估流程

（2）用户电能质量治理方案的经济性评估流程如图4-4所示。

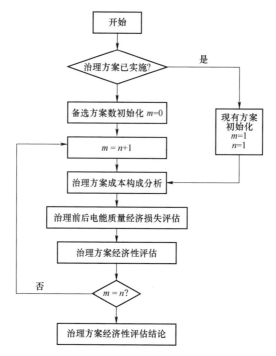

图4-4 用户电能质量治理方案的经济评估流程

第五章 配网运营管控基础

第一节 状态监测及主动预警业务

一、状态监测业务

（一）配电变压器异常监测内容

1. 公变重过载监测

供电服务指挥中心（配网调控中心）运营管控室利用供电服务指挥系统、PMS系统监测公变重过载数据，向相关运维单位下发督办单，督促整改，并闭环管理。

2. 公变三相不平衡度监测

供电服务指挥中心（配网调控中心）运营管控室利用供电服务指挥系统、PMS系统监测公变三相不平衡异常数据，向相关运维单位下发督办单，督促整改，并闭环管理。

3. 公变电压异常监测

供电服务指挥中心（配网调控中心）运营管控室利用供电服务指挥系统、PMS系统监测公变低电压、过电压等异常数据，向相关运维单位下发督办单，督促整改，并闭环管理。

（二）各类异常定义

1. 公变重过载

重载：公变负载率为80%～100%（含80%及100%），且持续2h。

过载：公变负载率为100%～150%（含150%），且持续2h。

2. 公变三相不平衡

公变三相负荷不平衡度＞25%，负载率＞60%，且持续2h。

3. 公变电压异常

低电压：[标准电压（220V）－当前电压]/标准电压（220V）＞10%，且持续1h。

过电压：[当前电压－标准电压（220V）]/标准电压（220V）＞7%，且持续1h。

异常电压：当前电压低于150V或当前电压高于280V。

（三）管控要求

配电变压器运行监测由供电服务指挥中心（配网调控中心）实行"日管控、周通报、月考评"的工作模式，每个工作日上午对当天监测到的异常设备进行派单、督办，每个工作日下午对当天负载率超过60%的公变台区进行预警晾晒，每个当周的最后一个工作日进行汇总、分析，形成周报并发布。

区县供电公司在接到供电服务指挥中心（配网调控中心）派发的公变重过载、三相不平衡、电压异常等线上主动工单、督办单后，应在规定时限内反馈整改结果或预控措施。

供电服务指挥中心（配网调控中心）根据配电变压器运行监测情况，结合配网调控运行记录、配电运维指标，开展配电变压器运行分析，总结阶段性重点关注的问题，提出强化管理运维的建议、意见，为专业管理部门提供管理决策支持。

二、主动预警业务

（一）主动预警业务概述

主动预警业务是指根据设备实时运行数据，依托配网智能化技术支持系统分析判断出配网运行设备存在的重过载、低电压、三相不平衡等异常事件，并以预警工单的形式自动或手动发送给相应运维班组进行现场核实，开展隐患异常整治工作，提高设备运行健康水平和供电质量。

主动预警工单是通过对配网设备在线实时监测生成的，与运维人员的日常巡视检查是很好的互补，其具备以下特点。

1. 主动性

通过对配网设备在线实时监测生成，主动开展异常整治工作。

2. 预见性

主动预警工单根据配网设备运行数据生成，对设备进入异常运行状态具有预见性。

3. 精确性

精确确认异常设备，减少运维人员巡视检查时间。

配网设备数量极其庞大，同时设备运行状态是一个动态变化的过程，常规的巡视检查工作难以覆盖到每一个设备，也难以诊断出设备近期是否出现过运行异常。主动预警业务能提前预见发现进入异常运行状态的配网设备，与运维人员的日常巡视检查形成了良好互补，辅助运维人员提前开展隐患异常整治工作，提高设备运行健康水平和供电质量。

（二）主动预警业务类型及研判规则

主动预警工单分为配网线路重过载主动预警工单、配电变压器三相不平衡主动预警工单、配电变压器低电压主动预警工单和配电变压器重过载主动预警工单。

1. 配网线路重过载主动预警工单

配网线路重过载主动预警工单是指监测到配网线路出现重过载后，派发主动预警工单到相应运维班组进行现场核实，加强巡视监控，根据严重程度开展相应隐患异常整治工作配网线路的负载情况根据配网线路负载率计算：

$$配网线路负载率 = 线路三相有功总功率/配网线路额定容量 \times 100\%$$

配网线路的额定容量与导线材料、截面、型号、设计方法以及环境温度等有关，通常采用常规温度下的线路载流量。一般来说，负载率在80%～100%，并持续一段时间（如1h及以上）视为重载；负载率在100%以上，并持续一段时间（如1h及以上）视为过载。

配网线路的负载率监测工作依赖于配电自动化的覆盖程度，理想情况下任一分支线均可以实现实时监测。但配电自动化经济投入大，覆盖率还难以达到100%，通常只能实现主线的实时监测。在配网拓扑关系准确清晰的情况下，可以依据配电变压器总的有功负荷情况近似估算分支线末端的有功负荷。

2. 配电变压器三相不平衡主动预警工单

配电变压器三相不平衡主动预警工单是指监测到配电变压器设备出现三相不平衡后，派发主动预警工单到相应运维班组进行现场核实，加强巡视监控，根据严重程度开展相应隐患异常整治工作。

配电变压器设备三相不平衡度按以下公式计算：

配电变压器三相不平衡度＝（最大相电流－最小相电流）/最大相电流×100%

在计算配电变压器三相不平衡度时，应充分考虑空载、轻载配电变压器的情况。一般来说，负载率在60%以上，配电变压器三相不平衡度大于25%并持续一段时间（如2h及以上）可视为配电变压器三相不平衡。配电变压器三相不平衡通常采用调整每相负荷予以平衡治理。

3. 配电变压器低电压主动预警工单

配电变压器低电压主动预警工单是指监测到配电变压器出口电压偏低后，派发主动预警工单到相应运维班组进行现场核实，加强巡视监控，根据严重程度开展相应隐患异常整治工作。

当配电变压器当前电压低于标准电压10%及以上，并持续一段时间（如2h及以上）可视为低电压。如标准电压为220V时，当最低相电压低于198V并持续规定时间则判定配电变压器出现了低电压的异常。造成配电变压器低电压的原因较多，如上级供电线路电压偏低、供电半径过长、负载过重等，需根据实际情况进行整治。

4. 配电变压器重过载主动预警工单

配电变压器重过载主动预警工单是指监测到配电变压器设备出现重过载后，派发主动预警工单到相应运维班组进行现场核实，加强巡视监控，根据严重程度开展相应隐患异常整治工作。

配电变压器设备的负载情况根据配电变压器负载率计算：

配电变压器负载率＝配电变压器三相有功总功率/配电变压器额定容量×100%与配网线路的负载率类似，一般来说，配电变压器负载率在80%～100%，并持续一段时间（如2h及以上）视为重载；配电变压器负载率在100%以上，并持续一段时间（如2h及以上）视为过载。

当配电变压器出现重过载后，容易伴随出现配电变压器三相不平衡、低电压等异常情况，保持配电变压器负载率在一个合理范围以内，能够有效提高配电变压器健康运行水平和供电电压质量，从而提升供电企业的配网运营和优质服务水平。

（三）主动预警工单业务处置流程

1. 生成主动预警工单

供电服务指挥中心依托智能化供电服务指挥系统开展配网运行监测工作，监测到配网设备异常后，按照前述的设备异常研判规则进行分析研判。若满足某一类型的主动预警工单研判规则，则生成相应的主动预警工单，工单内容应包含异常设备（区域）、异常时间、工单类型、责任班组等；供电服务指挥中心对生成的主动预警工单进行审核，下派工单至相关运行维护班组。

2. 设备异常整治

运行维护班组接收到主动预警工单后,对异常设备(区域)、责任班组予以确认后赶赴现场进行核实。根据现场实际情况,向供电服务指挥中心回复拟采取的整治措施和整治计划时间。在设备异常整治期间,供电服务指挥中心不再下派该设备同一类型的主动预警工单,同时运行维护班组应切实加强异常设备的巡视监控工作,采取合理有效的临时补救措施,杜绝设备异常愈发严重。在具备条件后,立即开展异常整治工作,尽量缩供电服务指挥中心应实时跟踪主动预警工单的处理进度,对进展缓慢或重要紧急的短备异常持续时间。设备异常整治工作及时开展督办工作,确保异常整治工作有序推进。

3. 审核评价并归档

运行维护班组完成异常整治工作后,按规范要求回复主动预警工单。主动预警工单应使用书面语进行填写,内容描述应准确、简洁,避免错字、别字的发生;语句通顺、流畅,结构逻辑性强,避免产生歧义句。供电服务指挥中心对主动预警工单回复内容进行审核评价,对工单填写不规范、工单受理内容不相符等不合格的工单予以回退重填。

供电服务指挥中心应对异常整治完成的设备进行一段时间的状态监测(如 24h 及以上),确认设备异常已经整治完毕,完成审核评价工作。主动预警工单应统一归档保存相关管理人员应定期开展主动预警业务总结分析工作,拓展工作场景、完善业务流程规范、提升实际工作效果。

主动预警工单处理流程:配网运行监测→异常研判→下派工单→接受工单→回复整治措施→跟踪处理→异常整治→督办审核→回复工单→归档。

第二节 非抢修业务

一、基本概念

配电专业 95598 非抢修工单主要分为投诉、举报、意见(建议)、业务申请、查询咨询五大类。其中举报工单是指行风问题线索移交、破坏及危及电力设施的群众举报,此类工单量极少。

二、业务分类

(一)投诉

客户投诉包括服务投诉、营业投诉、停送电投诉、供电质量投诉、电网建设投诉五类。

1. 服务投诉

指供电企业员工(不含抢修、施工人员)在工作场所或工作过程中服务行为不规范引发的客户投诉,主要包括服务态度、服务规范等方面。

2. 营业投诉

指供电企业在处理具体营业业务过程中存在工作超时限、疏忽、差错等引发的客户投诉,主要包括业扩报装用电变更、抄表催费、电费电价、电能计量、业务收费等方面。

3. 停送电投诉

指供电企业在停送电管理、现场抢修服务等过程中发生服务差错引发的客户投诉，主要包括停送电信息公告、停电问题、抢修服务等方面。

4. 供电质量投诉

指供电企业向客户输送的电能长期存在频繁停电、电压偏差、电压不平衡、电压波动或闪变等供电质量问题，影响客户正常生产生活秩序引发的客户投诉，主要包括电压质量、供电可靠性等方面。

5. 电网建设投诉

指供电企业在电网建设（含施工行为）过程中存在农网改造违规收费、电力施工不规范等问题引发的客户投诉，主要包括供电设施、电力施工人员服务行为等方面。

（二）意见（建议）

主要有供电服务、停送电问题、供电质量问题及电网建设等四类。供电服务主要涉及电器赔偿，停送电问题主要涉及停电和故障处理，供电质量问题主要分为电压质量和供电可靠性；电网建设主要分为供电设施问题和电力施工问题。

（三）业务申请

业务申请是指客户向供电企业提出业务办理申请，或需协助、配合开展现场服务的诉求业务。主要包括新装增容及用电变更申请、用电信息变更、用电异常核实等。

（四）查询咨询

查询咨询是指客户对各类供电服务信息、业务办理情况、电力常识等问题的自助查询及业务询问，对供电企业在供电服务等方面提出的表扬，以及通过线上渠道申请办理的业扩报装、用电变更等诉求业务。

三、管控要求

业务处理部门在接到客户一般诉求后，在如下时限内按要求开展调查处理，并完成工单反馈。

（1）举报（行风问题线索移交）、意见（建议）工单9个工作日处理并回复工单。

（2）业务办理各子类业务工单处理时限要求：

1）已结清欠费的复电登记业务24h内为客户恢复送电，送电后1个工作日内回复工单。

2）电器损坏业务24h内到达现场核查，业务处理完毕后1个工作日内回复工单。

3）办电预受理业务1个工作日内核实并回复工单。

4）服务平台系统异常业务3个工作日内核实并回复工单。其中95598网站、在线服务等系统异常客户诉求，首派至国网客服中心，经研判需由省公司协助处理的，应在受理客户诉求后1个工作日内转派至省公司，省公司在1个工作日内处理并回复。

5）电能表异常、电表数据异常、校验电表业务5个工作日内处理并回复工单。

6）其他业务申请类工单5个工作日内处理完毕并回复工单。

（3）查询咨询（信息查询、客户咨询、表扬、线上办电审核）业务处理时限要求：

1）客户咨询：2个工作日内处理并回复工单。

2）表扬：4个工作日内落实。

3）线上办电审核：根据客户办电类型在规定时间内处理并回复工单。

第三节 主动抢修业务

配电网直接面向用户，是保证供电质量、提高电网运行效率、创新用户服务的关键环节。目前电力用户遭受的停电事件绝大多数是由于配电系统原因造成的，配电运营管控水平将直接决定供电企业配电网运营效率效益和供电优质服务能力。配电运营管控业务作为供电服务指挥的核心业务之一，旨在依托智能化技术支持系统实现对配电网设备的实时在线运行监测和状态评估，提前开展设备隐患整治和故障抢修工作，主动靠前提升配电运营和供电服务水平。

一、主动抢修业务概述

主动抢修业务是指根据设备实时运行数据，依托智能化技术支持系统分析判断配网故障停运、缺相断线等配网故障停运事件，第一时间通过抢修工单的形式自动或手动发送给相应班组进行现场紧急处理。

主动抢修业务先于用户报修生成，其具备以下特点：

（1）主动性。无须用户进行故障报修，主动开展抢修服务。

（2）及时性。在配网故障停电的第一时间下派抢修工单，尽力缩短抢修时间。

（3）精确性。精确确认故障设备，减少抢修人员查找故障时间。

主动抢修业务改变了过去需客户报修才进行抢修的被动局面，能有效缩短故障抢修和用户停电时间。如在此基础上进一步开展故障停电和抢修通知到户工作，将极大缓解故障报修业务压力，提升客户服务感知满意度。

二、主动抢修业务类型及研判原理

主动抢修工单分为配网主干线停电主动抢修工单、配网分支线停电主动抢修工单配电变压器停电主动抢修工单、低压线路停电主动抢修工单和单户停电主动抢修工单。针对推送到配电网故障研判技术支持系统的各类停电告警信息，在进行故障研判前，应在已发布的停电信息范围内进行过滤判断。

（一）配网主干线停电主动抢修

配网主干线停电主动抢修是指监测到配网主干线路故障停电后，派发主动抢修工单到相应抢修班组，及时开展抢修复电工作。

针对配网主干线停电的故障研判可通过以下两种情况实现，两种研判结果可作为相互校验的依据，并能实现研判结果的合并。第一种采用主干线开关跳闸信息直采，从上至下进行电网拓扑分析；第二种是未接收到主干线开关跳闸信息时，采用多个分支线开关跳闸信息和联络开关运行状态，由下往上进行电源点追溯到公共主干线开关，再由该主干线开关为起点，从上至下进行电网拓扑分析，生成停电区域。主干线开关跳闸信息应结合该线路下的多个配电变压器停电告警信息，校验主干线开关跳闸信息的准确性。

（1）配电网故障研判技术支持系统接收主干线开关跳闸信息后，根据电网拓扑关系结合联络开关运行状态信息，从上至下分析故障影响的停电区域。

（2）配电网故障研判技术支持系统接收多条分支线失电信息后，由下往上进行电源点追溯，获取同一时段下多条分支线所属的公共主干线路开关，结合联络开关运行状态信息，根据电网拓扑关系，生成停电区域。一旦报送的该主干线路下分支线开关跳闸数量在预先设定的允许误报率范围内，则研判为主干线故障；否则研判为分支线故障。

（二）配网分支线停电主动抢修

配网分支线停电主动抢修是指监测到配网分支线路故障停电后，派发主动抢修工单到相应抢修班组，及时开展抢修复电工作。

针对配网分支线停电的故障研判可通过以下两种情况实现，两种研判结果可作为相互校验的依据，并能实现研判结果的合并。第一种采用分支线故障信息直采，并从上至下进行电网拓扑分析；第二种未接收到分支线开关跳闸信息时，采用配电变压器停电告警、由下往上进行电源点追溯到公共分支线开关，再由分支线开关为起点从上至下进行电网拓扑分析，生成停电区域。分支线开关跳闸信息应结合该支线路下的多个配电变压器停电告警信息，校验分支线开关跳闸信息的准确性。

（1）配电网故障研判技术支持系统接收分支线（联络线、分段）开关跳闸信息后，根据电网拓扑关系，结合联络开关运行状态信息，从上至下分析故障影响的停电区域。

（2）配电网故障研判技术支持系统接收多个配电变压器失电告警信息后，由下往上进行电源点追溯，获取同时段下多个配电变压器的公共分支线开关，再根据分支线开关和联络开关状态信息，以公共分支线开关为起点，从上至下进行电网拓扑分析，生成停电区域。一旦报送的失电配电变压器数量在预先设定的允许误报率范围内，则研判为该分支线停电，并生成分支线故障影响的停电区域；否则研判为配电变压器停电。

（三）配电变压器停电主动抢修

配电变压器停电主动抢修是指监测到配电变压器设备故障停电后，派发主动抢修工单到相应抢修班组，及时开展抢修复电工作。

针对配电变压器停电的故障研判可通过以下两种情况实现，两种研判结果可作为相互校验的依据，并能实现研判结果的合并。第一种采用配电变压器故障信息直采，并从上至下进行电网拓扑分析；第二种未接收到配电变压器故障信息时，采用低压线路失电告警。由下往上进行电源点追溯到公共配电变压器，再由该配电变压器为起点，从上至下进行电网拓扑分析，生成停电区域。配电变压器停电告警信息应通过实时召测配电变压器终端及该配电变压器下随机多个智能电表的电压、电流、负荷值来校验配电变压器停电信息的准确性。

（1）配电网故障研判技术支持系统接收到配电变压器停电告警信息后，由下往上进行电源点追溯，获取同一时段下多个配电变压器的公共分支线开关信息，再根据分支线开关和联络开关状态信息，从上至下进行电网拓扑分析，生成停电区域。一旦报送的停电配电变压器数量在预先设定的允许误报率范围内，则判断该分支线停电，并生成分支线故障影响的停电区域；否则，研判为本配电变压器停电。

（2）配电网故障研判技术支持系统接收到低压线路停电告警后，由下往上进行电源点追溯，获取该低压线路所属配电变压器。以该配电变压器为起点从上至下进行电网扑分析，生成停电区域，如该配电变压器下所有的配电变压器低压出线停电，则研判为本配电变压器停电。

（四）低压线路停电主动抢修

低压线路停电主动抢修是指监测到低压线路故障停电后，派发主动抢修工单到相应抢修班组，及时开展抢修复电工作。

针对低压线路停电的故障研判原理为：配电网故障研判技术支持系统接收低压线路开关跳闸或低压采集器停电告警信息后，从下往上进行电源点追溯，获取同一时段下的公共低压分支线开关和联络开关状态信息，从上到下进行电网拓扑分析，生成停电区域一旦报送的低压分支线开关跳闸或低压采集器停电告警信息数在预先设定的允许误报率范围内，则研判为该公共低压线路停电，并生成低压线路故障影响的停电区域；否则，研判为本低压分支线或低压采集器停电。

（五）单户停电主动抢修

单户停电主动抢修是指监测到单一客户故障停电后，派发主动抢修工单到相应抢修班组，及时开展抢修复电工作。

针对单户停电的故障研判原理为：配电网故障研判技术支持系统接收到触发低压计量装置停电的判断条件后，依据营配贯通客户对应关系，获取客户低压计量装置信息及坐标信息，实现报修客户定位；依据电网拓扑关系由下往上追溯到所属配电变压器；通过客户侧低压计量装置及所属配电变压器的运行信息进行判断。如低压计量装置采集召测成功且运行数据正常，则研判为客户内部故障；如低压计量装置召测成功但运行数据异常，则研判为低压单户故障；如低压计量采集装置召测失败、配电变压器运行正常，则研判为低压故障；如果配电变压器有一相或两相电压异常（电压约等于0），则研判为配电变压器缺相故障；如果配电变压器电压、电流都异常（电压、电流约等于0），则研判为本配电变压器故障。客户单户停电告警信息应通过客户侧低压计量装置的电压、电流、负荷值来校验客户失电告警信息的准确性。

三、主动抢修工单处置流程

（一）生成主动抢修工单

供电服务指挥中心依托智能化供电服务指挥系统开展配网运行监测工作，监测到配网故障后，按照前述的故障研判原理进行分析研判。若满足某一类型的主动抢修工单研判规则，则生成相应的主动抢修工单，工单内容应包含故障设备（区域）、故障时间、工单类型、责任班组等；供电服务指挥中心对生成的主动抢修工单进行审核，下派工单至相关抢修班组。

（二）现场抢修处理

抢修班组接收到主动抢修工单后，对故障设备（区域）、责任班组予以确认后立即赶往现场进行抢修复电工作。主动抢修工单的抢修流程有关时间规定可参照95598故障报修业务的要求执行。如到达故障现场时限应符合：城区范围不超过45min，农村地区不超过90min，特殊边远山区不超过120min。预计当日不能修复完毕的紧急故障，应及时向供电服务指挥中心报告；抢修时间超过 4h 的，每 2h 向供电服务指挥中心报告故障处理进度。

供电服务指挥中心应实时跟踪主动抢修工单的处理进度，对进展缓慢或重要紧急的抢修工作及时开展督办工作，确保现场抢修工作有序推进。

（三）审核评价并归档

抢修班组完成抢修工作后，按规范要求回复主动抢修工单。主动抢修工单的回复要求可参照 95598 故障报修业务的要求执行，工单应使用书面语进行填写，内容描述应准确、简洁，避免错字、别字的发生；语句通顺、流畅，结构逻辑性强，避免产生歧义句。供电服务指挥中心对主动抢修工单回复内容进行审核评价，对工单填写不规范、工单受理内容不相符等不合格的工单予以回退重填。完成审核评价的主动抢修工单统一归档保存，相关管理人员应定期开展主动抢修业务总结分析工作，拓展工作场景、完善业务流程规范、提升实际工作效果。

主动抢修工单处理流程：配网运行监测→故障研判→下派工单→接受工单→现场抢修→跟踪处理→督办审核→回复工单→归档。

第六章　供电服务指挥基础

第一节　供电服务指挥平台介绍

根据国家电网公司设备部 PMS3.0 应用建设和供电服务指挥业务中台化改造要求，基于 PMS3.0 开展供电服务指挥业务融合建设，各级电力公司深入贯彻"工单驱动"配电网业务管控理念，以业务工单化为目标，以构建工单中心为手段，基于 PMS3.0 统一汇集配电网运维、检修、抢修、配电变压器异常处置、低压巡视、用户低电压治理等 15 类业务工单，实现电网工单一站式全处理，全面支撑配网作业模式升级。

一、工单统一汇集

基于 PMS3.0 构建工单中心，全量汇聚配电网作业类工单及供服管理工单，实现工单新建、操作处置、流程跟踪、告警督办、工单归集及分析等配网业务的"一站式"管控，改变既往每个业务需要定位到不同菜单处置的模式，提升工单处理效率。

二、作业全程跟踪

基于电网一张图构建图上作业，对配网态势、工单信息、处置过程信息进行叠加，实时掌握每类作业业务的实时路径、过程耗时等情况，综合分析作业过程存在的不足，辅助支撑标准化作业流程制定和完善。

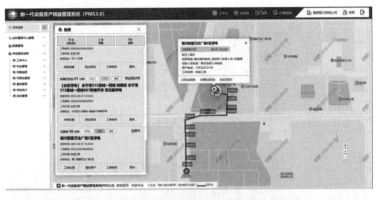

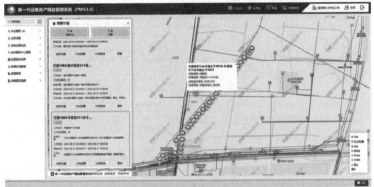

三、作业全景指挥

基于电网一张图实时展示工单执行状态、人员承载能力、作业资源分布等情况，支撑指挥人员实时掌握作业全过程信息，同时，通过接入统一视频平台，实时掌握重点现场作业情况，实现作业过程全景可视化，支撑配网作业指挥有效开展，极大提升了作业过程管理的效率和科学性。

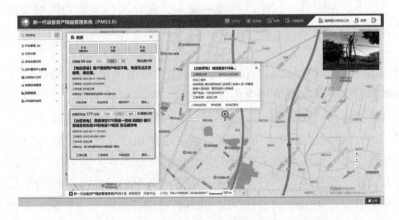

四、资源智能调配

基于工单中心全量汇聚能力，将工单业务由传统表单模式演进为图上决策指挥，构建决策指挥中心，实时掌握当前时刻工单、驻点、人员、物资、车辆等实时状态，支撑作业资源的合理调配，减轻班组压力，提升作业效率及资源利用率。

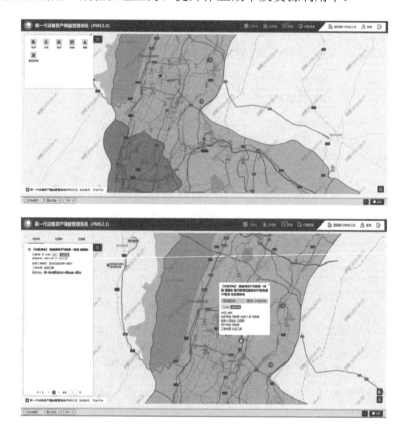

第二节　供电服务指挥停电信息报送

一、95598 停送电信息报送管理内容及要求

（1）计划停电、临时停电、电网故障停限电、超电网供电能力停限电信息报送内容包括停电类型、所属供电单位、停电范围、供电设施名称及编号、停送电时间和停电原因等。

【释义】本条明确了停限电信息报送内容要求。停限电信息报送内容应翔实、细致，主要是为方便客服代表准确查询相关停限电信息，做好解释工作，减少重复派单。

（2）供电设施计划检修停电应提前 7 天，临时性日前停电应提前 24h。

【释义】依据《供电服务"十项承诺"》要求：供电设施计划检修停电提前 7 天向社会公告。省客服中心、国网客服中心需在 24h 内完成规范性审核。

（3）配电自动化系统覆盖的设备跳闸停电后，营配信息融合完成的单位，地市、县供电企业调控中心应在 15min 内向国网客服中心报送停电信息；营配信息融合未完成的单位，各部门按照专业管理职责 10min 内编译停电信息报地市、县供电企业调控中心，调控中心应在收到各部门报送的停电信息后 10min 内汇总报国网客服中心。配电自动化系统未覆盖的设备跳闸停电后，应在抢修人员到达现场确认故障点后，各部门按照专业管理职责 10min 内编译停电信息报地市、县供电企业调控中心，调控中心应在收到各部门报送的停电信息后 10min 内汇总报国网客服中心。

【释义】本条主要是根据各省公司营配调贯通工作进度不一的实际情况，对配电自动化系统是否覆盖进行了区分。

（4）超电网供电能力需停电时原则上应提前报送停限电范围及停送电时间，无法预判的停电拉路应在执行后 15min 内报送停限电范围及停送电时间。现场送电后，应在 10min 内填写送电时间。

（5）停送电信息内容发生变化后 10min 内更新系统信息，并记录变更类型、变更说明、变更停送电时间等，以便及时答复客户。

【释义】"10min 内更新系统信息"是由于停送电时间变更易引发客户不满，及时更新系统信息，能有效保证客服代表及时、准确答复，疏导客户情绪，减少工单派发。

（6）对客户因窃电、违约用电、欠费等原因实施的停电，应及时在营销业务应用系统中维护停电标志。

【释义】本条中"及时在营销业务应用系统中维护停电标志"，主要是为方便客服代表查询客户档案信息相关内容，以便准确答复。

（7）公司按照省级政府电力运行主管部门的指令启动有序用电方案，提前 1 天向有关用户发送有序用电指令。同时，以省公司为单位将有序用电执行计划（包括执行的时间、地区、调控负荷等）报送国网客服中心。

二、国家电网公司 95598 停送电信息报送规范

（一）95598 停送电信息定义

95598 停送电信息（以下简称"停送电信息"）是指因各类原因致使客户正常用电中断，需及时向国网客服中心报送的信息。停送电信息主要分为生产类停送电信息和营销类停送电信息。生产类停送电信息包括计划停电、临停电、电网故障停限电、超电网供电能力停限电等；营销类停送电信息包括违约停电、窃电停电、欠费停电、有序用电等。

【释义】本条明确了停送电信息类型。

计划停电是指满足提前 7 天对外公告条件的停电工作。临时停电是指满足提前 24h 但不满足提前 7 天公告条件的停电工作，主要包括应急工程、缺陷处理等临时检修、施工工作。

电网故障停限电是指电网设备发生故障被迫紧急停止运行，或可能危及人身安全必须立即停电的突然性停电。

超电网供电能力计划停限电是指当电网按计划建设和改造，在设备定期维护期间，受电网运行方式限制，供电平衡受到影响时，按地区电网超供电能力限电序位表有计划实施拉闸限电。超电网供电能力停限电分为计划性和临时性。超电网供电能力临时停限电指受负荷峰谷变化、故障及缺陷处理等引起部分电网设备满载超载，引起局部区域网

架瓶颈制约按地区电网超供电能力限电序位表临时实施拉闸停电。

（二）停送电信息报送渠道

公变及以上的停送电信息，须通过 PMS3.0 系统中"停电信息报送"功能模块中"停送电信息管理"功能模块报送。

【释义】本条明确了停送电信息报送渠道。因公变停电影响范围较大，涉及客户数较多，为做好客户解释工作，减少工单派发量，须报送公变及以上停送电信息。公变全称公用变压器，是指属供电企业产权的杆上配电变压器或配电室（站）内变压器，由供电企业进行运行、维护、检修。

（三）停送电信息报送要求

（1）停送电信息报送管理应遵循"全面完整、真实准确、规范及时、分级负责"的原则。

【释义】本条明确了停送电信息报送原则。停送电信息由地市、县供电企业调控中心，省客服中心按照各自职责界面进行报送。报送的停送电信息应保证完整性、准确性和及时性。

（2）生产类停送电信息和营销类有序用电信息通过 PMS3.0 系统中"停电信息报送"功能模块或配网故障研判技术支持相关系统报送。

（3）其他营销类停送电信息通过修改 PMS3.0 系统中的停电标志状态传递信息。

【释义】本条中的"停电标志"是指营销业务应用系统中的客户停电标志，包括已实施停电、未实施停电及已复电三种。

（4）对未及时报送停送电信息的单位，国网客服中心可形成工单发送至相关省客服中心进行催报，由省客服中心及有关地市、县供电企业核实后，及时报送。

【释义】如因技术支持系统故障或接口问题导致停电信息无法及时报送国网客服中心，责任单位须通过腾讯通（RTX）等信息渠道将尽可能详细的停电信息报送国网客服中心，待系统恢复正常后立即补录。

（四）停送电信息报送流程

（1）地市、县供电企业调控中心、运检部、营销部按照专业管理职责，开展生产类停送电信息编译工作并录入系统，各专业对编译、录入的停送电信息准确性负责。地市、县供电企业调控中心将汇总的生产类停送电信息录入系统上报。计划停送电信息省客服中心，非计划停送电信息报国网客服中心。

【释义】本条中的"地市、县供电企业调控中心将汇总的生产类停送电信息录入系统上报"是指未实现营、配、调信息贯通，各专业按照职责界面完成生产类停送电信息的收集、编译，由调控中心统一汇总后录入营销业务应用系统。

（2）省客服中心按照停送电信息报送要求，对计划停送电信息进行审核，审核无误后报送至国网客服中心，不合格的予以回退。

（3）国网客服中心接到报送的停送电信息工单后应尽快予以确认，审核合格后发布，不合格予以回退。国网客服中心根据受理的客户报修情况，经核实未发现相关停送电信息的，通知各省客服中心催促本省相关单位报送停送电信息。

【释义】本条中的催报停送电信息是为了及时获取最新停送电信息、方便客服代表解答客户诉求。国网客服中心对同一区域故障报修业务突增，但未获取相关停电信息的情况要进行催报，相关单位在接到催报要求后须立即核实、报送。

（五）生产类停送电信息编译规范

（1）地市、县供电企业调控中心、运检部根据各自设备管辖范围编译的生产类停送电信息应包含供电单位、停电类型、停电区域（设备）、停送电信息状态、停电计划时间、停电原因、现场送电类型、停送电变更时间、现场送电时间等信息。

（2）地市、县供电企业营销部在配合编译生产类停送电信息时，编译内容应包含停电范围、高危及重要客户、停送电信息发布渠道等信息。

【释义】本条明确了地市、县供电企业调控中心、运检部和营销部对生产类停送电信息的编译内容要求。

对生产类停送电信息进行编译，是为了将电力生产方面的专业术语转化为方便客户理解的内容，让客户在致电 95598 后，可以及时了解所在区域停送电的相关重要信息，方便客户合理安排生产及生活。对停送电信息的编译，也有利于相关部门开展数据分析工作。

（六）停送电信息报送规范

1. 生产类停送电信息应填写的内容

供电单位、停电类型、停电区域（设备）、停电范围、停送电信息状态停电计划时间、停电原因、现场送电类型、停送电变更时间、现场送电时间、发布渠道等信息。

【释义】本条明确了生产类停送电信息的填写内容。属地供电企业对停送电信息中客户重点关注字段进行填写与维护，便于客服代表查询和解释。

（1）停电类型。

按停电分类进行填写，主要包括计划检修、临时检修、故障抢修、超电网供电能力计划停限电、超电网供电能力临时停限电等类型。

（2）停电区域（设备）。

停电涉及的供电设施（设备）情况，即停电的供电设施名称、供电设施编号、变压器属性（公变/专变）等信息。

【释义】本条中的"停电区域（设备）"是指线路名称、起止杆号以及受影响的台区名称等信息，不包括村、社区等地理信息。

（3）停电范围。

停电的地理位置、涉及的高危及重要客户、专变客户、医院、学校、乡镇（街道）、村（社区）、住宅小区等信息。

【释义】本条中的"停电范围"是指停电影响的地理范围，不包括台区台式变压器、配电室、公用变压器、专用变压器、箱式变压器、配电站、开关等供电设备信息。

（4）停送电信息状态。

分有效和失效两类。

【释义】本条中的"有效"是指正式发布的停送电信息；"失效"是指已报送，但因各种原因取消的停送电信息。

（5）停电计划时间。

包括计划停电、临时停电、超电网供电能力停限电开始时间和预计结束时间，故障停电包括故障开始时间和预计故障修复时间。

（6）停电原因。

指引发停电或可能引发停电的原因。

（7）现场送电类型。

包括全部送电、部分送电、未送电。

【释义】本条中的"部分送电"是指故障停电处理过程中，故障隔离后对非故障区域恢复送电，或部分故障排除后恢复送电。

（8）停送电变更时间。

指变更后的停电计划开始时间及计划送电时间。

（9）现场送电时间。

指现场实际恢复送电时间。

（10）发布渠道。

停送电信息发布的公共媒体。

【释义】本条中的"公共媒体"是指95598服务网站、手机App、微信、电视台、报社等新闻媒体、乡镇（村）公告栏、电话及短信等渠道。通过媒体向客户进行公告，让客户及时获取停电信息，合理安排生产及生活。

2. 生产类停送电信息报送与审核

（1）计划停送电信息。

地市、县供电企业调控中心应提前8天向省客服中心报送计划停送电信息，省客服中心在1天内完成规范性审核并报送国网客服中心。

（2）临时停送电信息。

临时性停电，地市、县供电企业调控中心应提前24h向国网客服中心报送停送电信息，国网客服中心在1h内完成审核并发布。其他临时停电，地市、县供电企业调控中心应提前1h向国网客服中心报送停送电信息。

（3）故障停送电信息。

配电自动化系统覆盖的设备跳闸停电后，营配信息融合完成的单位，调控中心应在15min内向国网客服中心报送停电信息；营配信息融合未完成的单位，各部门按照专业管理职责10min内编译停电信息报调控中心，调控中心应在收到各部门报送的停电信息后10min内汇总报国网客服中心。配电自动化系统未覆盖的设备跳闸停电后，应在抢修人员到达现场确认故障点后，各部门按照专业管理职责10min内编译停电信息报调控中心，调控中心应在收到各部门报送的停电信息后10min内汇总报国网客服中心。故障停电处理完毕送电后，应在10min内填写送电时间。

【释义】本条中的"自动化系统未覆盖"是指配网自动化信息采集数据不足，无法支撑实时捕获故障信息，需要抢修人员现场确认停电事件的情况，包括配电线路设备未接入二遥、三遥终端，未装设二遥故障指示器、无法实时调阅用电采集器数据等情况。营配信息融合是指客户表户信息与配电线路、配电变压器建立一一对应关系；系统具备自动编译组装停电范围功能，无须人工干预。

（4）超电网供电能力停限电信息。

超电网供电能力需停电时原则上应提前报送停限电范围及停送电时间等信息，无法预判的停电线路应在执行后 15min 内报送停限电范围及停送电时间。现场送电后，应在 10min 内填写送电时间。

（5）停送电信息内容变化。

发生变化后 10min 内，地市、县供电企业调控中心应向国网客服中心报送相关信息，并简述原因；若延迟送电，应至少提前 30min 向国网客服中心报送延迟送电原因及变更后的预计送电时间。

（6）报送电时间规范。

除临时故障停电外，停电原因消除送电后，地市、县供电企业调控中心应在 10min 内向国网客服中心报送现场送电时间。

（7）催报停送电信息。

各省客服中心应催促地市、县供电企业调控中心在收到国网客服中心催报工单后 10min 内，按照要求报送停送电信息。

【释义】本条明确了停送电信息催报工作要求。经地市、县供电企业调控中心核实为公用变压器及以上停电的，应及时发布停电信息；经核实为公用变压器 0.4kV 部分停电或客户内部故障的，可通过电话、腾讯通（RTX）等方式直接向国网客服中心报送。

3. 营销类停送电信息报送

（1）欠费停复电、窃电、违约用电等需采取停电措施的，地市、县供电企业营销部门应及时在营销业务应用系统（SG 186）内维护停电标志。

【释义】本条明确了营销类停送电信息的停电标志维护工作要求。维护欠费停复电、窃电、违约用电停电标志是为保证在该类客户致电 95598 时，客服代表能准确查询与现场停电情况一致的信息，用于答复客户。

（2）省公司按照省级政府电力运行主管部门的指令启动有序用电方案，提前 1 天向有关用户发送有序用电指令。同时，以省公司为单位将有序用电执行计划（包括执行的时间、地区、调控负荷等）报送国网客服中心。

（3）有序用电类停送电信息应包含客户名称、客户编号、用电地址、供电电源、计划错避峰时段、错避峰负荷等信息。

第三节　供电服务指挥主动抢修

一、故障研判概述

之前的故障抢修工单主要是由客户拨打 95598 电话报修触发，由国网客服中心集中处理生成报修工单，通过内网系统转派至各地市供电服务指挥中心，地市供电服务值班人员会根据报修的具体地点将工单派发至基层班组进行处理。基层抢修班组在规定时间内到达现场，查找故障原因并处理，故障处理完成后对工单进行回复。供电服务值班人员对工单回复进行规范审核后，返回国网客服中心，经国网客服人员回访确认办结后，工单结束。这种工作模式主要通过依靠客户报修工单处理故障，使得配网抢修处于被动抢修状态，仍存在停电区域感知时效性不强、停电客户研判精准度不高等问题，影响客户用电体验。

目前，基于充分利用配电自动化、PMS3.0 系统、用电信息采集系统和网格系统等数据，按照客户、低压线路、配变（配电变压器）、分支线、主干线 5 个层次的研判逻辑，提出一种基于故障智能研判实现主动抢修的方法，以有效提高抢修效率和供电服务水平。

二、配电网故障智能研判逻辑

配电网故障智能研判主要是通过构建全量停电信息池，实时采集调度自动化、配电自动化、用电信息采集、剩余电流动作保护、智慧台区等多套系统信息，自动汇集 10kV 主线断路器、分支断路器、配电变压器、客户电能表运行数据以及 HPLC 停送电信息和故障报修工单数据，基于站—线—变—箱—户拓扑关系，逐级召测用户、台区，自下而上分析查询故障点，实时感知计划检修、故障停电等停送电状态，明确停电区域。

（一）客户故障研判逻辑

客户失电后，根据 95598 报修工单，结合站—线—变—箱—户关系，根据户号追溯到所属变压器，通过采集系统召测用户电能表和配电变压器的运行状态判别故障。

若客户电能表正常运行，则判断为客户家庭内部线路故障；若电能表召测成功但运行不正常，则判断为低压单户故障；若电能表召测失败但所在配电变压器运行正常，则判断为低压故障；若配电变压器电压缺相，则判断为配电变压器缺相故障；若配电变压器电压、电流均为零，则判断为配电变压器故障。

（二）低压线路故障研判逻辑

收到低压分支线路断路器跳闸或低压采集器失电警告后，从下往上追溯得到同时段区域内公共低压分支线断路器及联络断路器的运行状态，由上至下拓扑分析得到停电范围。若收到的告警数在规定误差内，则判断为该公共低压分支线故障，否则为本低压分支线或低压采集器故障。

（三）配电变压器故障研判逻辑

利用配电变压器跳闸数据研判。收到配电变压器跳闸告警后，由下往上追溯得到同时段多个配电变压器的公共分支线断路器状态。根据分支线断路器和联络断路器状态，对电网由上至下拓扑分析，得到停电范围。若收到的失电配电变压器数在规定数值内，则判断为该分支线故障，否则为该配电变压器故障。

利用低压线路跳闸数据研判。收到低压线路跳闸告警后，往上追溯得到该低压线路所在配电变压器，以该配电变压器为起点对电网由上往下拓扑分析，若该配电变压器下所有的低压出线无电，则判断为该配电变压器故障。

（四）分支断路器故障研判逻辑

利用分支线跳闸数据研判。收到分支线断路器跳闸数据后，直接依据线—变—箱—

户关系，综合联络断路器运行状态，由上到下分析故障造成的停电范围。

利用配电变压器跳闸数据研判。收到多个配电变压器断电数据后，从下往上追溯得到同时段多个配电变压器的公共分支线断路器，根据断路器运行状态，以公共分支线断路器为起点对电网由上往下拓扑分析，得到停电范围。若得到的无电配电变压器数在规定数值内，则判断为该分支线故障，否则为配电变压器故障。

（五）主干线断路器故障研判逻辑

利用主干线断路器跳闸数据研判。根据主干线断路器跳闸数据和线—变—箱—户关系，可直接确定故障影响的停电区域。

利用分支线断路器跳闸数据研判。收到多个分支线断路器跳闸数据后，由下往上追溯到公共主干线断路器，根据公共主干线断路器和联络断路器运行状态，以该主干线断路器为起点，对电网从上至下拓扑分析，得到停电区域。若得到的该主干线路下分支线断路器跳闸数量在预先设定的误差范围内，则判断为主干线故障，否则为分支线故障。

三、配电网主动抢修方法

配电网主动抢修旨在基于故障研判，超前识别配电网故障或设备告警，生成主动抢修工单，并将停电信息和抢修情况发布给用户。目的在于提前发现故障隐患并及时处理，降低客户报修率，提升客户用电感知。

（一）故障区域感知

1. 低压故障研判

低压故障研判流程如图 6-1 所示。将低压客户电能表上传的停电数据作为主动抢修的发起源头，首先研判排除中压故障，分析可能存在的故障原因，然后发起低压主动抢修流程。收到用电信息采集系统低压客户电能表停电信息后，排除 95598 报修工单中的已知停电，仅对新的未知停电信息研判分析。

首先，排除计划停电或者已知中压故障，通过遍历当前所有低压停电数据，分析是否存在属同配电变压器情况。若属同配电变压器且不同表箱的停电事件大于设定阈值，则提示疑似低压线路故障，可通过用电信息采集系统召测确认。若停电事件小于设定阈值，分析是否存在同表箱情况。若属同表箱的停电事件大于设定阈值，则提示疑似接户点故障，可通过用电信息采集系统召测确认；否则，疑似为单户停电。

2. 中压故障研判

中压停电信息主要来源于用电信息采集系统和 DMS 系统。若同时收到两系统推送的配电变压器停电信息时，以 DMS 系统的信息优先。

当只收到用电信息采集系统推送的配电变压器停电信息时，通过计划停电数据，过滤掉计划停电引起的配电变压器停电，剩余的配电变压器停电信息都记录在预判结果表中。反演分析若同线路的无电配电变压器超过设定阈值，则研判为中压断路器故障。对未反演或归并的停电信息，人工逐一确认后，研判为配电变压器故障停电。

当只收到 DMS 系统推送的断路器故障及其影响的配电变压器数据，按照一条停电事件记录到预判结果表中，经人工确认后直接研判为中压断路器故障。

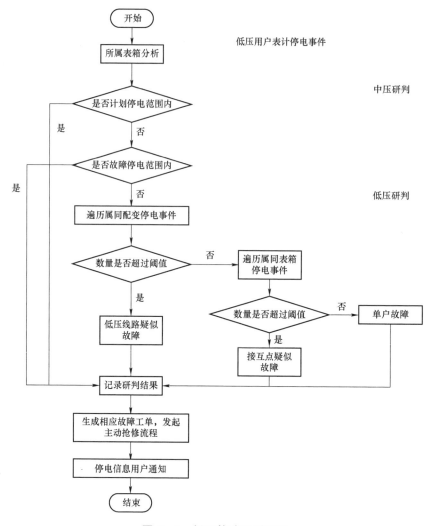

图 6-1　低压故障研判流程

（二）精准主动抢修

1. 自动拓扑停电台区

若客户报修信息中没有户号，不能通过系统召测客户相关数据，无法准确判断停电客户所在的线路、台区等情况，也无法核查是单户停电还是片区停电，则在供电服务指挥系统内，根据停电范围，对比台区台账，将客户地址与台区台账进行模糊匹配，自动将匹配的台区选择出来，制作成 chrome 插件嵌入供电服务指挥系统，拓展地址信息维护功能，实现自动编译生成停电区域的用户地址信息。供电服务指挥中心收到停电信息后，只需要在系统中输入客户报修地址，系统自动拓扑其关联的变电站、线路、台区和用户，无须供电服务指挥人员在系统中根据客户地址逐一选择，避免人为选择错误，提高抢修效率。

2. 智能校核停电信息

系统自动拓扑停电台区后，并不会马上根据拓扑结果发布停电信息和抢修工单，而是通过升级供电服务指挥系统功能，系统后台自动召测停电用户的电能表数据进行二次校核。根据召测结果判断是单户停电、台区停电或线路停电，再次校核停电用户状态，进一步明确停电区域。

3. 生成主动抢修工单

根据配电网状态感知信息和故障研判结果，超前识别配电网故障或者设备告警，在客户报修前，发起主动抢修流程，快速通知现场作业人员及时处理。同时，对 95598 报修工单与主动抢修工单进行研判分析，若为同源故障，则将报修工单与主动抢修工单关联，避免同一故障出现多个工单。

（三）停电信息发布

对于已经确认的停电事件，打通网上国网、短信、电管家微信群、微信公众号、楼宇电梯电子屏全渠道精准推送停送电时间、原因、抢修进度至停电用户。同时，采取朋友圈广告的形式，将推送范围覆盖至停电区域中的所有微信用户。同时向停电区域的微信用户就近推荐未停电同类地点，如商场、医院等。

第四节　供电服务指挥网格化抢修

一、网格化抢修基础

供电服务指挥网格化抢修是指利用现代信息技术和通信技术，将供电服务抢修工作划分为多个网格，每个网格由专门的抢修队伍负责，通过指挥中心统一调度和监控，实现对供电服务抢修工作的精细化管理和快速响应。这种网格化抢修模式能够提高抢修效率，缩短故障处理时间，保障用户的用电安全和服务质量。同时，通过实时监控和数据分析，还能及时发现和解决潜在问题，提升供电服务的可靠性和稳定性。

二、业务流转跟踪

（一）故障报修受理

（1）各地市公司网格化服务渠道人员受理客户故障报修、紧急非抢修类业务，应详细记录客户故障报修的用电地址（充电站地址）、客户姓名、客户编号（充电设备编号、充电卡号等）、联系方式、故障现象、客户感知等信息。

（2）各地市公司网格化服务渠道人员受理客户故障报修时，对可根据用电信息采集信息、停电信息及分析到户信息、充电设施停用状态信息答复的，详细记录客户信息后办结；对可确定是客户内部故障的，建议客户联系产权单位、物业或有资质的施工单位处理，详细记录客户信息后办结；对可确定是充电设施假性故障的，帮助客户排查解决，详细记录客户信息后办结；对客户多次以故障报修名义拨打电话，但实际现场无故障，构成公司资源占用、恶意骚扰的，经属地核实确认并提供有效证据后办结。

（二）工单派发

（1）客户挂断电话结束后 2min 内，各地市公司网格化服务渠道人员应根据客户的诉求及故障分级标准选择故障报修等级，生成故障报修工单。

（2）对回退的工单，派发单位应在回退后 3min 内重新核对受理信息并再次派发。

（三）工单接收

地市、区（县）供电公司及乡镇供电所业务处理部门在 3min 内完成接单或退单，接单后应及时对故障报修工单进行故障研判和抢修派单。对于工单派发错误及信息不全等影响故障研判及抢修派单的情况，要及时将工单回退至派发单位并详细注明退单原因。工单回退应符合以下条件：

（1）供电单位、供电区域、充电设施产权单位或抢修职责范围派发错误。

（2）因工单内容派发区域、业务类型、客户联系方式等信息错误、缺失或无客户有效信息，导致接单部门无法根据工单内容进行处理。

（四）故障报修处理

（1）抢修人员在处理客户故障报修业务时，应及时联系客户，并做好现场与客户的沟通解释工作。

（2）故障到达现场时限应做到：城市范围一般为 45min，农村地区一般为 90min，特殊边远地区一般为 120min。抢修人员到达现场后应在第一时间上传到达现场时间。

（3）到达故障现场后，抢修人员尽快组织排查故障，应在 30min 内向本单位配网抢修指挥班组报告故障现场情况、故障处理进度及预计修复送电时间。

（4）故障排除恢复供电后，抢修人员应在 5min 内向本单位配网抢修指挥班组汇报故障恢复时间，并在 30min 内完成填单、回单工作。

（5）抢修到达现场后恢复供电平均时限：城区范围一般为 3h，农村地区一般为 4h。抢修时间超过 4h 的，每 2h 向本单位配网抢修指挥班组报告故障处理进展情况。影响客户用电的故障未修复（除客户产权外）不得回单。

（6）低压单相计量装置类故障（窃电、违约用电等除外），由抢修人员先行换表复电，营销人员事后进行计量加封及电费追补等后续工作。

（7）35kV 及以上电压等级故障，按照职责分工转相关单位处理，故障修复后 30min 内完成工单回复工作。

（8）对无须到达现场抢修的非故障停电，应及时移交给相关部门处理，并由责任部门在 45min 内与客户联系，做好客户沟通解释工作；对于不需要到达现场即可解决的问题，与客户沟通好后回复工单。

（9）抢修人员到达现场后，发现由于电力运行事故导致客户家用电器损坏的，抢修人员应做好相关证据的收集及存档工作，并及时转相关部门处理。

（五）工单回复（回访）

（1）各地市公司网格化服务渠道人员负责本单位故障报修的回访工作，原则上派发工单应实现百分百回复（回访），如实记录客户意见和满意度评价，除客户明确提出不需回访的，应在接到工单回复结果后，24h 内完成（回复）回访工作。

（2）回访时，遇客户表述情况与工单反馈结果不符，且抢修处理部门未提供有力证据、实际未恢复送电、工单填写不规范等情况时，应将工单回退，回退时应注明退单原因。

（3）由于客户原因导致回访不成功的，回访工作应满足：不少于 3 次回访，每次回访时间间隔不小于 2h。3 次回访失败应写明原因，并办结工单。

（4）原则上每日 12:00～14:00 及 21:00～次日 8:00 期间不得开展客户回复（回访），客服人员在回访客户前应熟悉工单的回复内容及附件，将核心业务内容回访客户，不得通过阅读基层单位工单"回复内容"的方式回访客户。

（5）如客户确认知晓故障点为其内部资产或第三方资产的，回访满意度默认为不评价。

（六）工单合并

（1）故障报修工单流转的各个环节均可以进行工单合并，合并后形成主、副工单。

（2）同一故障点引起的客户报修可以进行工单合并。在进行合并操作时，要经过核实、查证，不得随意合并工单。

（3）合并后的故障报修工单处理完毕后，主、副工单均需回访。

（七）工单归档

回访结束后 24h 内完成归档工作。

（八）工单回退

（1）符合以下条件的，工单接收单位应将工单回退至派发单位，重新派发：

1）供电单位、供电区域、充电设施产权单位或抢修职责范围派发错误。

2）通过知识库可以确定工单类别，但工单类别选择错误。

3）因工单内容派发区域、业务类型、客户联系方式等信息错误、缺失或无客户有效信息，导致接单部门无法根据工单内容进行处理。

4）对系统中已标识欠费停电、违约停电、窃电停电或已发布计划停电、临时停电等信息，但客服专员未经核实即派发的。

（2）故障停送电信息发布 10min 内派发的工单，可进行工单合并，但不可回退至工单派发单位。

（3）故障报修业务退单应详细注明退单原因，包括正确工单分类、知识库中参照内容、需要补充填写的内容、停电信息编号（生产类停送电信息必填），以便接单部门及时更正。

（九）工单催办

（1）各地市公司网格化服务渠道人员受理客户催办诉求后应关联被催办工单，10min 内派发工单，催办工单流程与被催办工单一致。

（2）客户催办时，各地市公司网格化服务渠道人员做好解释工作，争取客户理解，催办工单派发时间间隔应在 5min 及以上，对于存在舆情风险的，需按照客户诉求派发催办工单。

（3）客户再次来电要求补充相关资料等信息的，需将补充内容详细记录并生成催办工单派发。

第七章 供电优质服务

第一节 配电自动化的自愈技术

一、配电网自愈控制系统的特征

配电网自愈控制（self-healing control）涵盖了电网保护、控制领域的很多新进展，目的是构建配电网自我预防、自我调整、自我恢复的能力，其具有两个显著特征：

（1）以预防控制为主要控制手段，及时发现、诊断和消除故障隐患。电气设备在线监测是预防控制的重要支撑技术。

（2）故障发生的情况下具有维持系统不间断运行的能力。

配电网自愈控制技术建立在丰富、全面的实时测量和实时监视数据的基础上，通过系统仿真技术、短路电流计算、保护定值配合、类型辨识、负荷预测等形成正常运行的优化运行控制，实现配电网运行的积极性；应用异常运行时的预防控制技术，达到防患于未然，减小系统由异常状态向故障状态下滑的概率，保证配电网运行的可靠性；故障时的全局控制技术，力争不停电、少停电、减小停电范围、缩短恢复时间；紧急情况下的应急控制技术，如进入保护加速程序、启动备用电源、将冷备用状态电源转入热备用状态等。紧急控制预案一般是一系列方案，设定若干防线，首先执行扰动最小的方案，使故障影响最小，尽可能地减少系统由异常状态向故障状态下滑。

紧急控制的最后一道防线是通过自愈控制技术和配电网继电保护，对配电网进行快速恢复控制，通过提高电源出力、切除部分负荷，甚至将配电网分成若干临时的供电孤岛等措施，杜绝大面积停电的出现。主要技术内容包括：

（1）正常运行时的运行优化方案配置技术和算法。异常运行时，通过设备的在线测量系统和配电网的测量系统发现配电网或设备的异常状态或设备缺陷，判断出可能发生的故障，形成预防策略，实施预防控制，使配电网从异常状态过渡到一个健康状态，需要在线变更配电网继电保护的定值，以及定制改变后的校验仿真。

（2）预防控制算法和技术，配电网网络预重构算法和技术。故障时，进入紧急控制状态，实施紧急控制。隔离故障点或区域，缩小停电面积，减少停电时间，实施网络重构，加速故障恢复。

（3）一次、二次、自动化系统协调配合，应用自愈控制技术，提高配电网可靠性。

（4）通过全网数字控制、设备在线监测、配电网继电保护和开关设备的相互协调，以及在调度系统嵌入自愈控制高级应用软件，全方位实现自愈控制，缩小故障范围、缩短停电时间，提高配电网供电可靠性。

二、配电网自愈系统的构成

配电网自愈控制系统主要由自愈控制功能、数据接口、SCADA 平台、系统平台四部分构成，如图 7-1 所示。

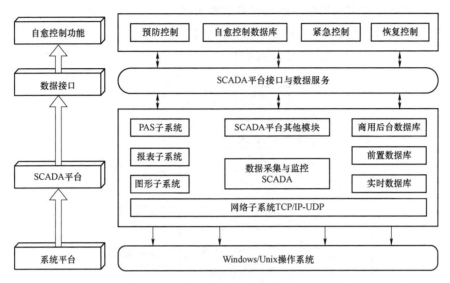

图 7-1　配电网自愈控制系统的构成

　　将配电网自愈控制系统嵌入配电网调度自动化系统的方式是增加自愈控制数据服务器、系统服务器和工作站，如图 7-2 所示。

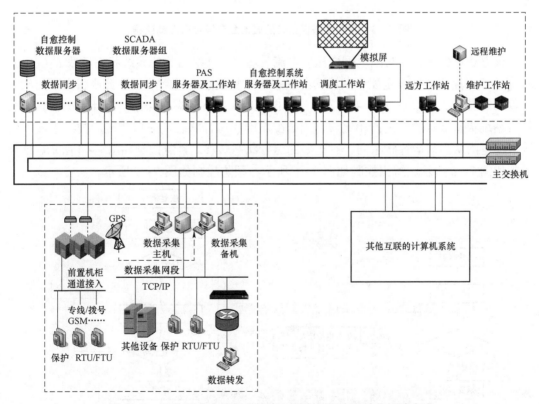

图 7-2　配电网自愈控制系统嵌入配电网调度自动化系统方式

三、自愈控制方法

（一）基于状态量比较的城市配电网自愈控制方法

基于状态量比较的城市配电网自愈控制流程如图 7-3 所示。

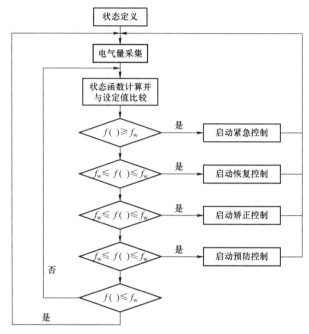

图 7-3 基于状态量比较的城市配电网自愈控制流程

该方法首先定义了与配电网电压、电流、功率、频率相关的系统状态函数 $F(U, I, P, Q, f)$，然后分别设定配电网在紧急状态、恢复状态、异常状态、警戒状态下的状态函数范围限值 $f_{ex}, f_{re}, f_{se}, f_{cr}$、右、左、右；再根据配电网数据采集量，将计算出的状态函数与系统状态函数的设定值相比较，确定配电网的运行状态，采取相应的控制手段，使城市配电网从当前运行状态向一种更好的运行状态转移。紧急控制如图 7-4 所示、恢复控制如图 7-5 所示、矫正控制如图 7-6 所示、预防控制如图 7-7 所示。

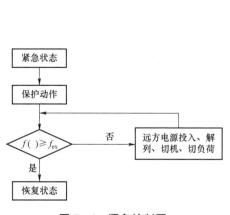

图 7-4 紧急控制图

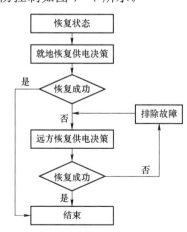

图 7-5 恢复控制图

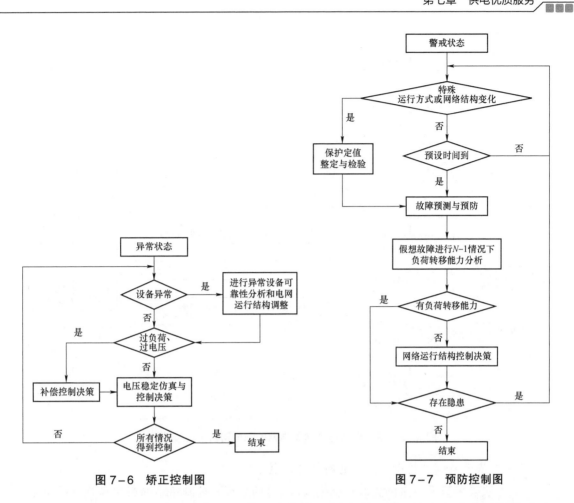

图 7-6　矫正控制图　　　　　　　图 7-7　预防控制图

　　应用上述理论,编制自愈控制软件,将其嵌入到城市配电网调度自动化系统借助于利用新型的保护测控装置、在线监测装置等各种自动化装置采集实时信息进行城市配电网自愈策略的决策,并自动传达到相应的控制设备,协调完成自愈控制策略的形成、筛选、确定、执行等整个过程,实现将数据采集、控制决策与执行设备的一体化,赋予城市配电网自我预防、自动恢复的能力,使配电网调度系统具备应对极端灾害和大电网紧急事故的能力,提高配电网供电可靠性。

　　(二)基于分布电源、微电网的配电网自愈控制方法

　　有源配电网是配电网实现自愈的保证,传统能源发电的分布电源可以作为应急电源,而间歇性能源发电站由于发电量和发电能源的不确定性,不具备作为系统应急电源的能力。这类发电站配有储能电池才可以成为系统应急电源或后备电源。配有电池的微电网和电动汽车充、换电站同样可以协同配电网的自愈控制系统工作,完成电网自愈过程。分布电源是相对于传统集中式而言的,一般是指位于负荷区域的 50MW 以下的发电站。一般情况下分布电源接入配电网并网运行,也可以供给附近负荷脱离电网独立运行。而微电网是分布式发电设备接入和管理的一种有效形式。图 7-8 是基于分布电源和微电网的配电网自愈控制流程图。

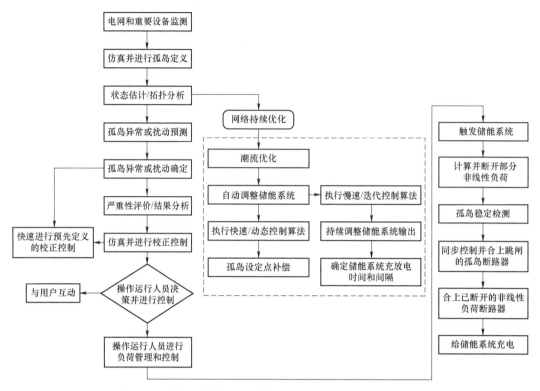

图 7-8 基于分布电源和微电网的配电网自愈控制流程图

（三）基于协调控制模式的配电网自愈控制方法

该方法采用基于一体化协调控制模式，信号的处理和控制策略的产生具有自适应性，无须外界干预、自动完成控制过程，协调继电保护装置、各种自动调节装置及其参数进行智能控制，从而实现配电网的稳定、安全、可靠、经济运行，属于电力系统理论、控制理论和人工智能的交叉技术应用领域，其控制架构方案如图 7-9 所示。

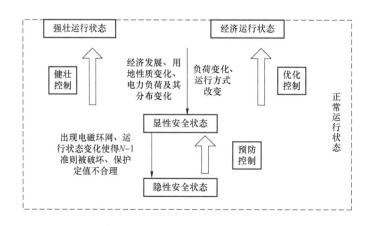

图 7-9 基于协调控制模式的配电网自愈控制架构方案图（一）

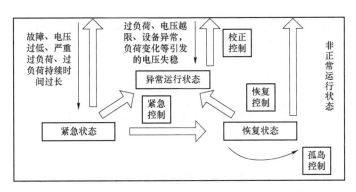

图7-9　基于协调控制模式的配电网自愈控制架构方案图（二）

该方法把配电网的运行状态分为正常运行状态和非正常运行状态。其中，正常运行状态又可以分为隐性安全状态、显性安全状态、经济运行状态和强壮运行状态，从隐性安全状态施加预防控制可以使配电网回到显性安全状态，如图7-10所示。

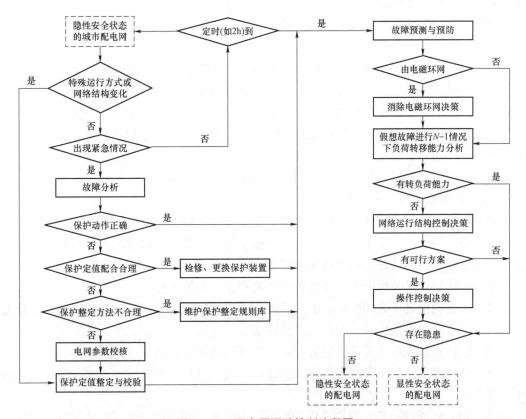

图7-10　配电网预防控制流程图

基于协调控制模式的配电网自愈控制通过进行数据采集，自动判别配电网当前所处的运行状态，并根据实际条件运用智能方法进行控制决策，对继电保护、开关设备、安全自动装置、自动调节装置进行自动控制，协调紧急情况与非紧急情况、异常情况与正常情况下的电网控制，形成分散控制与集中控制、局部控制与整个配电网的综合控制相协调的控制模式，在期望时间内促使配电网顺利度过紧急情况，及时恢复供电，满足运行时的安全约束，对于负荷变化等扰动具有很强的适应能力，具有较高的一体化与智能化决策、自治性与协调性、冗余性与可靠性、经济性与适应性的优点。

第二节 带电合环及解环

一、定义

合环：是指将线路、变压器或开关串构成的网络闭合运行的操作。

解环：是指将线路、变压器或开关串构成的网络开断运行的操作。

二、解、合环操作条件

（一）合环操作的条件

（1）相序相位一致。合环前应核对合环点两侧相序相位一致，特别是首次合环或检修后可能引起相位变化的。

（2）电压差不超过规定值，220kV 及以下不超过额定电压的 20%、500kV 不超过额定电压的 15%。

（3）相角差符合规定值，220kV 及以下不超过 25%、500kV 不超过 20%。

（4）如属于电磁环网，则环网内的变压器接线组别之差需为零；特殊情况下经计算校验继电保护不会误动作及有关环路设备不过载，允许变压器接线差 30 进行合环操作。

（5）合、解环后电流、电压不超过规定值，环网内各元件不得过载；继电保护与安全自动装置应调整至适应环网运行方式。

（6）继电保护与安全自动装置应调整至适应环网运行方式。

（二）合环操作的注意事项

调度员应在合环操作前，应运用调度自动化系统中的潮流模拟系统（PAS 软件）对操作任务的正确性进行审核和验证，即进行模拟操作，以便提前发现可能发生的异常变化，及时进行调整并做好相应的预案及对策。

（1）合环操作时必须确保合环设备两侧的相位、相位一致。

（2）必须确保合环时、解环后的潮流不超过稳定极限、设备不过负荷、电压在正常范围内，不引起继电保护和安全自动装置误动。

（3）环状系统合环点设有同期装置时，应启动同期装置进行合环。

（4）合环时电压差应满足规定值：500kV 一般不应超过额定电压 10%，220kV 不应超过额定电压 20%。

（5）500kV 系统合环一般应检同期合环，有困难时应启用合环开关的同期装置检查相角差，合环时相角差 500kV 一般不应超过 20°，220kV 一般不应超过 25°。

（6）主变中性点改变、相关保护变更时，应按相关规定对电网的运行方式、继保定值进行修改。

（三）解环操作的注意事项

（1）解环前，应检查调整解环点的潮流，使解环后各元件的潮流变化不超过系统稳定，继电保护、设备容量的限额，各结点电压的变化不超出规定范围。

（2）系统及环路内各元件的继电保护、安全自动装置、主变中性点接地方式与解环运行方式相适应。

（3）用母联开关解环时，须注意解环后保护电压应取自本母线 PT。导致的主变中性点改变、相关保护变更时，应按相关规定对电网运行导致的主变中性点改变、相关保护变更时，应按相关规定对电网的运行方式、继保定值进行修改。

第三节 网格化抢修

一、网格化定义

配电网网格化是指按网架现状、负荷分布、地理分界等实际情况，将复杂的配电网划分为多个相对独立的网格，并采用若干组标准接线对每一个网格直接、独立供电。

二、网格化管理

（一）有助于提高供电可靠性

由于采用分区供电，当供电区域出现问题时，工作人员能够快速定位故障位置并及时对电力事故进行处理。一般情况下，配电网网格采用的是双回路供电，当一个区域停电检修时，工作人员只需在电源入口处做好安全措施，就不会发生电力安全事故，能够满足电力安全规范和高效检修的需要。

（二）有助于提高调度灵活性

由于每个网格均采用双环网或单环网供电，且杜绝了跨网格供电，结构清晰可靠。因此调度安排检修时，无须过多考虑负荷倒送途径，可立即确定临时运行方式、安排倒送负荷。

（三）有助于提高精益化管理水平

对配电网进行逐一网格化分析，对其他配电网精益化管理大有裨益：如可直观获知某一区块配电网装备和运行指标现状，有助于投资决策；又如在发生停电时，可立即查明哪一块地理区域受到影响。

第四节 抢 修 工 单

随着国民经济的发展，人民生活水平的日益提高，社会对于电力的需求不断扩大，电力系统的稳定性和安全性备受瞩目，做好故障抢修工作，是电力企业义不容辞的责任。电力企业应采取有效措施，提升故障抢修效率，保证电力系统的安全稳定运行。国网公司提出相关的优质服务要求——提供 24h 电力故障报修服务，供电抢修人员到达现场的平均时间一般为：城区范围 45min，农村地区 90min，特殊边远地区 2h。

配网抢修指挥主要包括 95598 抢修类工单接收、设备故障研判、派单指挥、工单监督、回单审核等具体业务，其工作质量对提升供电服务质量具有较大的影响。

一、故障信息受理

接到客户报修电话后，通过规范话术，引导客户准确描述故障发生地点，缩小范围、确定其具体地址，一方面与系统内信息核对，以研判其故障性质（计划停电或故障停电），另一方面便于抢修人员及时赶到现场。

二、故障研判分析

接到客户报修后，结合计划停电、故障停电、低压故障信息等，对客户报修故障进行初步实时研判，结果主要有：配电网中压故障、单个配电变压器停电、配电变压器下单个接入点停电、单户停电。必要时，还需要联系相关部门通过调度自动化、配电自动化、用电信息采集等系统实时获取电网运行数据及故障信息，辅助研判。然后通过地址匹配等技术，派发工单至合理的抢修驻点和抢修人员。

对于新发生的原因不明的区域停电事件，需要尽快联系责任部门核实、确定停电范围，录入、发布故障停电信息，包括停电开始和预计结束的时间点、对停电时间的表述、停电事件的影响范围、停电原因和相关联的信息等内容。

三、故障抢修指挥

通过对故障工单的接单确认派工、抢修队伍调派、抢修过程反馈、故障处理审核、工单回复等，完成故障抢修工单处理（包括接单、确认、派单、到达、查勘、处理、确认、归档），实现抢修处理过程的跟踪、督办、评价，做到事前预警、事中处理、事后分析的抢修处理全过程管控。并通过优化工单验证、市县工单一体化处理、工单转派、抢修短信通知、工单多级督办等，简化工单处理，提高指挥效率。

四、抢修资源调度

抢修资源调度主要包括抢修资源监控、抢修队伍调派、抢修车辆调派三部分功能。抢修资源监控是指监控各驻点抢修物资、车辆、人员的情况，可视化跟踪、监控已调配抢修队伍的位置、当前状态；抢修队伍调派是指综合工单报修点、抢修车位置、抢修队伍在处理、已处理工单情况、工作量情况等因素，对可派发抢修队伍进行排序调配，实现抢修队伍科学调派；抢修车辆调派是指通过与车辆管理系统及电网 GIS 的集成，基于抢修车辆 GPS 定位信息，实现车辆定位、轨迹回放等功能，满足抢修车辆直观的管理和调配，确保抢修车辆高效运转。

故障抢修，应坚持抢修队伍调度最优原则，即：抢修队伍能力强，具有排除故障的能力；离事故现场最近，能在第一时间到达，争取抢修时间；优先抢修紧急事件，实现抢修承诺，努力做到客户满意。

第五节 主 动 工 单

一、主动抢修概述

配网主动抢修可分为广义与狭义两种。以广义而言，主动抢修是采取"三段式"抢修模式，来源于中医的"治已疾、控欲疾、防未疾"理论，及时抢修故。对异常提前处理，控制配网态势。以狭义而言，主动抢修是设备故障后，用户无需报修电话，管理人员全过程监控，即刻安排人员至现场抢修。配网主动抢修已经成为电力行业发展主要趋势，是由于人民生活水平提高，用户从"有电用"要求向"用好电"转变，对于故障抢修、电力供应质量等提出更高要求。配网作为"最后一公里"，是实现优质服务的"生命线"，应当接轨国际，以供电可靠性为指标，探索主动抢修配网运行决策应用，转变"封闭式"设备管理的方式，做到配网抢修事前预防、事中处理、事后跟踪，提高服务质量。

二、主动抢修管理的主要做法

专业化业务调整，突出主动抢修。对调控中心配调业务管理职能进行优化调整，将主城区 35kV 变电站主变低压侧以上设备纳入地调管理，配网调控班只负责主城区 10kV 配网调控运行，管理。同时增强配调监控力量，与配网抢修指挥中心同地办公，实现从故障发现到信息传递"零延时"，从而在 95598 工单生成前，提前组织抢修力量，确定抢修方案。

（一）明确业务界面，确立协同流程

配网调控班和配网抢修指挥班两个班组同场所办公，工作中打破专业壁垒，实现人员相互支援、信息共享，对于复杂故障共同研判。

（二）多层次联动协同，充实抢修梯队力量

根据配抢体系要求，依托原有抢修班组分区成立抢修组，形成由抢修中心统一业务管理和指挥的第一梯队。其中城区，统一维护班、营业班抢修人员组成抢修组，统一负责表箱前后的所有抢修；农村以现有配电组为基础成立抢修组，均实行 24h 值班。各客服中心（运维站）依托集体企业组建抢修第二梯队，负责处理各抢修组无法处理的抢修工作。

（三）抢修站网格化布置，提高抢修工作效率

在抢修站网格化布置上，遵循配网抢修 5 个原则，一是作业区域合理；二是客户分配均匀；三是设备划分准确；四是抢修工单密集度适中；五是抢修到达现场快速，合理划分抢修服务区域，派驻抢修组，即依据实际情况在城区设置××个抢修站、点，在农村各供电所设置××个抢修点，负责区域内所有故障抢修工作，反应迅速，确保在抢修服务承诺时长内到达故障现场、完成抢修任务，以满足对全市用户的抢修服务要求。

（四）推进抢修站点标准化建设，提升配网管理水平

抢修站点实行标准化建设，在抢修站内设置值班区、备品备件及工器具、材料仓库、休息区等，配 6 人 2 车。抢修点作为抢修站的补充，配 4 人 1 车。同时，抢修物资实行超市化、半成品化、模块化三化管理，减少抢修物资准备时间，提高抢修服务效率。制定下发《配网标准化抢修实施细则》等 9 项管理制度和抢修站点运行、抢修记录等 6 个标准模板，确保抢修站点管理规范有序。

（五）实施"套餐式"抢修，提高抢修效能

按照梳理出的配网故障类型（低压计量类设备故障、低压电缆故障、台区配电室故障、分支下户线故障、环网柜故障、高压熔断器故障、10kV 线路故障、高压客户故障）分别编制八种标准抢修作业指导书，明确工作流程、标准。实施抢修车辆配套改装，在站点抢修物资三化管理的基础上，对抢修材料及工器具进行梳理集装，形成八类标准抢修配送箱。抢修人员接单后直接根据故障类型选择相应的抢修"套餐"进行抢修，对于表箱及以下故障，采取授权或委托方式，由抢修人员统一处理，实现一支队伍、一次到达现场、一次完成故障处理的目标。

（六）加强手持终端应用培训，实现故障快速响应

公司结合现场手持终端工作模式和功能丰富的特点，在部署手持终端的同时，邀请厂家讲解，全面提升现场抢修人员应用手持终端的熟练程度，实现故障现场的快速响应，及时将现场情况上报给应急指挥中心，与配调和指挥中心完成对接。作业人员在手持终端机上选择相应工作模式，应急指挥中心就能观看故障点所在的位置和应急作业工况，准确、迅速地做好应急处理。

第六节　供电服务指挥关键指标及评价考核

一、关键指标

（一）百万客户投诉率

指标定义：客户投诉的数量占供电客户百万数的比例。

计算方法：客户投诉率＝客户投诉数/客户数量（百万）×100%。

（二）客户满意度

指标定义：客户对服务满意的数量，占总共服务的数量的比例。

计算方法：客户满意度＝客户对服务评价为满意的数量/服务工单数量×100%。

（三）"互联网＋"线上业务受理率

指标定义：通过"互联网＋"线上办理业务的数量，占总共办理供电服务业务的比例。

计算方法："互联网＋"线上业务受理率＝通过线上办理业务的数量/总共办理业务的数量×100%。

（四）业扩服务时限达标率

指标定义：业扩服务时间在时限内的工单数量，占总共开展业扩服务的工单数量的比例。计算方法：业扩服务时限达标率＝时限内完成业扩工单数/总共开展业扩服务工单数×100%。

业扩服务时限达标率＝业务办理时限达标的已归档业扩新装、增容流程数/已归档的业扩新装、增容流程数总和×100%。

（五）95598 工单处理及时率

指标定义：95598 工单及时处理的数量，占 95598 工单总量的比例。

计算方法：95598 工单处理及时率＝及时处理的 95598 工单数/95598 工单总数×100%。

2018 年 11 月 16 日国家电网设备〔2018〕1044 号文规定：95598 工单处理及时率＝0.5×按时接派工单/工单总数×100%＋0.5×按时回复 95598 工单数/95598 工单总量×100%。

（六）平均抢修时长

指标定义：抢修工单的平均处理时长。

计算方法：平均抢修时长＝抢修工单总时长/抢修工单数量×100%。

（七）巡视计划执行率

指标定义：巡视计划执行的数量，占总共需要进行巡视的数量的比例。

计算方法：巡视计划执行率＝巡视计划执行的数量/总共需要进行巡视的数量×100%。

（八）配电缺陷消除及时率

指标定义：及时消除的配电缺陷数量，占总的配电缺陷数量的比例。

计算方法：配电缺陷消除及时率＝及时消除的配电缺陷数/总配电缺陷数×100%。

二、关键指标分析

供电服务指挥中心对关键指标建立一指标一档案，长期跟踪指标的走势，验证业务开展成效，辅助发现弱项指标，并对指标异常情况进行预警和分析，实现各类指标全过程管控。

三、业务考核管理

（一）纵向评价考核

运维检修部、营销部、电力调度控制中心对本专业管理范围供电服务指挥工作质量开展评价考核工作。

（二）横向评价考核

供电服务指挥中心通过对配电网故障报修管控、配电运营管控、客户服务指挥全过程管控，编制发布公司"供电服务运营数据"及"供电服务运营分析报告"，提出供电服务运营质量和信息支撑工作的评价意见及改进建议。

从强化供电服务指挥管理、持续提升供电服务指挥服务水平出发，供电服务指挥中心应组织建立供电服务指挥质量评价体系，通过抽查各项业务内容、明察暗访、召开业务专题会议等形式，按月度、季度、年度的周期，对各单位供电服务质量、业务运营管理质量和业务支撑工作质量进行监督和评价，并纳入指标考核体系。

（三）员工服务行为考核

为进一步强化服务意识，规范员工服务行为，国网公司出台了《国家电网公司供电服务奖惩规定》。该规定适用于公司总部（分部）及公司所属各级单位供电服务管理工作，也是 95598 业务处理过程中发生供电服务过错的奖惩依据。供电服务指挥业务处理过程中凡发生供电服务过错的，参照《国家电网公司供电服务奖惩规定》执行。

为贯彻落实国家电网公司"一体四翼"发展布局，坚持以人民为中心，建设卓越供电服务体系，以"零容忍"的态度防范供电服务领域不正之风和漠视侵害群众利益等突出问题，补齐服务短板，国网宁夏电力有限公司出台《国网宁夏电力有限公司关于供电服务过错问责的实施意见》，进一步规范地区供电服务业务行为及考核。

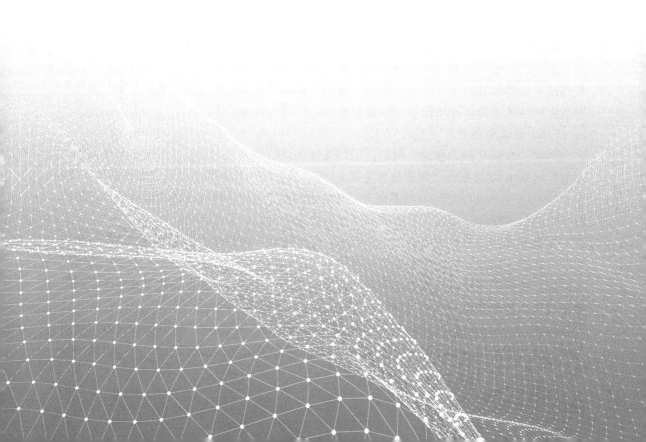

实 践 篇

第二部分 配电二次运维

第八章 配电自动化主站

第一节 配电自动化系统主站总体要求

一、基本性要求

（1）应遵循标准性、可靠性、可用性、安全性、扩展性、先进性原则。

（2）应符合 GB/T 13720、DL/T 550、DL/T 814，应具备横跨生产控制大区与管理信息大区一体化支撑能力，满足配电网的运行监控与运行状态管控需求。

（3）应采用标准通用的软硬件平台，生产控制大区支持地县一体化构架，管理信息大区支持省级部署。

（4）应符合 DL/T 890、DL/T 1080、DL/T 1230、SG-CIM，基于企业中台，实现与多系统数据共享，支撑各层级数据纵、横向贯通以及分层应用。

（5）应符合国家发展和改革委员会令 2014 年第 14 号、国家能源局国能安全〔2015〕36 号文件及《信息安全技术网络安全等级保护基本要求》（GB/T 22239—2019）中第三级系统的相关要求。

（6）配电自动化系统主站管理信息大区业务应用，应遵循 PMS3.0 技术架构、数据架构、业务架构建设；可通过 PMS3.0 统一工作台实现微应用统一管理、应用访问。

二、标准性要求

（1）符合 Q/GDW 680.1 规定的智能电网调度技术支持系统的技术体系要求。

（2）采用开放式体系结构，提供开放式环境，支持多种硬件平台，能在国产的安全加固操作系统环境下稳定运行。

（3）图形、模型及对外接口规范遵循 IEC 61968、IEC 61970 和、SG-CIM 等相关标准。

三、可靠性要求

关键设备和关键服务冗余配置，单点故障不应引起系统功能丧失和数据丢失；关键软件具备容错机制，关键服务模块异常不应引起系统功能丧失和数据丢失。

四、可用性要求

（1）具备诊断软件和维护工具，实现硬件、软件和数据在线维护。

（2）灵活配置功能模块，模块的增加和修改不应影响其他模块正常运行。

（3）人机界面友好，操作与维护模块工具化、图形化。

五、安全性要求

（1）满足电力监控系统网络安全有关规定。

（2）具有完善的权限管理机制。

（3）具备数据备份及恢复机制。

（4）具备数据防泄漏等机制。

（5）具备可信机制发送权限修改、遥控等操作性指令。

六、扩展性要求

（1）容量可扩充，可在线增加测控、交互信息容量等。

（2）节点可伸缩，可在线增加服务器、工作站等。

（3）功能可升级，可在线版本升级、功能扩充。

（4）微服务化，服务相对独立，可通过解耦研发、测试与部署提高整体迭代效率。

（5）容器化，可将应用及依赖环境打包独立成一个功能全面、便于移植的计算环境。

七、先进性要求

（1）应选用符合行业应用方向的主流硬件、软件产品。

（2）设计和架构应具有前瞻性，可利用云平台和大数据分析技术提升配电自动化系统主站性能；可支撑配电网状态感知、数据融合、智能决策。

第二节 系 统 架 构

一、配电自动化系统主站基本架构

配电自动化系统主站应遵循公司"三区四层"数字化架构，见图8-1。

二、配电自动化系统主站组成部分

配电自动化系统主站应由计算机硬件、操作系统、支撑平台软件和配电网应用软件组成。其中，支撑平台应包括系统基础服务和信息交换服务，配电网应用软件应包括配电网运行监控与配电网运行状态管控两大类应用。功能组成结构见图8-2。

三、配电自动化系统主站部分的功能

包括基本功能与扩展功能。基本功能应在系统建设时同步配置，扩展功能可在系统建设时根据自身配网实际和运行管理需要进行选配。基本功能和扩展功能配置见表8-1。

四、配电自动化系统主站功能组成结构要求

（一）结构定义

1. 生产控制大区

（1）控制区（安全区 I ）。控制区中的业务系统或其功能模块（或子系统）的典型特征为：是电力生产的重要环节，直接实现对电力一次系统的实时监控，纵向使用电力调度数据网络或专用通道，是安全防护的重点与核心。控制区的典型业务系统包括电力数据采集和监控系统、能量管理系统、广域相量测量系统、配电网自动化系统、变电站自动化系统、发电厂自动监控系统等，其主要使用者为调度员和运行操作人员，数据传输实时性为毫秒级或秒级，其数据通信使用电力调度数据网的实时子网或专用通道进行传输。

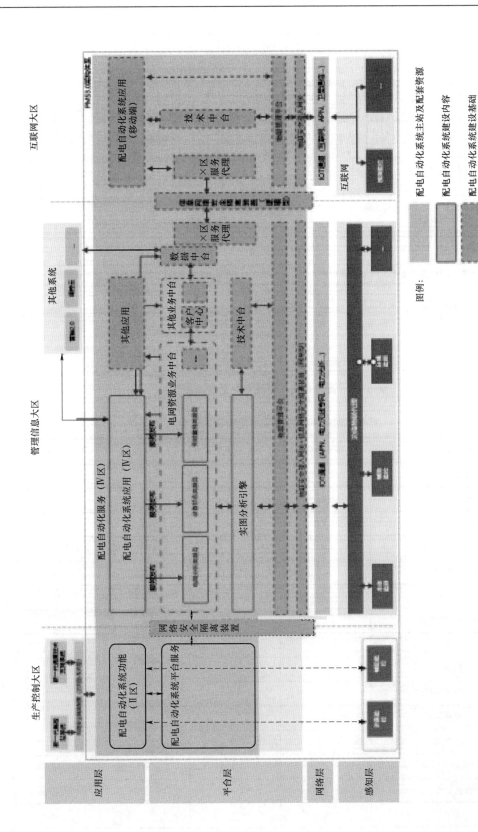

图 8-1　配电自动化系统"三区四层"架构

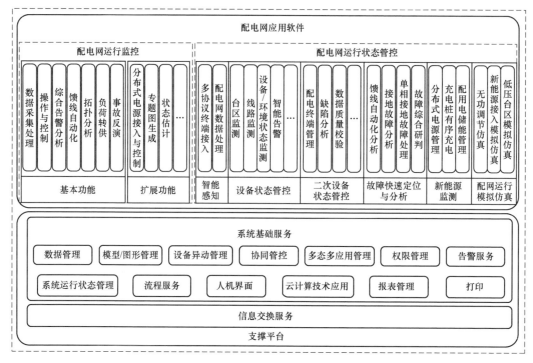

图8-2 配电自动化系统主站功能组成结构

表8-1　　　　　　　　　　配电自动化系统主站基本功能和扩展功能

软件/功能	基本功能	扩展功能	生产控制大区	管理信息大区
支撑软件	√		√	√
数据管理	√		√	√
模型/图形管理	√		√	√
设备异动管理	√		√	√
信息交换服务	√		√	√
协同管控	√		√	√
多态多应用管理	√		√	√
权限管理	√		√	√
告警服务	√		√	√
系统运行状态管理	√		√	√
流程服务	√		√	√
人机界面	√		√	√
云计算技术应用	√		√	√
报表管理	√		√	√
打印	√		√	√

续表

软件/功能	基本功能	扩展功能	生产控制大区	管理信息大区
配电数据采集与处理	√		√	√
操作与控制	√		√	
综合告警分析	√		√	
馈线自动化	√		√	
拓扑分析应用	√		√	
负荷转供	√		√	
事故反演	√		√	
多协议终端接入	√			√
配电网数据处理	√			√
台区监测	√			√
线路监测	√			√
设备（环境）状态监测	√			√
设备状态异常分析	√			√
智能告警	√		√	√
台区经济运行分析		√		√
配电终端管理	√		√	√
缺陷分析	√			√
数据质量校验	√		√	√
终端运行统计分析	√		√	√
终端定值管理	√		√	
保护定值管理	√		√	√
馈线自动化分析	√			
接地故障分析	√			
故障综合研判	√			√
分布式电源管理	√		√	√
充电桩有序充电管理	√			√
配用电储能管理	√			√
新能源发电预测	√			√
无功调节模拟仿真				√
新能源接入模拟仿真				√
低压台区模拟仿真				√
专题图生成		√	√	
状态估计		√	√	

续表

软件/功能	基本功能	扩展功能	生产控制大区	管理信息大区
潮流计算		√	√	
解合环分析		√	√	
负荷预测		√	√	
网络重构		√	√	
操作票		√	√	
自愈控制		√	√	
配电网经济运行分析		√	√	
配电网仿真与培训		√	√	

（2）非控制区（安全区Ⅱ）。非控制区中的业务系统或其功能模块的典型特征为：是电力生产的必要环节，在线运行但不具备控制功能，使用电力调度数据网络，与控制区中的业务系统或其功能模块联系紧密。非控制区的典型业务系统包括调度员培训模拟系统、调度自动化系统、继电保护及故障录波信息管理系统、电能量计量系统、电力市场运营系统等，其主要使用者分别为电力调度员、继电保护人员及电力市场交易员等。

2. 管理信息大区

管理信息大区是指生产控制大区以外的电力企业管理业务系统的集合。电力企业可根据具体情况划分安全区，但不应影响生产控制大区的安全。

（二）结构要求

（1）具备控制功能的中压配电终端接入生产控制大区，其他中压配电终端宜接入管理信息大区；低压配电终端接入管理信息大区。

（2）配电运行监控应用应部署在生产控制大区，可从管理信息大区调取所需实时数据、历史数据及分析结果。

（3）配电运行状态管控应用应部署在管理信息大区，可接收从生产控制大区推送的实时数据及分析结果。

（4）生产控制大区与管理信息大区应基于统一支撑平台，可通过协同管控机制实现权限、责任区、告警定义等的分区维护、统一管理，并应保证管理信息大区不向生产控制大区发送权限修改、遥控等操作性指令。

（5）互联网大区宜具备配电自动化系统的查询服务、工单服务等移动端业务应用。

（6）外部系统应通过企业中台与配电自动化系统主站实现信息交互。

（7）硬件应采用物理计算机或虚拟化资源，操作系统应采用国产安全加固操作系统等。

配电自动化系统主站包括配电自动化主站生产控制大区以及配电自动化主站管理信息大区，生产控制大区应在地市部署；管理信息大区应在省级部署，存量地市级管理大区应向省级部署演进，见图 8-3。

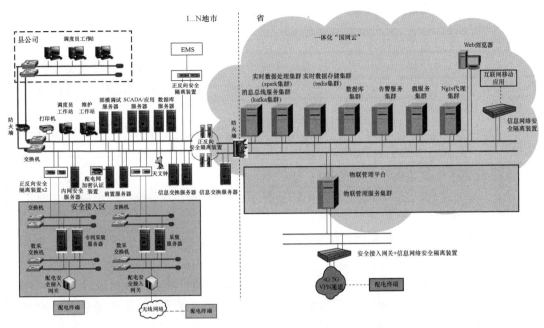

图8-3　配电自动化系统主站硬件架构图

第三节　平台服务功能

一、总体要求

平台服务功能应满足配电自动化系统应用要求，其中平台服务和支撑软件，应差异化满足生产控制大区和管理信息大区应用要求。

二、平台服务

（一）生产控制大区服务具体要求

（1）采用 SOA 架构，支持各类应用的开发、运行和管理。

（2）支持整个系统的集成和高效可靠运行，支持配电自动化系统主站生产控制大区和管理信息大区横向集成、纵向贯通。

（二）管理信息大区服务具体要求

（1）应采用微服务架构，支持各类应用的开发、运行和管理，实现业务应用微粒度的多方协同，支撑开放生态构建。

（2）应用微服务应采用容器化自动部署，实现高可用和弹性伸缩。

（3）支持整个系统的集成和高效可靠运行，支持配电自动化系统主站生产控制大区和管理信息大区横向集成、纵向贯通。

三、支撑软件具体要求

提供统一、标准、容错、高可用的应用开发环境；采用关系数据库软件存储电网静态模型及相关设备参数、系统配置、告警和事件记录、历史统计信息等需要永久保存的数据；采用实时数据库软件提供高效的实时数据存取，满足电力系统的监视、控制和电网分析等应用需求。

（一）生产控制大区服务具体要求

（1）采用进程管理监控应用进程的运行情况，可根据进程的重要性级别制定不同的管理策略。关键进程异常应自动重启，如重启失败，应切换应用，并发出告警信息；普通进程异常，应自动重启，并发出告警信息。

（2）具有日志管理功能，应以规范化的文本格式记载和保存日志信息；应提供一组函数接口，实现日志的记录和查询等功能；应提供日志文件的备份功能。

（二）管理信息大区服务具体要求

（1）采用告警数据存储软件存储电网告警事件，满足电力系统告警事件的查询和分析需求。

（2）采用缓存数据库软件存储电网实时数据，满足实时数据分析、计算推演等应用需求。

（3）采用历史数据库软件存储电网历史数据，满足统计分析、大数据挖掘等应用需求。

（4）采用流式计算软件对电网实时业务的流式处理支撑能力；采用消息总线软件为电网应用提供统一、高效的广域消息传输，满足高吞吐量、高可靠、可扩展的需求。

（5）采用容器管理集群软件实现微服务应用的容器化部署，支持弹性伸缩、故障转移及负载均衡。

（6）采用进程管理监控应用进程的运行情况，可根据进程的重要性级别制定不同的管理策略。关键进程异常应自动重启，如重启失败，应切换应用，并发出告警信息，普通进程异常，应自动重启，并发出告警信息。

（7）具有日志管理功能，应以规范化的文本格式记载和保存日志信息，应提供一组函数接口，实现日志的记录和查询等功能；应提供日志文件的备份功能。

四、数据管理具体要求

（1）应具有完善的交互式环境的数据录入、维护、检索工具和良好的用户界面，应具备数据增加、修改、删除、拷贝、备份、恢复、扩容等操作功能，并应具有完备的数据修改日志。

（2）应具备全网数据同步功能，任一元件参数在整个系统中只输入一次，全网数据保持一致。

（3）可建立多数据集，用于各种场景如培训、测试、计算等。

（4）应具有将在线数据库保存为离线的文件和将离线的文件转化为在线数据库的功能。

（5）应支持带时标的实时数据处理，在全系统能够统一对时及规约支持的前提下，可利用配电终端的时标而非主站时标来标识每一个变化的遥测和遥信，更加准确地反映现场的实际变化。

（6）应支持数据备份和恢复机制，保证数据的完整性和可恢复性，备份恢复机制包括但不限于：

1）全数据备份：能够将数据库中所有信息备份；

2）模型数据备份：能够单独指定所需的模型数据进行备份；

3）历史数据备份：能够指定时间段对历史采样数据进行备份；

4）定时自动备份：能够设定自动备份周期，对数据库进行自动备份；

5）全库恢复：能够依据全数据库备份文件进行全库恢复；

6）模型数据恢复：能够依据模型数据备份文件进行模型数据恢复；

7）历史数据恢复：能够依据历史数据备份文件进行历史数据恢复；

8）数据导出功能：为离线数据分析、配电自动化应用指标评价分析等提供数据导出。

（7）应支持数据定制查询功能，定制查询应支持保存、调用、导出功能。

五、模型/图形管理

（一）网络建模具体要求

（1）应支持图模库一体化建模，根据站所图、单线图及台区图等构成配电网络的图形和相应的模型数据，自动生成全网的静态网络拓扑模型，包括：遵循 IEC 61968、IEC 61970 以及 SG-CIM 建模标准，并进行合理扩充，形成配电网络模型描述；支持中压建模与接线图绘制；支持低压配电网建模与接线图绘制；支持研究态和未来态模型统一建模和共享；支持网络拓扑建模校验功能，对拓扑错误可以图形化的方式提示用户进行拓扑修正；提供网络拓扑管理工具，用户可更加直观地管理和维护网络模型；支持用户自定义设备图元和间隔模板，支持各类图元带模型属性的拷贝，提高建模效率。

（2）应支持外部系统信息导入建模，从 PMS 或企业中台导入中低压配网模型，以及从电网调度控制系统导入上级电网模型，并实现主配网的模型拼接，包括：模型图形导入格式应遵循 GB/T 30149、Q/GDW 624、IEC 61968、IEC 61970 以及 SG-CIM 相关标准，数据接口规范支持 CIM/E、CIM/G、CIM/SVG 数据格式；应支持站所图、线路单线图、系统联络图等图形的导入；应支持图模数据的校验、形成错误报告；应以馈线/站所/台区为单位进行导入图模；应支持冗余数据检查与处理；可支持多人并行图模导入。

（3）应支持全网模型拼接与抽取，包括：

支持主、配网模型拼接，主配网间模型拼接应以中压母线出线开关为边界；支持中压配电网多馈线之间的模型拼接，多条馈线间模型拼接应以联络开关为边界；支持中低压配电网之间的模型拼接，中低压配电网模型拼接应以配电变压器为边界；支持按区域、厂站、馈线和电压等级进行模型查询及抽取。

（二）模型校验具体要求

（1）支持根据电网模型信息及设备连接关系对图模数据进行静态分析。

（2）支持按照馈线、变电站方式范围的模型校验。

（3）支持单条馈线拓扑校验、多条馈线（联络线路）拓扑校验，支持孤立设备、母线直连、电压等级以及设备参数完整性等方面的校验。

（4）支持区域电网拓扑校验，支持区域配电网拓扑电气岛分析、变电站静态供电区域分析、变电站间静态馈线联络分析、联络统计等方面的检验功能。

（5）支持模型与图形设备一致性校验。

（6）支持冗余模型、图形检查及处理。

（7）校验结果支持文字提示，并在电网图形上进行错误定位。

六、设备异动管理具体要求

（1）支持配电网各态模型的转换、比较、同步和维护功能，满足对配电网动态变化管理的需要，反映配电网模型的动态变化过程。

（2）支持多态模型的切换，实时监控操作对应实时态模型，分析研究操作对应研究态模型，设备投退役、计划检修、网架改造对应未来态模型，各态之间可以切换，以满足对现实和未来模型的应用研究需要。

（3）支持各态模型之间的转换、比较、同步和维护等。

（4）支持多态模型的分区维护统一管理。

（5）支持设备投运、未运行、退役设备异动操作，未来图形到现实图形转换及流程确认机制。

（6）支持与 PMS 系统的异动流程耦合建立一体化的设备异动管理流程。

（7）支持对异动流程中的数据进行校验，并能在发现错误后将流程回退至 PMS 等系统，当流程回退时，图模数应恢复至异动流程前的状态，不产生无效数据。

（8）支持各态模型差异比较与图形显示功能。

（一）图形模型发布具体要求

（1）支持按照区域、馈线的模型导出功能。

（2）支持按照台区低压配网模型导出功能。

（3）导出模型满足配电网运行分析应用。

（4）支持单线图、站室图、环网图等各类图形导出功能。

（5）支持台区图图形导出功能。

（二）图模数与终端调试具体要求

（1）满足图模导入、配电终端调试接入，提供未来态到实时态的转换功能。

（2）支持主、配网模型和图形导入测试与校验。

（3）支持在未来态等调试环境中进行配电终端的接入调试。

（4）支持调阅未来态等调试环境中的接线图。

（5）保证在未来态等调试环境的图形、模型导入、终端调试对运行环境没有影响。

（6）满足调试库中的图形、模型及其他数据在调试完毕后，以增量方式同步到运行数据库中。

七、信息交换服务

（一）信息交换服务具体要求

应支持配电自动化系统主站与企业中台及相关应用系统间的信息交互。

（二）基本交换功能具体要求

（1）支持基于主题的消息传输功能，包括请求/应答和发布/订阅两类信息交换模式，各应用系统通过企业中台采用中间件方式实现位置透明的松耦合消息交换。

（2）具备通过正/反向物理隔离装置实现跨安全区的信息交互；跨区传输功能及服务接口对系统或适配器完全透明。

（3）具备图形化的流程编排，具备对已有的业务流程进行异常分析和告警功能。

（三）跨区传输功能具体要求

（1）具备所有正反向隔离设备状态监测，异常设备进行预警并处理功能。

（2）提供基于消息类型的优先级配置及传输功能，具备面向跨区的优先级传输功能。

（3）具备可靠传输功能，具备面向跨区的可靠传输功能。

（4）具备反向跨区传输小体积并发数据、大体积数据的优化传输功能，支持反向跨区传输的高效率。

（四）管理与控制功能具体要求

（1）提供应用系统或适配器注册功能。

（2）提供用户管理功能，支持分类维护与系统安全管理；提供应用系统服务的注册、状态查询与维护，支持对分散在不同安全区域、异构系统中服务资源的管理功能。

（3）提供用户登录、操作日志、系统接入、运行异常与告警等日志功能。

（4）支持多种方式的消息交换统计，包括消息交换数量和体积，应用系统或适配器的最大吞吐效率、最大并发数量，跨区传输效率及消息数量等。

（5）提供日志记录和统计数据的报表输出功能。

（6）具备基于邮件、外部系统的异常告警信息推送功能，包括正反向隔离设备异常、传输失败异常、CPU/网络/内存等硬件资源过载等。

（五）信息安全具体要求

（1）满足国家关于信息安全防护的有关规定，并遵循电力行业关于信息安全的其他有关标准，提供合法性、信息完整性、机密性和不可抵赖性功能。

（2）提供面向应用系统或适配器的身份认证功能。

（3）提供面向应用系统或适配器的令牌功能，在通过身份认证后，为每个应用系统或适配器发放令牌，超过令牌生命周期，令牌自动失效。

（4）支持加密与签名功能，支持对 IEC 61968 消息信封的加密与签名。

八、协同管控

（一）支撑平台协同管控具体要求

（1）在生产控制大区统一管控下，实现分区权限管理、数据管理、告警定义、系统运行管理等。

（2）支持配电自动化系统主站支撑平台跨区业务流程统一管理。

（3）支持配电自动化系统主站支撑平台跨区数据同步。

（二）应用协同管控具体要求

（1）支持终端分区接入、分区维护和生产控制大区/管理信息大区统一管控，共享终端运行工况、配置参数、维护记录等信息。

（2）支持馈线自动化在生产控制大区的应用，支持基于录波的接地故障定位在管理信息大区的应用，以及多重故障跨区协同处理和展示。

（3）支持中低压终端在管理信息大区的统一监测与运维管理，支持台区智能融合终端在管理信息大区的版本管理及运维。

（4）支持两个大区之间的应用数据经协同管控模块的中转，实现各类应用数据的按需交换。

九、多态多应用管理具体要求

（1）多态多应用管理机制应支持配网模型和应用功能对多场景的应用需求。

（2）系统应具备实时态、研究态、未来态等应用场景，各态独立配置模型，互不影响。

（3）各态下可灵活配置相关应用，同一种应用可在不同态下独立运行。

（4）多态之间可相互切换。

十、权限管理具体要求

（1）应根据不同的工作职能和工作性质赋予人员不同的权限和权限有效期。

（2）应具备层次权限管理功能，可采用层次管理的方式定义角色、用户和组三种基本权限主体。

（3）权限配置可与配电网区域相关，不同区域的用户可赋予不同的权限。

（4）权限配置可与工作站节点相关，不同工作站节点可赋予不同的权限。

（5）权限配置可与岗位职责相关，不同岗位用户可赋予不同的操作权限。

十一、告警服务具体要求

（1）应作为一种公共服务为各应用提供告警支持。

（2）告警服务应具备多种告警动作，包括语音报警、音响报警、推画面报警、打印报警、中文短消息报警、需人工确认报警、上告警窗、登录告警库等。

（3）可根据责任区及权限对报警信息进行分类、分流。

（4）可根据调度员责任及工作权限范围设置事项及告警内容，告警限值及告警死区均可设置和修改。

（5）可通过告警窗中的提示信息调用相应画面。

（6）告警信息可长期保存并可按指定条件查询、打印。

十二、系统运行状态管理具体要求

（1）能够对配电自动化系统主站各服务器、工作站、应用软件及网络的运行状态进行管理和控制。

（2）具备节点状态监视功能，动态监视服务器 CPU 负载率、内存使用率、网络流量和硬盘剩余空间等信息。

（3）具备软硬件功能管理功能，支持对整个系统主站中硬件设备、软件功能的运行状态等进行管理。

（4）具备状态异常报警功能，支持对于硬件设备或软件功能运行异常的节点进行报警。

（5）提供在线、离线诊断测试工具，提供完整的在线和离线诊断测试手段。

（6）提供交互接口的通信状态监视功能。

（7）提供冗余管理、应用管理、网络管理等功能。

十三、流程服务具体要求

（1）符合 DL/T 1169、DL/T 1170、DL/T 1232，支撑流程的新建、流转、回退、终止。

（2）提供界面化工具，实现对流程状态信息的监控。

（3）提供查询工具，实现对流转历史的分析、统计、查询等功能。

十四、人机界面具体要求

（1）提供丰富、友好的人机界面，供配电网运行、运维人员对配电线路进行监视、控制和管理。

（2）提供方便、直观和快速的操作方法和方便多样的调图方式，满足菜单驱动、操作简单、屏幕显示信息准确等要求。

（3）实时监视画面应支持厂站图、厂站索引图、区域系统图、供电范围图、单线图、开关站图、地理图和自动化系统运行工况图等。

（4）包括遥控、人工置位、报警确认、挂牌和临时跳接等交互操作画面。

（5）支持根据不同需要设置、过滤、闭锁各种类型数据。

（6）支持多屏显示、图形多窗口、无级缩放、漫游、拖拽、分层分级显示等。

（7）支持设备快速查询和定位。

（8）提供并支持国家标准一级字库汉字及矢量汉字。

（9）支持 CIM/E、CIM/G 的调阅。

十五、云计算技术应用

云计算技术应用在配电自动化系统主站管理信息大区，具体要求包括但不限于：

（1）配电自动化系统主站应支持大数据、虚拟化等云计算技术与组件应用。

（2）应采用一体化"国网云"资源，优化配电自动化系统主站。

（3）应采用云计算技术构建配电自动化系统主站运行环境。

十六、报表管理具体要求

（1）应具备报表属性设置、报表参数设置、报表生成、报表发布、报表打印、报表修改、报表浏览等功能。

（2）数据来源应支持数据采集与运行监控数据、历史数据、用户设置数据及其他各种应用数据。

（3）支持的报表类型应包括但不限于：电网运行和计划报表、电网设备运行状态报表、设备运行异常报表、配电终端投退记录报表、开关变位记录报表、线路跳闸统计报表、接地故障报表、线路停电范围报表、设备操作记录报表。

（4）主站设备运行记录。

（5）可针对报表数据进行多种常用数学运算。

（6）应支持图文混排，曲线、棒图、饼图、位图等应能够嵌入报表。

（7）可按日、月、年等生成各种类型报表。

（8）报表的生成时间、内容、格式和打印时间应支持用户自定义。

十七、打印

应具备各种信息打印功能，包括定时和召唤打印各种实时和历史报表、批量打印报表、各类电网图形及统计信息打印等功能。

第四节 配电运行监控功能

一、配电数据采集与处理

（一）数据采集具体要求

（1）应实现对以下各类数据的采集和交换，包括：电力系统运行的实时量测，如一次设备（馈线段、母线、开关等）的电流、电压、有功、无功、功率因数等模拟量，开关位置、隔离开关、接地开关位置以及远方/就地等其他各种开入量和多状态的数字量；过电流保护、零序保护等二次设备保护动作或告警数据；电网一次设备、二次设备状态信息数据，支持数据类型。

（2）应满足 GB/T 13729、DL/T 721；控制数据，包括受控设备的量测值、状态信号和闭锁信号等；配电终端上传的数据，包括实时数据、历史数据、故障录波、保护定值、日志文件、配置参数等；卫星时钟、直流电源、UPS 或其他计算机系统传送来的数据及人工设定的数据；配电站房、配电电缆、架空线路、配电开关、配电变压器、分布式能源等设备电气、环境、通道等状态数据；电量数据。

（3）应支持数据采集应用分布在广域范围内的不同位置，通过统筹协调工作共同完成多区域一体化的数据采集任务并在全系统共享。

（4）应能满足大数据量采集的实时响应需要，支持数据采集负载均衡处理。

（5）应支持 DL/T 634 的 104.101 通信规约或符合 DL/T 860 的协议。

（6）应具备错误检测功能，能对接收的数据进行错误条件检查并进行相应处理。

（7）应支持光纤、无线等通信方式，数据采集要求包括：应满足国家发展和改革委员会令 2014 年第 14 号及国家能源局国能安全〔2015〕36 号文件相关规定，在安全接入区采用专用服务器，专用服务器支持主备、负载均衡处理；无线公网数据采集应支持无线通信方式配电终端低功耗、低数据流量等相关应用要求。

（二）数据处理具体要求

1. 模拟量处理功能

（1）处理一次设备（馈线段、母线、开关等）的有功、无功、电流、电压值等模拟量；提供数据有效性检查和数据过滤；提供零漂处理功能，且模拟量的零漂参数可设置；提供限值检查功能，并支持不同时段使用不同限值；提供数据变化率的限值检查功能，当模拟量在指定时间段内的变化超过指定阈值时，给出告警；支持人工输入数据；可以自动设置数据质量标签。

（2）按用户要求定义并统计某些量的实时最大值、最小值和平均值，以及发生的时间；可支持量测数据变化采样；进行工程单位转换；支持配电终端历史数据、故障录波数据、低压拓扑数据等解析；支持对配电终端固有参数、运行参数、动作定值的解析，以及对运行参数、动作定值远程调整；支持对配电终端上送的电压越限、负荷越限等告警量处理。

2. 状态量处理功能

处理包括开关位置、隔离开关、接地开关位置、保护状态以及远方/就地等其他各种信号量在内的状态量；状态量用 1 位二进制数表示，1 表示合闸（动作/投入），0 表示分闸（复归/退出）；支持双位遥信处理，对非法状态可做可疑标识；支持误遥信处理，对抖动遥信的状态做可疑标识；支持检修状态处理，对状态为检修的遥信变化不做报警；支持人工设定状态量；所有人工设置的状态量应能自动列表显示，并能调出相应接线图；支持保护信号的动作计时处理，当保护动作后一段时间内未复归，则报超时告警；支持保护信号的动作计次处理，当一段时间内保护动作次数超过限值，则报超次告警。

3. 数据处理功能

非实测数据可由人工输入，也可由计算得到，以质量码标注，并与实测数据具备相同的数据处理功能。

4. 数据质量码

数据质量码应对所有模拟量和状态量配置数据质量码，以反映数据的质量状况；图形界面应能根据数据质量码以相应的颜色显示数据；计算量的数据质量码由相关计算元素的质量码获得；数据质量码类别应包括：未初始化数据；不合理数据；计算数据；实测数据；采集中断数据；人工数据；坏数据；可疑数据；采集闭锁数据；控制闭锁数据；替代数据；不刷新数据；越限数据。

5. 数据统计功能

应能根据调度运行的需要，对各类数据进行统计、具备灵活定制计算公式，提供统计结果，主要统计功能应包括：数值统计：包括最大值、最小值、平均值、总加值、三相不平衡率，统计时段包括年、月、日、时等；极值统计：包括极大值、极小值，统计时段包括年、月、日、时等；次数统计：包括开关变位次数、保护动作次数、遥控次数、馈线故障处理启动次数等，统计时段包括年、月、日、时等。

二、操作与控制

（一）人工置数具体要求

（1）数据类型应包括状态量、模拟量、计算量。

（2）数据应进行有效性检查。

（二）标识牌操作具体要求

（1）应提供自定义标识牌功能，常用的标识牌应包括：禁止操作：禁止对具有该标识牌的设备进行操作；保持分闸/保持合闸：禁止对具有该标识牌的设备进行合闸/分闸操作；警告：某些警告信息应提供给调度员，提醒调度员在对具有该标识牌的设备执行控制操作时能够注意某些特殊的问题；接地：对于不具备接地开关的点挂接地线时，可在该点设置"接地"标识牌，系统在进行操作时将检查该标识牌；检修：处于"检修"标志下的设备，可进行试验操作，但不向调度员工作站报警；试验；缺陷。

（2）应能通过人机界面对一个对象设置标识牌或清除标识牌，在执行远方控制操作前应先检查对象的标识牌。

（3）单个设备应能设置多个标识牌。

（4）所有的标识牌操作应进行存档记录，包括时间、厂站、线路、设备名、标识牌类型、操作员身份和注释等内容。

（三）闭锁和解锁操作具体要求

（1）应提供闭锁功能用于禁止对所选对象进行特定的处理，包括闭锁数据采集、告警处理和远方操作等。

（2）闭锁功能和解锁功能应成对提供。

（3）所有的闭锁和解锁操作应进行存档记录。

（四）远方控制与调节具体要求

1. 控制与调节类型

开关的分合；投/切远方控制装置（就地或远方模式）；成组控制：可预定义控制序列，实际控制时可按预定义顺序执行或由调度员逐步执行，控制过程中每一步的校验、控制流程、操作记录等与单点控制采用同样的处理方式。

2. 控制种类

（1）单设备控制：常规的控制方式，针对单个设备进行控制。

（2）序列控制：应提供界面供操作员预先定义控制条件及控制对象，可将一些典型的序列控制存储在数据库中供操作员快速执行。

3. 操作方式

支持单席操作/双席操作；支持普通操作/快捷操作。

4. 开关设备控制操作流程

对开关设备实施控制操作流程应按三步进行：选点—返校—执行，只有当返校正确时，才能进行"执行"操作。

5. 自动撤销情况

当遇到如下情况之一时，选点应自动撤销：控制对象设置禁止操作标识牌；校验结果不正确；当另一个控制台正在对这个设备进行控制操作时；选点后有效期内未有相应操作。

6. 控制信息传递功能

应具有控制信息传递功能，对属于其他系统（如电网调度控制系统）控制范围内的设备控制操作，本系统应能够通过信息交互接口将控制请求向其提交。

7. 安全措施

操作应从具有控制权限的工作站上才能进行；操作员应有相应的操作权限，权限控制应采用双因子身份鉴别机制；双席操作校验时，监护员应需确认；操作时每一步应有提示，每一步的结果有相应的响应；操作时应对通道的运行状况进行监视；配网设备的遥控应满足国家发展和改革委员会令 2014 年第 14 号及国家能源局国能安全〔2015〕36 号文件相关要求；应提供详细的存档信息，所有操作都应记录在历史库，包括操作人员姓名、操作对象、操作内容、操作时间、操作结果等，可供调阅和打印。

（五）防误闭锁具体要求

1. 远方控制自动防误闭锁功能

应提供多种类型的远方控制自动防误闭锁功能，包括基于预定义规则的常规防误闭锁和基于拓扑分析的防误闭锁功能。

2. 常规防误闭锁功能

（1）应支持在数据库中针对每个控制对象预定义遥控操作时的闭锁条件，如相关状态量的状态、相关模拟量的量测值等，并支持多种闭锁条件的组合。

（2）实际操作时，应按预定义的闭锁条件进行防误校验，校验不通过应禁止操作并提示出错原因。

3. 拓扑防误闭锁功能

不依赖于人工定义，通过网络拓扑分析设备运行状态，约束调度员安全操作；具备合环提示、挂牌提示、负荷失电提示、带接地合开关提示等开关操作的防误闭锁功能；具备带电合接地开关提示、带隔离开关合接地开关提示等接；接地开关操作的防误闭锁功能；具备挂牌闭锁功能。

三、综合告警分析

（1）可实现告警信息在线综合处理、显示与推理，应支持汇集和处理各类告警信息，对大量告警信息进行分类管理和综合/压缩，利用形象直观的方式提供全面综合的告警提示。

（2）应具备告警信息分类功能，应对告警信息进行分类处理，告警信息应主要包括电力系统运行异常告警、二次设备异常告警、网络分析预警三大类；可实现对由同一原因。

（3）引起的多个告警信息进行合并处理。

（4）应具备告警智能推理功能，可实现告警信息的统计和分析，对频繁出现的告警信息（如开关位置抖动、保护信号动作复归等），应提供时间周期（一般取24h）内重复出现的次数，可给出故障发生的可能原因和准确、及时、简练的告警提示。

（5）应具备信息分区监管及分级通告功能，包括责任区的设置和管理、数据分类的设置和管理，根据责任区以及应用数据的类型进行相应的信息分层分类采集、处理和信息分流等功能；可对配电网事故类型进行分等级定义，在紧急事件发生的情况下，系统除了传统告警动作，比如推画面、语音等，还可依据信息分级通报的原则采用短信、手机 App 等方式迅速通告。

（6）应具备告警智能显示功能，应提供告警等级自定义手段，可以按告警类型、告警对象等多种条件配置；工作站应提供多页面的综合告警显示界面，也可支持手机 App 综合告警显示，采用多种策略实现自动滤除多余和不必要的告警。

（7）应具备告警巡查功能，具备对异常事件告警的一键巡查功能，巡查范围、时间可自定义，巡查结果应分类并支持批量编辑、导出，异常事件告警包括但不限于动作未复归信号、通道中断、节点离线等一次、二次设备异常等。

四、馈线自动化具体要求

（一）故障判断、定位、隔离

当配电线路发生故障时，系统应根据从 EMS/集控站和配电终端等获取的故障相关信息进行故障判断与定位、隔离和非故障区域恢复供电。

（二）故障处理功能配置与投退机制

应支持以单条馈线或馈线联络组为单元，根据现场实际条件合理配置故障处理方式：不启动、就地处理、自动定位、自动隔离、自动隔离与恢复；故障处理功能，应具备人工或特定条件下自动退出或投入的机制；应支持以单条馈线或馈线联络组为单元的馈线自动化投退管理功能。

（三）故障处理功能要求

支持配电网各种拓扑结构，电网的运行方式发生改变对故障处理不造成影响；能够根据馈线拓扑和故障相关信息自动定位故障区段，并可调出相应图形以醒目方式显示（如特殊的颜色或闪烁）；根据故障定位结果和开关确定隔离方案，故障隔离方案可自动执行或者经调度员确认执行；在具备多个备用电源的情况下，根据各个电源点的负载能力，对恢复区域进行拆分恢复供电；事故处理结束后，给出恢复到事故发生前该馈线运行方式的操作策略；支持含分布式电源的馈线故障处理；支持单相接地故障信号分析处理；支持并发处理多个故障；支持信息不健全情况下的容错处理。

（四）故障处理安全约束

可自动设计非故障区段的恢复供电方案，避免恢复过程导致其他线路、主变压器等设备过负荷；可灵活设置故障处理闭锁条件，避免保护调试、设备检修等人为操作的影响；故障处理过程中应具备必要的安全闭锁措施（如通信故障闭锁、设备状态异常闭锁等），保证故障处理过程不受其他操作干扰。

（五）故障处理控制方式

对于馈线配置了故障自动定位功能，馈线开关不具备遥控条件的，系统可通过采集的遥测、遥信数据和馈线拓扑分析，自动判定故障区段，并给出故障隔离和非故障区域的恢复方案，通过人工介入的方式进行故障处理，减少故障查找时间；对于馈线开关具备三遥条件的，如该馈线只配置了故障自动定位功能，系统也应给出故障隔离和非故障区域恢复方案，调度员可以选择逐个或批量遥控方式进行相应操作，以加快故障处理速度；在馈线配置了就地型故障处理功能时，主站端故障处理功能应可实现与就地处理的配合。

（六）故障处理反演与信息查询

故障处理的全部过程信息应保存在历史数据库中，以备故障分析时使用；可按故障发生时间、发生的变电站、馈线、受影响客户等方式对故障信息进行检索和统计；应能按故障处理实际过程进行反演，反演过程可基于环网图，利用主站记录的保护装置动作信息、线路遥测和遥信信息、系统判断结论、遥控输出与执行后各断路器和负荷开关变位信息，以图示和信息提示方式，顺序复现故障前、故障后、故障识别与定位、故障隔离、非故障区段恢复供电处理的全过程；应能提供故障前和主站故障信息收集完毕后的数据断面，断面信息应包括保护装置信号状态、线路断路器及负荷开关动作状态、动作时间等；反演过程中应能够提供故障判断及处理的相关依据，如故障信号，控制输出和执行动作情况等；故障处理信息中应针对每一项故障处理给出综述性的处理结论，支持输出事故处理过程报告。

五、拓扑分析应用

（一）网络拓扑分析具体要求

（1）可根据电网连接关系和设备的运行状态进行动态分析，分析结果可以应用于配电监控、安全约束等。

（2）适用于任何形式的配电网络接线方式。

（3）可进行电气岛分析，能分析电网设备的带电状态，按设备的拓扑连接关系和带电状态划分电气岛。

（4）可进行电源点分析，能分析电网设备的供电路径及供电电源。

（5）支持人工设置的运行状态。

（6）支持设备挂牌、临时跳接等操作对网络拓扑的影响。

（7）支持实时态、研究态、未来态网络模型的拓扑分析。

（二）拓扑着色

应根据配网开关的实时状态，确定系统中各种电气设备的带电状态，分析电源点和供电路径，并将结果在人机界面用不同的颜色表示出来，具体应包括但不限于：

（1）电网运行状态着色：依据电网拓扑分析的结果，应用不同颜色表示电网元件的运行状态（带电、停电、接地等）。

（2）供电范围及供电路径着色：依据电网拓扑分析的结果，显示配电线路的供电范围及供电路径。

（3）动态电源着色：依据电网拓扑分析的结果，动态显示不同电源点的供电区域。

（4）负荷转供着色：依据负荷转供分析结果，显示负荷转供的所有路径。

（5）故障区域着色：依据故障分析结果，对故障区域进行着色显示。

（6）变电站供电范围着色：依据电网拓扑分析的结果，显示不同变电站的供电范围。

（7）线路合环着色：依据电网拓扑分析的结果，显示处于合环状态的线路。

六、负荷转供具体要求

（1）负荷转供应根据目标设备分析其影响负荷，并将受影响负荷安全转至新电源点，提出包括转供路径、转供容量在内的负荷转供操作方案。

（2）负荷信息统计，目标设备设置：包括检修设备、越限设备或停电设备；负荷信息统计：分析目标设备影响到的负荷及负荷设备基本信息。

（3）转供策略分析，转供路径搜索：采用拓扑分析的方法，搜索得到所有合理的负荷转供路径；转供容量分析：结合拓扑分析和潮流计算的结果，对转供负荷容量以及转供路径的可转供容量进行分析；转供客户分析：采用拓扑分析方法，对双电源供电客户转供结果进行分析。

（4）转供策略模拟，支持模拟条件下的方案生成及展示；模拟运行方式设置；转供方案报告；转供过程展示。

（5）应具备收到低周减载动作信号时，闭锁自动负荷转供功能。

（6）转供策略执行可依据转供策略分析的结果，采用自动或人工介入的方式对负荷进行转移，实现消除缺陷、减少停电时间等目标。

第五节　配电运行状态管控功能

一、配电网智能感知与数据处理

（一）多协议终端接入具体要求

（1）应遵循并兼容《电力行业标准》DL/T 860 相关规范，实现终端多协议接入。

（2）可支持电力 DL/T 634 的 104.101 通信规约接入前置。

（3）应支持 MQTT、COAP 等物联网协议接入物联管理平台。

（二）配电网数据处理具体要求

（1）应支持中低压架空线路、中低压电缆线路、配电变压器、新能源设备、开关与刀闸等配网一次设备监测数据采集，包括但不限于：配网一次设备的模拟量数据，包括：电压、电流、有（无）功功率、设备温度等；配网一次设备的状态量数据，包括：开关位置、远方投退信号、开关量信号、闭锁信号、状态数字量等；配网一次设备运行事件信号，包括：停电事件、录波锁定事件、指示器翻牌事件、过流保护事件、零序保护事件等；Comtrade 标准格式的故障录波数据。

（2）应支持 DTU、FTU、故障指示器、台区智能融合终端、漏电保护器等配网二次设备运行数据采集，包括但不限于：配网二次设备的运行数据，包括：充电电压、电池电压、终端运行状态、直流电源状态、UPS 状态等；配网二次设备运行事件，包括：终端离线事件、终端断电事件等；终端设备日志文件。

（3）应支持配网开关站、配电房、环网柜等设备相关环境监测数据采集，包括但不限于：环境监测数据，包括：环境温度、环境湿度、门禁状态等；环境异常事件，包括：烟感、气体、水浸等告警。

（4）应支持低压分布式电源、储能、充电桩等相关设备的数据采集，包括但不限于：分布式电源并网设备运行数据，包括：电压、电流、功率、谐波、频率，并网状态等；储能设备运行数据，包括：电压、电流、功率、剩余电量；充电桩运行数据，包括：充电功率、电压、电流，放电功率、电压、电流。

（5）应支持低压拓扑等数据采集。

（6）大数据量采集，应满足大数据量采集的实时响应需要，支持数据负载均衡采集负载均衡和处理。

（7）应支持光纤、无线等通信方式。

二、设备状态管控

（一）台区监测具体要求

（1）应支持台区内电气设备监测，包括但不限于配电变压器、低压开关、换相开关、无功补偿、表箱、户表等。

（2）应支持台区内非电气设备监测，包括但不限于门禁、环境设备等。

（3）应支持新能源设备监测，包括但不限于充电桩、光伏、储能设备等。

（4）应支持以接线图等可视化方式对台区全景状态进行监视。

（5）应支持台区实时停电监测并告警，并支持历史停电记录统计分析。

（6）支持台区负荷监测，并支持配电变压器重过载告警及统计分析。

（7）支持台区内设备异常、电能质量异常、环境异常、用电异常等实时告警，并支持历史记录统计分析。

（二）线路监测具体要求

（1）应支持配网线路关联电气设备监测，包括但不限于配网开关、配网母线、接地开关、配电变压器等。

（2）应支持以接线图等可视化方式对配网线路全景状态进行监视。

（3）应支持配网线路实时停电监测并告警，并支持历史停电记录统计分析。

（4）支持配网线路负荷监测，并支持重过载告警及统计分析。

（5）支持配网线路关联设备异常、电能质量异常、用电异常等实时告警，并支持历史记录统计分析。

（三）设备（环境）状态监测具体要求

（1）应支持配电站房、配电电缆、配电开关、配电变压器等设备电气、环境、通道等状态的在线监测，包括：设备本体状态：应支持温度、安防（柜门位置、防误装置位置）等实时信号监测；设备本体状态：预留可自定义扩充监测信号包括：如局部放电、接地电流和视频能力；环境及通道状态：应支持温湿度、水位、安防（门禁、井盖位置）等实时信号监测；环境及通道状态：预留可自定义扩充监测信号包括：含氧量、有害气体浓度、消防和视频能力。

（2）支持设备（环境）状态监测展示，具备监测信号展示、异常告警、统计分析功能，包括：

1）实时监测。应提供设备（环境）状态总体运行情况概览、各状态子项运行状态画面的功能，并可单点查看，并根据需要进行监测。

2）异常告警。应提供阈值设置功能，并能自动判断是否越限等，并能够分级管理，根据级别发布告警。

3）统计分析。

（3）可支持按照自定义时间段统计分析各状态量特征值、各监测量的变化趋势，提出预警，并生成报表。

（4）可支持通过实时数据、环境数据对设备综合健康状态进行评估，可支持与管控平台交互设备在线监测信息及设备评估信息。

（四）设备状态异常分析具体要求

（1）应支持结合历史数据，支持对馈线线路、配电变压器等设备的一定历史时间区段的重载分析、过载分析、空载分析及轻载分析等。

（2）可支持基于短期负荷预测结果，预测当天配电变压器、线路、台区负荷重过载情况。

（3）应支持重要用户重过载、失电风险预警：根据用户的主备电源点状态，预测重要用户过载、失电风险。

（4）应支持配电变压器出口低电压、三相不平衡的统计分析。

（5）应支持低压用户低电压、过电压、电压合格率的统计分析。

（五）智能告警具体要求

（1）应支持汇集设备状态、环境状态等异常信息，面向设备主人需求进行在线综合智能处理、显示与推理，并对大量告警信息进行分类管理和综合/压缩，利用形象直观的方式提供全面综合的告警提示。

（2）应支持设备状态、环境状态等异常信息的分类。

（3）应提供告警信息等级自定义手段，可以按告警类型、告警对象等多种条件配置。

（4）可实现对由同一类原因引起的多个告警信息进行合并处理，采用多种策略实现自动滤除多余和不必要的告警。

（5）应支持信息分区监管及分级通告，包括责任区的设置和管理、信息分类的设置和管理，根据责任区以及信息的类型进行相应的信息分层分类采集、处理和信息分流等功能。

（6）可对设备状态、环境状态进行分等级定义，在异常事件发生的情况下，系统应通过推画面、语音等方式进行告警，还应依据信息分级通报的原则采用短信、手机 App 等方式迅速通告给设备主人。

（7）可实现设备异常信息告警智能推理，对异常告警信息的统计和分析，对频繁出现的告警信息，可提供统计时间周期（一般取 24h）内重复出现的次数，给出异常信息发生的可能原因进行准确、及时、简练的告警提示。

（六）台区经济运行分析具体要求

（1）支持技术降损量化评价体系建设，具体包括但不限于技术降损综合量化分析、技术降损措施分析、技术降损方案评估分析。

（2）支持配电网电压无功运行监视、优化计算分析。

（3）支持分布式电源接入后配网无功电压安全优质经济运行分析。

（4）支持配网电压、无功、三相不平衡、负载率等问题和成因综合分析。

三、二次设备状态管控

（一）配电终端管理

1. 配电终端参数远程调阅及设定具体要求

应支持终端固有信息的单个或批量远程调阅，包括终端类型及出厂型号、终端 ID 号、嵌入式系统名称及版本号、硬件版本号、软件版本号、通信参数、二次变比等参数；应支持终端运行参数的单个或批量远程调阅与设定，包括零漂、变化阈值（死区）、重过载报警限值等运行参数；应支持终端定值参数的单个或批量远程调阅与设定；配电终端参数远程调阅及设定应符合《配电自动化终端参数配置规范》要求。

2. 配电终端历史数据查询与处理具体要求

应支持直采配电终端遥信、遥测、下行指令、SOE 等历史数据的调阅和处理；应支持生产控制大区调阅和处理接入管理信息大区的配电终端遥信、遥测、下行指令、SOE 等历史数据。

3. 配电终端软件管理具体要求

应支持远程对终端设备进行指定应用软件的安装、卸载、升级更新应用软件版本，以及配置文件的更新；应支持对各型号终端设备软件、软件补丁、配置文件进行文件版本管理，以及软件安装、配置、升级等历史操作档案管理；可支持远程查看终端设备应用软件的运行状态，进行运行实时信息读取。

4. 配电终端蓄电池远程管理具体要求

应支持直采的配电终端蓄电池信息监视与分析；应支持对直采的配电终端蓄电池批量远程活化；应支持以管辖范围对各终端电池属性信息、电池历史活化记录的查询和显示或通过管理信息大区统一分析管理配电终端蓄电池，支持生产控制大区调阅分析结果。

5. 配电终端运行状态监视及统计分析具体要求

应支持主站、通信通道、配电终端与对应一次设备一致性维护；应支持配电终端运行工况实时监视；应支持配电终端状态感知和信息的收集、处理和展示，包括：终端自检、板卡异常、终端运行日志及周边环境信息等；应支持配电终端运行工况统计功能，包括实时在线率、历史在线率统计，终端月停运时间、停运次数统计；应支持根据配电终端通信方式、所属厂家进行分类统计分析。终端通信通道流量统计及异常报警功能具体要求包括但不限于：应支持流量异常终端的统计显示，包括超流量使用终端数统计；应支持终端流量的历史统计，包括月平均、最大、最小流量等。

（二）缺陷分析

1. 配电自动化系统缺陷自动分析及分类告警具体要求

应支持缺陷自动发现功能，根据系统收集的"三遥"、状态感知和通信异常信息自动生成缺陷记录，并能够在对应的缺陷设备上自动标识，包括：

（1）终端设备运行异常。

包括：装置故障、电源故障、蓄电池故障、板卡故障等以及遥信抖动、保护动作信号异常、数据不平衡、数据缺漏异常、采集数据值异常等异常预警。

（2）主站运行异常。

包括：主站核心设备单机运行以及 CPU 负载率、数据库剩余容量异常等，以及各类操作异常，包括：遥控操作失败、终端数据召测失败、终端对时失败等。

通过通信网管系统发现通信网络及设备异常：设备异常、长时间掉线、通信频繁中断、无线流量超标等。

1）应支持按照设备类型进行缺陷分类：主站缺陷、终端缺陷和通信缺陷；

2）应支持按照严重等级进行缺陷分级：危急缺陷、严重缺陷和一般缺陷；并可针对缺陷分级进行分类告警，默认一般缺陷不告警；

3）生成的缺陷记录至少包括生成时间、责任人、缺陷设备、缺陷类别、缺陷等级、缺陷处理状态、缺陷说明等内容；应支持人工添加缺陷信息，以及对系统识别的缺陷信息进行编辑；

4）应支持当前所有缺陷状态一览查询功能，对各厂家设备质量、告警误报进行比对分析；

5）应支持由系统自动或人工确认后形成缺陷工单；

6）可支持缺陷工单自动发布功能，具备但不限于：缺陷信息自动推送至电网资源业务中台以及移动端设备。

2. 缺陷校核功能具体要求

应支持已消除缺陷对应的设备自动标识，以及人工解除缺陷时缺陷记录自动消除；应支持针对部分已消除缺陷类型的自动校验功能，包括：配电终端的装置故障、电源故障、蓄电池故障、板卡故障、通信故障、数据召测故障、对时故障等缺陷类型；对无法自动校验的故障类型，应支持人工确认缺陷消除；应支持历史缺陷记录的查询、统计以及数据导出。

（三）数据质量校验

1. 实时配网数据质量校验具体要求

应支持设备电流、电压、有功功率、无功功率合理性校验；应支持中压母线电流一致性校验；应支持开关合分遥信与电流一致性校验；应支持馈线、区段的电流一致性校验；应支持以上校验结果的展示。

2. 历史数据质量校验具体要求

（1）应支持历史数据完整性校验功能，包括：单个历史数据的单点丢失、多点丢失、长时间段丢失、重复数据等完整性检查。

（2）应支持配电终端历史数据补召及补全功能，应优先采用补召的方式进行数据修补，在补召失败的情况下，可采用补全的方式进行修补；完成数据补召或补全后，自动安排统计数据重新计算。

（四）终端运行统计分析具体要求

1. 应支持配电终端覆盖率统计

配电终端覆盖率对电缆线路、架空线路的覆盖情况统计。

2. 应支持终端台账信息统计

终端台账信息按照各区域、各终端设备出厂时间、设备安装时间、设备退役时间、各终端厂家、各终端类型进行分类进行台账信息查询及统计。

3. 应支持主站在线率统计分析

主站在线率对重要节点、重要进程、指定事件进行分类别进行的在线率统计。

4. 应支持配电终端在线率统计分析

（1）配电终端在线率按照不同终端类型和通信方式等查询。

（2）按照长期离线时间、频繁掉线状况等条件查询。

5. 应支持遥信动作正确率统计分析

遥信频繁变位数据按照终端进行分类统计，统计遥信变位数量、每个遥信信号变位的总次数；应支持按照遥信变位告警类型进行筛选统计。

6. 应支持配电自动化系统主站生产控制大区，遥控成功率统计分析结果在配电自动化系统主站管理信息大区展示

（1）各类指标统计通过终端、线路、厂站、区域等分类统计。

（2）通过不同厂家、不同馈线自动化模式（电压时间型、集中型、分布式等）、不同终端类型（FTU、DTU、故障指示器等）、不同通信方式（光纤、无线公网、无线专网等）统计查询。

（3）应支持各项指标按照起始时间与终止时间过滤查询，并提供按小时、日、周、月、年各周期统计查询。

（五）保护定值管理具体要求

（1）支持基于线路参数的保护定值整定计算。

（2）支持保护定值单编制、审核、校核、发送生产控制大区、归档、作废等管理流程。

四、故障定位和分析

（一）馈线自动化分析具体要求

（1）支持故障发生判定，依据变电站出线开关/配网开关分闸信号和保护信号判定发生故障，识别瞬时故障与永久故障。

（2）支持故障区间判定，依据上送的故障信号、合分信号判定和展示故障发生区间。

（3）支持智能分布式终端上送的故障信号、动作信号、事件信号，展示故障处理过程。

（4）支持故障记录的生成、存储、查询和导出，支持故障历史信息查询。

（5）应支持根据故障信号及就地馈线自动化动作信号进行故障定位。

（6）应支持当就地型馈线自动化功能失效或动作失败时，根据终端上送的信息分析异常并告警。

（7）宜支持就地型未动作情况下，主站集中型作为后备启动。

（二）故障综合研判

1. 多源信号汇集综合研判具体要求

应支持多源故障信号汇集功能，包括：汇集配电自动化生产控制大区的主网开关的动作信号、保护信号；汇集配电自动化生产控制大区的配网开关的动作信号、保护信号；汇集配电自动化生产控制大区的故障指示器的翻牌信号；汇集配电自动化管理信息大区的配电变压器的停复电信号；汇集配电自动化管理信息大区的低压开关的动作信号、保护信号；汇集配电自动化管理信息大区的智能电表的停复电信号；汇集电网资源业务中台或用采系统的配电变压器的停复电信号；应支持按照如上的多源故障信号，进行故障综合研判，给出故障综合分析结论，包括：

（1）整线停电。

（2）支线停电。

（3）单配电变压器停电。

（4）低压分支停电。

（5）低压多户停电。

（6）低压单户停电。

应支持将故障综合研判结果展示的功能，包括：

（1）故障列表信息展示。

（2）故障详细信息展示。

（3）故障原因信息展示。

（4）故障图形展示。

（5）故障引发停电的配电变压器列表展示。

（6）故障引发停电的低压用户列表展示。

2. 故障信息发布功能具体要求

（1）应支持实时故障信息向中台发布的功能。

（2）应支持故障历史信息通过中台服务查询的功能。

（3）应支持故障处理结论反馈的功能。

（4）宜支持故障区段地理坐标信息发布，以及基于地理图和单线图的故障分析结果展示。

3. 停电事件分析具体要求

（1）应支持低压用户停电时间、停电类型、停电原因等数据分析和查看。

（2）应支持低压用户停电数量和停电时长的自动统计分析。

（3）应支持低压用户供电可靠性指标自动计算。

（4）应支持结合大数据分析技术对供电可靠率不合格的台区进行原因分析。

五、分布式电源接入与控制

（一）具体要求

（1）应支持分布式电源的数据采集和展示。

（2）应支持反向功率流动计算及孤岛运行分析。

（3）可支持针对不同分布式电源的特性，结合大数据分析，评估台区接纳能力和分布式电源接入对台区运行影响。

（二）接入系统原则

（1）并网点的确定原则为电源并入电网后能有效输送电力并且能确保电网的安全稳定运行。

（2）当公共连接点处并入一个以上的电源时，应总体考虑它们的影响。分布式电源总容量原则上不宜超过上一级变压器供电区域内最大负荷的 25%。

（3）分布式电源并网点的短路电流与分布式电源额定电流之比不宜低于 10。

（4）分布式电源接入电压等级宜按照：200kW 及以下分布式电源接入 380V 电压等级电网；200kW 以上分布式电源接入 10（6）kV 及以上电压等级电网。经过技术经济比较，分布式电源采用低一电压等级接入优于高一电压等级接入时，可采用低一电压等级接入。

第九章 配电自动化通信

第一节 配电自动化业务特性分析

配电自动化业务为生产控制类业务，可概括为"三遥"（遥信、遥测、遥控）。遥信业务主要采集并传送各种保护和开关量信息；遥测业务采集并传送运行参数，包括各种电气量和负荷潮流等；遥控业务为主站对终端下达远程控制指令。

配电自动化业务传输带宽不高但对通信系统可靠、实时性要求较高，对数据传输时延与完整性有严格要求；对通信故障率及修复时间有严格要求，对运维管理要求较高；对信息安全要求较高。

在可靠性方面，由于配电及其配属通信设备大多运行在户外，因此需保障能在恶劣天气下正常工作，并能抵抗噪声、高电压、大电流、雷电等强电磁干扰，保持稳定运行。此外由于配电网变化频繁，故障较多，通信系统监测应不受线路故障和网络结构变化的影响，单点故障不应引起系统功能丧失和数据丢失。在可扩展性方面，通信系统需要实现新增业务时原有业务可靠运行；扩充或改造网络时不影响业务运行；同时适应配网改造或网架变动。

配电自动化系统是调度实时监控中低压配电网的重要系统，应防止通过串接方式、公共网络等对主站、终端进行攻击，造成用户供电中断；防止通过公共网络和配电终端入侵主站，造成更大范围的安全风险；保障重要数据的机密性、完整性；并针对系统进行安全审计，开展相关信息安全的运维与管理工作。

第二节 通信网络选择技术原则

配电自动化通信系统应根据业务的需要，结合技术发展情况，合理选择技术成熟、经济、安全、实用的通信方式。新建线路及站点，应预留光纤架设管道，优先采用光纤通信技术。

一、光纤通信技术选择方面

在 A+类、A 类、B 类供电区域，对"三遥"业务优先选择 EPON 或者工业以太网交换机等光纤通信技术进行组网，无线通信或载波通信作为技术补充。在 C 类供电区域，宜选择光纤通信或光纤通信与其他通信方式混合的组网方式。

二、中压载波技术选择方面

在 A+类、A 类、B 类供电区域不具备铺设光缆的情况下，可选择中压载波通信技术。在其他供电区域可采用中压载波通信方式或者"EPON+中压载波通信"方式进行补充。

三、无线专网技术选择方面

在 A+类、A 类、B 类无法铺设光纤的供电区域，可选用无线专网方式进行补充；在 C 类、D 类区域，可采用无线专网方式传输配电业务。

四、无线公网选择方面

在 A+类、A 类、B 类供电区域光纤铺设区域，可选用无线公网方式进行补充；在 C 类、D 类区域可采用无线公网通信方式。

为满足通信系统运维管理方面的需要，建设综合网管系统，实现覆盖配网通信系统资源管理、实时监视和运行管理等各项运维管理功能。建设采用省集中的部署模式，支持光纤、载波、无线以及混合组网技术体制等多种组网方式，实现覆盖配网通信系统告警、性能、配置以及业务等各个方面的资源管理、实时监视和运行管理功能，综合网管系统应具备较全面的数据共享功能，实现与相关系统的信息共享。

配电自动化通信系统建设应遵循相关安全防护规范要求，并结合光纤、无线公网、无线专网等多种方式，在满足业务功能时间要求的前提下，完善鉴权机制并增强信道加密强度。

第三节　系统典型结构及边界

配电自动化系统的典型结构如图 9-1 所示。按照配电自动化系统的结构，安全防护分为以下七个部分：

（1）生产控制大区采集应用部分与调度自动化系统边界的安全防护（B1）。

（2）生产控制大区采集应用部分与管理信息大区采集应用部分边界的安全防护（B2）。

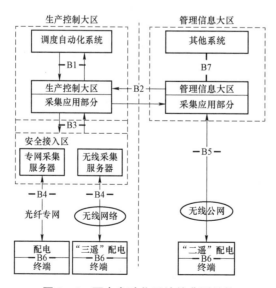

图 9-1　配电自动化系统的典型结构

（3）生产控制大区采集应用部分与安全接入区边界的安全防护（B3）。

（4）安全接入区纵向通信的安全防护（B4）。

（5）管理信息大区采集应用部分纵向通信的安全防护（B5）。

（6）配电终端的安全防护（B6）。

（7）管理信息大区采集应用部分与其他系统边界的安全防护（B7）。

第四节　通信通道安全防护

无线虚拟专网分为 5G 硬切片、软切片和 4G 通道，应综合考虑业务、用户、容量、电压等级和供电区域等因素，根据其重要程度，选用 5G 硬切片、软切片和 4G 通道承载。

一、5G 硬切片通道安全

无线接入网应采用国密算法实现数据机密性和完整性保护，应采用 RB 资源静态预留方式实现空口隔离；承载网应采用基于 FlexE、M-OTN 等技术实现硬切片隔离，应支持三层网络 VPN 实现硬切片内不同电力监控类业务的逻辑隔离；核心网应采用电力监控类业务专用 UPF 设备实现与核心网其他用户面的数据转发隔离，UPF 设备与安全接入区间应采用"专线+GRE"等措施；各网元之间接口（N2.N3.N4.N6 口）宜采用加密认证、访问控制等技术措施，确保通信的机密性和完整性。

二、5G 软切片安全

5G 终端到基站的接入网应采用国密算法实现数据机密性和完整性保护；5G 承载网应采用三层网络 VPN 实现切片内不同电力监控类业务的逻辑隔离；5G 核心网宜采用电力监控类业务专用 UPF 设备实现与核心网其他用户面的数据转发隔离；UPF 设备到安全接入区网络宜采用"专线+GRE"等措施，实现业务的网络传输安全。

三、4G 通道

4G 终端到基站的接入网宜采用国密算法实现数据机密性保护；4G 承载网宜采用 IPsec 协议；4G 核心网到安全接入区网络之间的 APN 专线应采用 IPsec 协议，通过对 IP 协议的分组进行加密和认证实现网络传输安全。

第十章 配电自动化终端

第一节 配电自动化智能终端基本要求

一、总体要求

（1）终端应具备网络通信功能与串口通信功能，以太网口、串口应满足设计要求，保证终端快速、准确、可靠的通信；终端可通过无线通信模块进行远程数据交互，无线通信模块应满足设计的要求；终端与主站通信的遥信、遥测、遥控、电能量数据传输规约应采用符合 DL/T 634 标准的 104/101 通信规约；终端采用平台化硬件设计并适应边缘计算架构。

（2）终端应支持内嵌国密算法的安全芯片，实现终端与主站之间的数据交互的完整性、机密性、可用性保护，并实现对本地存储数据的机密性、完整性保护。安全芯片应满足本文档设计的要求；当正常工作时，终端整机功率消耗不大于 30VA（含线损模块、非通信状态的无线通信模块，不含后备电源及其他通信设备）。

二、技术要求

（一）环境条件

1. 环境温度湿度

工作场所环境温度和湿度分级见表 10-1，终端设计应满足运行环境按 C3 级别的要求。

表 10-1　　　　　　　　　工作场所环境温度和湿度分级

级别	环境温度		湿度		使用场所
	范围（℃）	最大变化率（℃/min）	相对湿度（%）	最大绝对湿度（g/m³）	
C1	−5～+45	0.5	5～95	29	非推荐
C2	−25～+55	0.5	10～100	29	室内
C3	−40～+70	1.0	10～100	35	遮蔽场所、户外
CX	特定（根据需要由用户和制造商协商确定）				

2. 周围环境要求

（1）安装场地的海拔高度不应超过 1000m。

（2）对于安装在海拔高度超过 1000m 的 FTU 应依据标准 GB/T 11022—2011 第 2.3.2 条规定执行。

（3）无爆炸危险、无腐蚀性气体及导电尘埃，无严重霉菌存在，无剧烈振动冲撞源。场地安全要求符合 GB/T 9361 中的规定。

（二）电源要求

1. 电源供电方式

（1）市电交流 220V 供电。

（2）电压互感器供电。

2．交流电源技术参数指标

（1）电压标称值为单相 220V。

（2）标称电压允许偏差为：−20%～+20%。

（3）标称频率为 50Hz，频率允许偏差为：−5%～+5%。

（4）波形为正弦波，谐波含量小于：10%。

3．电源模块要求

（1）工作电源满足同时为终端、通信设备、配电线损采集模块（若配置）、开关分合闸提供工作电源。

（2）工作电源输出需具备在后备电源故障时能正常带载能力。

（3）需具备后备电源管理功能：后备电源为蓄电池时，应具备远方活化启动和活化退出功能；应具备电池投入和退出功能；应具备电池低电压报警和欠压切除等保护功能。

（4）电源模块功能：可对电池恒流充电，主电输入电源与后备输入电源须能够实现自动切换功能。

（5）输入电源与输出电源电气隔离。

（6）需采用低功耗设计。

（7）需具备输出短路保护功能。

（8）需具备后备电源反接保护功能。

（9）当正常工作时，终端整机功率消耗不大于 30VA（含线损模块、非通信状态的无线通信模块，不含后备电源及其他通信设备）。

（10）终端上电、断电、电源电压缓慢上升或缓慢下降，终端均不应误输出；当电源恢复正常后，终端应自动恢复正常运行。

（11）配套弹操机构开关设备的操作电源储能额定电压选用 DC 24V，负载能力不小于 16A，持续时间大于等于 100ms，在开关储能和分合闸过程中，应满足开关的操作电压要求，后备电源为铅酸电池时，电压波动范围应满足−10%～+15%，后备电源为超级电容时，电压波动范围应满足−10%～+25%。

（12）终端配套 xPON 或者其他通信设备时，通信电源电压为 DC 24V，电源电压稳定输出容量不小于 15W，瞬时输出容量不小于 20W，持续时间不小于 50ms，后备电源为铅酸电池时，电压波动范围应满足−10%～+15%，后备电源为超级电容时，电压波动范围应满足−10%～+25%。

4．后备电源技术参数指标

（1）后备电源应采用免维护阀控铅酸蓄电池、锂电池或超级电容。

（2）免维护阀控铅酸蓄电池寿命不少于 3 年，锂电池寿命不少于 5 年，超级电容寿命不少于 6 年。

（3）当后备电源为铅酸蓄电池或锂电池时，应保证完成分—合—分操作并维持终端及通信模块至少运行 4h，当后备电源为超级电容时应保证分闸操作并维持终端及通信模块至少运行 15min。

（4）超级电容充放电次数不小于 10 万次，在（65±2）℃的温度下进行充放电老化实验 1500h 后，容量变化不大于标称值的 30%，内阻不大于标称值的 2 倍。

（三）通信要求

1. 终端通信要求

（1）遵循国家电网公司《配电自动化系统应用 DL/T 634.5101—2002 实施细则》和《配电自动化系统应用 DL/T 634.5104—2009 实施细则》。

（2）终端应具备通道中断自动重连功能。

（3）终端应具备串行口、网络通信接口，并具备通信通道监视功能。

（4）终端 RS-232 接口传输速率可选用 1200bps、2400bps、9600bps 等，默认波特率为 9600bps，默认数据格式为：起始位 1 位，数据位 8 位，停止位 1 位，无校验位，以太网接口传输速率选用 10/100Mbps 全双工等。

（5）采用光纤通信时，终端与主站建立连接时间应小于 30s；采用无线通信时，终端与主站建立连接时间应小于 60s。

（6）在主站通信异常时，终端应保存未确认及未上送的 SOE 信息，并在通信恢复时及时传送至主站，终端重启后不应上送历史 SOE 信息。

（7）接收并执行主站系统下发的对时命令；光纤通道对时误差应不大于 1s，无线通信方式对时误差应不大于 10s。

2. 无线模块要求

（1）无线通信模块对于环境的适应要求与终端一致。

（2）无线通信模块支持端口数据监视功能，具备网络中断自动重连功能。

（3）无线通信模块与 SIM 卡的接口应符合 GSM11.11 的要求，与 SIM 卡交互数据应符合 GSM11.14 要求。

（4）无线通信模块应支持本地维护功能，可通过本地维护接口进行调试、参数设置、状态查询及软件升级。

（5）无线通信模块的通信接口插拔寿命应大于 500 次。

（6）无线通信模块采用直流电源供电，输入电压应支持 12～36V 宽电压输入，正负偏差 20%。

（7）无线通信模块应内置电源反向保护和过压保护。

（8）无线通信模块待机时功耗应小于 3W，数据通信时平均功耗应小于 5W；启动及通信过程中瞬时最大功耗应小于 5W。

第二节　配电自动化智能终端功能要求

一、概述

为了适用于配电自动化系统的故障快速定位、隔离及非故障区域恢复供电以及配电自动化终端设备即插即用等功能，可采用智能分布式馈线自动化和集中式发线自动化实现配电自动化系统的故障隔离及自愈。配电自动化系统应具备良好的可扩展性及可适应性，所使用的配电自动化智能终端设备应具备设备对等通信及实现即插即用（P&P）的要求，并且保证不同厂家的终端设备能够实现互联、互换及互操作，配电自动化智能终端设备之间能够通过相互通信实现故障快速定位、隔离及非故障区域恢复供电，并将处理结果上报配电自动化主站。配电自动化系统的通信系统及其通信协议编写能够为配电自动化智能终端实现上述功能提供支持。

二、基本功能要求

（一）数据采集要求

（1）采集并发送交电压、电流。其中：① 电压输入标称查：100V/2（V，50Hz）；② 电流输入标称值：5A/1A；③ 电压电流采样精度：0.5 级；④ 有力、无功采样精度：1.0 级；⑤ 在标称输入值时，每一回路的功率消耗小于 0.5VA；⑥ 短期过星文流输入电流施加标称值的 2000%（标称值为 5A/1A），持续时间小于 1s，配电终端应工作正常。

（2）状态量采集：开关动作，操作闭锁、储能到位等信息，软件防抖动时间 10～60000ms 可设，遥信分辨率不大于 2ms，支持上传带时标的遥信变位信息。

（3）采集蓄电池或超级电容的直流电压。

（二）设备诊断及维护要求

（1）应具备自诊断、自恢复功能，各功能板件及重要芯片可以进行自诊断，故障时能传送报警信息，异常时能自动复位。

（2）应具有当地及远方操作维护功能：可进行参数、定值的当地及远方修改整定，支持程序远程下载，提供当地调试软件或入机接口。

（3）具备历史数据循环存储功能，电源失电后保存数据不丢失，支持远程调阅，历史数据包括事件顺序记录、定点记录、极值记录、遥控操作记录等。

（4）具备后备电源或相应接口，当主电源故障时，后备电源能自动无缝投入。

（5）具备终端运行参数的当地及远方调阅与配置功能，配置参数包括零漂、变化阈值（死区）、重过载报警限值，短路及接地故障动作参数等。

（6）具备终端有参数的当地及远万调阅功能，调整参数包终端类型及出厂型号、终端 ID 号、嵌入式系统名称及版本号、硬件版本号、软件校验码、通信参数及二次变比等。

（7）具备当地及远方操作维护功能，遵循统一查询、调阅软件界面要求：提供当地调试软件或人机接口实现配电终端程序升级。

（8）应满足通过对上通信口对设备进行参数维护，在进行参数、定值的查看或整定时应保持与主站系统的正常业务连接。

（三）其他要求

（1）具备软硬件防误动措施，保证控制操作的可靠性，控制输出回路应提供明显断开点，继电器触点额定功率交流 250VA、直流 80V/2A、直流 10V/0.5A 或直流 24V/5A 的纯电阻负载；触点寿命应满足通、断上述额定电流不少于 10^5 次。

（2）具备时钟同步功能，接收主站，（子站）或其他时间同步装置的对时命令，与系统时钟保持同步。

（3）具备明显的线路故障和终端状态、通信状态等就地状态指示信号。

三、分布式 FA 的功能要求

（一）分布式 FA 概述

分布式 FA 可分为速动型、缓动型两种类型的分布式 FA，如：

（1）速动型分布式 FA，通过配电终端之间相互通信，在变电站切除故障之前，实现馈线的故障定位，隔离和非故障区域自动恢复供电的功能，并将处理过程及结果上报配电自动化主站。

（2）缓动型分布式 FA，通过配电终端及 FA 控制器之间相互通信，在变电站切除故障之后，实现馈线的故障定位、隔离和非故障区域自动恢复供电的功能，并将处理过程及结果上报配电自动化主站。

（二）逻辑判断要求

配电自动化智能终端具有故障检测功能，根据检测到故障信号启动分布式 FA 逻辑断，分布式 FA 逻辑判断能自动适应电网运行方式调整。

（三）功能投退

分布式 FA 具备硬压板和软压板，实现分布式 FA 的功能投退。

（四）异常情况处理

分布式 FA 能适应通信异常、开关拒动等多种异常情况。出现异常情况时，分布式 FA 宜闭锁。

（五）FA 信息生成

分布式 FA 将故障处理过程及结果生成 FA 动作信息，上报配电自动化主站，主要信息至少应包括分布式 FA 系统投退开关状态信号、分布式 FA 相关馈线开关 FA 动作启动信号、分布式 FA 相关馈线开关 FA 动作正常结束信号、分布式 FA 相关馈线开关 FA 动作开关拒动信号、其他 FA 异常结束信号。

（六）信息安全要求

分布式 FA 信息交互及逻辑控制信息交互，符合相关安全要求。

四、即插即用的功能要求

（一）上电自动注册

配电自动化智能终端应具备上电自动向主站进行注册，以便实现配电终端的自动识别及自动接入，实现方式参见表 10-2~表 10-5。

表 10-2　　　　　　　　　　注 册 请 求 报 文

报文信息（十六进制）	字节长度	描述
起始字节	1 字节	报文开始标志 0×68
报文长度	1 字节	报文长度 0×0.9

续表

报文信息（十六进制）	字节长度	描述
类型标准	1 字节	报文类型 0×35
可变帧长限定词 VSQ	1 字节	有多个信息元素时 $SQ_1 = 1$
传送原因	2 字节	0×0.6：注册请求
设备地址	2 字节	默认值为 0×0.1
信息对象地址	3 字节	默认值为 0×00
召唤限定词	1 字节	默认值为 0×14

表 10-3　　　　　　　　　　注　册　确　认　报　文

报文信息（十六进制）	字节长度	描述
起始字节	1 字节	报文开始标志 0×68
报文长度	1 字节	报文长度 0×0.9
类型标准	1 字节	报文类型 0×35
可变帧长限定词 VSQ	1 字节	有多个信息元素时 $SQ_1 = 1$
传送原因	2 字节	0×0.6：注册请求
设备地址	2 字节	默认值为 0×0.1
信息对象地址	3 字节	默认值为 0×00
召唤限定词	1 字节	默认值为 0×14

表 10-4　　　　　　　　　　注　册　成　功　报　文

报文信息（十六进制）	字节长度	描述
起始字节	1 字节	报文开始标志 0×68
报文长度	1 字节	报文长度 0×0.9
类型标准	1 字节	报文类型 0×35
可变帧长限定词 VSQ	1 字节	有多个信息元素时 $SQ_1 = 1$
传送原因	2 字节	0×0.6：注册请求
设备地址	2 字节	默认值为 0×0.1
信息对象地址	3 字节	默认值为 0×00
召唤限定词	1 字节	默认值为 0×14

表 10-5　　　　　　　　　　注　册　结　束　报　文

报文信息（十六进制）	字节长度	描述
起始字节	1 字节	报文开始标志 0×68
报文长度	1 字节	报文长度 0×0.9

续表

报文信息（十六进制）	字节长度	描述
类型标准	1 字节	报文类型 0×35
可变帧长限定词 VSQ	1 字节	有多个信息元素时 $SQ_1 = 1$
传送原因	2 字节	0×0.6：注册请求
设备地址	2 字节	默认值为 0×0.1
信息对象地址	3 字节	默认值为 0×00
召唤限定词	1 字节	默认值为 0×14

（二）订阅/发布

配电自动化智能终端所提供的服务能够被配电主站进行订阅，在接收配电主站订阅完成的服务模型后，配电自动化智能终端能够按照新的服务模型提供服务，所有数据均按照服务模型进行准确发布。

（三）模型传输服务

配电自动化智能终端应支持模型传输服务，用于与配电主站之间传输服务模型。

（四）通信要求

配电自动化智能终端遥测、遥信及遥控数据宜采用符合 IEC 60870-5-101、IEC 60870-5-104、IEEE 1815：2012 等通信规约行传输，传输的数据含义在数据服务模型里进行描述，数据服务模型使用模型传输服务进行传输。

第三节　配电自动化智能终端性能要求

一、基本性能要求

（一）模拟量

1. 交流工频电量输入

（1）交流二频电量输入要求如下：交流工频电量输入标称值、参比条件、输入回路要求及其影响量应符合 IEC 60688：2012 中 4.5.1.1 的有关规定。

（2）允许基本误差极限和等级指标，见表 10-6。

表 10-6　　基准值百分数表示的交流工频电量误差极限和等级指标的关系

误差极限	±0.5%	±1%
等级指标	1.5	1

2. 直流量输入

直流输入模拟量范围、模拟转换总误差的要求符合 IEC 60870-3：1995 中 3.5.1 的规定。

3. 故障电流

故障电流采集要求如下：

（1）可测故障电流输入范围，见表 10-7。

（2）在推荐故障电流输入条件下，故障电流的误差应不大于 5%。

表 10-7　　　　　　　　　　故 障 电 流 输 入 范 围

推荐等级	故障电流
非推荐	10In
推荐	20In

注　In 为输入电流标称值。

（二）状态量

（1）对于机械触点"闭合"和"断开"表示的状态量，仅考虑以无源空触点接入方式。

（2）输入回路应有电气隔离及滤波回路，延迟时间为 10~100ms。

（3）用一位码表示时：闭合对应二进制码"1"，开对应二进制码"0"。

（4）用内位码表示时：闭合对应二进制码"10"，所开对应一进制码"01"。

（5）状态量电压标称值见表 10-8。

（6）软件防抖动时间 10~60000ms 可设，数字量采集分辨率不大于 2ms。

表 10-8　　　　　　　　　　状 态 量 电 压 标 称 值

状态量	直流电压	交流电压
优先采用值	24	—
	48	—
	110	
	220	

（三）交流工频电量允许过量输入能力

1. 连续过量输入

对被测电流量施加下列某项的 12%（取其最大值），对被测电压量施加下列某项的 120%：

（1）参数范围上限。

（2）标称使用范围上限。

施加时间为 24h，所影响量都应保持其参比条件，在连续通电 24h 后，交流工频电量测量的基本误差应满足其等级指标要求。

2. 短时过量输入

在参比条件下，按表 10-9 的规定进行实验。

表 10-9 短 时 过 量 输 入

被测量	与电流相乘的系（倍）数	与电流相乘的系（倍）数	施加次数	施加时间	相邻施加间隔时间
电流	标称值×20	—	5	1s	300s
电压	—	标称值×2	10	1s	10s

在短时过量输入后，交流工频电量测量的基本误差应满足等级指标要求。

二、绝缘要求

（一）绝缘电阻

（1）在正常大气条件下绝缘电阻的要求见表 10-10。

表 10-10 正常大气条件下绝缘电阻

额定绝缘电压 U_1 （V）	绝缘电阻要求 （MΩ）
$U \leqslant 60$	≥5（用 250V 绝缘电阻表）
$U > 60$	≥5（用 5000V 绝缘电阻表）

（2）湿热条件：在温度 40℃±2℃，相对湿度 90%～95%的恒定湿热条件下绝缘电阻的要求见表 10-11。

表 10-11 湿 热 条 件 绝 缘 电 阻

额定绝缘电压 U_1 （V）	绝缘电阻要求 （MΩ）
$U \leqslant 60$	≥10（用 250V 绝缘电阻表）
$U > 60$	≥10（用 5000V 绝缘电阻表）

（二）工频耐受电压

在正常试验大气条件下，设备的被试部分应能承受下表规定的工频电流电压 1min 的绝缘强度试验，无击穿、无闪络现象，试验部位为非电气连接的两个独立回路之间，各带电回路与金属外壳之间。

表 10-12

额定绝缘电压 U_1 （V）	实验电压有效值 （V）
$U_1 \leqslant 60$	500
$60 < U_1 \leqslant 125$	1000
$125 < U_1 \leqslant 250$	2500

对于交充工频电量输入端子与金属外壳之间，电压输入与电流输入的端子组之间应满足施加 50Hz，2kV 电压，持续时间为 1min 内要求。

（三）冲击电压

电源回路应按电压等级施加冲击电压，额定电压大于 60V 时，应施加 5kV 试验电压；额定电压不大于 60V 时，应施加 1kV 试验电压；交流工频电量输入回路应施加 5kV 试验电压。施加 1.2/50μS 冲击波形，三个正脉冲和三个负脉冲，施加间隔不小于 5s。

以下述方式施加于交流工频电量输入回路和电源回路：

（1）接地端和所有连在一起的其他接线端子之间。

（2）依次对每个输入线路端子之间，其他端子接地。

（3）电源的输入和大地之间。

冲击试验后，交流工频电量测量的基本误差应满足其等级指标要求。

三、电磁兼容性

（一）电压突降和电压中断适应能力

按 IEC 60255-11：2010 中的有关规定执行。

直接和公用电网或工厂及与电厂的低压供电网连接时，在电压突降（ΔU 值）为 100%，电压中断为 0.5s 的条件下应能正常工作，设备各项性能指标满足基本性能要求。

（二）抗震荡波干扰的能力

按 IEC 60255-22-11：2007 中的有关规定执行。

在正常工作大气条件下设备处于工作状态时，在信号输入回路和交流电源回路，施加以下所规定的高频干扰，电子逻辑电路组成的回路及软件程序能正常工作，其性能指标应满足基本性能要求。

高频干扰波特性：

波形：衰减振荡波，包络线在 3～6 周期衰减到峰值的 50%；

频率：（±0.1）MHz；

重复率 400 次/s；

高频干光电压值如表 10-13 的规定。

表 10-13　　　　　　　　　　工频磁场和阻尼震荡磁场实验主要参数

实验项目	级别	电压/电流波形	实验值（a/m）
工频磁场	3	连续正弦波	30
	4	连续正弦波	100
	特定	连续正弦波	与厂家协商确定
阻尼振荡磁场	3	衰减振荡波	30
	4	衰减振荡波	100
	特定	衰减振荡波	与厂家协商确定

注　3 级安装于典型工业环境中的设备：厂、电厂或处特别居民区内为设备；4 级处恶劣的工业环境或严重骚扰环境中的设备：极为靠近中、高压敞开式和 GIS 或真空开关装置或其他电气设备的设备。

（三）抗快速瞬变脉冲群干扰的能力

按 IEC 60255-22-4：2008 中有关规定执行。

在施加如上表规定的快速瞬变脉冲群干扰电压的情况下，设备应能正常工作其性能指标应符合基本性能要求。

（四）抗浪涌干扰的能力

按 IEC 60255-26：2013 中的有关规定执行。在施加如表 10-14 规定的浪涌干扰电压和 1.2/50μS 波形的情况下，设备应能正常工作，其性能指标符合基本性能要求。

表 10-14　　　　　　高频干扰、快速瞬变和浪涌试验的主要参数

实验项目	级别	共模实验值	实验回路
高频干扰	3	2.5KVP	信号、控制网络和电源网络
	4	2.5KVP	信号、控制网络和电源网络
快速瞬变	3	1.0KVP	信号输入、输出、控制回路
		2.0KVP	电源回路
	4	2.0KVP	信号输入、输出、控制回路
		4.0KVP	电源回路
浪涌	3	2.0KVP	信号、控制网络和电源网络
	4	4.0KVP	信号、控制网络和电源网络

注　3 级安装于没有特别保护环境中的设备、居民区或工业区内的设备；4 级严重骚扰环境中的设备；设备极为靠近中，高压敞开式和 CIS（气体绝缘开关设备）或真空开关装置。

（五）抗静电放电的能力

按 IEC 60255-22：2008 中的有关规定执行。设备应能承受表 10-15 规定的静电放电电压值。在正常工作条件下，在操作人员通常可接触到的外壳和操作点上，按规定施加静电放电电压，正负极性放电各 10 次，每次放电间隔至少为 1s。在静电放电情况下设备的各性能指标均应符合基本性能要求。

表 10-15　　　　　　　　静电放电试验的主要参数

实验项目	级别	实验值	
		接触放电	空气放电
静电放电	3	±6kV	±8kV
	4	±8kV	±15kV

注　3 级安装在具有湿控制系统的专用房间内的设备；4 级安装在不加控制环境中的设备。

（六）抗工频磁场和阻尼振荡磁场干扰的能力

按 IEC 61000-4-10：1994 中的有关规定执行。

（七）设备在表 10－16 规定的辐射电磁场条件下应能正常工作

表 10－16　　　　　　　　　　辐射电磁场实验主要参数

实验项目	级别	电压/电流波形	实验值（V/m）
辐射电磁场	3	80～100MHz 连续波	10
	4	1.0GHz～2.0GHz 连续波	30

注　3 级多装于典型工业环境中的设备：厂、电厂或处一特别居民区内为设备；4 级处一恶劣的工业环境或严重骚扰环境中的设备：极为靠近中、高压半开式和 GIS 或空气开关装置或其他电气设备。

四、机械振动性能

设备应承受频率为 2～9Hz，振幅为 0.3mm 及频率为 9～500Hz 比，加速度为 $1m/s^2$ 的振动。振动之后，设备不应发生损坏和零部件受震动掉落现象，各项性能均应符合基本性能要求。

五、连续通电的稳定性

设备完成调试后，在出厂前进行不少于 72h 连续稳定的通电试验，交直流电压为额定值，各项性能均应符合基本性能的要求。

六、可靠性

设备本平均无故障工作时间（MTDF）应不低 50000h；终端（不含电源）的使用寿命应为 8～10 年。

第十一章 配电自动化安全管理

第一节 系统安全防护要求

一、总体安全

（一）配电主站系统要求

（1）应通过可信计算强化配电主站系统、物联管理平台及云平台的安全免疫水平；应通过安全监测技术提升配电主站系统的安全态势感知能力；应具备访问控制功能，在网络边界或区域之间根据访问控制策略设置访问控制规则。

（2）应具备安全审计功能，在网络边界、重要 ID 进行安全审计，审计覆盖到每个用户，对重要的用户行为和重要安全事件进行审计。

（二）主机安全具体要求

关键服务器应基于 PCIE 等接口安装硬件可信根；对于云化部署的主站系统，应支持通过统一虚拟化平台对服务器物理资源的抽象，支持多个同时运行的虚拟机执行环境相互隔离。

（三）操作系统及支撑软件安全具体要求

（1）配电主站应采用经国家指定部门认证的安全加固操作系统。

（2）应具备身份鉴别功能，具体包括：应对登录的用户进行身份标识和鉴别，身份标识具有唯一性，身份鉴别信息具有复杂度要求并定期更换；应具有登录失败处理功能，应配置并启用结束会话、限制非法登录次数和当登录连接超时自动退出等相关措施；对于生产控制大区主站系统，应采用口令、密码技术、生物技术等两种或两种以上组合的鉴别技术对用户进行身份鉴别，且其中一种鉴别技术至少应使用密码技术来实现。

（3）应基于可信根，实现操作系统及支撑软件的可信验证，在检测到其可信性受到破坏后进行报警，并将验证结果形成审计记录送至安全监控平台。

（四）应用软件安全具体要求

（1）配电主站应用软件在部署前应经具备资质的检测机构的测试认证，应进行代码安全审计，防范恶意软件或恶意代码植入。

（2）应具备身份鉴别功能，具体包括：应对登录的用户进行身份标识和鉴别，身份标识具有唯一性，身份鉴别信息具有复杂度要求并定期更换；应具有登录失败处理功能，应配置并启用结束会话、限制非法登录次数和当登录连接超时自动退出等相关措施；对于具备遥控指令下发功能的应用软件，在遥控指令下发前应采用口令、密码技术、生物技术等两种或两种以上组合的鉴别技术对操作员进行身份鉴别，且其中一种鉴别技术至少应使用密码技术来实现。

（3）应基于可信根及操作系统的信任链传递，实现应用软件的可信验证，在检测到其可信性受到破坏后进行报警，并将验证结果形成审计记录送至安全监控平台；应支持在应用程序的关键执行环节进行动态可信验证，在检测到其可信性受到破坏后进行报警，并将验证结果形成审计记录送至安全监控平台。

（五）数据安全具体要求

（1）应支持对存储数据进行分类，形成如用户信息、监测告警、文件传输、控制指令等多类型业务数据，并针对不同类型数据，制定差异化防护措施，实现敏感及关键数据的安全存储。

（2）应支持数据库审计，实时监控网络数据库的所有访问操作，对于数据库的违法访问系统能及时告警。

应支持数据备份，支持多重备份机制，存储载体（如硬盘）出现故障时，不应引起数据丢失，不影响系统正常使用。

第二节 主站安全防护要求

一、网络结构

当采用无线虚拟专网承载电力监控类业务时，主站应设立安全接入区；生产控制大区与安全接入区之间应部署正反向隔离装置，实现安全隔离；主站与终端之间的纵向连接处采取加密认证、访问控制等安全措施，典型方案如下：

主站与终端之间的纵向加密认证措施可采用两种方案。

方案一：在业务服务器上部署加密卡，在安全接入区的广域网出口处部署纵向加密认证装置。加密卡负责对控制指令进行签名，纵向加密认证装置负责对报文进行加解密，如图 11-1 所示。

方案二：在业务服务器处部署密码机，在安全接入区的广域网出口处部署安全接入网关。密码机负责对控制指令进行签名，对报文进行加解密，安全接入网关负责对终端进行设备认证，如图 11-2 所示。

方案一、二的业务服务器和安全接入区内的前置服务器之间，禁止使用 IEC 101、IEC 104 等问答式规约将正向和反向隔离装置闭环通信。

禁止采用从站端（终端）主动发起的连接方式将正向和反向隔离装置闭环通信。

二、安全认证

控制指令的传输应使用签名验签技术，终端收到控制报文后对其验签，实现不可否认性；主站与终端的身份认证、控制指令的签名由业务服务器负责，前置服务器负责与终端进行数据通信，转发控制指令；业务服务器应使用服务器密码机或密码卡进行加解密和签名验签运算，终端应使用加密芯片进行加解密和签名验签运算。

三、规约安全

一是使用无线虚拟专网承载电力监控类业务时，应采用具备安全认证机制的通信规约；二是在主站与终端通信链路建立阶段和主站控制报文下发阶段，应基于 SM2 国密算法实现身份认证；三是应在报文中增加时间戳、随机数等方式保障报文的时效性，防止重放攻击。

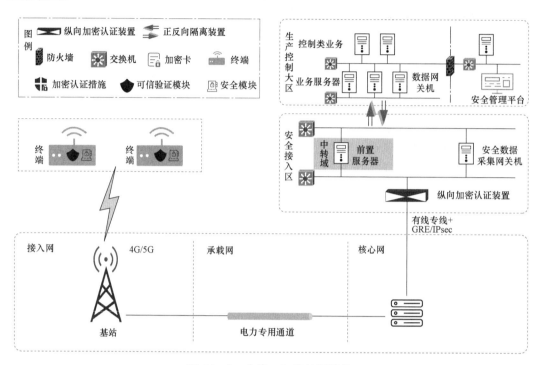

图 11-1　方案一加密认证措施

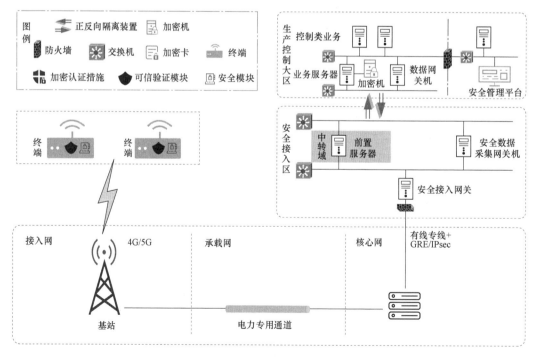

图 11-2　方案二加密认证措施

四、本体安全

（一）可信验证

下发控制指令的业务服务器以及安全接入区中的前置服务器应部署可信验证模块，对系统引导程序、操作系统、应用程序和重要配置参数等进行可信验证。

（二）操作系统安全

主站服务器（包括业务服务器、前置服务器等）应部署安全自主可控操作系统，操作系统应裁剪非必要组件，依据《电力监控系统安全防护标准化管理要求》完成加固；应支持按照《电力监控系统网络安全监测装置技术规范》的要求采集网络安全信息。

第三节　终端安全防护要求

一、安全认证

终端应部署支持国密算法或电力专用算法的加密芯片，实现对来源于主站系统的控制命令、远程参数配置指令等采取安全鉴别和数据完整性验证措施，确保与主站或终端间的数据保密性和完整性；未配置加密芯片或者加密芯片工作异常时，应禁用远方控制功能；终端应具备加密芯片诊断功能，加密芯片异常时及时告警。

二、物理安全

通信终端、业务终端宜采用一体化设计；终端应采用机卡绑定、SIM 卡防拔插或 eSIM 卡等措施保障物理安全。

三、通信安全

（1）终端 SIM 卡应分配固定 IP 地址，仅允许接入一个无线 DNN/APN 网络。

（2）不同终端应禁止相互访问，若业务需要终端之间相互访问，应采取访问控制等技术手段，保证互访权限的最小化。

（3）终端应对无线公共信号质量进行检测，当检测到无线网络信号为非 4G/5G 时，应断开无线网络连接或禁用遥控、遥调、远程参数设置等远程控制类功能，信号质量恢复时，无线网络连接或远程控制类功能可自动恢复。

（4）终端应禁用蓝牙、WiFi 等功能。

四、可信验证

终端宜部署可信验证模块或采用基于，基于可信根对终端的系统程序、应用程序和重要配置参数等进行可信验证。

五、运维安全

终端应使用专用运维工具通过串口进行运维，禁止采用红外等无线和网络方式运维；终端宜采用基于国产 SM2 算法的身份认证技术，对现场运维工具进行身份鉴别；应对运维操作进行日志审计，审计记录的存储时间满足国家及行业相关标准要求。

六、操作系统安全

终端应部署安全自主可控操作系统，操作系统应裁剪非必要组件，完成标准化加固。

第四节　配电自动化系统网络安全监控平台

一、建设目标

坚持"安全分区、网络专用、横向隔离、纵向认证"总体原则，深化梯级防护体系建设，结合主动诱捕、态势感知等安全技术，全面完成配电自动化系统网络安全监控平台（以下简称"配电网安平台"）部署，全面应用配电网安平台，实现配电自动化系统的安全事件响应能力以及安全态势感知，保障系统安全稳定运行。

二、系统架构

配电网安平台由监控平台、网络流量采集装置、安全数据采集装置、安全监测组件4部分组成：监控平台支持对各层汇聚的安全数据进行综合分析，具备安全监视、安全分析、安全审计、安全核查等功能；网络流量采集装置具备配电自动化系统主站、通信网络的流量、威胁和异常信息识别功能；安全数据采集装置具备配电自动化系统主站、配电终端设备的安全数据汇集及预处理功能；安全监测组件具备对配电自动化系统主站设备及配电终端的网络流量、安全日志等信息采集的功能。

配电网安平台"总部–省级（地市级）"分级典型部署架构如图 11–3 所示，该架构适用于 $N+1$ 模式主站部署。其中总部配电网安平台汇总、展示各省级网络安全状态分析结果，并对省级平台无法识别的异常状态进行高级研判，通过联动机制实现全网信息共享；省级配电网安平台负责省级配电自动化系统网络安全状态的实时分析和告警，以及对地市级配电自动化系统网络安全状态的汇总。平台硬件配置要求见附录 1。

三、部署方式

配电网安平台应满足 GB/T 22239—2019 第三级系统相关要求，覆盖配电自动化系统的全部区域，具备对生产控制大区与管理信息大区一体化监控的能力。根据现状配电自动化系统建设模式（$1+1$、$N+N$、$N+1$），省级配电网安平台应支持省公司部署（$1+1$）、地市公司部署（$N+N$）和两级同时部署（$N+1$）；对于 $N+N$ 模式的地市级配电自动化系统主站，应在其生产控制大区部署网络流量采集装置/安全数据采集装置，实现对配电自动化系统主站设备网络安全信息的汇总及转发，在管理信息大区部署监控平台，实现对网络安全信息的汇总分析与展示；对于 $N+1$ 模式的配电自动化系统主站，在地市配电自动化系统主站生产控制大区，应部署网络流量采集装置/安全数据采集装置实现对配电自动化系统主站设备网络安全信息的汇总及转发，或根据管理要求，可部署监控平台，实现对网络安全信息的汇总分析与展示。

（一）1+1 部署方式

当配电自动化系统主站为 1+1 部署方式时，在省公司管理信息大区部署省级监控平台；在生产控制大区、管理信息大区和安全接入区部署安全数据采集装置/网络流量采集装置，具备条件的配电终端宜部署安全监测组件，实现省级配电网安平台的部署，部署示意图如图 11–4 所示。

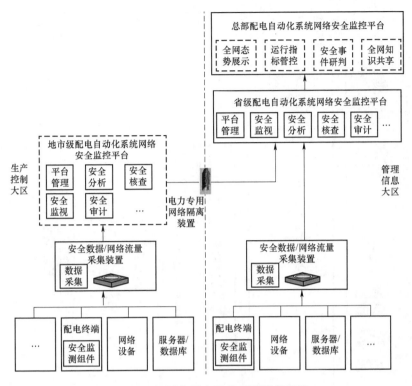

图 11-3　配电网安平台典型整体架构

数据传输路线如下：生产控制大区、安全接入区的安全数据采集装置/网络流量采集装置经正反向物理隔离装置将网络安全信息上送至管理信息大区的监控平台；同时，管理信息大区的安全数据采集装置/网络流量采集装置将网络安全信息上送至监控平台。

（二）N+N 部署方式

当配电自动化系统主站为 N+N 部署方式时，可在省公司管理信息大区部署监控平台；在地市管理信息大区部署监控平台，生产控制大区、管理信息大区和安全接入区部署安全数据采集装置/网络流量采集装置，具备条件的配电终端宜部署安全监测组件，实现地市配电网安平台的部署，部署示意图如图 11-5 所示。

数据传输路线如下：生产控制大区、安全接入区的安全数据采集装置/网络流量采集装置经正反向物理隔离装置将网络安全信息上送至管理信息大区的监控平台；同时，管理信息大区的安全数据采集装置/网络流量采集装置将网络安全信息上送至地市监控平台。若省公司管理信息大区具备监控平台，地市监控平台应将网络安全信息上送至省级监控平台。

（三）N+1 部署方式

当配电自动化系统主站为 N+1 部署方式时，在省公司管理信息大区部署监控平台；在地市生产控制大区、管理信息大区和安全接入区部署安全数据采集装置/网络流量采集装置，具备条件的配电终端宜部署安全监测组件，或根据管理要求，可在生产控制大区部署监控平台，实现地市配电网安平台的部署，部署示意图如图 11-6 所示。

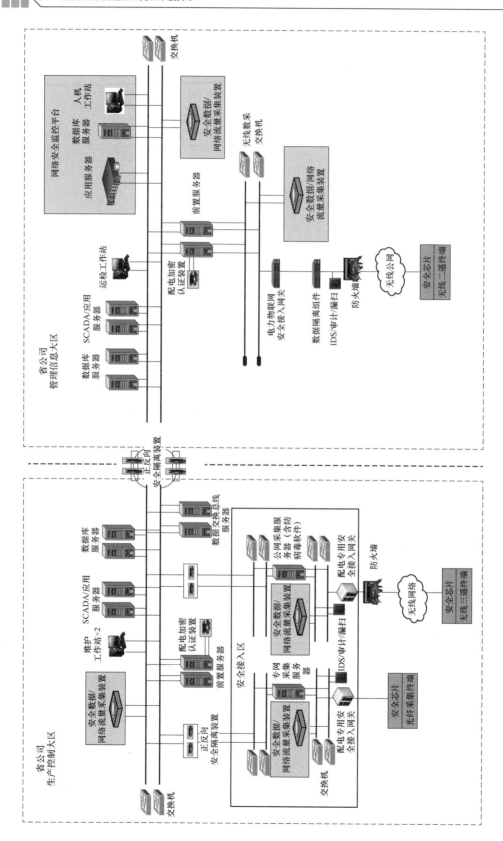

图 11－4　配电网安平台组成及部署示意图（1＋1）

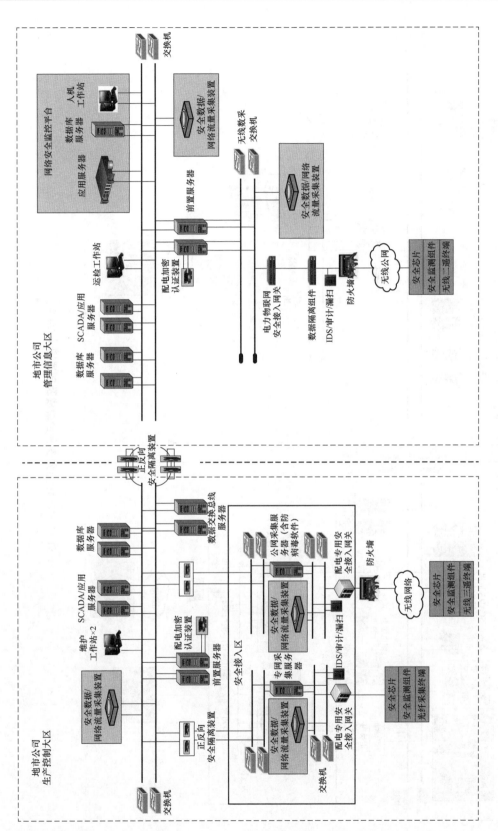

图 11-5　配电网安全平台组成及部署示意图（*N+N*）

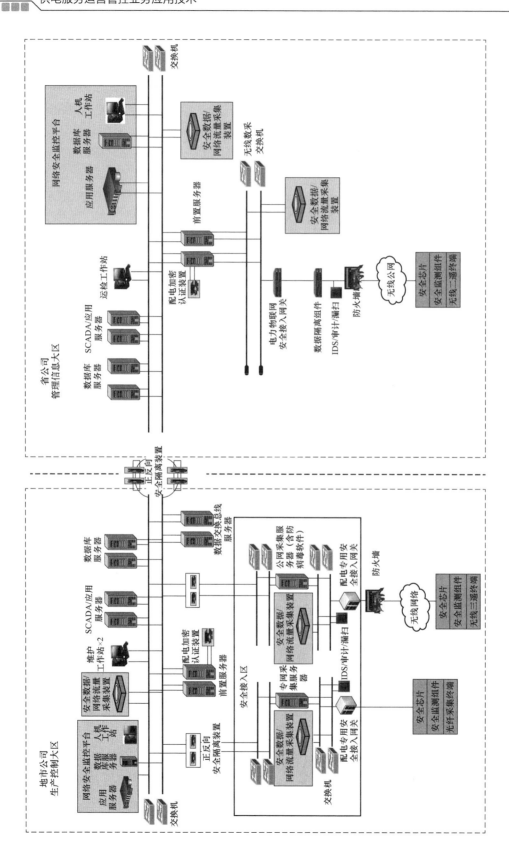

图 11-6 配电网安平台组成及部署图（N+1）

数据传输路线如下：地市生产控制大区、安全接入区的安全数据采集装置/网络流量采集装置经正反向物理隔离装置将网络安全信息上送至省级管理信息大区的监控平台。省级管理信息大区的安全数据采集装置/网络流量采集装置将网络安全信息上送至省级监控平台。

四、技术要求

（一）功能要求

1．安全监视

（1）告警监视。

应具备当前告警、历史告警和告警策略配置等模块；应支持不同区域的告警事件独立处理；应支持告警信息及确认信息（包括确认时间、确认节点、确认用户等）自动保存，可打印输出；应支持自定义告警发布流程，依据事件等级确定发布对象，支持短信、邮件等多种方式。告警内容应包括：事件类型、事件级别、所属区域、事件数量、事件描述等。

将告警等级分为以下三类：

1）紧急告警：指对配电自动化系统安全具有重大影响的安全事件，应立即处理；

2）重要告警：指对配电自动化系统安全具有较大影响的安全事件，需要在24h内进行处理；

3）一般告警：指对配电自动化系统安全具有一定影响的安全事件，多次出现应安排在48h内处理。

（2）态势展示。

支持对配电自动化系统网络安全态势进行展示，包括总体态势展示、主站态势展示、通信网络态势展示、配电终端设备态势展示等。

1）总体态势展示：应根据网络整体安全运行数据，展示配电自动化系统各环节安全运行情况；支持使用各类综合指标展示运行情况，包括全局安全状态评估、安全告警分类分级统计、事件发展趋势等；

2）主站态势展示：应支持展示配电自动化系统主站等基础支撑配电网安平台的主要资产对象、运行状况及安全状态，包含安全基线状态、主要安全事件状态、告警详情等；

3）通信网络态势展示：应支持展示网络设备、安全设备等资产对象，包含网络拓扑、协议分布、流量状态、攻击行为等；

4）配电终端设备态势展示：应支持展示 DTU、FTU、台区智能终端等多类型配电终端设备的运行状态、网络安全、系统安全、接入安全（即身份认证状态是否正常）等。

（3）可信验证告警监视。

应支持对配电自动化系统主站关键/重要资产部署的可信验证模块进行集中监视，针对通过数据采集装置传输至配电自动化系统网络安全监控平台的可信验证模块运行状态及告警信息应具备解析和展示功能。

1）可信验证模块状态信息：包括可信验证模块在线状态信息、可信验证模块离线状态信息；

2）可信验证未通过告警：包括动态完整性度量失败告警、静态完整性度量失败告警信息；

3）策略变更信息告警：包括可信基准值新增、可信基准值删除、可信基准值更新等信息；

4）文件访问保护告警：包括拦截越权访问文件告警、拦截越权访问目录告警；

5）进程保护告警：包括拦截对关键进程进行 kill 操作告警。

2. 安全分析

根据采集数据对配电自动化系统网络安全情况进行分析，包括系统漏洞分析、异常流量分析、僵木蠕分析、网络入侵分析、安全接入认证分析、告警关联分析。

应支持基于数据采集引擎进行数据采集和导入，包括 Syslog、SNMP、文件导入等接口，并提供采集任务监控等管理功能：采集任务监控，应支持采集任务状态的监测和统计，包括采集任务状态信息上报、采集任务执行状态时长估算与状态显示、当日采集数据量和采集数据总量统计、采集任务执行错误与异常提示信息等。

应支持数据清洗功能，支持处理格式不一致、数据错误、数据不完整等问题，包括但不限于：

1）数据补缺：对空数据、缺失数据作补缺，对补缺失败数据做标记；

2）数据丢弃：对无效数据作丢弃处理；

3）格式规范化：将源数据抽取的数据格式转化为符合国网公司要求的标准数据格式。

（1）系统漏洞分析。

应支持漏洞扫描系统与安全数据采集装置集成，实现配电自动化系统主站、通信网络（网络设备、安全设备）、配电终端设备的漏洞信息采集；支持对已确定的漏洞按种类、分布区域、级别等划分，应支持设备漏洞信息库定期更新；支持对已确定漏洞与资产进行关联分析，通过设备名称、软硬件版本等信息开展评估、跟踪，快速识别、响应及准确定位漏洞威胁，定位受影响的资产信息。

（2）网络流量分析。

应支持网络流查询、统计分析、策略配置、异常流量识别功能，具体要求包括但不限于：

1）流量查询：应支持选择时间区间、开始时间、结束时间、采集装置名称、协议类型、源 IP、目的 IP、源端口、目的端口等条件查询流量；

2）统计分析：应支持按自定义组、协议类型、设备名称统计流量；应支持按照统计周期、时间区间、开始时间、结束时间统计，列出流量统计图或流量统计表；

3）策略配置：应支持流量阈值配置，对指定设备名、设备 IP 设置阈值流量，超过阈值即产生告警；应支持对协议的增、删、改、查配置，并生成配置文件；

4）异常流量识别，包括但不限于：应支持分析通信网络流量分布、流量趋势、流量TOP 排名等；应支持发现 DDoS 攻击事件并掌握攻击源、攻击目的、攻击总流量和峰值流量，分析网络 DDoS 攻击态势；应支持流量异常识别，显示流量超常、流量协议比例异常、流量范围异常、流量源地址和目的地址异常；应支持展示访问流量热点图。

（3）僵木蠕分析。

应支持分析网络中的蠕虫、病毒、木马程序的传播行为和僵尸网络的访问行为，支持追踪、溯源僵木蠕的命令控制服务器。

（4）网络入侵分析。

应支持对入侵检测/入侵防御系统的日志进行分析，形成告警事件，支持记录包括攻击时间、攻击源 IP、目标 IP、攻击类型方式等。

（5）接入认证分析。

应支持对配电终端设备接入过程进行分析，支持配电终端设备在线/离线、接入认证异常、加解密传输异常等相关状态；宜基于配电加密认证装置、安全接入网关、数据隔离组件、防火墙等安全设备获取信息。

（6）告警关联分析。

应支持安全事件关联分析、追踪和溯源；应具备告警信息归并、去重机制；应支持告警信息与资产关联分析。

3. 安全审计

（1）综合审计。

应支持对操作系统、业务应用和用户行为的安全审计；支持包括登录审计、操作审计、接入审计、设备离线审计等；支持对相关设备接入、离线、操作、行为关联审计；历史审计数据保存周期≥12 个月，提供检索查询等功能。

（2）事件查询。

应支持待办事务、通知通报等事件提示功能；应支持对上传的网络流量日志、告警日志按指定条件检索、查询的功能；应支持指定查询条件快速定位日志内容。

（3）统计报表。

应支持对报表模板进行管理，包括自定义周报、月报、季报等统计报表；应支持 Word、pdf、Excel 等常见文件格式导出报表。

4. 安全核查

安全核查范围及内容应符合国网公司安全基线配置相关要求，并支持对核查项进行动态维护。具体要求包括但不限于：

（1）应支持配电自动化系统主站基线核查，包括服务器、工作站的主机安全、数据库安全等。

（2）应支持通信网络基线核查，包括交换机、防火墙设备等。

（3）应支持配电终端设备基线核查，包括口令设置、通信端口、外置接口等。

（4）应支持基于人工触发或者周期触发的自动化基线核查。

5. 通用功能

（1）数据采集。

1）主站数据采集。

应实现配电自动化系统主站的数据采集和交换，包括但不限于：

① 服务器及工作站数据采集：包括链路信息、操作系统类型及版本信息、系统及应

用用户信息、CPU 及内存等计算资源使用情况、外设接口使用情况、网卡及电源模块等硬件模块使用情况等信息；

② 数据库设备数据采集：包括数据库类型及版本信息、CPU 及内存等计算资源使用情况、数据库磁盘信息、数据库表空间使用情况、数据库运行时长、操作记录、用户信息、SQL 语句执行情况等信息；

③ 安全防护设备数据采集：配电加密认证装置用户信息、配置信息、CPU 及内存等计算资源使用情况、网口状态、装置自身策略的安全事件及故障告警信息等；正反向物理隔离装置的登录信息、配置信息、在线状态、CPU 及内存等计算资源使用情况、装置自身策略的安全事件及故障告警信息等。

2）通信网络数据采集。

应实现网络设备如交换机，专用安全设备如配电安全接入网关、数据隔离组件等，以及通用安全设备如防火墙、入侵检测系统、防毒墙的数据采集和交换，包括但不限于：

① 网络设备数据采集：包括用户信息、在线状态、运行时长、CPU 及内存等计算资源使用情况、网络丢包率、错包率、网口状态、端口及服务开放状态、IP 及 MAC 连接信息、风扇故障等。

② 专用安全设备数据采集：配电安全接入网关采集数据包括用户信息、配置信息、CPU 及内存等计算资源使用情况、网口状态、端口及服务开放状态、备机心跳状态、终端认证状态、装置自身策略的安全事件及故障告警信息等；数据隔离组件采集数据包括用户信息、配置信息、CPU 及内存等计算资源使用情况、网口状态、端口及服务开放状态、备机心跳状态、装置自身策略的安全事件及故障告警信息等。

③ 通用安全设备数据采集：防火墙采集数据包括用户信息、策略信息、在线状态、CPU 及内存等计算资源使用情况、电源/风扇故障、温度异常、网口状态、攻击告警、装置自身策略的安全事件及故障告警信息等，入侵检测系统采集数据包括 CPU 及内存等计算资源使用情况、入侵保护时间、入侵地址、被入侵设备等；防毒墙采集数据包括病毒日志。

④ 应通过纵向通信网络核心交换机的镜像端口实现网络流量监测，采集数据包括存活主机、端口开放情况，以及中间件/通用/Web 等服务扫描探测、漏洞挖掘、未授权访问、恶意文件上传、获取服务器 shell 权限等脆弱性探测情况。

3）级联数据采集。

对于总部、省、地市多级部署的配电自动化系统网络安全监控平台，应支持级联数据采集，以及用户配置本级平台与上、下级平台的级联信息。主要包括：

① 应具备采集数据类型和上报数据类型的配置功能，包括添加、编辑、删除等，支持本级平台与上下级平台的数据传送通道的 IP 和端口号的配置功能；

② 应具备级联调阅参数的编辑功能，支持配置级联调阅参数，可配置主动调阅下级平台的定制数据；

③ 应具备数据存储和传输保护功能，在传输鉴别信息、隐私数据和重要业务数据等敏感信息时应进行机密性和完整性保护，数据加解密、签名/验签、摘要等过程应采用国

产商用密码算法。

（2）平台管理。

1）应支持平台基础配置，包括组织管理、用户管理、权限管理等功能；应支持区域配置，权限配置可与配电网区域相关，不同区域的用户可赋予不同的权限；应支持权限配置，权限配置可与岗位职责相关，不同岗位用户可赋予不同的操作权限。

2）应支持平台应用配置，包括采集参数、分析参数、事件级别、安全预警、安全风险等。

3）应支持对设备台账的修改、删除等管理操作；应支持对设备厂商、类别等多种维度的资产的占比、排名、发展趋势的分析和展示。

（二）性能指标

省级及地市配电网安全平台技术特性指标规范见表11－1。

表 11－1　　　　　　　　　　　配电网安平台技术特性表

性能		指标
可用性	系统设备年可用率	≥99.9%
服务器资源负载率	CPU 平均负载率（任意 5min）	≤60%
画面调阅率	90%画面	<2s
	其他画面	<6s
数据采集与处理	可接入实时数据容量	≥30000 条/s（Eps）
	可接入终端数	≥100000 台
	历史数据保存周期	≥12 个月
	采集装置单端口流量采集带宽	1Gbps

五、管理要求

（一）一般要求

（1）各单位配电网安平台运维管理应纳入配电自动化系统运维管理体系，明确职责分工，完善应用管理制度、工作流程，以及工作质量监督、检查、考核机制，落实人员责任。

（2）各单位应常态化开展配电网安平台缺陷管理和检修管理，以及配电自动化系统网络安全监视、安全运行分析等工作，提升配电网安平台可用性，加强配电自动化系统安全风险管控。

（3）投入正式运行的配电网安平台应常态化运行，未经相关单位主要负责人同意，不得无故停用。

（二）运维检修管理

1. 安保管理要求

运维单位应与外部服务商及人员签订保密协议，人员经安全教育后方可进入现场进行维护工作。

2. 巡视工作要求

（1）建立完善的岗位责任制，明确运行维护人员，定期开展运行维护，确保配电网安平台正常运行和信息的完整、准确。

（2）建立配电网安平台设备台账，包括监控平台、安全数据采集装置、网络流量采集装置，以及与其他信息系统接口等软件。

（3）完善设备巡视制度，定期按时检查配电网安平台设备运行情况，填写巡视记录，发现异常及时启动缺陷管理流程。

3. 维护工作要求

（1）参数维护管理主要包括：本级平台运行参数、重要配置参数（包括采集配置和实时上报配置）的添加、编辑、删除，本级平台与上下级平台的数据传送通道的 IP 和端口号配置、系统参数的编辑、资产基数的维护等。

（2）软件维护管理，应对配电自动化系统通用及专用安全防护设备配置的策略、系统漏洞库、威胁信息库、恶意代码特征库/病毒库、补丁升级等相关数据进行集中管理。

（3）在更改相关策略配置前，应履行审批流程并做好备份。

4. 检修工作要求

（1）配电网安平台设备检修计划纳入配电自动化系统主站设备检修计划，一同编制和上报，重大计划应同时上报技术方案。

（2）对于影响配电自动化系统功能或配电网调度业务的检修工作，必须征得相关部门同意或批准后方可执行。

5. 缺陷管理要求

配电网安平台缺陷纳入配电自动化系统缺陷管理，完善危急缺陷、严重缺陷和一般缺陷等内容，并按照缺陷消除时间要求，完成相关缺陷处置。严重或危急缺陷消除前，应对该设备加强监视防止缺陷升级。一旦发现家族性缺陷以及系统性缺陷，应及时上报，并进行相应处理，制定后续防范措施，避免家族性缺陷引起系统整体运行不良情况发生。

（三）用户权限管理

（1）用户权限管理应遵循实名制和最小化原则，严格履行审批手续，合理配置角色、权限和有效期。

（2）人员管理应建立"责权分立、操作制衡"的管控机制，结合配电自动化系统现有的运维人员管理体系，根据三权分立原则，应设置系统管理员、审计管理员和安全管理员。

1）系统管理员应具备对系统的资源和运行进行配置、控制和管理，包括用户身份、系统资源配置、系统加载和启动、系统运行的异常处理、数据和设备的备份与恢复等；

2）审计管理员应具备对审计记录进行存储、查询和管理；

3）安全管理员应具备对系统中的安全策略进行配置，涵盖设置安全参数、主/客体统一安全标记，主体授权、可信验证策略配置等。

（3）系统管理人员应建立核心运维人员和日常运维人员的长期用户账号，根据运维需要分配长期权限、设置合理使用周期，及时清理离（调）岗人员账号。

（4）系统管理人员应严格按照工作票内容分配临时运维人员的临时用户账号、权限和时效，遵循"一人一事一账号"原则，完工后及时收回临时用户权限。

（四）指标管理

各单位应准时上传安全监测覆盖率、网络安全运行可靠率、网络安全设备在线率、紧急告警上报及时率、终端业务数据密通率、主站可信功能覆盖率等指标信息（指标计算方式见附录2），并保证指标的真实性和有效性。

（五）应用管理

监视内容主要包括：网络安全运行可靠率、网络安全设备在线率等运行指标，以及人员非法运维操作、违规接入外设、网络攻击类、恶意代码感染、可信验证未通过等类型告警。

（1）人员非法运维操作：主要包括监视发现主机危险操作告警、关键目录文件权限变更告警、主机用户权限变更、安防设备、网络设备、主机、数据库、纵向设备、防火墙设备连续多次尝试登陆失败；可信计算程序在主机软件版本发生变化时的上报告警等。

（2）违规接入外设：主要包括网络设备不在授权范围内的设备接入；有 USB、串口、并口、光驱设备接入、配电终端设备非法接入到网络设备。

（3）网络攻击类：主要包括入侵检测系统上报的网络入侵告警、违反主机访问白名单配置的主机连接、安防设备拦截的大量不在策略范围内的网络访问。

（4）恶意代码系统告警：主要包括防病毒系统上报的病毒攻击告警、主站安防设备拦截的不在策略范围内的网络访问。

（5）可信验证未通过：主要包括动态完整性度量失败告警、静态完整性度量失败告警信息。

各单位根据监控发现的上述告警，及时开展风险排查，快速定位目标设备、攻击源等。

各单位按照网络安全风险类型及告警等级，制定本单位配电自动化系统网络安全现场处置方案。

（六）应急管理

（1）各单位应建立健全配电自动化系统网络安全应急机制，编制应急预案，定期开展应急演练。

（2）各单位应按照应急预案要求开展网络安全风险的监测与研判工作，在可能导致网络安全事件时及时发布预警，并组织相关单位开展预警行动。

（3）网络安全事件发生后，事发单位应立即启动应急响应流程，做好应急处置工作，按要求报送相关信息，以及提交网络安全事件处置报告。

第十二章　配电自动化保护定值管理

第一节　配电线路保护配置及整定原则

一、保护配置基本原则

（1）配网及用户的电力设备和线路，应装设反应短路故障和异常运行的继电保护和安全自动装置，满足可靠性、选择性、灵敏性和速动性的要求。

（2）配网及用户的电力设备和线路的继电保护设置应满足《电力装置的继电保护和自动装置设计规范》《继电保护和安全自动装置技术规程》等规定的要求。

（3）多级串供的配网线路，应根据线路实际长度、负荷密度、继电保护配合等情况合理设置各级断路器保护。按照配网线路主干线三分段的原则，主干线上配置线路保护的分段断路器数不宜超过 2 个，同时考虑与上一级断路器的线路保护配合，保证有足够的动作时间级差。

（4）配网分段开关、分界断路器等开关设备保护装置应配置两段式过流保护，具备重合闸功能，若供电线路为小电阻接地系统或消弧线圈并小电阻接地系统，还应配置零序电流保护功能。

（5）当配电变压器采用 10kV 负荷开关——组合电器或跌落式熔断器作为高压侧保护装置时，熔丝的选型应与配变容量相适应。对 800kVA 及以上配变应装设继电保护装置，配置相应的变压器保护功能。

（6）10kV 零序电流互感器的主要参数选择，要求新安装的 10kV 零序电流互感器采用穿心式，不能使用开口式。变比可选取 20/1～150/1A 或 20/5～150/5A。

二、配网保护整定原则

（一）变电站内 10kV 馈线线路保护

1. 限时速断保护

考虑躲过用户配电变压器低压侧三相故障短路电流。可根据网内短路电流水平简化整定，推荐取一次值 3000A。动作时间取 0.3s，动作于跳闸。

2. 定时限过电流保护

按躲负荷电流可靠系数 1.3 整定。可根据网内短路电流水平简化整定，TA 一次额定值为 400A 及以下，按 1.2 倍 TA 一次额定值整定；TA 一次额定值为 600A 及以上，按一次值 720A 整定，同时考虑线路限流值。专线用户馈线在确认负荷电流不超过 TA 一次额定值、线路载流值后，可根据用户用电性质，适当提高过流值，躲启动电流，过电流定值不大于一次值 1500A。动作时间取 0.7s，动作于跳闸。

3. 零序过电流保护

10kV 电网为中性点不接地系统或经消弧线圈接地系统，零序过电流保护宜退出运行。10kV 电网为小电阻接地系统或消弧线圈并小电阻接地系统，零序过电流保护应投入运行。按躲过三相短路时可能的最大不平衡电流整定。

跳闸：对于 10Ω 小电阻接地系统，零序跳闸取一次值 60A，动作时间取 0.7s；

发信：对于 10Ω 小电阻接地系统，零序告警取一次值 25A，发信时间取 1.2s。

4. 过负荷保护

（1）TA 一次额定值 400A 及以下，取 0.9 倍定时限过流值整定。

（2）TA 一次额定值 600A 及以上，考虑线路限流值，按一次值 540A 整定。专线用户馈线定时限过流定值提高后，可按 0.9 倍定时限过流值整定。动作时间取 5s，只动作于发信，不投跳闸。

5. 重合闸

投入一次重合闸功能，采用非同期重合闸方式。重合闸启动方式采用不对应启动重合闸，退出保护启动重合闸。重合时间取 1s。当配网线路上投入了电压－电流（时间）型馈线自动化开关，一次重合闸时间取 5s。

（二）变电站外 10kV 线路第一级断路器保护

1. 限时速断保护

按不大于所在变电站馈线线路保护限时速断定值的 90% 整定，推荐取一次值 2700A。动作时间与站内馈线限时速断保护时间配合，动作时间 T_{11} 取 0.15s（时间无法设两位小数的情况下应取 0.1s），动作于跳闸。

$$T_{11} = 0.15s$$

2. 定时限过电流保护

与不大于所在变电站馈线线路保护定时限过流定值配合，按照断路器负荷侧线路最大允许负荷电流整定（参见表 12-1、表 12-2），同时考虑不大于 TA 一次额定电流值，校核线路本段保护灵敏度不小于 1.3。

表 12-1　　　　　　　　　　电缆线路定时限过流保护建议值

电缆线路（mm²）	35	70	95/120/150	185/240	300
定值（A）	120	240	360	480	600

表 12-2　　　　　　　　　　架空线路定时限过流保护建议值

电缆线路（mm²）	50	70	95	120	150	185/240
定值（A）	240	360	400	480	540	600

动作时间与站内馈线定时限过流保护时间配合，时间级差 ΔT 不低于 0.2s，动作时间 T_{12} 应不大于 0.5s，动作于跳闸。

$$T_{12} = 0.7\mathrm{s} - \Delta T$$

其中：$\Delta T \geq 0.2\mathrm{s}$。

3. 零序过电流保护

与所在变电站馈线线路保护零序过电流定值配合整定，推荐取一次值 40A。对于 10kV 电网为中性点不接地系统或经消弧线圈接地系统，零序过流保护宜退出运行。动作时间与站内馈线零序过流保护时间配合，时间级差 ΔT 不低于 0.2s，动作时间 T_{10} 应不大于 0.5s，动作于跳闸。

$$T_{10} = 0.7\mathrm{s} - \Delta T$$

其中：$\Delta T \geq 0.2\mathrm{s}$。

4. 过负荷保护

可根据需求投入过负荷保护，按本断路器保护中定时限过流定值的 0.9 倍整定。动作时间取 5s，只动作于发信，不投跳闸。

5. 重合闸

投入一次重合闸功能，采用非同期重合闸方式，重合闸时间取 5s。

（三）变电站外 10kV 线路第二级断路器保护

1. 限时速断保护

按不大于上一级断路器保护限时速断定值的 90% 整定，推荐取一次值 2400A。

动作时间与上一级断路器限时速断保护时间 T_{11} 配合，时间级差 ΔT 不低于 0.2s，动作时间 T_{21} 可取 0s，动作于跳闸。

$$T_{12} = T_{11} - \Delta T$$

其中：$\Delta T \geq 0.2\mathrm{s}$。

2. 定时限过电流保护

与上一级断路器保护定时限过流定值配合整定，按照断路器负荷侧线路最大允许负荷电流整定，同时考虑不大于 TA 一次额定电流值，校核线路本段保护灵敏度不小于 1.3。

动作时间与上一级断路器定时限过流保护时间 T_{12} 配合，时间级差 ΔT 不低于 0.2s，动作时间 T_{22} 不大于 0.3s，动作于跳闸。

$$T_{22} = T_{12} - \Delta T$$

其中：$\Delta T \geq 0.2\mathrm{s}$。

3. 零序过电流保护

与上一级断路器保护零序过流定值配合整定，推荐取一次值 40A。对于 10kV 电网为中性点不接地系统或经消弧线圈接地系统，零序过流保护宜退出运行。

动作时间与上一级断路器零序过流保护时间 T 配合，时 10 间级差 ΔT 不低于 0.2s，动作时间 T_{20} 应不大于 0.3s，动作 20 于跳闸。

$$T_{20} = T_{10} - \Delta T$$

其中：$\Delta T \geq 0.2\mathrm{s}$。

4. 过负荷保护

可根据需求投入过负荷保护，按本断路器保护中定时限过流定值的 0.9 倍整定。动作时间取 5s，只动作于发信，不投跳闸。

5. 重合闸

投入一次重合闸功能，采用非同期重合闸方式，重合闸时间取 5s。

（四）10kV 用户进线断路器或分界断路器（看门狗）

1. 限时速断保护

取电房内单台最大容量配变的限时速断保护定值，若电房内最大容量配变为 800kVA 及以下时，推荐取一次值 1000A。

动作时间与上一级断路器限时速断保护时间 T_1' 配合，时间级差 ΔT 宜不低于 0.2s，动作时间 T_{j1} 应不大于 0.15s 动作于跳闸

$$T_{j2} = T_1' - \Delta T$$

其中：$\Delta T \geqslant 0.2s$。

2. 定时限过流保护

与上一级断路器保护定时限过流定值配合整定，取电房内所有配电变压器定时限过流定值之和，同时综合考虑 TA 一次额定电流值、大容量电机启动涌流等因素。

动作时间与上一级断路器定时限过流保护时间 T_2' 配合，时间级差 ΔT 宜不低于 0.2s，动作时间 T_{j2} 应不大于 0.5s 动作于跳闸

$$T_{j2} = T_2' - \Delta T$$

其中：$\Delta T \geqslant 0.2s$。

3. 零序过流保护

与上一级断路器保护零序过流定值配合整定，可取一次值 40A。对于 10kV 电网为中性点不接地系统或经消弧线圈接地系统，零序过流保护宜退出运行。

动作时间与上一级断路器零序过流保护时间 T_0' 配合，时间级差 ΔT 宜不低于 0.2s，动作时间 T_{j0} 应不大于 0.5s 动作于跳闸

$$T_{j0} = T_0' - \Delta T$$

其中：$\Delta T \geqslant 0.2s$。

4. 过负荷保护

可根据需求投入过负荷保护，取电房内所有配电变压器额定电流之和。

动作时间取 5s，只动作于发信，不投跳闸。

5. 重合闸

退出重合闸功能。

（五）10kV 配电变压器

1. 限时速断保护

800kVA 以下配电变压器按躲过配电变压器励磁涌流一次值整定：

$$I_1 \geqslant K_. \times I_{\text{He}}$$

式中：$K_.$——励磁涌流系数，取 7~12；

I_{He}——配变高压侧额定电流。$I_{\text{He}} = S_e / (1.732 \times U_e)$，其中 S_e 为配电变压器额定容量，U_e 为高压侧额定电压（可取 10.5kV）。

800kVA 及以上配电变压器按躲过配电变压器低压侧最大故障电流一次值整定，同时考虑与上一级断路器保护限时速断定值配合不大于一次值 2400A：

$$I_1 \geqslant K_K \times I_{\text{K MAX}}^{(3)}$$

式中：K_K——可靠系数，取 1.5；

$I_{\text{K MAX}}^{(3)}$——配电变压器低压侧三相金属性短路时高压侧的最大故障电流。$I_{\text{K MAX}}^{(3)} = I_{\text{He}} / U_d\%$，其中 I_{He} 为高压侧额定电流，$U_d\%$ 为配电变压器短路阻抗百分数。为消除系统阻抗及运行方式发生变化对短路电流造成的影响，计算可忽略系统阻抗。动作时间 T_{b1} 取 0s，动作于跳闸。

$$T_{b1} = 0\text{s}$$

2. 定时限过流保护

按躲过配电变压器额定负荷电流一次值整定，同时综合考虑用户大容量电机启动涌流等因素：

$$I_2 \geqslant K_K \times I_{\text{He}}$$

式中：K_K——可靠系数，取 1.5；

I_{He}——配电变压器高压侧额定电流。$I_{\text{He}} = S_e / (1.732 \times U_e)$，其中 S_e 为配电变压器额定容量，U_e 为高压侧额定电压（可取 10.5kV）动作时间与上一级断路器定时限过流保护时间 T 配合，时间级差 ΔT 宜不低于 0.2s，动作时间 T_{b2} 应不大于 0.3s，动作于跳闸。

$$T_{b2} = T_{j2}' - \Delta T$$

其中：$\Delta T \geqslant 0.2\text{s}$。

3. 零序过流保护

（1）配电变压器高压侧零序过流保护与上一级断路器保护零序过流定值配合整定，可取一次值 40A。对于 10kV 电网为中性点不接地系统或经消弧线圈接地系统，高压侧零序过流保护器退出运行。

动作时间与上一级断路器零序过流保护时间 T_{j0}' 配合，时间级差 ΔT 宜不低于 0.2s，动作时间 T 应不大于 0.3s 动作于跳闸。

$$T_{b0} = T_{j0}' - \Delta T$$

其中：$\Delta T \geqslant 0.2\text{s}$。

（2）配电变压器低压侧零序过流保护按躲过不平衡电流整定：

$$I_0 \geqslant K_K \times K_{bp} \times I_{\text{Le}}$$

式中：K_K ——可靠系数，取 1.3；

$\quad\quad K_{bp}$ ——不平衡系数，取 0.25。

4. 过负荷保护

可根据需求投入过负荷保护，取配电变压器额定电流一次值。动作时间取 5s，只动作于发信，不投跳闸。

三、配网自动化终端整定原则

10kV 配网自动化终端主要包括配置在变电站外线路上（柱上开关、电缆分接箱、开关站等）与一次开关设备配套使用的 FTU、DTU 等装置。目前，10kV 配网自动化终端的功能配置主要分为三种模式：保护功能、电压－电流（时间）型逻辑功能、保护与电压－电流逻辑可选功能。

（一）配网自动化终端的保护功能整定原则

（1）当配套使用的一次开关设备为负荷开关时，保护功能模式的配网自动化终端不具备故障跳闸功能，实际运行只使用故障告警功能，可按照相关保护整定原则执行，现场退出所有保护的跳闸功能。对于多级串供接线方式，此时可不考虑动作时间级差的配合，下一级负荷开关的动作时间可取与上一级负荷开关相应保护的动作时间一致。

（2）当配套使用的一次开关设备为断路器时，保护功能模式的配网自动化终端能实现保护跳闸快速隔离故障，其相关保护功能应按照整定原则执行。对于多级串供接线方式，按照三分段原则选择保护跳闸的断路器数不宜超过 2 个，考虑满足各级断路器保护配合，保证有足够的动作时间级差。此时其他串供的断路器可做负荷开关使用，参照前面所述的负荷开关原则只投故障告警功能或退出相关保护。

（二）配网自动化终端的逻辑功能整定原则

10kV 配电网原则上应开环运行，不宜出现环形网络的运行方式。为了防止变电站手切时馈线上配网自动化联络开关误合，实际运行时应退出联络开关功能。

为保证 10kV 配网线路上各级电压－电流（时间）型配网自动化开关动作正确，宜退出配网自动化开关上一级断路器（除站内 10kV 馈线断路器）的保护跳闸功能。

1. 电压－时间型逻辑功能

电压－时间型配网自动化终端，与负荷开关配合使用，能够根据关合前后不同时间段检测线路电压状态的分段器。它具有关合短路电流的能力和有电源侧来电延时关合、无电自动开断以及能比较无电压时间闭锁关合的功能。其主要技术参数包括：

关合延时时间（X 时间）：处于线路分段位置的开关，在分闸状态下，任一侧来电后关合的延时时间。

关合确认时间（Y 时间）：分段开关在关合后的一定时间（即 Y 时间）内，控制器判断分段开关是否合闸到故障线段，以确定是否分闸闭锁。当分段开关关合后未超过 Y 时间内又失压，则该分段开关动作开断并被闭锁在分闸状态。分闸延时时间（Z 时间）：分段开关失压后，分闸的延时时间。

（1）X 时间参数整定原则。

考虑变电站内 10kV 馈线只投一次重合闸，同时需与站内断路器储能时间及重合闸充电时间配合，按照站外出线的第一级电压–时间型配网自动化开关的关合延时时间（X 时间）整定取 42s，往后各级自动化开关的 X 时间整定可取 7s。对于变电站内 10kV 馈线采用消弧选线跳闸方式（6s 延时跳闸）的配网线路，需考虑电压–时间型配网自动化开关与站内断路器消弧跳闸时间配合，避免在永久性单相接地故障下出现站内断路器不断分合，此时站外出线的第一级配网自动化开关的 X 时间整定仍取 42s，往后各级自动化开关的 X 时间整定取 14s。

（2）Y 时间参数整定原则。

考虑配网自动化开关合于故障后站内馈线断路器可靠切除故障的时间，同时满足在下一级自动化开关合闸前本级自动化开关关合确认可靠返回，各级自动化开关的关合确认时间（Y 时间）整定可取 5s。对于变电站内 10kV 馈线采用消弧选线跳闸方式的配网线路，需考虑电压–时间型配网自动化开关与站内断路器消弧跳闸时间配合，避免在永久性单相接地故障下出现站内断路器不断分合，此时各级自动化开关的 Y 时间整定取 10s。

（3）Z 时间参数整定原则。

考虑与上级 110kV（35kV）电源线路重合闸时间配合，防止上级 110kV（35kV）电源线路重合闸期间自动化开关误分闸，保证 10kV 线路失压时自动化开关能正确动作，各级自动化开关的分闸延时时间（Z 时间）整定取 3.5s。电压–时间型逻辑中的具体时间参数的整定可参照图 12–1 所示。

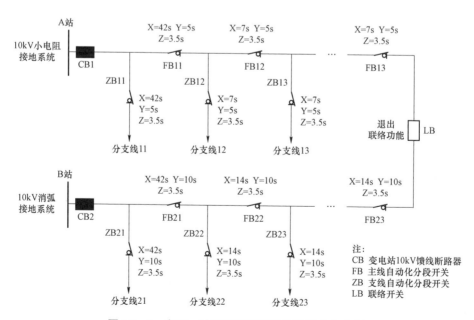

图 12–1　电压–时间型逻辑时间参数整定示意图

值得注意的是，由于电压－时间型逻辑中分闸后闭锁合闸采用电压判据，对于主线与支线上同时投入电压－时间型自动化开关的接线方式，存在同一时刻出现多于一个自动化开关闭锁合闸的情况（如图 12－2 中 FB11 与 ZB11 同时合闸；FB12 与 ZB12 同时合闸），可能造成故障停电范围扩大，相关运维部门应对此制定相关预案。为避免故障模糊判断和隔离范围扩大，可采取措施保证线路断路器第一次重合后故障判定过程中任何时刻只能有 1 台分段自动化负荷开关合闸。一般应按照主干线、重要分支线、普通分支线的优先顺序逐级恢复非故障区域的供电，将关合延时时间（X 时间）适当增加一个时间差 ΔT，缩小故障停电范围。如图 12－2 所示，当变电站 CB1 断路器重合后线路电压恢复，此时各级自动化开关的得电合闸动作顺序为：FB11→FB12－ZB11－ZB12→ZB13，保证了任何时刻只有一台自动化开关合闸。

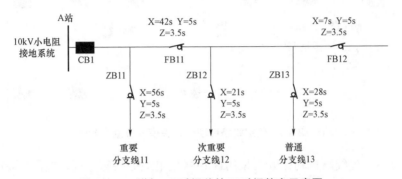

图 12－2　增加 ΔT 时间差的 X 时间整定示意图

（4）电压参数整定原则。

失压定值：当自动化终端的采样电压值小于该失压定值并持续一定时间（失压延时）后，判断为失压。失压定值一般取 25% 的额定电压整定，即二次额定电压 220V 时失压定值整定为 55V，二次额定电压 100V 时失压定值整定为 25V。

失压延时：区别于 Z 时间，用于判断满足失压定值的持续时间，可取 0.5s。

有压定值：当自动化终端的采样电压值大于该有压定值并持续一定时间（有压延时）后，判断为有压。有压定值一般取 80% 的额定电压整定，即二次额定电压 220V 时有压定值整定为 176V，二次额定电压 100V 时有压定值整定为 80V。有压延时：区别于 Y 时间，用于判断满足有压定值的持续时间，可取 0.5s。

2. 电压－电流型逻辑功能

在电压－时间型逻辑功能的基础上，结合故障电流复合判据实现故障隔离和非故障区快速恢复供电的分段器电压－电流型逻辑功能中的时间、电压等相关参数整定参照 5.2.1 电压－时间型逻辑功能整定原则执行。其中，电压－电流型逻辑中分闸后闭锁合闸采用电流判据，不存在同一时刻出现多于一个自动化开关闭锁合闸的情况，此时无需将 X 时间增加时间差。

电压－电流型自动化终端需投入检测"故障电流"功能该"故障电流"大小整定按照相应保护整定原则执行。当与断路器配合使用时，在开关得电合闸于故障后具备加速跳闸功能，此时检测"故障电流"后加速动作跳闸出口时间整定取不大于0.1s。

（三）配网自动化终端的保护与逻辑模式选定原则

针对同时配置保护功能和电压－电流逻辑功能的配网（包括柱上断路器、断路器柜成套自动化终端，与断路器化设备）配合使用，应根据配网线路供电接线方式合理设置配网自动化终端的功能模式。

10kV配网架空线路自动化开关按照"主干联络线投逻辑，负荷分支线投保护，联络开关宜退出"的模式设置，如图12－3所示。

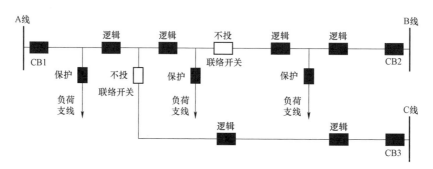

图12－3 架空线路自动化开关模式设置示意图

10kV配网电缆线路自动化开关采用断路器柜电缆分接箱形式，按照"联络、环网出线投逻辑，负荷出线投保护，电源进线宜退出，开环间隔可不投"的模式设置。当线路环网转供电后，电缆线路的运行方式发生变化，此时宜根据实际运行方式需求合理调整相关环网点自动化开关的功能模式。值得注意的是，对于联络出线自动化开关没有配置线路侧 TV 的情况下，当线路转供电时因无法判断线路来电侧的电压情况，存在得电无法合闸情况，此时宜退出该联络出线自动化开关的逻辑功能。

第二节　配电网线路自愈开关保护整定

一、自愈开关保护整定原则

1. 主干线首级开关配置两段电流保护

（1）过流Ⅰ段保护与站内出线间隔开关保护配合，配置 0.1～0.2s 级差。

（2）过流Ⅱ段保护，按躲过线路最大负荷电流整定，与变电站出线过流保护定值反配合。

（3）配置二次重合闸，重合闸时间 2s。

（4）配置后加速保护，后加速保护定值与过流Ⅰ段定值一致，延时 0s。

2. 主干线所有分段断路器，投 FA 动作逻辑

3. 分支线路开关

（1）分支线路仅 1 台开关且与主干线首级开关能配置 0.1～0.2s 级差的，投入二段式过流保护功能、投入一次重合闸功能、投入后加速保护功能（后加速定值与此开关过流

Ⅰ段保护定值一致）。

（2）有 2 台及以上开关的分支线路，分支第一级开关与主干线首级开关能配置 0.1～0.2s 级差的，投入二段式过流保护功能、投入二次重合闸功能、投入后加速保护功能（后加速定值与此开关过流 Ⅰ 段保护定值一致）；分支线路其他开关均投 FA 动作逻辑（用户分界开关除外）。

4. 用户分界开关

配置二段式保护功能，保护定值与上一级保护开关定值反配合。退出重合闸功能。

二、电压时间型

（一）基本概述

电压时间型（重合器式 FA）馈线自动化，通过线路分段点设置为"分段"模式，具备"失压分闸""来电延时合闸"以及电压时间型逻辑的闭锁功能。联络点设置为"L（联络）"模式，具备单测失电延时合闸、两侧有压闭锁合闸、顺势来电闭锁合闸等功能。

电压时间型 FA 实施条件包括：

1）站内出线 CB 配置常规保护，具备一次或二次重合闸；

2）自动化分段及联络点采用电压时间型智能成套设备。

可实现：

1）不依赖于主站及通信，就地实现故障的定位与隔离；

2）单相接地故障采用"零序电压突变法"，同步解决小电流系统接地故障的精确选线选段。

（二）动作过程

动作过程：

（1）假定 F 区发生短路故障，变电站出线开关 CB1 保护动作跳闸。

（2）线路失电，K1、K2、K3 失压分闸。

（3）CB1 重合，K1、K2 开关延时合闸。

（4）由于 F 区为永久性故障，变电站出线开关 CB1 保护动作跳闸，此时 K2 实现 Y 时间正向来电闭锁合闸，K3 实现瞬时加压闭锁反向来电闭锁合闸，隔离故障区段。

（5）CB1 重合恢复故障前端非故障区段联络开关单侧掉电延时合闸，恢复故障区间后端供电。

三、自适应综合型

（一）基本概述

自适应综合型馈线自动化通过"无压分闸、来电延时合闸"方式、结合短路/接地故障检测技术与故障路径优先处理控制策略，配合变电站出线开关二次合闸，实现多分支多联络配电网架的故障定位与隔离自适应，一次合闸隔离故障区间，二次合闸恢复非故障段供电。

自适应综合型，不依赖通信，定值参数不需要根据网络拓扑改变而改变，采取开关与馈线终端结合使用方式，根据故障时电压、电流特征，通过变电站出口断路器保护及重合闸功能与线路上各开关分合闸时间配合，结合相间短路/单相接地暂态特征故障检测技术，实现多分支多联络配电网的故障定位与隔离。

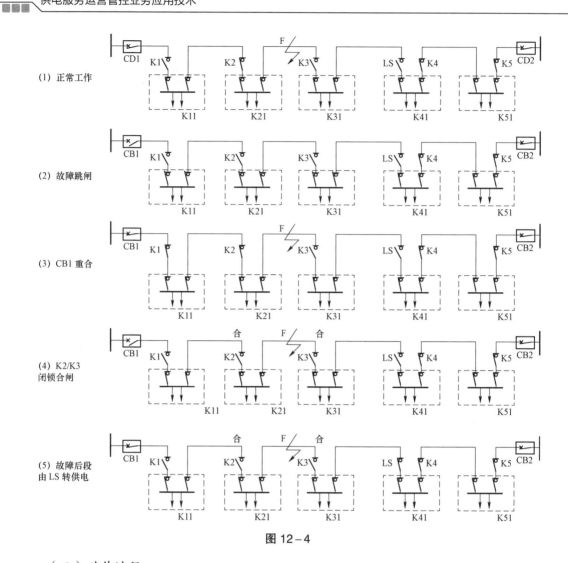

图 12-4

（二）动作过程

动作过程 1（如图所示）：

（1）FD1 和 FD2 发生永久性故障，FD1 检测到故障电流并记忆，FD1 保护跳闸。

（2）FD2 失压分闸，FZ1 失压未检测故障电流不分闸。

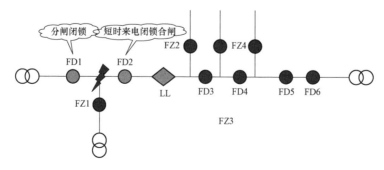

图 12-5

（3）FD1 在 2s 后第一次重合闸，合到故障，FD1 保护跳闸，FD1 分闸闭锁合闸，FD2 检测到残压闭锁合闸，故障区间被隔离。

（4）LL 在检测单侧失压，延时时间到。LL 合闸，实现非故障区段恢复供电。

动作过程 2（如图所示）：

（1）FZ1 后发生永久性故障，FD1、FZ1 检测到故障电流并记忆，FD1 保护跳闸。

（2）FD2、FZ1 失压分闸，FZ1 检测到故障电流，闭锁合闸。

（3）FD1 在 2s 后第一次重合闸，FD2 延时 7s 合闸，恢复正常供电。

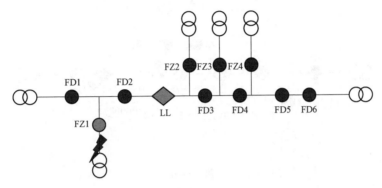

图 12-6

动作过程 3（如图所示）：

（1）FD3 后发生永久性故障，FD6、FD5、FD4、FD3 检测到故障电流并记忆，FD6 保护跳闸。FD5、FD4、FD3 失压分闸。

（2）FD6 在 2s 后第一次重合闸，FD6、FD5、FD4、FD3 一侧有压且有故障电流记忆，依次延时 7s 合闸。

（3）FD3 合闸后，合到故障点。FD6 检测故障电流保护跳闸。FD3 失压分闸闭锁合闸。FD5、FD4 保持在合闸状态。

（4）LL 检测到残压，闭锁合闸。FD6 第二次重合闸，非故障线路恢复供电。

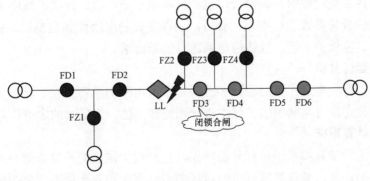

图 12-7

动作过程 4（如图所示）：

（1）FD4 后和 FD3 前发生永久性故障，FD6、FD5、FD4 检测到故障电流并记忆，

FD6 保护跳闸。FD5、FD4、FD3 失压分闸。

（2）FD6 在 2s 后第一次重合闸，FD5、FD4 一侧有压且有故障电流记忆，依次延时 7s 合闸。

（3）FD4 合闸后，合到故障点。FD6 检测故障电流保护跳闸。FD4 失压分闸闭锁合闸。FD3 检测到残压闭锁合闸。

（4）FD6 第二次重合闸，LL 单侧失压延时时间到合闸。非故障区段恢复供电。

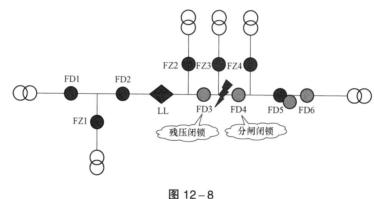

图 12-8

第三节 保护定值管理流程

一、保护定值设定

保护定值设定的基本原则是确保电网在各种运行工况下均能保持安全稳定。

设定过程中需考虑电网结构、设备特性、运行方式等因素，确保定值的合理性和可行性。定值设定应遵循国家、行业相关标准和规范，确保电网安全运行的同时，也满足经济性要求。

二、设备参数收集

收集电网内各类设备的基础参数，包括但不限于变压器、开关、线路等。

对收集到的设备参数进行整理、分析，确保参数的准确性和完整性。根据设备参数的变化，及时调整保护定值，以适应电网运行的新需求。

三、系统运行分析

对电网的运行状态进行实时监测和分析，了解电网的负荷变化、故障发生等情况。结合保护定值设定，对电网的运行状态进行预测和评估，为后续的定值计算提供依据。

四、定值计算审核

根据设备运行参数和系统运行分析结果，进行保护定值的计算。对计算得到的保护定值进行严格的审核，确保其符合电网运行的实际需求和安全标准。审核过程中需充分发挥专业人员的知识和经验，确保定值的准确性和可靠性。

五、定值实施调整

在审核通过的保护定值基础上，实施前的准备工作，包括定值参数的配置、设备的调试等。在实施过程中，需严格按照定值调整方案进行操作，确保调整过程的顺利进行。调整完成后，需对设备的运行状态进行再次检查，确保保护定值调整的正确性和有效性。

六、保护装置测试

对调整后的保护装置进行全面测试，包括功能测试、性能测试等。测试过程中需模拟各种可能的故障情况，验证保护装置的正确动作和快速响应能力。根据测试结果对保护装置进行必要的优化和调整，提高其在实际运行中的可靠性和稳定性。

七、定值效果评估

在保护定值实施一段时间后，对其实际效果进行评估。评估内容包括但不限于故障发生率、故障隔离速度、电网稳定性等。根据评估结果对保护定值进行必要的调整和优化，以适应电网运行的新需求和新变化。定期对保护定值的效果进行评估和反馈，不断完善和优化配电网的保护定值管理流程。

八、流程优化反馈

在整个保护定值管理过程中，需保持与各部门和单位的沟通和协作，及时收集反馈意见和建议。对反馈的意见和建议进行整理和分析，找出管理过程中的不足和问题，提出改进措施和建议。

第十三章　配电自动化图模异动管理

第一节　设备异动的定义及基本要求

描述配电网设备（资产）在电网中的应用状态变化，包括设备的新增、变动、更新、拆除等状态。

设备异动引起配电自动化图模异动，图模异动具体要求应包括但不限于：

（1）支持配电网各态模型的转换、比较、同步和维护功能，满足对配电网动态变化管理的需要，反映配电网模型的动态变化过程。

（2）支持多态模型的切换，实时监控操作对应实时态模型，分析研究操作对应研究态模型，设备投退役、计划检修、网架改造对应未来态模型，各态之间可以切换，以满足对现实和未来模型的应用研究需要。

（3）支持各态模型之间的转换、比较、同步和维护等。

（4）支持多态模型的分区维护统一管理。

（5）支持设备投运、未运行、退役设备异动操作，未来图形到现实图形转换及流程确认机制。

（6）支持与 PMS 系统的异动流程耦合建立一体化的设备异动管理流程。

（7）支持对异动流程中的数据进行校验，并能在发现错误后将流程回退至 PMS 等系统，当流程回退时，图模数应恢复至异动流程前的状态，不产生无效数据。

第二节　图　模　异　动　流　程

一、图模异动流程

运维部门发现图模需要异动的情况，或接收到其他部门的异动需求，进行详细记录并初步评估。运维部门将异动需求提交给设计部门，同时附上初步的评估报告和修改建议。设计部门对异动需求进行审核，制定详细的图模修改方案，并提交给运维部门。

运维部门根据设计部门提供的修改方案，进行图模的实际修改工作。修改完成后，运维部门将修改后的图模提交给调度部门进行审核。

调度部门对修改后的图模进行审核，确认其对系统运行无负面影响后，提交给安监部门进行安全评估。安监部门对修改后的图模进行安全评估，确认无安全隐患后，批准图模异动。运维部门根据安监部门的批准，将修改后的图模正式上线，并对上线后的系统运行情况进行监控。

二、各部门职责

（一）运维部门

负责发现图模异动需求，进行初步评估，执行图模修改工作，并监控修改后的系统运行情况。

（二）设计部门

负责审核异动需求，制定详细的图模修改方案，提供技术支持和指导。

（三）调度部门

负责对修改后的图模进行审核，确认其对系统运行无负面影响。

（四）安监部门

负责对修改后的图模进行安全评估，确保无安全隐患，并批准图模异动。

第三节　图 模 管 理 规 范

一、网络建模

1. 支持图模库一体化建模

根据站所图、单线图等构成配电网络的图形和相应的模型数据，自动生成全网的静态网络拓扑模型，具体要求包括但不限于：

（1）遵循 IEC 61968 和 IEC 61970 建模标准，并进行合理扩充，形成配电自动化网络模型描述。

（2）支持实时态、研究态和未来态模型统一建模和共享。

（3）具备网络拓扑建模校验功能，对拓扑错误能够以图形化的方式提示用户进行拓扑修正。

（4）提供网络拓扑管理工具，用户可以更加直观地管理和维护网络模型。

（5）支持用户自定义设备图元和间隔模板，支持各类图元带模型属性的拷贝，提高建模效率。

2. 支持外部系统信息导入建模

从电网 GIS 平台导入中压配网模型，以及从电网调度控制系统导入上级电网模型，并实现主配网的模型拼接，具体要求包括但不限于：

（1）模型图形导入格式应遵循 GB/T 30149—2013《电网设备模型描述规范》、Q/GDW 624《电力系统图形描述规范》、IEC 61970 和 IEC 61968 相关标准，数据接口规范应支持 CIM/E/ CIM/G、CIM/SVG 数据格式。

（2）支持站所图、线路单线图、系统联络图等图形的导入。

（3）支持图模数据的校验、形成错误报告。

（4）图模导入应以馈线/站所为单位进行导入。

（5）支持冗余数据检查与处理。

（6）支持多人并行图模导入。

3. 支持全网模型拼接与抽取

（1）应支持主、配网模型拼接，主配网间模型拼接宜以中压母线出线开关为边界。

（2）应支持中压配电网多馈线之间的模型拼接，多条馈线间模型拼接宜以联络开关为边界。

（3）应支持中低压配电网之间的模型拼接，中低压配电网模型拼接宜以配电变压器为边界。

（4）支持按区域、厂站、馈线和电压等级进行模型查询及抽取。

二、模型校验

模型校验根据电网模型信息及设备连接关系对图模数据进行静态分析，具体要求包括但不限于：

（1）支持按照馈线、变电站方式范围的模型校验。

（2）单条馈线拓扑校验，支持孤立设备、母线直连、电压等级以及设备参数完整性等方面的校验。

（3）区域电网拓扑校验，支持区域配电网拓扑电气岛分析、变电站静态供电区域分析、变电站间静态馈线联络分析、联络统计等方面的检验功能。

（4）支持模型与图形设备一致性校验。

（5）支持冗余模型、图形检查及处理。

（6）校验结果应支持文字提示，并可在电网图形上进行错误定位。

三、设备异动管理

满足对配电网动态变化管理的需要，反映配电网模型的动态变化过程，提供配电网各态模型的转换、比较、同步和维护功能。具体要求包括但不限于：

（1）多态模型的切换，实时监控操作对应实时态模型，分析研究操作对应研究态模型，设备投退役、计划检修、网架改造对应未来态模型，各态之间可以切换，以满足对现实和未来模型的应用研究需要。

（2）支持各态模型之间的转换、比较、同步和维护等。

（3）支持多态模型的分区维护统一管理。

（4）支持设备投运、未运行、退役设备异动操作，未来图形到现实图形转换及流程确认机制。

（5）支持与 PMS 2.0 的异动流程耦合建立一体化的设备异动管理流程。

（6）支持对异动流程中的数据进行校验，并能在发现错误后将流程回退至 PMS 2.0。

（7）支持各态模型差异比较与图形显示功能。

四、图形模型发布要求

具体要求应包括但不限于：

（1）支持按照区域、馈线的模型导出功能。

（2）支持按照台区低压配网模型导出功能。

（3）导出模型满足配电网运行分析应用。

（4）支持单线图、站室图、环网图等各类图形导出功能。

（5）支持台区图图形导出功能。

五、图模数与终端调试

具体要求应包括但不限于：

（1）满足图模导入、配电终端调试接入，提供未来态到实时态的转换功能。

（2）支持主、配网模型和图形导入测试与校验。

（3）支持在未来态等调试环境中进行配电终端的接入调试。

（4）支持调阅未来态等调试环境中的接线图。

（5）保证在未来态等调试环境的图形、模型导入、终端调试对运行环境没有影响。

（6）满足调试库中的图形、模型及其他数据在调试完毕后，以增量方式同步到运行数据库中。

第三部分　配网调度控制

第十四章　配网调度计划、运行方式管理

第一节　配网调度范围

（1）调控管辖范围包括调度管辖范围（简称"调管范围"）和设备监控范围（简称"监控范围"），调管范围指调控机构行使调度权的设备范围，监控范围指调控机构集中监控的所有配网设备。

（2）调度管理实行调度权、监控权与设备所有权、经营权相分离，按有利于配网安全经济运行、有利于配网运行指挥、有利于配网调度管理的原则划分调管及监控范围。

（3）同一设备原则上应仅由一个调控机构直接调度。

（4）二次设备调度管辖范围由其一次设备调度管辖范围确定。

（5）配调调管范围：

1）地调与配调调管设备的分界点为变电站 10kV 配网线路侧刀闸；

2）10kV 配网主干线路、分支线路，柱上开关（分段、联络、分支开关）及其隔离开关，负荷开关，跌落式熔断器；

3）10kV 配网开关站、环网柜及分支箱设备；

4）10kV 配电线路装设的无功补偿、调压设备；

5）10kV 公用变压器高压侧负荷开关、跌落式熔断器；

6）配调监控范围：已实现配电自动化的 10kV 配网设备。

第二节　配网调度计划检修

按照配电网供电可靠性管理要求及目前业务实践，涵盖计划检修申请类型、流程、停电信息发布、检修计划执行及恢复送电全业务过程中各项质量要求。

配电设备停电计划分为年度计划、月度计划和周计划三类。编制配电设备停电计划应遵循"年度统筹、月度平衡、每周滚动、能带不停、一停多用"原则，配电设备停电检修与主网设备按照配合停电检修的原则，避免重复停电、重复操作，最大限度减少对用户的停电次数和时间。

配电设备停电计划由地市供电公司所属配电设备的运维管理单位向配调申请办理，配调不受理设备代维单位的停电检修申请。未经地调审核签发，所属各单位不得私自安排配电设备停电。

（一）配电设备年度停电计划管理

年度停电计划的受理、编制及下发：

（1）每年 10 月 30 日前，地市供电公司配网管理部、营销部、县供电公司根据年度大修、技改、农网改造、基建、反措、消缺等对设备的停电要求，配合变电站内电气设备检修，合理编制年度检修计划，避免重复停电。

（2）年度检修计划应经本部门（单位）审核后，以电子版、纸质两种方式上报配调，并由配调编制、审核后上报地调。

（3）每年 11 月 20 日前，地调组织召开配电设备停电计划平衡会，审核配电设备年度停电计划。计划申报单位将本单位平衡后的年度检修计划经主管领导签字后书面报送配调，并由配调编制、审核后上报地调。

（4）每年 12 月 10 日前，地调正式发布次年度配电设备停电计划。

（5）项目计划下达时间晚于年度计划发布时间的，各单位应在项目计划下达后 15 个工作日内书面报送年度停电补充计划，地调组织召开平衡会，由配调修编、审核后上报地调重新发布年度停电计划。

（6）各单位应严格执行年度停电计划，已经下达项目资金但未列入年度停电计划的，原则上月度检修计划中不予安排。

（二）配电设备月度停电计划管理

月度停电计划的受理、编制及下发：

（1）每月 10 日前，运检部、营销部、县供电公司根据配电设备年度停电计划，结合近期需要开展的大修、技改、农网改造、基建、反措、消缺、春检、秋检或其他专项工作，提出配电设备的停电申请，将配电设备的月度停电计划报送配调，并由配调编制、审核后上报地调。

（2）每月 25 日前，地调组织配电设备停电计划平衡会，编制配电设备月度停电计划。计划申报单位将本单位配电设备月度停电计划经主管领导签字后书面报送配调，并由配调编制、审核后上报地调。

（3）每月 20 日前，地调正式发布次月配电设备停电计划。

（4）各单位应严格执行月度停电计划，除业扩、用户接入、设备消缺的工作外，原则上未列入月度停电计划的检修工作周停电计划中不予安排。

（三）配电设备周停电计划管理

1. 周停电计划的受理、编制及下发

（1）配电设备周停电计划报送时应以列入月度计划中的项目停电计划为基础，结合当前需要开展的其他停电工作，由设备运维管理单位申报。

（2）配电设备周停电计划以每周三为第 N 天计算，平衡第" $N+12$ "到" $N+18$ "共7天内的停电计划。

（3）每周三（遇法定节假日提前到假日前倒数第三个工作日）的 12:00 前，配调受理配电设备停电计划申请，超时不再受理。

（4）配电设备周停电计划申报时，需要提供完整的技术资料，配调方可受理。技术资料应包括施工方案、电气一次接线图、电气设备参数、设备异动情况等信息。

（5）每周四（遇法定节假日提前到假日前倒数第二个工作日）的 12:00 前，地调根据申报单位提供资料的完整程度，审定计划并发送至计划申报部门征求意见。若周停电工作涉及运检部、营销部、县供电公司等多部门协力配合时，地调可通过组织相关部门负责人参加停电计划平衡会予以协调。

（6）计划申报单位于每周五 10:00 前将本单位配电设备周停电计划经主管领导签字后书面报送配调，并由配调编制、审核后上报地调，地调负责于每周五 12:00 发布地区配电设备周停电计划。

2. 停电计划的变更和取消

（1）配电设备停电计划发布后，在设备停电前已明确无法按计划执行的停电工作，计划申报单位应在检修工作开始时间前完成计划变更和取消的书面审批手续，提交配调，并由配调审核后上报地调，未提交书面申请的，配调不予受理。

（2）配调不受理配电设备停电计划的时间变更，调整时间的工作直接取消，重新申报周停电计划。

（3）因重大事件或大型工程影响，确需调整周停电计划的，提交配调，并由配调审核后上报地调，由地调组织相关部门人员召开平衡会确定。调整后的停电计划，经主管生产领导批准后予以发布。

3. 停电工作延期申请

配电停电工作不能按计划时间完成，停送电联系人应至少提前 3h 向配调值班调控员提出延期申请，配调按事故抢修对待。

4. 临时停电计划管理

对于未在月、周停电计划中安排的检修工作均统计为临时停电。

原则上不安排配电设备临时停电工作。若确需进行的工作，由设备运维管理单位提前 8 天发起临时停电申请表，经地调审核批准后配调予以受理安排。在配电设备周停电计划发布后，不需要变更原有安全措施，只增加业扩或负荷接入内容的工作，亦视为临时停电，执行临时停电计划管理流程。

地市供电公司所属各单位的临时停电申请应使用本公司统一制定的《地市供电公司配电设备临时停电申请书》格式，填写内容应明确规范，填写信息错误或有歧义不予受理。

配电设备事故抢修由设备运维管理单位停送电联系人向配调值班调控员提出申请，按照调管范围执行。事故抢修应统计为临时停电。

第三节　配电网运行方式编制与管理

一、配网运行方式的编制要求

（1）配调结合配网实际情况编制年度、日运行方式。

（2）配网年度、日运行方式由配网运行方式专责负责编制，年度运行方式由地市公司主管生产领导批准执行，日运行方式由配调主任批准执行。

（3）配网年度、日运行方式的内容，若涉及地调管辖的设备时，应按地调编制的有关方式执行。

（4）综合考虑实际可能条件，满足配网最大负荷需要并使运行方式具有最大限度的可靠性、灵活性。

二、配网年度运行方式的内容

（1）上年度配网生产指标、规模。

（2）配调调管的 10kV 配网一次接线图，线路单线图。

（3）本年度新建、扩建项目。

（4）配网计划大修项目。

（5）配网正常运行方式及分段点。

（6）配网继电保护及自动装置（含自动化开关）的运行统计分析。

（7）本年度配网运行存在的问题，改进措施及建议。

三、配网日运行方式内容

（1）已批准的基建、大修、技改项目的方式安排。

（2）已批准的配网临检项目的方式安排。

（3）配网月度、周检修计划变更后的方式安排。

（4）节、假日和重要保电时期的配网方式安排。

（5）新设备投产安排。

四、配网年度运行方式编制要求

设备运维单位、运检部、营销部、发展部应于每年 10 月 20 日前将下列资料送交配调，其他需要到年终统计后才能提供的数据须在 1 月 3 日前提供，配调于次年 2 月底前完成编审，经公司主管生产领导批准后下达执行。

（一）设备运维单位应提供的数据

（1）配网线路条数、长度及最大运行负荷电流。

（2）配电设备总数及总容量。

（3）下一年主要配网设备检修安排表。

（4）配网联络图及单线图。

（二）运检部应提供的数据

（1）本年度技改时间表。

（2）下一年新（改、扩）建项目投产计划，各项目预计投产日期，各项目设备的设计规范。

（三）营销部应提供的数据

（1）配网用户用电负荷情况。

（2）重要电力用户、双电源用户资料。

（3）本年度业扩时间表。

（4）下一年配网线路负荷变化情况分析。

（四）发展部应提供的数据

（1）年配网线损计算分析。

（2）当年配网线损指标完成情况及分析。

五、配网运行方式的变更规定

（1）配网运行方式变更，必须经配调值班调控员以调度指令的方式下达。

（2）当改变配网方式对系统有较大影响时，配网运行单位应提前制定方案，并经主管领导批准。

（3）当配网新（改、扩）建设备接入需改变系统正常运行方式时，由配网运维单位提交投运资料，配网运行方式专责编制加入配网的启动方案，并向地调上报备案，由配调值班调控员执行。

（4）当配网设备消缺、抢修工作或其他临时情况需变更运行方式，配调值班调控员应充分考虑到系统继电保护、线路负荷等有关问题，根据配网的具体情况自行决定，事后应立即向配网运行方式专责汇报。

六、其他管理要求

（1）当配网新设备接入系统后，涉及配网运行方式变化时，配调应下发运行方式变更通知单，并向地调上报备案，由配调值班调控员和各级运行人员执行。

（2）节、假日和重要政治活动期间电网原则上不安排设备检修工作。

（3）运行方式的安排应与继电保护及自动装置的配置相协调。

第十五章　配电网设备投运、退役管理

第一节　配电网设备投运管理要求

系统内新（改、扩）建工程，必须由地调按设备管辖范围参加设计审核工作。凡加入配调调度管辖范围内运行的配网设备，由各县供电公司配网运维单位按规定上报停电计划，并在计划投运前 3 个工作日向配调上报新（改、扩）建设备加入配网运行的设备异动申请单、投运申请报告、设备命名申请及相关资料。

（一）新（改、扩）建设备的改接方案

配网新（改、扩）建设备的改接方案由各县供电公司配网运维单位编制，经由运检部、安质部、营销部审核后，上报配调。新（改、扩）建设备的改接方案应包括工程概况、工程内容、停电范围及安全措施、核相程序等。

（二）新（改、扩）建设备的相关资料

（1）新建工程名称范围、主要设备技术规范、自动化系统相关资料等。

（2）设备的参数，其内容包括设备厂家、型号、额定容量、装机容量、设备特性等内容。

（3）一次电气接线图，主要包括改造前后的 10kV 线路单线图、10kV 开关站、环网柜、分接箱的一次接线图，图纸必须标明断路器、负荷开关、隔离开关、接地开关、电压互感器、电流互感器等配置情况。

（4）提供继电保护整定所需运行方式、设备一次主接线图及有关数据，包括正常检修方式、重合闸使用方式具体要求等。

（三）新（改、扩）建设备的命名申请

设备命名申请应根据新（改、扩）建设备的改接方案，编制完整、准确的新（改、扩）建设备的命名申请，涉及其他设备命名的变更时，应同时上报其他设备的命名变更申请。

（四）新（改、扩）建设备的投运申请报告

（1）主要包括以下内容：新建设备预定加入配网运行的日期，停送电联系人，工程竣工验收合格、具备送电条件的证明。

（2）各县供电公司配网运维单位未及时上报相关资料和报告，配调有权取消该项工作，并向地调汇报。

（3）用户的设备接入配网运行，各县供电公司配网运维单位应至少于 1 个工作日前向配调上报设备投运申请报告，报告应包括以下内容：

1）用户设备电源点；

2）用户设备装机容量；

3）保护装置定值单；

4）用户设备经验收合格、具备送电条件的证明；

5）用户设备预计接入配网运行的日期。

（4）10kV 环网柜或分支箱如需进行更换，应按照新建或改造设备投运要求，上报设备投运申请报告和相关资料。不论新建设备与原接线方式是否一致，均应在方案中对其更换后的接线方式予以说明，设备命名如发生变更，应同时上报设备命名变更申请。

（5）配调应在设备投运前提前做好以下工作，并书面通知到各县供电公司配网运维单位：

1）完成配网新设备命名文件的下发；

2）下发设备投运后的运行方式；

3）编制配网新设备启动方案；

4）修改配网调度工作站主接线图。

（6）设备命名、编号一经配调确定下发后，设备维护单位在设备投运过程中应严格按照设备命名接入设备，现场投运人员不得擅自更改设备编号、接线方式。

（7）配网新设备投运前必须具备下列条件，否则配调有权拒绝设备加入配网运行，并向地调汇报：

1）设备验收工作已结束，现场改接、投运过程中与配调下发的设备命名通知一致，质量符合安全运行要求，有关运行单位向配调已提出配网新设备投运申请并经批准；

2）投产设备已调试合格，现场设备命名、编号标志齐全；

3）所需资料已齐全，并报送配调；

4）继电保护和安全自动装置已按给定的定值整定，具备投运条件，所需的其他安全措施已落实；

5）调度通信、自动化设备安装调试完毕，具备将所需信息传至配调配网调度自动化系统的条件；

6）完成配网电子图正确导入配网调度自动化系统；

7）配网运维单位已与配调进行设备"遥信、遥测、遥控"信息核对；

8）设备具备启动带电条件。

（8）配调值班调控员和设备投运单位的运行人员，均应根据设备投运方案和运行方式分别编制相应的调度操作指令票和现场倒闸操作票。

（9）具备送电条件后，由现场停送电联系人向配调值班调控员申请，经配调值班调控员核对运行方式和保护定值单后，由配网运行单位按调度指令将设备投入运行。

（10）配网新设备投产只有得到配调值班调控员的命令后方能加入系统运行。配调值班调控员按照配网新设备启动方案进行启动工作。

（11）启动过程中运行方式的改变、试验安排等必须经配调值班调控员的许可后方能进行。

（12）投产设备试运行结束并移交给运行单位后即按配网调控规程的规定对设备进行调控管理。

第二节　配电网设备退役管理要求

一、一般要求

（1）运维单位应根据生产计划及设备故障情况提出配电网设备退役申请。

（2）退役设备应进行技术鉴定，出具技术鉴定报告，明确退役设备处置方式。退役设备处置方式包括再利用和报废。

（3）再利用设备应提供设备退出运行前的运行、检修、试验等资料和退出运行后检修、试验资料，检修、试验按照 Q/GDW 643 执行。

（4）再利用设备主要包括配电变压器、开关柜、配电柜和开关设备，箱式变电站处理参照配电变压器、开关柜、配电柜，其他再利用成本高、拆装中易损伤设备以报废为主。

二、配电变压器处置

（1）符合下列条件之一的应以报废方式处置，否则可以再利用：

1）高损耗、高噪音配电变压器；

2）抗短路能力不足的配电变压器；

3）存在家族性缺陷不满足反措要求的配电变压器；

4）本体存在缺陷、发生严重故障、绝缘老化严重、漏油严重等，无零配件供应，无法修复或修复成本过大的配电变压器。

（2）再利用的配电变压器应用于负载率较小、无重要用户处。

三、开关柜、配电柜处置

（1）符合下列条件之一的应以报废方式处置，否则可以再利用：

1）腐蚀或变形严重，影响机械、电气性能的开关柜、配电柜；

2）因型号不同，柜体差别较大，兼容性差的开关柜、配电柜；

3）因设计原因，存在严重缺陷，无零配件供应，无法修复或修复成本过大的开关柜、配电柜。

（2）再利用的开关柜、配电柜用于额定电流、额定短时耐受电流小，系统中重要性较低的终端型环网单元、无重要用户的配电室。

四、开关设备处置

（1）符合下列条件之一的应以报废方式处置，否则可以再利用：

1）充油开关设备；

2）腐蚀严重，机械、电气性能达不到设计要求的开关设备；

3）存在家族性缺陷不满足反措要求的开关设备；

4）本体存在缺陷、发生严重故障、绝缘老化严重等，无零配件供应，无法修复或修复成本过大的开关设备。

（2）再利用的开关设备应用于支路、放射性线路主干线末端或非重要用户分界处。

第十六章　配电网监控管理

第一节　配电网监控管理作用

一、数据采集规范化，科学化

能够及时采集到台区的用电负荷，电压电流，功率等一系列配电变压器参数，用于台区基本数据的掌握。

二、实现远程控制，自动报警

如果台区出现异常情况，可通过调度软件进行台区操作，例如分闸、合闸、控制继电器等操作。

如果表箱出现供电异常，可以通过系统实现远程分闸，合闸和参数操作等软件实时监测线路运行情况，通过台区终端，实现第一时间告警，预警功能图形化监控上会直接定位是哪个变压器出现故障，变压器运行的颜色由绿色变成红色，提示告警。

三、实现手动或者自动调整负荷平衡

设定好台区最高限制的不平衡率，可以通过系统实现人工或者自动的对换相开关实现换相，用于自动调整负荷平衡，使其线路的不平衡率降到预定的不平衡率以下。并可以通过软件查询当前线路的负荷情况，用户在某相的使用情况等具体详细信息。

四、温度数据采集

可以采集台区的油温以及出线侧的接线柱温度。并通过网络实时报警，改变了以往通过人工测试或者通过红外测试仪测试的手段，大大简化了工作强度，节省了工作时间，并可以得到相当准确的温度，直观反映台区运行情况。

五、实现数据和资源共享

通过配电网监控的设计，摆脱传统的手工处理信息方式，利用先进的信息技术和网络技术，实现部门，县公司、地市公司、省公司之间的信息畅通化，促使各部门的信息和知识共享，同时为领导决策提供了数据依据，便于领导及时掌握实际情况。

六、降低劳动强度，提高工作效率

通过配电网监控的应用，大大减少在调整线路平衡当中烦琐的工作环节，减少人为因素的加入，避免了工作的盲目性，降低了工作强度，调整负荷只需要工作人员在系统在操作，就可实现以前非常棘手的问题，提高了工作效率。

七、提示用户服务质量和供电可靠性

通过配电网监控的开发和应用，可以掌握每个线路的三相负荷不平衡调整情况和农村低电压工作进展情况，掌握农村老旧台区的改造情况，更好的服务了用户，提升供电可靠性。

第二节　配电网智能监控管理系统

上位机软件通过采集的数据，自动分析，计算不平衡率和三相电流平均值，找到哪相的负荷较重，然后计算需要调整多少负荷，系统通过查找该相上的换相开关的平均负荷量，计算需要调整哪几个换相开关，工作人员只需要在电脑前一键执行，就可以实现对线路负荷的调整。并可统计出台区的电压，电流峰值，三相负荷率，电压合格率，分支线路的负荷等信息。

一、配电监控终端

采集一级开关的三相电流数据，以及电表数据和换相开关数据等。

二、电流断路器开关

剩余电流断路器采集分支的三相电流，漏电流，实现远控分闸，合闸，同时具有断零、过流、过压跳闸，自动重合闸。在用户表箱处采用。

三、相位自动切换开关

采用遥控自动换相开关，用于自动换相，调整负荷，远控分合闸，同时具有锁扣式设计，不耗电，漏电跳闸等功能。

第三节　软　件　模　块　功　能

一、基础数据管理

（1）组织结构管理。

（2）线路管理。

（3）配电台区数据管理。

（4）监控终端设置。

（5）远程抄表设置。

（6）其他配置。

二、数据统计

（1）分路线路的三相电流，漏电流的检测统计。

（2）表箱电压、电流、漏电流的检测配电网遥信数据统计。

（3）远程抄表数据统计温度数据的统计。

（4）配电网运行统计峰值统计。

（5）三相不平衡率统计。

（6）过电压数据统计。

（7）过负荷数据统计。

三、可视化图形界面

图形化监控功能，图形展示，了解线路情况以及每个台区的运行状态和负荷情况。

四、配电网监控报警功能

主要实现设备单元越限告警、抄表失败告警、温度越限告警、台区停电告警、遥信状态告警。

五、监控数据的分析显示

监控数据的曲线图、棒图、饼图等线损分析；其他，包括过压，过负荷，线损，以及不平衡率等相关信息。

六、事件记录、查询与显示

配电网控制操作记录、查询与显示；监控数据、抄表数据及运行状态异常报警记录、查询与显示。

七、报表生成

监控数据、抄表数据、事件记录等的报表数据算法设计；报表自动生成；报表打印、存储、记录。

八、用户管理

用户分级管理；用户权限管理；用户操作日志。

九、系统接口

提供第三方系统访问本系统的驱动接口，例如 GS 系统接口；可实现对第三方系统的访问；与其他 C/S 或者 B/S 结构系统实现界面链接，即作为统一平台管理其他软件。

第十七章 配电网故障处置管理

第一节 配电网接地方式

一、电力系统接地概念

接地的概念：将电气设备的中性点、外壳、支架等与接地装置做良好的电气连接就称为接地。按接地的工作性质分为工作、保护、防雷、静电接地。

其概念如下：

1）工作接地：（也叫系统接地）为保证电气设备的安全运行，而将电力系统的一点或多点的功能性接地；

2）保护接地：为防止绝缘损坏的漏电或感应电而造成的触电危险，将系统、装置或设备的一点或多点的接地；

3）防雷接地：为雷电保护装置（接闪器、接闪线、避雷器等）向大地泄放雷电流而设的接地；

4）静电接地：为防止静电对易燃油、天然气储罐、管道等的危险作用而设的接地。

二、配电接地方式分类、特点及其选择

（一）配网接地方式

1. 中性点直接接地方式

中性点直接接地方式是指配电网中性点与大地直接（接近于零阻抗）连接，如图17-1所示。对于存在多个中性点的配电网又可分为单中性点（一般为母线变压器中性点）直接接地、部分中性点直接接地和全部中性点直接接地等方式。美国等国的配电网采用三相四线制，支持单相对地负荷供电方式其零线采用多重（点）接地方式。

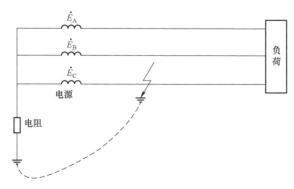

图 17-1 中性点直接接地配电网

中性点直接接地的配电网中发生单相接地故障时，短路电流将超过三相短路电流的50%。多点直接接地系统中，单相接地故障电流幅值甚至超过三相短路电流。巨大的短路电流，会对电气设备造成危害并干扰邻近的通信线路，有可能使通信设备的接地部分产生高电位，以致引发事故；此外，故障点附近容易产生接触电压和跨步电压，可能对人身造成伤害。为避免这些危害继电保护装置应立即动作，断路器跳闸，切除故障线路。

中性点直接接地方式的优点是，单相接地故障时非故障相对地电压一般低于正常运行电压的140%，不会引起过电压，且单相接地故障的保护和监测易于实现，保护配置比较简单；其缺点是单相接地故障电流大，会引起跳闸。由于单相接地故障占到配电网故障的绝大多数（统计表明可达80%左右），其中瞬时性故障又占有很大比例，频繁的跳闸会引起供电中断，影响供电可靠性。

2. 中性点经小电阻接地方式

直接接地配电网的单相接地故障电流较大，且单相接地故障发生较为频繁，为了减小单相接地故障电流对配电设备的危害出现了中性点经小电阻接地方式。

中性点经小电阻接地方式即配电网中性点（一般是母线变压器中性点）经一个电阻与大地连接，如图 17－2 所示。接地电阻的大小应使流经变压器绕组的故障电流不超过每个绕组的额定值。经小电阻接地的配电网发生单相接地故障时，非故障相电压可能达到正常值的 $\sqrt{3}$ 倍，但对配电设备不会造成危害，因为配电网的绝缘水平是根据更高的雷电过电压制定的。

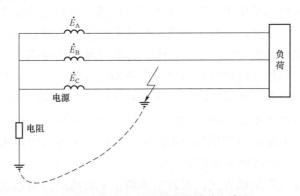

图 17－2　中性点经小电阻接地配电网

中性点经小电阻接地的配电网中，接地电阻的选取应考虑下列情况：

（1）以电缆为主的配电网，单相接地时允许阻性接地电流较大。

（2）以架空线路为主的配电网，单相接地时允许阻性接地电流较小。

（3）考虑配电网远景规划中可能达到的对地电容电流。

（4）考虑对电信设备的干扰和影响以及继电保护、人身安全等因素。

在中国，部分沿海城市和特大型城市的中压电缆网络也采用了小电阻接地方式，其10kV 配电网的接地电阻一般选在 5～10Ω，接地短路电流为 600～1000A。

相对于中性点直接接地的配电网，小电阻接地配电网单相接地故障电流显著减少，但仍然对配电网及其设备有危害，因此也需要立即切断故障线路，从而会导致供电中断。

3. 中性点不接地方式

中性点不接地方式，即配电网不存在中性点或所有中性点对地均绝缘（悬空）的接地方式，如图 17-3（a）所示。

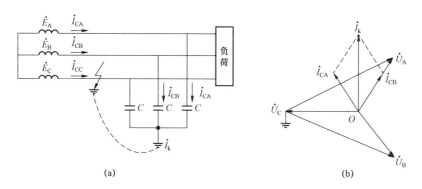

图 17-3 中性点不接地配电网及相量图

（a）中性点不接地电网；（b）相量图

图 17-3（b）给出了中性点不接地配电网 C 相接地的电气相量图，流过接地点的电流数值上等于正常运行状态下三相对地电容电流的算术和。10kV 架空线路每公里的电容电流约为 30mA，而电缆线路每公里的电容电流 1~2A。实际架空线路配电网中性点一般都采用不接地方式，对地电容电流小于 30A。

中性点不接地配电网发生单相接地故障时，虽然三相对地电压会发生变化，但三相之间的线电压基本保持不变，不影响对负荷的供电；又由于接地电流数值比较小，对电力设备、通信和人身造成的危害也较小，因此，允许系统在单相接地的情况下继续运行一段时间，运行人员可以在这段时间内采取措施加以处理。可见，配电网采用中性点不接地方式，在发生单相接地故障时不会立即造成停电，能够提高供电可靠性。

配电网中许多单相接地故障是"瞬时性"的，如雷电过电压引起的绝缘瞬间闪络、大风引起的碰线等。如果配电网中性点不接地，其单相接地故障电流比较小，则接地电弧有可能自行熄灭，使系统恢复正常运行。

配电网采用中性点不接地方式，在发生单相接地故障时，会造成两个非故障相出现过电压现象。对于永久金属性接地故障来说，非故障相对地电压将升至线电压；如果接地点出现间歇性拉弧，由于配电网中电感、电容的充放电效应，非故障相电压峰值理论上可能达到额定电压的 3.5 倍。此外，故障电流比较小，也给实现可靠的继电保护及时检测出故障线路并定位故障点带来了困难。配电网长期带接地点运行，有可能因接地过电压使非故障相绝缘击穿，造成事故是"瞬时性"的，如雷电过电压扩大，并且会威胁人身安全，干扰通信系统。

4. 中性点经消弧线圈接地方式（谐振接地方式）

根据上面的介绍，配电网采用中性点不接地方式的一个重要优点是可能使单相接地电弧自动熄灭，达到故障自愈的效果。理论分析与实测结果表明，当中压配电网接地电弧电流超过 30A 时，难以自动熄灭。中性点不接地配电网发生单相接地故障时，故障点电流等于正常运行时三相线路对地分布电容电流的算术和，实际配电网的电容电流在数安培到数百安培之间，为此，在配电网电容电流较大时，则需要采用谐振接地方式，将接地电弧电流降低至一个有可能使其自行熄灭的数值。谐振接地方式，又称为经消弧线圈接地方式，是一种在中性点与大地之间安装一个电感消弧线圈的方式。

（1）谐振接地原理。

在中性点不接地的配电网中，接地电容电流较大且超过一定值时，如果发生单相接地故障，故障点电弧不能自行熄灭。若在中性点上接一个电感线圈则在发生单相接地故障时，中性点位移电压将在电感线圈中产生一与接地电容电流 $\dot{I}_C$ 相位相反的电感电流 $\dot{I}_L$，经大地由故障点流回电源中性点。故障点电流是接地电容电流 $\dot{I}_C$ 与电感线圈电流 $\dot{I}_L$ 的相量和。选择电感线圈的电感值使 I_L 等于 I_C，则可使流过故障点的电流等于零（忽略阻性电流），电弧因此熄灭，使电网恢复正常。此外，在电弧熄灭后，电感线圈可以限制故障相电压的恢复速度，给故障点绝缘恢复提供时间，从而减小了电弧重燃的可能性，有利于消除故障。这种在中性点接入电感线圈的接地方式就是谐振接地方式。

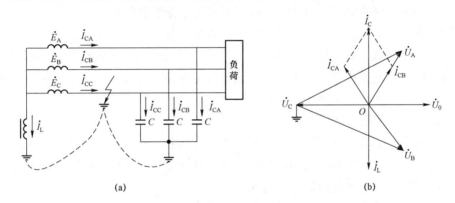

图 17-4　经消弧线圈接地配电网及相量图

（a）经消弧线圈接地配电网；（b）相量图

采用谐振接地方式的配电网，消弧线圈的补偿情况可用失谐度（或称脱谐度）v 来描述：

$$v = \frac{I_C - I_L}{I_C}$$

失谐度 v 的正负，表示了消弧线圈的不同工作状态：

1）若 $v=0$，表明消弧线圈电感电流与系统对地电容电流大小相等、方向相反，故障点残流除工频有功分量、谐波分量外不含工频无功分量，为全补偿状态。此时，消弧线圈和电容处于谐振点。

2）若 $v>0$，表明电感电流幅值小于电容电流，故障点仍残余部分电容电流，为欠补偿状态。

3）若 $v<0$，表明电感电流幅值大于电容电流，故障点不仅没有电容电流，还存在部分电感电流，为过补偿状态。

失谐度v的数值大小表示了系统偏离谐振点的程度，v幅值越大，偏离谐振点越远，故障点残余电流越大。

单纯从补偿效果（故障点残余电流的大小）来看，全补偿（$v=0$）方式最好。但此时消弧线圈感抗等于系统对地电容容抗，在正常工作时容易引起串联谐振，使中性点位移电压大大升高，可能造成设备绝缘损坏。从安全角度出发，全补偿方式不宜使用。而欠补偿在电网改变运行方式、切除部分线路后容易形成全补偿，也不宜使用。因此，一般配电系统运行中都采用过补偿方式，失谐度一般在−10%左右。

由于电网的运行方式在不断变化，在某些情况下，电感补偿电流可能远大于电容电流，使故障点仍可能存在较大的电弧电流，达不到应有的灭弧效果。因此，需要根据系统运行方式的变化，及时地调整消弧线圈，避免电网出现较大幅度的脱谐。

除工频无功电流外，故障点残余电流还存在由线路和消弧线圈等产生的工频有功电流，可用阻尼率（残流中的有功电流与系统电容电流之比）来描述，传统消弧线圈无法补偿有功电流，反而由于自身的损耗增加了系统阻尼率。此外，故障点还存在由非线性电源和设备产生的谐波电流，传统消弧线圈对谐波电流的补偿作用也非常小。

谐振接地方式可以大大降低流过故障点的电流，使电弧易于熄灭，提高了接地故障的自愈率。由于消弧线圈多处于过补偿状态，故障时故障点仍然残余部分感性电流，加上系统固有的有功电流和谐波电流，故障点残余电流仍然较大，在一定程度上会影响故障点的自动熄弧，这是传统消弧线圈的不足之处。

（2）消弧线圈调谐方式。

消弧线圈本质上是一种可调电感线圈。按照结构和工作原理，目前应用较为广泛的主要有多级有载抽头（机械）式和可控硅调节电感（电子）式消弧线圈，此外还有直流偏磁式、磁阀调容式等类型的消弧线圈式。

早期消弧线圈采用人工调整方式，即人工估算系统对地电容电流并调节消弧线圈补偿容量，操作起来比较麻烦，并且还难以及时、准确地跟踪电容电流的变化。随着技术的发展，现在一般采用自动跟踪补偿装置，克服了人工调整方式存在的缺点。

自动跟踪补偿装置一般由驱动式消弧线圈及配套自动测控单元组成。在电网运行方式变化时，装置便自动跟踪测量系统对地电容电流，并在合适的时机将消弧线圈调至合适的运行状态。

根据消弧线圈在故障前后调整的时机，其调谐方式可分为预调式和随调式两种。预调式适用于调谐速度较慢的机械式消弧线圈，在正常运行时（故障发生前）根据测量的系统电容电流将消弧线圈调整到靠近完全补偿点运行，接地故障后能立即起到补偿作用。预调式需要在消弧线圈上串联或并联一定数值的阻尼电阻，以增大系统阻尼率，防止系统谐振引起中性点位移电压过度升高，但阻尼电阻在接地故障时需要尽快切除以防止电阻过热损坏，故障解除后需要再接入。随调式适用于调谐速度较快的电子式消弧线圈，在正常运行时测量系统对地电容电流，但消弧线圈远离完全补偿点运行；在接地故障发生后迅速将消弧线圈调整到位，当接地故障解除时再调节到远离完全补偿工作点的位置。由于在系统正常运行时随调式消弧线圈远离谐振点运行，因此可以避免串联谐振的发生，不会使中性点位移电压过高，不需要设置阻尼电阻。

根据消弧线圈补偿容量变化是否连续，调谐方式还可以分为分级调节和无级调节。分级调节方式适用于多级有载抽头式等类型消弧线圈，其补偿容量在产品出厂时就已确定，一般分为几个到十几个等级，当系统电容电流变化时，消弧线圈只能在两个相邻的补偿容量之间做出选择，即其补偿精度（失谐度）是不确定的，随系统电容电流在一定范围内变化。无级调节方式适用于电子式消弧线圈，利用电力电子器件（如可控硅）连续可控的特点实现消弧线圈补偿容量的连续调节，当系统电容电流变化时，消弧线圈可按照预设的失谐度进行精确补偿。分级调节技术对设备要求较低，一般为机械式调节性能稳定但调谐速度慢、失谐度不稳定。无级调节技术设备复杂，调谐速度快，失谐度稳定但在补偿工频电流的同时易给故障点附加谐波电流。

中国目前应用的主要是自动调谐式消弧线圈，经过多年发展，技术已经成熟。

（二）各种接地方式的特点

（1）大接地电流系统特点：单相接地时故障无论是瞬间还是永久性的，由于电弧不能自动熄灭，故障回路一律跳闸。优缺点：

1）供电可靠性差（必须增强备用容量的控制切换功能）；

2）瞬间故障电弧通过跳闸完全熄灭；

3）单相接地电流大易引起设备损坏或火灾；

4）在中性点及故障点附近会形成危险的跨步电压和接触电压，对人身安全不好；

5）通信干扰大；

6）继电保护选择性好；

7）运行管理简单。

（2）小电流接地系统特点：单相接地电弧可以自动熄灭，故障回路一般不跳闸，规程规定运行 2h。优缺点：

1）供电可靠性高；

2）瞬间故障电弧通过谐振补偿减小了，或者完全熄灭了（不会出现很高的间歇性电弧过电压，限制到 2.8 倍相电压以下）；

3）非故障相设备的绝缘损坏或老化（所以小电流接地系统用在中压系统，以益于满足绝缘老化的要求）；

4）在中性点及故障点附近不会形成危险的跨步电压和接触电压，对人身安全好；

5）通信干扰小；

6）继电保护选择性差（找故障难，接地选线困难，但通过高质量的小电流接地选线系统与消弧线圈自动调谐系统密切配合可以弥补保护选择性差的不足）；

7）运行管理复杂。

（三）配网接地方式选择

1. 选择原则

（1）配电系统的中性点接地方式是一个系统工程的问题，在选定方案时，应当结合系统的现状与发展规划，与时俱进，全面考虑，进行技术经济比较，以期达到更优的技术经济指标，避免因决策失误造成不良后果。例如，某些城市电网由于电缆线路不断增加，有些消弧线圈容量已无法适应，加上电网网架结构日趋完善，电网可靠性不断提高，电网一般配备有多条备用线路，因而宜采用中性点经小电阻接地方式，配合快速继电保护和开关瞬间跳开故障线路，快速投入备用线路，不影响电网的供电可靠性。而市郊、农村电网及一些厂矿企业电网电容电流较小、网架结构薄弱，更宜采用小电流接地方式。

（2）选择不同的接地方式需要考虑的因素有：对供电可靠性、人身安全、设备绝缘水平、继电保护、通信干扰、故障检修工作量等的影响。

2. 选择依据

按中性点接地方式选择应根据配电网电容电流，统筹考虑负荷特点、设备绝缘水平以及电缆化率、地理环境、线路故障特性等因素，并充分考虑电网发展，避免或减少未来改造工程量。

35kV、10kV 配电网中性点可根据需要采取不接地、经消弧线圈接地或经低电阻接地；220V/380V 配电网中性点采取直接接地方式。各类供电区域 35kV、10kV 配电网中性点接地方式宜符合表 17－1 的要求。

表 17－1   供电区域适用的接地方式

规划供电区域	中性点接地方式		
	低电阻接地	消弧线圈接地	不接地
A＋	√	—	—
A	√	√	—
B	√	√	—
C	—	√	√
D	—	√	√
E	—	—	√

（1）按单相接地故障电容电流考虑，35kV 配电网中性点接地方式选择应符合以下原则：

1）单相接地故障电容电流在 10A 及以下，宜采用中性点不接地方式；

2）单相接地故障电容电流在 10～100A，宜采用中性点经消弧线圈接地方式，接地电流宜控制在 10A 以内；

3）单相接地故障电容电流达到 100A 以上，或以电缆网为主时，应采用中性点经低电阻接地方式；

4）单相接地故障电流应控制在 1000A 以下。

（2）按单相接地故障电容电流考虑，10kV 配电网中性点接地方式选择应符合以下原则：

1）单相接地故障电容电流在 10A 及以下，宜采用中性点不接地方式；

2）单相接地故障电容电流超过 10A 且小于 100～150A，宜采用中性点经消弧线圈接地方式；

3）单相接地故障电容电流超过 100～150A 以上，或以电缆网为主时，宜采用中性点经低电阻接地方式；

4）同一规划区域内宜采用相同的中性点接地方式，以利于负荷转供。

（3）采取消弧线圈接地方式，应符合以下原则：

1）消弧线圈的容量选择宜一次到位，不宜频繁改造；

2）采用具有自动补偿功能的消弧装置，补偿方式可根据接地故障诊断需要，选择过补偿或欠补偿；

3）正常运行情况下，中性点长时间电压位移不应超过系统标称相电压的 15%；

4）补偿后接地故障残余电流一般宜控制在 10A 以内；

5）采用适用的单相接地选线技术，满足在故障点电阻为 1000Ω 以下时可靠选线的要求；

6）一般 C、D 类区域采用中性点不接地方式时，宜预留变电站主变压器中性点安装消弧线圈的位置。

中性点不接地和消弧线圈接地系统，中压线路发生永久性单相接地故障后，宜按快速就近隔离故障原则进行处理，宜选用消弧线圈并联电阻、中性点经低励磁阻抗变压器接地保护（接地转移）、稳态零序方向判别、暂态零序信号判别、不平衡电流判别等有效的单相接地故障判别技术。配电线路开关宜配置相应的电压、电流互感器（传感器）和终端，与变电站内的消弧、选线设备相配合，实现就近快速判断和隔离永久性单相接地故障功能。

（4）10kV 中性点采用低电阻接地方式时，应符合以下原则：

1）采用中性点经低电阻接地方式时，应将单相接地故障电流控制在 1000A 以下；

2）中性点经低电阻接地系统阻值不宜超过 10Ω，使零序保护具有足够的灵敏度；

3）如采用中性点经低电阻接地方式，架空线路应实现全绝缘化，降低单相接地故障次数；

4）低电阻接地系统应只有一个中性点低电阻接地运行，正常运行时不应失去接地变压器或中性点电阻；当接地变压器或中性点电阻失去时，主变压器的同级断路器应同时断开；

5）选用穿缆式零序电流互感器，从零序电流互感器上端引出的电缆接地线要穿回零序电流互感器接地。

（5）消弧线圈改低电阻接地方式应符合以下要求：

1）馈线设零序保护，保护方式及定值选择应与低电阻阻值相配合；

2）低电阻接地方式改造，应同步实施用户侧和系统侧改造，用户侧零序保护和接地应同步改造；

3）10kV 配电变压器保护接地应与工作接地分开，间距经计算确定，防止变压器内部单相接地后低压中性线出现过高电压；

4）宜根据电容电流数值并结合区域规划成片改造。

第二节　单相接地故障及其处理技术

一、单相接地故障特点

（一）单相接地故障基本特点

小电流接地配电网的单相接地（小电流接地）故障产生的过电压容易导致非故障相绝缘击穿，引发两相接地短路故障。如果电缆线路发生接地故障，长时间的接地弧光电流也可能烧穿故障点绝缘，使其发展为相间短路故障。因此，配电网长时间带接地故障运行，有可能使故障范围和严重程度扩大，造成重大经济损失。

（二）小电流接地故障保护技术开发遇到的困难

小电流接地故障选线，特别是谐振接地配电网的选线问题，长期以来被业界认为是一个世界性的难题。人们先后开发了多种保护方法，但实际运行效果都不是很理想。之所以出现这种局面，客观上讲，小电流接地故障保护确实需要解决一些不同于大电流短路故障保护的特殊困难。

1. 接地电流小

在中国，10kV 中压配电网电容电流大于 10A 时采用谐振接地方式，补偿后的残余接地电流小于 10A，因此，实际的小电流接地故障的接地电流一般只有数安培，其中的谐波分量和有功分量更小，不到10%。接地电流小，导致故障量不突出，保护灵敏度低，保护动作的可靠性没有保证。此外，消弧线圈除使接地电流降至数安培外，还可能使故障线路的零序电流极性（方向）与非故障线路相同，幅值小于非故障线路，使其失去了可以用来实现保护的信号特征。

2. 间歇性故障多

由于接地电流小，接地电弧易于熄灭和重燃，相当比例的接地故障间歇性弧光接地，图 17-5 给出了一个典型的间歇性弧光接地故障零序（模）电流波形。间歇性电弧使得接地电流不稳定，给利用稳态电气量的检测方法，如工频零序电流法、零序功率方向法、中电阻法、小扰动法以及注入信号法，带来困难。

图 17-5　典型的间歇性弧光接地故障电流波形

3. 高阻故障多

配电网接地故障中高阻（大于 1kΩ）故障的比例在 2%～5% 之间。

对于 10kV 配电网来说，不管中性点采用什么接地方式，高阻接地电流只有几个安培，而常规的接地保护装置难以做到这么高的灵敏度。

4. 零序（模）电流与电压的测量问题

因为小电流接地故障产生的接地电流比较小，而配电线路上的负荷电流比较大，从相电流中提取故障分量很困难。在接地电阻比较大时，接地故障产生相电压变化比较小，也是难以将其与相电压中负荷分量予以区分，因此，需要直接利用零序（模）电流与电压信号进行选线定位，以提高保护的灵敏度与可靠性。

在接地电流幅值比较小时，采用常规的零序电流互感器测量到的接地电流的幅值与相位均存在较大误差，影响保护正确动作。利用三相电流互感器输出合成的方法获取零序电流时，将产生不平衡电流，使上述问题更加突出。一些老式变电站的开关柜不采用电缆进线方式，无法安装零序电流互感器，而且往往只安装两相电流互感器，无法获得零序电流信号，给实现接地保护带来了困难。出于避免系统中有多个中性点接地点与降低成本的考虑，在线路上往往不安装测量零序。

二、小电流接地故障选线技术

（一）零序无功功率方向法

原理：故障线路零序电流滞后零序电压 $90°$，非故障线路零序电流领先零序电压 $90°$。仅适用于中性点不接地配电网，并且消弧线圈电流会使故障线路零序无功电流改变方向。实际应用时需克服接地电流畸变的影响。

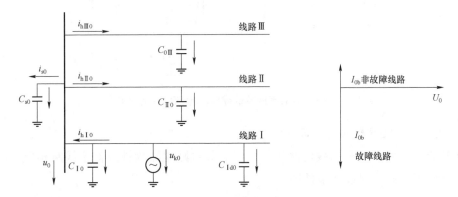

图 17-6　故障点零模虚拟电压源

（二）零序有功功率方向选线法

需在消弧线圈上并联电阻，产生约 $20\sim40A$ 的有功分量。

原理：故障线路零序电流滞后零序电压约 $160°$，非故障线路零序电流领前零序电压 $90°$。

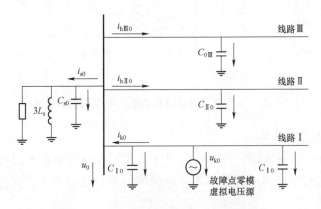

图 17-7　消弧线圈并电阻后零序相量图

（三）暂态法

1. 暂态选线法的优点

暂态接地电流数倍于稳态值，有时达十几倍，灵敏度高；不受消弧线圈的影响；不受接地电弧不稳定的影响；可以检测瞬时性故障；不需在消弧线圈上并电阻，不放大接地电流，安全性好。

2. 暂态电流幅值比较法

比较同一母线所有出线暂态零序电流的幅值（均方根值），幅值最大者被选定为故障线路，其缺点在于不能确定母线接地。

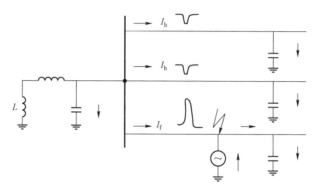

图 17-8　小电流接地故障暂态电流幅值等效网络

3. 暂态零序电流极性比较选线法

该方法可以比较所有出线电流的极性，故障线路电流极性与健全线路相反，所有出线电流极性相同则为母线接地故障。

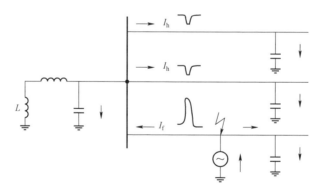

图 17-9　小电流接地故障暂态零序电流极性等效网络

4. 暂态波形比较选线法

首半波法原理：故障线路零序电压与零序电流极性在暂态首半波内相反。

新暂态法：比较零序电压导数与零序电流的极性。克服首半波法判据有效时间短的缺点。

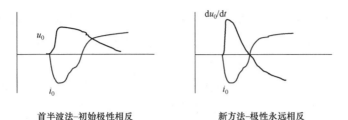

首半波法-初始极性相反　　　　　　新方法-极性永远相反

图 17-10　暂态波形比较选线法极性关系

三、单相接地故障处理技术

（一）单相接地故障处理应用原则

（1）经小电阻接地系统：单相接地故障参照短路故障处理模式，利用零序电流保护，采用"级差保护+馈线自动化"配合，实现单相接地故障就近快速切除以及非故障区域恢复供电。

（2）中性点不接地/经消弧线圈接地系统：根据小电流接地保护的处置方式可分为以下三种情况：

1）对于集中型 FA，采用一二次融合开关接地故障判断保护出口启动 FA（当站内有选线装置跳闸时，亦应启动 FA），利用配电终端接地告警信息，定位故障区段 1，实现故障定位、隔离和非故障区段的恢复供电；对于就地重合器式 FA，利用开关重合配合，实现故障区段的隔离和非故障区段的恢复供电，或由主站遥控联络开关实现恢复供电；

2）采用一二次融合开关接地故障判断告警未投入保护出口，则综合利用变电站选线装置、母线接地告警信号/母线电压越限，及配电终端接地保护等信号，启动故障研判功能，给出研判故障区段 2，用以辅助故障隔离和非故障区段的恢复供电；

3）对于基于故障录波的故障研判方式，主站对各配电终端的故障录波进行计算，实现故障区段的研判。

（二）预防措施

1. 定期检查

定期对电力设备进行检查，确保设备没有故障或损坏，特别是接触点和线路。

2. 维护保养

对电力设备进行定期维护保养，确保设备的正常运行，防止单相接地故障的发生。

3. 安装监测设备

在关键电力设备上安装监测设备，实时监测设备的运行状态，及时发现并处理故障。

（三）紧急处置措施

（1）发生单相接地故障后，值班人员应马上复归音响，作好记录，迅速报告当值调度和有关负责人员，并按当值调度员的命令寻找接地故障，但具体查找方法由现场值班员自己选择。

（2）详细检查所内电气设备有无明显的故障迹象，如果不能找出故障点，再进行线路接地的寻找。

（3）将母线分段运行，并列运行的变压器分列运行，以判定单相接地区域。

（4）再拉开母线无功补偿电容器断路器以及空载线路。对多电源线路，应采取转移负荷，改变供电方式来寻找接地故障点。

（5）采用一拉一合的方式进行试拉寻找故障点，当拉开某条线路断路器接地现象消失，便可判断它为故障线路，并马上汇报当值调度员听候处理，同时对故障线路的断路器、隔离开关、穿墙套管等设备做进一步检查。

（四）修复措施

就目前的发展现状来看，国内配电网主要是小电流接地系统。当发现单相接地现象时，只依靠电气量的调整来定位故障点是远远不够的，可以参考 FTU 采集到的零序功率或零序电流进行排队，再根据排队结果进行手工拉闸选线来取代随机的拉闸选线。根据数据显示，此类处理方式很大程度上提高了命中率。

1. 单相接地故障定位与隔离

（1）新型配电终端具备单相接地故障选线功能和选段功能，通常线路首台开关配置为选线模式，其余开关配置为选段模式，首台开关应该尽量靠近变电站出线开关，优先选第一个杆或者第一个站室。

（2）当线路发生接地故障时，故障线路的故障点前端开关通过暂态信息检出故障，首台开关延时选线跳闸，线路上的其他分段开关失压分闸并记录故障暂态信息，首台开关延时一次重合闸，分段开关感受来电时按照有故障记忆执行 X 时间（线路有压确认时间）合闸送出，无故障记忆的开关执行 $X+T$ 延时时间（长延时）合闸送出；当合闸至故障点后，因接地故障导致零序电压突变，故障点前端开关判定合闸至故障点，直接跳闸并闭锁，故障点后端开关感受瞬时来电闭锁合闸，故障隔离完成。

2. 主干线接地故障（小电流接地）处理

（1）采用自适应综合型馈线自动化技术处理主干线接地故障

1）安装前设置 FS1 为选线模式，其余开关为选段模式。

2）FS5 后发生单相接地故障，FS1.FS4.FS5 依据暂态算法选出接地故障在其后端并记忆。

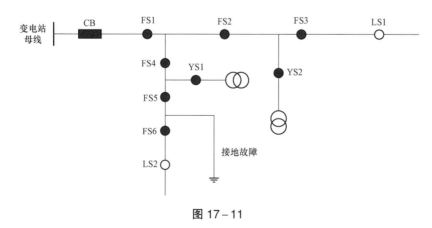

图 17-11

3）FS1 延时保护跳闸（20s）。

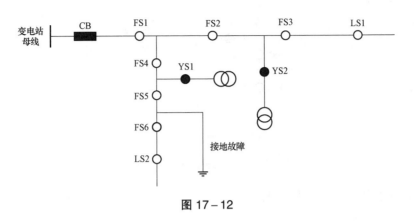

图 17-12

4）FS1 在延时 2s 后重合闸。

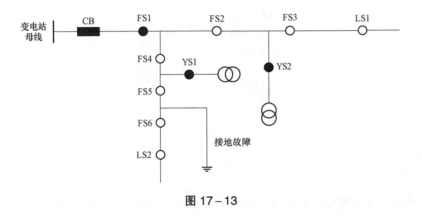

图 17-13

5）FS4.FS5 一侧有压且有故障记忆，延时 7s 合闸，FS2 无故障记忆，启动长延时。

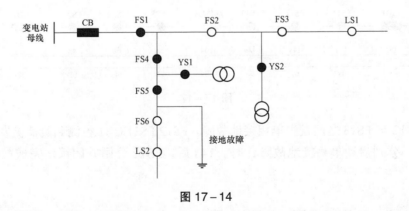

图 17-14

6）FS5 合闸后发生零序电压突变，FS5 直接分闸，FS6 感受短时来电闭锁合闸。

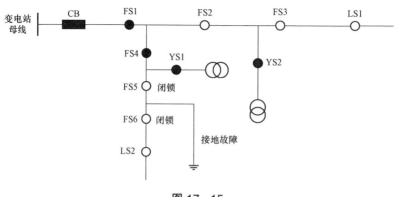

图 17－15

7）FS2.FS3 依次合闸恢复供电。

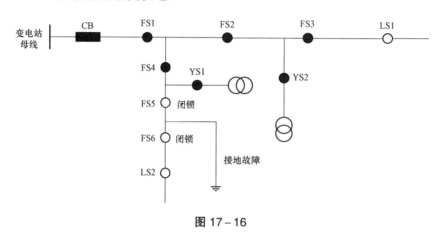

图 17－16

（2）采用电压电流时间型馈线自动化技术处理主干线接地故障。

1）按照功率方向整定各分段器的定值。

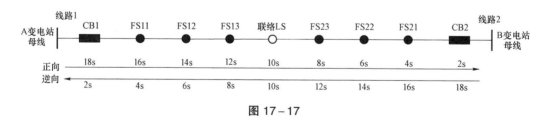

图 17－17

2）FS12 与 FS13 之间发生单相接地故障，FS12.FS11.CB1 检测到负荷侧发生了单相接地故障，分别启动单相接地故障计时。14s 后，FS12 分闸并闭锁，完成故障定位和隔离。

图 17－18

3）通过遥控或现场操作联络开关 LS 合闸，恢复 LS 至 FS13 区段供电。FS13.LS、FS23.FS22.FS21.CB2 检测到负荷侧发生了单相接地故障，分别启动单相接地故障计时。8s 后，FS13 分闸并闭锁，完成故障定位和隔离。

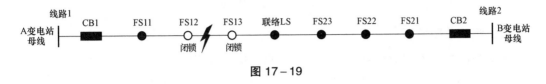

图 17-19

第三节　相间短路故障及其处理技术

一、短路故障特点

（一）两相短路故障特点

（1）电流增大：故障两相的电流大小相等，方向相反，而非故障相的电流为零。

（2）电压变化：故障两相的电压相等，且低于正常电压，而非故障相的电压升高。

（3）故障影响范围：两相短路可能导致更严重的设备损坏和停电，因为故障电流更大。

（4）保护设备动作：两相短路可能导致差动保护、过流保护等设备动作。

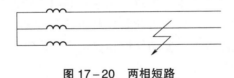

图 17-20　两相短路

（二）两相接地短路故障特点

（1）两相电流增大，两相电压降低；出现零序电流、零序电压。

（2）电流增大、电压降低为相同两个相别。

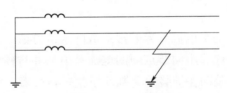

图 17-21　两相接地短路

（三）三相短路故障特点

（1）电流增大：三相电流都会显著增大，且基本相等。

（2）电压降低：三相电压都会显著降低，可能导致整个系统电压崩溃。

（3）故障影响范围：三相短路是最严重的一种短路故障，对电力系统的稳定性影响最大，可能导致大面积的停电和设备损坏。

（4）保护设备动作：三相短路通常会导致所有保护设备动作，包括差动保护、过流保护、低电压保护等。

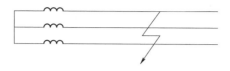

图 17-22 三相短路

二、短路故障监测

对于相间短路故障的排查与防范应该重点从以下方面做起：

1）针对熔体下桩头展开故障排查，分析其是否存在回电问题，如果出现回电就需要利用万能表来测试电压，通过这种方式来判断发生短路故障的相路。例如：当相间 A/B 之间出现短路故障，如果 A 相有受损问题，在故障查找操作中则要确保线路常规供电，对此可以让 B 相照常运行，其他的 A 相、C 相则要中断电源。

2）电流测量。锁定分支线来对应测出电流，利用专门的电流测量设备测得电流数值，其中如果发现某种异常现象，则要重点关注、集中处理。例如：如果其中一个方向的电流超出了正常范围，也就是电流超高，等于其他相电流值的总数，就说明这一线路发生了故障，对此就要针对此线路来排查故障，在此基础上再锁定其他线路，通过测试、测量的方式来发现问题，从而向故障区域靠近，锁定故障区，解除故障。

（一）短路故障检测的原理

短路故障检测的原理是基于电力系统中发生短路时电流的异常变化。短路故障会导致电流突变并产生过大的电流，进而引起其他装置感应到异常现象。目前常用的短路故障检测技术可以分为过电流保护、差动保护和自适应保护等几类。

1. 过电流保护技术

过电流保护技术是一种基于电流变化的短路故障检测方法。当电力系统中发生短路故障时，过电流保护装置能够感知到电流的异常增加，并通过电流传感器将信号传输至保护装置。保护装置会判断故障发生的位置，并作出相关的保护动作。过电流保护技术简单、可靠，已经得到了广泛应用。

2. 差动保护技术

差动保护技术是一种基于电流差异的短路故障检测方法。差动保护装置会根据电流传感器获得的电流信息，计算不同节点间的电流差值，并与预设阈值进行比较。当电流差值超过设定的阈值时，差动保护装置会判断发生短路故障，并采取相应的措施。

3. 自适应保护技术

自适应保护技术是一种基于系统参数变化的短路故障检测方法。该方法通过监测电力系统运行过程中的参数变化，如电压、频率等，来判断是否发生了短路故障。自适应保护技术相较于传统的保护技术具有更高的灵敏度和准确性。

（二）电压快速检测算法

工作人员在检测交流电压幅值的过程中，常用的检测算法主要包括周期积分法、快速 fft 算法、d/p 算法等。每一种算法的实施，都需要一定的前提条件，如周期积分法与快速 fft 算法在实施中，都必须以半周波中的有效信息为基础方可确保检测的准确性；而

d/p 算法常用语三相对称系统，这些，都需要工作人员进行仔细的掌握。在整个电压快速检测算法中，针对峰值的计算，需要工作人员结合正弦信号，而正弦信号则需要三点连续的数字采样信号即可对其推算，并由此推算出给信号的幅值。这一算法在具体使用中，凭借其计算简单、适用面广等特点，受到人们的青睐。然而在实际使用中，基于电压波中存在大量的谐波成分，导致算法本身的高频噪声会在一定程度上放大，针对这一现象，需要工作人员使用数字滤波器对其进行滤波处理，以此来确保计算结果的准确性与完整性。

（三）功率快速检测算法

从传统功率理论来看，功率是指在系统单位时间内所做的功，一般是以一个平均值的概念出现在人们日常生活中的，这就在一定程度上限制了快速 fft 算法的实施，fft 算法的实施，需要一个周波才能推算出相应的功率信息，若缺乏这一周波，将会导致检测速度受到影响，同时还会影响整个维修进程。在一个三相电力系统中，人们习惯将各项电压与电流从三相中的各个单相通过数学变换转换到制定的系统。

这一检测算法在具体实施中，还需要工作人员考虑电网的实际运行状况，针对一些舰船电网及系统末端的电网，其电压经常低于正常电压，且电网规模也不大，电缆中的抗阻值比较小，一旦出现金属短路故障，将对导致测量点的电压下降到 0，这时若使用当前电流与电压来计算功率，所得结果将会是 0 或接近 0，并由此失去快速检测的意义。一般而言，要想确保功率检测活动的顺利进行，必须从根本上保证计算所采用的电流值为当前采样值，且电压值则为上一个周波对应时刻的正常电压采样值。通过计算得出的功率，仍不是实际运行中的功率，但与实际运行功率之间存在的差异不大；在短路故障发生时，算法中的电压值并不会随着实际运行状况发生改变，而电流值则会发生改变，此时的虚拟功率变化情况则与短路电流的变化完全吻合，因而在实际功率检测中，可以通过功率检测来替代电流来判断电力系统中的短路故障是否发生。

（四）数字滤波算法

与之前快速检测方法不同的是，数字滤波算法在使用中，需要一定的滤波器方可进行。在当前常见的滤波器中，主要由 fir 滤波器与 iir 滤波器两种类型。在 iir 滤波器的离散形式中，经常使用两个多项式的比来逼近所需的频率特性，这一计算方式在使用中，能够通过较低的阶数来获得高的频特性。在一般使用中，针对高采样率及阶数，iir 的系统容易出现 0 以下的小数，若使用 dsp 对其进行量化，则会直接影响检测结果。与之不同的是，fir 的离散形式为采用 z_1 的多项式来逼近要求的频率特性。fir 滤波器在使用的过程中，除了具备结构形式简单、操作方便这一优势外，还在一定程度上具备较高的高频成分衰减速度。在其具体使用中，fir 滤波器需要较多的存储单元来实现自己的滤波功能，但从当前信号处理器的整体发展状况而言，只有在具备足够存储空间的基础上，才能使用 fir 滤波器对功率的电压与电流进行快速计算。该滤波算法在实际使用中，其结构形式比较简单，没有复杂多变的小数系数，且整个计算过程仅仅通过数组求和及位移即可完成，与 dsp 定点方法相比，存在着极大的优势。

（五）算法仿真研究

在整个算法仿真研究中，主要是指维修人员通过数学仿真软件 maltab 中的相关功能，对上述中的快速检测算法的实际性能进行分析，以此来确保算法的准确性，确保维修工作的迅速进行。主要包括以下几个方面：

1. 突加 10kW 有功功率

通过相关研究发现，在仿真时间 0.1s 时突加 10kW 阻性负载，快速检测算法 2.5ms 后已经能够准确地计算出功率的变化。

2. 380V 电压幅值突降 30%

而在仿真时间 0.1s 时电压幅值突降 30%，快速检测算法在 3ms 后便检测出电压幅值从 380V 降低为 266V。

3. 快速检测算法适应性分析

考虑实际电网中电参数可能出现的变化情况，仿真研究了电压频率出现±5%波动、电网电压 thd 恶化到 5%两种情况下，快速检测算法对电网品质的波动变化情况有较好的适应性。相对于短路状态下电压和功率的巨大变化，快速算法的偏差值不会对检测判断的准确性产生较大影响。

三、短路故障处置

（一）级差保护+主站集中型 FA

1. 动作逻辑

在故障发生后，级差保护完成故障切除，通过"开关分闸+保护动作/事故总"条件触发主站集中型 FA，根据 FTU/DTU 等上送的告警动作情况进行故障区间判断，实现故障区间隔离和非故障区域恢复供电。

2. 注意事项

需将配电线路所有具备级差保护出口开关的保护动作/事故总和开关分闸等遥信信息配置为 FA 启动条件。

（二）级差保护+就地重合器式 FA

1. 就地重合器式 FA 选段功能

有负荷开关和断路器两种模式，动作逻辑是：

（1）作为选线开关的变电站出线开关或出站首个开关以及选段开关中的大分支首端，应具备保护出口和重合闸能力；

（2）对于断路器模式的自适应综合型 FA，变电站出线/出站首个开关、分支首端开关等具备保护出口能力（不含后加速保护）配电终端应投入一次重合闸；

（3）除断路器模式的自适应综合型 FA 外，变电站出线/出站首个开关、分支首端开关等具备保护出口能力（不含后加速保护）配电终端应根据需要投入重合闸，一般投入二次重合闸。

2. 注意事项

（1）无压判断功能：对于近母线故障或母线故障，宜考虑因级差保护启用，保护动作延时时间长影响无压判断功能，无压判断时间宜与保护动作延时配合；

（2）双侧同时有压闭锁合闸功能：双侧同时有压闭锁合闸功能判断时宜检开关位置，开关为分位；设备不具备检开关位置时，应实现选段开关无压判断时间与级差保护动作时间配合，防止影响两侧有压闭锁合闸功能。

（三）级差保护+速动型智能分布式 FA（含纵联电流/方向保护等模式）

该模式下主保护为智能分布式 FA，级差保护作为智能分布式 FA 失效后的后备保护，实现部分主干线环出线路和用户馈出线故障的快速隔离，级差保护的启用级数和位置与变电站出线断路器配合：

（1）当变电站出线断路器时间为 0.3s 时，考虑在主干线中间分段开关位置启用级差保护，时间与分布式馈线自动化动作时间配合，级差保护与智能分布式馈线自动化整定配合。

（2）当变电站出线断路器时间为 0.5s 时，考虑出线断路器+分段/分支开关+分界开关的级差保护，级差保护末级时间与分布式馈线自动化动作时间配合。

第十八章　配电网调度系统网络安全管理

第一节　典型网络结构

地（县）级调度中心监控系统主要包括调度自动化［包括监控和数据采集（SCADA）、电力系统高级应用软件（PAS）、调度员培训模拟等］、配电网调度自动化、负荷管理、电能量计量、调度生产管理、继电保护、故障信息管理、水库调度自动化、调度地理信息、电力调度数据网络及其他业务系统（如雷电监测、气象信息、变电站视频监控、配网生产抢修指挥等），根据安全分区原则，结合调度中心应用功能模块的特点，将各功能模块分别置于控制区、非控制区和管理信息大区。

地（县）级调度中心监控系统典型结构如图 18-1 所示。

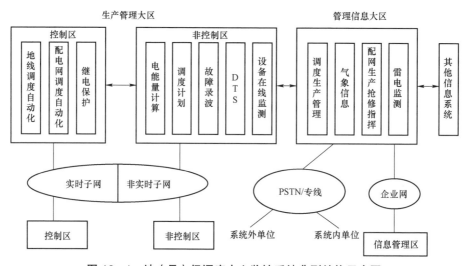

图 18-1　地（县）级调度中心监控系统典型结构示意图

随着技术的发展，地（县）级以上调度中心监控系统以及功能模块都会发生较大的变化，特别是在智能电网建设的过程中，上述所列系统大多都集成为一个整体，并统称新一代电网调度控制系统。典型的新一代电网调度控制系统，通常包含一个基础平台和实时监控、调度计划和调度管理三类应用构成。典型逻辑结构见图 18-2。

其中配电网调度自动化、负荷管理等采用公网通信和无线网络通信方式进行数据采集控制的业务的安全防护可以参照《配电监控系统安全防护方案》执行。

小型县调的安全防护措施可以根据具体情况进行简化对生产控制大区可以不再细分，重点保护监控系统，相当于只有控制区，与厂站端数据通信的纵向边界可以采用简单有效的数据加密等安全防护措施。

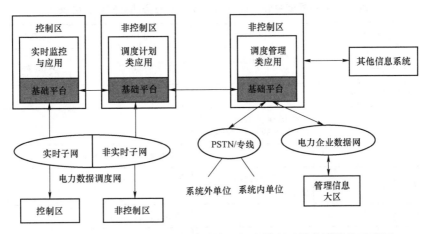

图 18-2　新一代地（县）级调度中心调度控制系统典型结构示意图

第二节　安　全　分　区

一、控制区

传统电网调度自动化系统的控制区主要包括：电网实时监控、自动电压控制（AVC）、电力系统高级应用软件（PAS）、配电网实时监控、继电保护远方修改定值与远方投退、调度地理信息等业务和功能模块。

新一代电网调度控制系统的控制区主要包括：实时监控与预警类应用（电网运行稳态监控、电力监控设备在线监视与分析、自动电压控制、网络分析、综合智能告警分析）等业务和功能模块。

二、非控制区

传统电网调度自动化系统的非控制区主要包括：调度员培训模拟、水情信息采集与处理、电能量采集与处理、变电和输电设备状态信息采集、故障录波信息管理等业务和功能模块。

新一代电网调度控制系统的非控制区主要包括：调度计划类应用（申报发布、预测、检修计划）、水电及新能源监测分析、调度员培训模拟等业务和功能模块。

三、管理信息大区

传统电网调度自动化系统的管理信息大区主要包括：调度生产管理、雷电监测、气象信息、变电站视频监视及配网生产抢修指挥等业务和功能模块。

新一代电网调度控制系统的管理信息大区主要包括：调度管理类应用（生产运行、专业管理、综合分析与评估、信息展示与发布、内部综合管理）等业务和功能模块。

各安全区的业务功能详见表 18-1 和表 18-2。

表 18-1　　　　地（县）级调度中心传统电力监控系统业务功能安全分区表

序号	系统功能	控制区	非控制区	管理信息大区
1	调度自动化	电网实时监控、AVC、PAS 等	调度员培训模拟	WEB 发布
2	配电网调度自动化	配电网实时监控		
3	继电保护	继电保护远方修改定值、远方投退等控制功能		
4	故障信息管理		故障录波信息管理模块	
5	调度地理信息	地理信息数据、地理信息服务		
6	水库调度自动化		水情采集、信息处理	
7	电能量计量		电能量采集、处理	
8	输变电状态监测		变电、输电设备状态信息传输	
9	调度生产管理			数据统计、分析、报表、管理流程、发布
10	雷电监测			采集、处理
11	气象信息			接收、处理
12	变电站视频监视			接收、处理
13	配网生产抢修指挥			配网生产抢修，指挥

表 18-2　　　　地（县）级调度中心新一代调度控制系统业务功能安全分区表

序号	业务功能	控制区	非控制区	管理信息大区
1	智能调度控制系统基础平台	基础平台	基础平台	基础平台
2	实时监控与预警类应用	电网运行稳态监控、二次设备在线监视与分析、自动电压控制、网络分析、综合智能告警分析	水电及新能源监测分析、调度员培训模拟	
3	调度计划类应用		申报发布、预测、检修计划	
4	调度管理类应用			生产运行、专业管理、综合分析与评估、信息展示与发布、内部综合管理

第三节　分区、边界安全防护策略配置

根据总体方案要求，结合地（县）级调度中心监控系统的安全分区和安全区域边界条件，确定地（县）级调度中心监控系统安全防护的总体逻辑结构如图 18-3 所示。

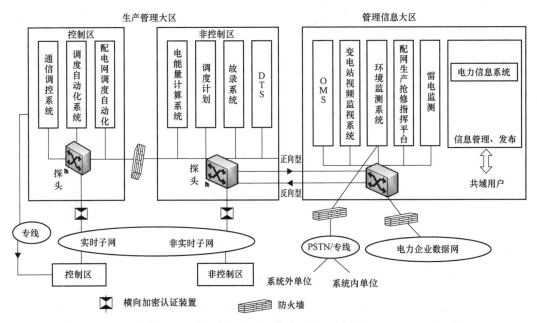

图18-3 传统地（县）级调度中心调度自动化系统安全防护总体部署示意图

新建调度控制系统安全防护总体逻辑结构如图18-4所示。

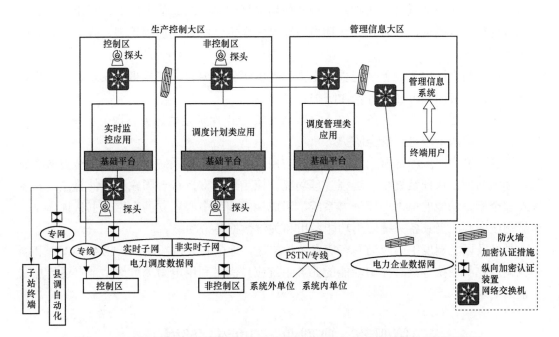

图18-4 新一代地（县）级调度中心调度控制系统安全防护总体部署示意图

安全部署示意图中所指的逻辑接口（I1-I6）的描述见表18-3：

表 18-3   电网调度自动化系统的逻辑接口

接口	名称	数据类型	通信方式及协议
I1	控制区与非控制区横向边界	数据类型不定	本地局域网 TCP/IP
I2	控制区纵向边界	1. 遥信、遥测及计算数据 2. 电网模型数据等	电力调度数据网 TCP/IP
I3	非控制区纵向边界	1. 负荷需求数据 2. 发电计划数据 3. 联络线数据 4. DTS 相关数据 5. 市场交易安全校核等相关数据	电力调度数据网 TCP/IP
I4	生产大区与管理信息大区横向边界	电网模型、图形、历史数据、准实时数据	本地局域网 TCP/IP
I5	管理信息大区纵向边界	卫星气象云图、气象实况、水文信息等	电力企业数据网、PSTN/专线 TCP/IP
I6	调度生产管理系统与管理信息系统边界	生产管理 PMS 数据、办公自动化等	本地局域网 TCP/IP

调度中心的安全区域之间可以采用链式、三角或星形结构，此处仅以链式结构示意。

我国不同地区的地、县级调度中心在规模和业务系统的配置上具有很大的差别，在安全工程具体实施时可以根据应用系统实际情况，确定安全实施方案，并报上级调度中心审核。采用地（县）调一体化模式部署的系统，推荐采用纵向连接的通信方式，并应采用纵向加密认证装置进行防护。不推荐使用局域网延伸的通信方式，已采用此方式的应及时进行技术改造，同时在过渡期内应通过安全审计等方式加强管理，并采用必要的安全加密措施。

生产控制大区中各业务功能根据电力行业等级保护要求，在物理、安全设备、操作系统、数据、应用等方面进行全面防护。

具有远方遥控功能的业务（如 AGC、AVC、继电保护定值远方修改）应采用加密、身份认证等技术措施进行安全防护。

地级调度中心应当部署内网安全监视应用，实现对监控系统中运行的安全设备实时监视和纵向加密认证装置统一远程管理功能；应当部署支持符合国家要求的算法、具备签发安全标签功能的电力调度证书系统，形成地级调度中心独立的数字证书认证体系。地级调度中心应当具备关键应用功能备用和关键数据备份功能。

县级及以上调度中心应当具有病毒防护措施，地区和大型新建 SCADA、AVC 和新一代调度控制系统等具有控制功能的业务系统应当满足利用电力调度数字证书进行加密认证的要求。

第四节　典型业务功能安全防护

本节仅对地（县）级调度中心的主要业务系统的安全防护进行描述，不再重复《电力监控系统安全防护总体方案》已规定的公共防护措施部分。新一代电网调度控制系统中各安全区的防护参照图［新一代地（县）级调度中心调度控制系统安全防护总体部署示意图］地（县）级以上调度中心安全部署中描述的方案进行安全防护。传统电网调度自动化系统的安全防护方案如以下所述。

一、调度自动化系统安全防护

调度自动化系统实现对实时运行的电力系统进行数据采集、监视、控制和安全分析功能，是地、县级调度中心最重要的系统；系统主体位于控制区，WEB 浏览功能模块置于管理信息大区。

根据调度自动化系统的特点和电力监控系统安全防护总体方案的要求，其物理边界及安全部署如图 18-5 所示。

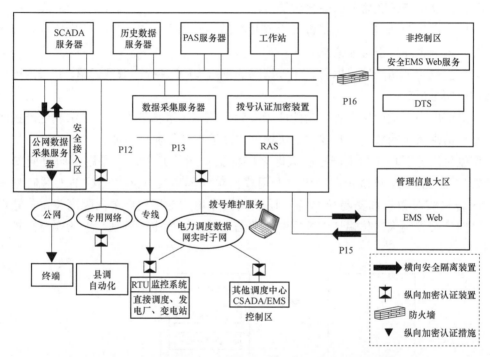

图 18-5　调度自动化系统的物理边界及安全部署示意图

调度自动化系统的物理边界为：拨号网络边界（PI1）、传统专用远动通道（PI2）、纵向网络边界（PI3，PI7）、公网通信边界（PI4）、横向网络边界（PI5.PI6）。这七个边界的安全防护措施按照总体方案实施。并要求新建调度自动化系统的控制功能模块应当支持认证加密机制，对已有系统应当逐步进行改造。

二、电能量计量功能的安全防护

电能量计量功能通过电能量终端装置采集电能量数据，作为计量和结算的依据，原始数据禁止修改，该系统属于非控制区。

电能量计量功能的物理边界为：拨号网络边界（PI1）、纵向网络边界（PI2）和横向网络边界（PI3，PI4）。这四个边界的安全防护措施按照总体方案实施。

地级调度中心的电能量计量功能主体应当位于非控制区，当下级厂站端或调度机构只有控制区时，计量数据需通过控制区传输。

推荐采用网络方式采集电能量数据，也可以采用以下两种拨号通信方式：

（一）单向拨号方式

从主站端向厂站端单向拨号，避免拨号转移。厂站端的电能量采集装置与当地的其他系统需有效隔离。

（二）拨号服务器方式

该方式要求通过拨号服务器（RAS）接入非控制区的接入交换机，在 RAS 和接入交换机之间部署拨号认证加密装置，拨号访问应当使用电力调度数字证书。

若无条件实现上述安全防护时，则禁止开通拨号访问。

三、调度生产管理功能的安全防护

调度生产管理功能主要包括调度生产数据服务、调度报表管理、调度检修管理等多种业务，系统主体位于管理信息大区。

调度生产管理功能使用电力企业数据网的生产 VPN 进行广域网通信，并采用硬件防火墙实现安全隔离。

地级调度中心调度生产管理功能应当在管理信息大区部署网关机，承载生产控制大区与管理信息大区的数据交互及与上级调度生产管理功能通信功能。

调度生产管理功能与生产控制大区之间的数据通信必须采用专用横向单向安全隔离装置实现强隔离。通过正向型电力专用横向单向隔离装置从生产控制大区向管理信息大区传输实时数据和交易信息等。通过反向型电力专用横向单向隔离装置从管理信息大区向生产控制大区传输计划数据和气象信息等。调度生产管理功能的安全防护部署如图 18-6 所示。

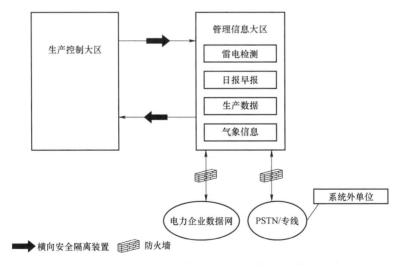

图 18-6　调度生产管理功能安全部署示意图

第四部分 配网运营管控

第十九章 配网智能巡检管控

第一节 巡视设备覆盖情况

配网智能巡检管控覆盖供电公司各级单位 10（6/20）kV 及以下配网巡视、缺陷管理工作。巡视设备包括架空线路、电缆线路、柱上设备、配电变压器、站所类建（构）筑物、防雷和接地装置以及其他设备等。

第二节 智能巡视巡检职责

一、省公司设备部主要职责

贯彻执行配网运维管理制度、技术标准和反事故措施，负责制定公司配电运维相关实施细则，负责制定工单驱动运维业务规范。

负责组织配网状态检（监）测、技术监督、缺陷管理、隐患排查治理，以及各类设备运维管理工作。

负责指导、监督、考核各地市公司配网巡视缺陷管理工作，协调解决各地市配网巡视缺陷管理工作中的重大问题。

负责组织各地市公司开展智能巡检业务应用评估与分析总结，制定提升措施并组织实施。

二、省电科院主要职责

（1）贯彻落实公司配网运维管理相关制度、技术标准。

（2）负责配电自动化等二次设备缺陷在智能巡检发起、结果评价。

（3）负责各地市公司二次设备缺陷消缺管理工作评价。

（4）负责支撑省公司设备部开展智能巡检系统应用指导、监督工作。

三、市公司运检部主要职责

（1）贯彻落实公司设备部智能巡检相关制度、技术标准。

（2）负责大风、冰雹、大雪、鸟害、保供电等特殊巡视需求发起，对区县公司提出的特巡需求进行确认。

（3）负责不定期对各区县公司智能巡检工作开展情况进行抽查。

（4）负责对区县公司及运维班组提出的巡视周期调整申请进行复审。

（5）负责指导、监督、考核各区县公司配网智能巡检工作，协调解决智能巡检应用过程中的相关问题。

（6）组织开展本单位智能巡检工作分析总结，掌握区县公司智能巡检工作进展情况，制定措施并组织实施。

四、市公司供电服务指挥中心主要职责

（1）贯彻落实公司设备部智能巡检相关制度、技术标准。

（2）负责巡视工单下派、过程跟踪督办以及巡视结果评价。

（3）负责消缺工单下派、过程跟踪督办以及消缺结果确认。

（4）负责配网设备监测，对设备运行情况进行汇总、分析，生成、派发主动巡视工单，并跟踪督办。

（5）负责每月（周）对各区县公司智能巡检工作分析，提出评价、考核建议，定期编制智能巡检管控报表及评价报告。

五、区县公司运检部主要职责

（1）贯彻执行配网智能巡检相关制度、技术标准。

（2）承担所辖区域配网设备运行维护、缺陷隐患排查治理、状态检（监）测，全面掌握设备健康状况；负责接收、执行供电服务指挥中心派发的配网智能巡检业务工单。

（3）负责本单位大风、冰雹、大雪、鸟害、保供电等特巡需求发起申请。

（4）负责针对运维班组提出的巡视周期调整意见进行审核。

（5）负责接收供电服务指挥中心智能巡检过程督办信息并确认督办执行情况。

六、运维班组（供电所）主要职责

（1）贯彻执行配网智能巡检相关制度、技术标准。

（2）承担所辖配网设备运行维护、缺陷隐患排查治理、状态检（监）测，全面掌握设备健康状况；负责接收、执行供电服务指挥中心派发的配网巡视工单。

（3）负责现场具体巡视、消缺工作执行。

（4）负责所辖区域配网设备巡视周期确认以及巡视周期调整申请。

（5）负责接收供电服务指挥中心过程督办信息并确认。

第三节 管 控 要 求

一、巡视分类

（一）定期巡视

由配网运行人员进行，以掌握设备设施的运行状况、运行环境变化情况为目的，及时发现缺陷和威胁配电网安全运行情况的巡视。

（二）特殊巡视

在有外力破坏可能、恶劣气象（如大风、暴雨、覆冰、高温等）、重要保电任务、配电变压器异常、设备带缺陷运行或其他特殊情况下由运行单位组织对设备进行的全部或部分巡视。

（三）夜间巡视

在负荷高峰或雾天的夜间由运行单位组织进行，主要检查连接点有无过热、打火现象等的巡视。

（四）目的巡视

由运行单位组织进行，以查明线路发生故障的地点和原因为目的的巡视。

二、巡视周期

（1）定期巡视的周期如表 19-1 所示。

表 19-1　　　　　　　　　　　　定 期 巡 视 的 周 期

序号	巡视对象	周期	
1	架空线路通道	市区：一个月
		郊区及农村：一个季度
2	电缆线路通道	一个月	
3	架空线路、柱上开关设备、柱上变压器、柱上电容器	市区：一个月
		郊区及农村：一个季度
4	电缆线路	一个季度	
5	中压开关站、环网单元	一个季度	
6	配电室、箱式变电站	一个季度	
7	防雷与接地装置	与主设备相同	
8	配电终端、直流电源	与主设备相同	

（2）特殊巡视各地市公司按照省公司布置的相关工作，结合各地市公司日常工作需要，开展针对重要保电任务、外力破坏、恶劣气象、配电变压器异常、设备带缺陷运行或其他特殊情况下进行的巡视。

（3）各地市公司每月需对重过载线路和故障频发线路进行一次特殊巡视。

三、巡视范围

（一）定期巡视的主要范围

（1）架空线路、电缆及其附属电气设备。

（2）柱上变压器、柱上开关设备、中压开关站、环网单元、配电室、箱式变电站等电气设备。

（3）防雷与接地装置、配电自动化终端、直流电源、柱上电容器等设备。

（4）架空线路、电缆通道内的树木、违章建筑及悬挂、堆积物，周围的挖沟、取土、修路、开山放炮及其他影响安全运行的施工作业等。

（5）电缆管、沟（隧道）及相关设施。

（6）中压开关站、环网单元、配电室的建筑物和相关辅助设施。

（7）各类相关的运行、警示标识及相关设施。

（二）特殊巡视的主要范围

（1）存在外力破坏可能或在恶劣气象条件下影响安全运行的线路及设备。

（2）设备缺陷近期有发展和有重大（严重）缺陷、异常情况的线路及设备。

（3）重要保电任务期间的线路及设备。

（4）新投运、大修预试后、改造和长期停用后重新投入运行的线路及设备。

（5）根据检修或试验情况，有薄弱环节或可能造成缺陷的线路及设备。

四、巡视拍照要求

（一）架空线路巡视拍照要求

（1）存在缺陷的架空线路杆塔，每处缺陷所拍摄的照片必须能够反映出缺陷的完整、真实情况，宜从整体到局部分别拍摄，至少拍摄 1 张照片，且与供电服务指挥系统中的杆塔准确对应。对于需要体现整体情况的缺陷，如导线弧垂过低、杆塔倾斜、周围存在危及线路安全的物体等缺陷或隐患，至少拍摄 3 张照片，分别体现杆塔标识牌、缺陷及所处杆塔位置、杆塔周围环境。

（2）无任何缺陷的架空线路或直线杆，可根据现场实际情况，适当放宽拍摄要求，每十基杆塔拍摄 1 张照片，能够反映出设备整体情况即可。

（3）对于配电变压器、柱上开关、线路 T 接点等架空线路重要设备、部位，需拍摄至少一张照片。

（二）电缆线路巡视拍照要求

（1）存在缺陷的通道或设备，每处缺陷所拍摄的照片必须能够反映出缺陷的完整、真实情况，宜从整体到局部分别拍摄，至少拍摄 1 张照片，且与供电服务指挥系统中的电缆管井或设备准确对应。对于需要体现整体情况的缺陷，如电缆环网柜基础塌陷、电缆路径上方施工开挖等缺陷或隐患，至少拍摄 3 张照片，分别体现设备标识牌、缺陷所处设备位置、设备周围环境。

（2）环网柜、电缆分支箱、箱式变压器等重要配电设备，应拍摄至少 3 张照片，包含设备外观、设备内部等，能够反映出设备运行情况即可。

（3）无任何缺陷的电缆管沟、隧道，除管井标识牌外，每口电缆管井还需分别从两个方向拍摄至少 2 张照片。

第四节 作 业 办 法

一、巡视作业办法

（一）工单登记

（1）日常巡视工单登记：由供电服务指挥系统根据巡视周期管理要求自动生成日常巡视工单，供服中心负责审核巡视工单基本内容以及跨班组的巡视任务分工是否合理。

（2）特殊巡视工单登记：由供服中心针对大风、冰雹、大雪等恶劣天气、重过载线路、用户保供电以及配电变压器异常等情况，提出特巡要求。

（二）工单派发

（1）日常巡视：供服中心人员根据系统提醒，综合考虑班组工作计划、天气等情况，提前24h完成派单工作。

（2）特殊巡视：供服中心人员根据特殊巡视任务具体情况，提前24h完成派单工作；特殊情况时，可提前1h派单。

（三）接单

（1）各级运维班组人员确认工单信息无误后，应通过App在巡视任务开始2h前接单。

（2）对于出现恶劣天气、突发故障抢修等无法进行巡视的情况，班组人员应通过App申请取消工单任务，并填写原因。

（3）对于各运维单位申请撤销的工单，供服中心人员应在20min内核实原因，对符合相关要求的工单予以撤销；待条件允许时，重新派发。

（4）供服中心人员根据系统提醒，对巡视计划开始前2h未接单的情况，分别在1h、半小时等对运维班组进行短信督办。

（四）到达现场

（1）班组人员应在巡视计划开始前到达现场。到达现场后，通过App至少拍摄1张现场照片并上传。照片应清晰可见，内容体现相关线路名称、杆号或站室名称、台区号等信息。

（2）供服中心人员根据系统提醒，对超过30min未到达现场的情况，分别在30min、1h等对运维班组进行短信督办。

（3）供服中心人员应通过系统提示，查看班组到达现场后的照片信息，对于照片拍摄质量不佳的情况，5min内对班组人员完成系统及电话提示。

（五）现场巡视

（1）巡视过程中，班组人员应确保屏幕常亮，巡视App在前台运行。

（2）巡视过程中，班组人员应通过App完成系统指定设备的信息录入与取照。照片应清晰可见，体现设备编号、设备全景、局部等信息。

（3）巡视过程中，班组人员若发现其他设备存在隐患或缺陷，应通过App录入相关信息与取照。照片应清晰可见，体现设备缺陷或隐患情况。

（4）供服中心人员应通过系统提示，查看班组巡视轨迹信息，对于巡视轨迹、照片拍摄质量不佳等情况，5min内对班组人员完成系统及电话提示。

（六）工单终结

班组人员通过App完成所有信息填报，并检查确认无误后，终结App内任务工单。对于已终结的工单，若班组人员认为有部分信息填写存在问题，可通过App申请撤回工单。经供电服务指挥中心人员同意后方可修改。供服中心人员根据系统提醒，10min内完成撤回申请审核，并对班组人员完成系统及电话提示。

（七）质量评价

（1）App工单终结后，供服中心人员根据系统提醒，60min内对工单进行质量评价。

1）对于质量不佳的工单，供服中心人员应通过系统评价为不合格，并退回工单，并对班组人员完成系统及电话提示。退回后的工单变更为班组可编辑状态，班组人员应在1h内完成App信息修改，并重新终结App任务工单。

2）对于审核无问题的工单，供服中心人员应通过系统评价为合格，并将工单归档。

（2）每月供服中心对各单位智能巡检工作开展情况报地市公司运检部，市运检部不定期对已归档的工单进行抽查，抽查比率不低于20%，对应用较差的单位进行考核。

二、消缺作业办法

（一）缺陷登记

（1）配网一次设备缺陷登记：区（县）公司设备运维班组在配网巡视监测过程中发现设备缺陷时，通过配网智能运检App登记缺陷记录信息。缺陷记录的文字主要内容包括缺陷线路（站房）、设备类型、设备名称、缺陷部位、缺陷内容、缺陷性质、缺陷描述、缺陷程度等信息。在原有文字内容描述外，为尽可能地反映缺陷的具体情况，利用智能运检App拍照，按照智能运检管理要求，拍照留存相关缺陷照片。

（2）配网二次设备缺陷登记：供服中心（配网二次班）在日常配电自动化主站运维过程中发现二次设备缺陷时，记录缺陷发生的时间、二次设备名称、类型、二次设备所挂一次设备名称、类型、缺陷部位、缺陷内容、缺陷性质、缺陷描述、缺陷程度等信息等。在以上信息外，还需截取保存配电自动化主站异常信息截图。

（3）配网一次设备缺陷审核：区（县）公司设备运维班组长收到班员发送的缺陷登记文字信息和图片信息时，必须在30min内，通过配网智能运检App或者供电服务指挥系统进行缺陷审核，并对缺陷的等级进行划分，缺陷审核过程中如有缺陷定级的调整需保留痕迹，审核后的缺陷自动同步到供电服务指挥中心全业务工单中心的任务池中。

（二）受理及派发

（1）供服中心在收到新提交的缺陷工单时，必须在30min内，审核缺陷信息的完整性和准确性。

（2）供服中心受理审核信息完成后，必须在3min内，通过供电服务指挥系统的智能派单机制，自动派发至缺陷设备运维班组中。同时供电服务指挥系统通过电话通知区（县）公司班组值班人员接单受理。

（三）接单受理

设备运维班组在收到供服中心下派的缺陷工单后，必须在3min内完成接单受理。

（四）缺陷处理

运维班组工作负责人根据缺陷的严重等级，安排不同的消缺处理流程。根据缺陷严重程度，危急缺陷消除时间不得超过24h，严重缺陷应在30天内消除，一般缺陷结合检修计划予以消除，并处于可控状态。

（1）危急缺陷。对危及设备和人身安全的缺陷，立即采取可行的隔离措施。在24h内消除或采取必要安全技术措施进行临时处理。

（2）严重缺陷。在30天内采取措施安排处理消除，防止事故发生，消除前应加强监视。

（3）一般缺陷。班组长审核后提交上级单位审核，经评价定性后纳入消缺计划。不需要停电处理的一般缺陷在 3 个月内消除。运维班组完成消缺工作后，2h 内，登记消缺时间、消缺处理信息、消缺人员、消缺照片信息等。对于即将到期无法及时消缺的缺陷，可由班组长填写缺陷延期原因。

（五）缺陷验收

（1）运维班组在完成整个缺陷处理流程后，由班组长在 2h 对消缺现场信息、消缺结果信息进行验收。

（2）区（县）公司运维检修部在收到运维班组的一次设备消缺验收信息后，在 1h 内，完成对基层消缺信息的确认和审核。

（3）供服中心配网二次班在收到运维班组的二次设备消缺验收信息后，在 1h 内，完成对基层消缺信息的确认和审核。

（4）供服中心在收到区（县）公司运维检修部的消缺结果审核信息后或者配网二次班的审核信息后，在 10min 内对消缺信息进行资料归档审核。

（六）消缺评价

（1）供服中心在 2 个工作日内，对完成消缺的工单，根据消缺工单派发、接单受理、消缺处理、消缺信息回填、过程信息审核等进行最终的评价。

（2）最终信息留档保存，可通过系统功能进行调阅会看。

第二十章　配电变压器异常管控

第一节　异常配电变压器概况

异常配电变压器和线路运行监测，依托 PMS3.0 系统及供电服务指挥系统，接收配电自动化系统、GIS、OMS、95598.营销等系统设备运行信息，实时监测配网运行状态。客户反映的频繁停电、抢修质量、煤改电客户诉求，以 95598.12398.网格热线、12345 市民热线数据为准。

主要包括以下业务：

（1）公网配电变压器重过载、低电压、过电压、三相不平衡监测。

（2）公网线路及配电变压器最大负载率监测。

（3）公网线路及配电变压器电压合格率监测。

（4）0.4kV 用户侧低电压监测。

（5）终端在线率监控。

（6）频繁停电、抢修质量、煤改电客户诉求。

第二节　异常配电变压器职责

一、运维检修部职责

运维检修部是配网监测的归口管理部门。主要负责以下工作：

（1）负责配网设备监测相关制度、标准的落实，并指导供电服务指挥中心（配网调控中心）开展配网监测业务。

（2）负责配电变压器监测技术标准的制定和滚动修订，根据配电网运维情况提出监测重点和意见。

（3）负责监督各运维单位开展配电变压器重过载、三相不平衡、过电压、低电压、配网线路重过载、配电自动化终端缺陷等问题的整改和落实。

（4）负责配电变压器重过载、低电压、过电压、配网线路重过载、配电自动化终端缺陷以及客户反映的频繁停电、抢修质量、煤改电客户诉求的管理和相关项目储备工作。

（5）负责配电网 10kV 配网线路差异化运维巡视周期审批管理工作。

二、供电服务指挥中心（配网调控中心）职责

供电服务指挥中心（配网调控中心）是配网运行监测的具体实施单位，支撑运维检修部开展配网运行监测、预警工作。主要负责以下工作：

（1）负责 10kV 配网线路公变重过载、低电压、过电压、三相不平衡、最大负载率

大于 80%以及配网线路重过载、配电自动化终端缺陷等运行数据的监测、预警，通过 PMS3.0 系统形成督办、预警工单，下发相关运维单位督促整改，监督治理效果，并闭环管理。

（2）负责统计分析配电网运行异常数据治理情况，对于未按时反馈或有效治理的异常情况，向专业管理部门提出评价考核意见和建议。

（3）负责配电网 10kV 配网线路差异化运维巡视周期维护工作。

（4）通过 95598.12398.网格热线、12345 市民热线受理频繁停电、抢修质量、煤改电客户诉求。

三、区县供电公司职责

区县供电公司是配网运行存在问题及异常的具体整改实施单位。主要负责以下工作：

（1）负责配电网 10kV 配网线路及配电变压器重过载、过电压、低电压、三相不平衡、配网线路重过载、配电自动化终端缺陷等事件的现场核查、方案制定、异常设备治理、异常整改工单反馈等工作。

（2）负责根据监测情况加强配电变压器运行维护管理，提高配电网线路及设备运行效率。

（3）负责配电网 10kV 配网线路差异化运维巡视周期维护提报工作。

（4）负责配电网 10kV 配电变压器电压合格率及单位成片越限配电变压器治理工作。

（5）负责配电网 10kV 配电变压器最大负载率大于 80%的治理工作。

（6）负责具体处理 95598.12398.网格热线、12345 市民热线受理频繁停电、抢修质量、煤改电客户诉求等问题。

第三节　异常配电变压器管控内容及协同工作机制

一、配网运行监测

（1）配电变压器及线路异常实时预警：供电服务指挥中心（配网调控中心）利用 PMS3.0 系统监测配电变压器重过载、三相不平衡、低电压、过电压以及配网线路重过载、配电自动化终端缺陷的最新实时异常数据，线下向相关运维单位下发预警工单，督促运维单位在规定时间内反馈整改结果，完成闭环管理。

（2）配电变压器异常 T-2 督办：供电服务指挥中心（配网调控中心）利用 PMS3.0 系统监测 T-2 配电变压器重过载、三相不平衡、低电压、过电压的异常数据，通过 PMS 线上派发督办单，督促相关运维单位在规定时间内线上反馈治理结果及预防措施，完成闭环管理。

（3）配电变压器电压合格率监测：供电服务指挥中心（配网调控中心）利用 PMS3.0 系统监测电压合格率数据，向相关运维单位下发电压不合格配电变压器明细督办单，督促在规定时间内整改，完成闭环管理。

（4）配电变压器最大负载率预警：供电服务指挥中心（配网调控中心）利用 PMS3.0

系统及供电服务指挥系统监测配电变压器的最大负载率数据，对负载率大于 80% 的配电变压器通过 PMS3.0 系统向相关运维单位下发督办单，督促运维单位在规定时间内在线上反馈整改结果，完成闭环管理。

（5）查询方法：通过"PMS3.0–应用库–作业中心–配电运检–实时量测中心管理–设备状态实时监测"查询配网线路和配电变压器重过载、低电压、三相不平；通过"PMS3.0–应用库–作业中心–配电运检–分析决策–用户电压统计"查询配网线路和配电变压器过电压、电压合格率情况。

（6）自动化终端缺陷应立即安排处理并在 3 天内消除或降低缺陷等级。

配网运行监测由供电服务指挥中心（配网调控中心）实行"日管控、周通报、月考评"的工作模式，每日上午对当天监测到的异常设备进行派单、督办，当周的最后一个工作日进行汇总、分析，形成周报并发布。

区县供电公司在接到供电服务指挥中心（配网调控中心）派发的各类预警工单以及 T–2 配电变压器重过载、三相不平衡、过电压、低电压、电压异常、频繁停电、抢修质量、煤改电等线上主动工单、线下督办单后，应在规定时间内反馈整改结果或预控措施。具体时间要求为：当日 17 点前下发的预警和督办，要求在 17 点前在微信群完成初步核查的原因和治理措施，1 个工作日内完成系统工单的回复；当日 17 点后下发的预警和督办，要求在次日 12 点前在微信群完成初步核查的原因和治理措施，1 个工作日内完成系统工单的回复。

区县供电公司在接到供电服务指挥中心（配网调控中心）派发的实时配电变压器重过载、三相不平衡、过电压、低电压、电压异常、最大负载率大于 80% 的线上主动工单、线下督办单后，应在 1 个工作日内反馈整改结果或预控措施。

二、配网运行分析

供电服务指挥中心（配网调控中心）根据配网运行监测情况，结合配网调控运行记录、配电运维指标，开展配电变压器运行分析，总结阶段性重点关注的问题，提出强化管理运维的建议、意见，为专业管理部门提供管理决策支持。

第四节　异常配电变压器业务标准及要求

一、线路、配电变压器重过载

重载：负载率为 80%～100%（含 80% 及 100%），且持续 2h。

过载：负载率为 100%～150%（含 150%），且持续 2h。

二、配电变压器三相不平衡

公变三相负荷不平衡度＞25%，负载率＞60%，且持续 2h。

三、线路、配电变压器电压异常

配电变压器低电压：[标准电压（220V）– 当前电压]/标准电压（220V）＞10%，且持续 1h。

配电变压器过电压：[当前电压 – 标准电压（220V）]/标准电压（220V）＞7%，

且持续 1h。

线路低电压：[标准电压（220V）−当前电压]/标准电压（220V）＞7%，且持续 1h。

线路过电压：[当前电压−标准电压（220V）]/标准电压（220V）＞7%，且持续 1h。

四、最大负载率异常

最大负载率：配电变压器最大负载率在 60%～80%预警，配电变压器最大负载率在 80%以上督办。

五、附则

严格执行《配电网运行规程》《国家电网公司配网检修管理规定》《国家电网公司配网运维管理规定》《国家电网公司 95598 业务管理办法》等通用制度和技术标准。

第二十一章　95598 抢修业务管控

第一节　95598 故障报修概述

供电服务指挥中心接收从国网客服中心经由对外公布的 95598 电话、网站等渠道受理的 95598 故障报修工单，包括故障停电、电能质量或存在安全隐患须紧急处理的电力设施故障诉求业务工单。

一、故障报修工单特点

（1）被动性。故障报修工单均由用户发起，当用户感知到停电或电压异常后报修，由客服人员生成工单的形式，最终下发至抢修人员进行处理。

（2）数量大。中低压设备点多面广，故障率高等造成故障报修工单数量大。

（3）时限要求严格。故障报修工单的接单时间、到达现场时间、修复时间均有严格要求。

（4）影响因素多。故障报修工单不仅与气候、自然灾害、主网故障有关系，还与用户用电意识、营配调数据融合密切相关。

二、故障报修业务等级

根据客户报修故障的重要程度、停电影响范围、危害程度等将故障报修业务分为紧急、一般两个等级。抢修人员应优先处理紧急缺陷，如实向供电服务指挥中心汇报抢修进展情况，直至故障处理完毕。预计当日不能修复完毕的紧急故障，应及时向供电服务指挥中心汇报；抢修时间超过 4h 的，每 2h 向供电服务指挥中心报告故障处理进度情况；其余的短时故障抢修，抢修人员汇报预计恢复时间。供电服务指挥中心定时掌握紧急故障抢修进度情况，便于及时处理抢修类催办工单，有助于客服代表向客户做好解释。

（1）紧急故障报修包括：

1）已经或可能引发人身伤亡的电力设施安全隐患或故障；

2）已经或可能引发人员密集公共场所秩序混乱的电力设施安全隐患或故障；

3）已经或可能引发严重环境污染的电力设施安全隐患或故障；

4）已经或可能对高危及重要客户造成重大损失或影响安全、可靠供电的电力设施安全隐患或故障；

5）重要活动电力保障期间发生影响安全、可靠供电的电力设施安全隐患或故障；

6）已经或可能在经济上造成较大损失的电力设施安全隐患或故障；

7）已经或可能引发服务舆情风险的电力设施安全隐患或故障。

（2）一般故障报修。除紧急故障报修外的故障报修均为一般故障报修。

第二节 95598 故障报修工单类型

故障报修类型一级分类 6 类，二级分类 19 类，三级分类 110 类。一级分类分为高压故障、低压故障、电能质量故障、客户内部故障、非电力故障、计量故障六类。

一、高压故障

高压故障是指电力系统中高压电气设备（电压等级在 1kV 及以上者）的故障，主要包括 35kV 及以上输变电设备、高架空线路、高压电缆线路、变压器、配电站房设备（含分支箱、环网柜、开关柜）。高压故障原因包括树枝挂线、野蛮施工等外力破坏造成线路故障，变压器内部故障，自然灾害引起的线路上设备损坏等。

根据《国家电网 95598 停送电信息报送规范》规定：公用变压器及以上的停送电信息，须通过营销业务应用系统（SG186）中"停送电信息管理"功能块报送。因此，在国网客服受理故障报修工单时，会通过停送电信息情况与客户解释，直接办结工单。随着营配数据贯通准确性提升，被下派的高压故障工单所占比例将随之减少，目前高压故障占比低于 10%。

330kV 及以上故障由省运检负责工单处理；220kV 故由地市调控中心及相关单位负责工单处理；其余 35kV 及以上电压等级故障，按照职责分工转相关单位处理，抢修单位完成抢修工作，由供电服务指挥中心完成工单回复工作。其余 1kV 及以上电压等级故障，派发至相应抢修队伍（运维、抢修）。

二、低压故障

低压故障是指电力系统中低压电气设备（电压等级在 1kV 以下者）的故障，主要包括低压架空线路、低压电缆线路、低压设备（低压开关柜、分支箱、综合配电箱）。低压故障原因一般有低压线路断线、低压开关故障、低压设备进水等。在故障报修工单中，低压故障所占比例最高，占比超过 40%。

三、电能质量故障

电能质量故障是指由于供电电压、频率等方面问题导致用电设备故障或无法正常工作，主要包括供电电压、频率存在偏差或波动、谐波等。电能质量故障原因一般有用电负荷突然增加、某相接触不良等。目前电能质量故障所占比例较少，占比 5% 左右。

（一）电压偏差

《供电营业规范》规定在电力系统正常状况下，供电企业供到用户受电端的供电电压允许偏差为：

（1）35kV 及以上电压供电的，电压正、负偏差的绝对值之和不超过额定值的 10%。

（2）10kV 及以下三相供电的，为额定值的 ±7%。

（3）220V 单相供电的，为额定值的 +7%，−10%。在电力系统非正常状态下，用户受电端的电压最大允许偏差不应超过额定值的 ±10%。过电压是指工频下交流电压均方根值升高，超过额定值的 10%，并且持续时间大于 1min 的长时间电压变动现象。主要是由于负荷的切除和无功补偿电容器组的投入以及变压器分接头的不正常设置等原因引起。

（二）频率偏差

我国电力系统的标称频率为 50Hz，《电能质量　电力系统频率偏差》中规定：电力系统正常运行条件下频率偏差限值为±0.2Hz，当系统容量较小时，偏差限值可放宽到±0.5Hz。

（三）谐波

《电能质量　公用电网谐波》中规定：0.38kV 总谐波变率为 5.0%，6～10kV 总谐波畸变率为 4.0%。谐波带来的影响较大，使电气设备过热、产生振动和噪声，并使绝缘老化，使用寿命缩短，甚至发生故障或烧毁。

四、客户内部故障

客户内部故障是指产权分界点客户侧的电力设施故障，包括居民客户内部故障和非居民客户内部故障。客户内部故障一般有用户开关跳闸、用户线路故障、用户设备短路等。客户内部故障与当地客户产权设备所占比例有关，目前客户内部故障平均占比 20%部分单位因客户产权比例较高，对应的客户内部故障占比超 30%，甚至更高。

居民客户内部故障是指客户反映居民客户产权设备故障（含表后进户线绝缘破损、导线断裂、熔断、接触不良、安全距离不足等情况）。表后进户线指的是用户计量装置在室外时，从用户室外计量箱出线端至用户室内第一支持物或配电装置的一段线路。非居民客户内部故障主要指除居民客户以外其他客户内部故障，如客户产权变压器线路、开关等设施故障。

国网客服根据客户反映的电力故障，经分析研判属于客户内部故障，向客户解释后直接办结，对于无法判断是否为客户内部故障，下派至供电服务指挥中心。供电服务指挥中心确认为客户内部故障后，可联系客户，建议客户联系产权单位、物业或有资质的施工单位处理。其中若客户委托产权单位处理，应按照《国家电网公司供电服务规范》要求，对产权不属供电企业的电力设施如需进行维修和抢修，按当地物价部门有关规定实行有偿服务。

五、非电力故障

非电力故障是指供电企业产权的供电设施及附属设施损坏但暂时不影响运行、非供电企业产权的电力设备设施发生故障、非电力设施发生故障等情况，主要包括客户误报紧急消缺。非电力故障一般有用户未充值欠费、设备非电力设施计划检修等。目前非电力故障占比 20%左右。

客户误报是指客户欠费、违约用电、窃电停电、停限电工作等被采取停电措施的；客户卡表未开卡、未充值、卡表预付费不足导致不能正常用电的；第三方资产设备，如水、煤、气、暖等市政公共设施，通信线路、有线电视及其他非电力公司产权设备故障，但客户无法区分的；根据客户描述，经现场查看无故障及异常现象或者客户再次致电报修等情况；无法与客户联系等情况。其中客户来电表示家中无电，经查询停电信息已经解释的，归为客户误报－停限电工作类别并办结。

紧急消缺是指客户反映供电企业电力设备存在安全隐患，危及电网运行安全或人身安全，需要供电企业紧急处理的故障。

六、计量故障

计量故障是指计量设备、用电采集设备故障，主要包括高压计量设备、低压计量设备、用电信息采集设备故障等。计量设备包括计费电能表以及电压、电流互感器、计量柜（箱）、接线端子盒、表前开关（熔丝）、二次连接线等附属设备。计量故障一般有计量箱故障、智能表故障等。目前计量故障占比不超过10%。

第三节 95598故障报修业务流程及规范

客服代表受理客户故障报修业务，在受理客户诉求时记录客户故障报修的用电地区、用电区域、客户姓名、客户编号、联系方式、故障现象、客户感知等信息，并根据客户的诉求及故障分级标准选择故障报修等级，生成故障报修工单。在挂断电话后 2min 内客服代表将工单派发至相应的地市供电服务指挥中心。

一、工单接派

供电服务指挥中心应在客服代表下派工单后 3min 内完成接单或退单，对于接单的工单进行故障研判，继而派发抢修工单至对应的抢修队伍，指挥中心工单接派如图 21-1 所示。

（一）退单规范

供电服务指挥中心回退客服代表的描述应简洁、准确，协助客服代表二次准确派单。退单原因类型：

（1）工单内容填写错误、信息填写不完全，导致无法找到现场，并且无法联系上客户。

（2）属于应办结工单，客服代表误派发的工单。如：知识库规定非地市业务受理范围的工单；客服代表误操作派发的工单；已有计划停电等停电信息，客服代表仍派发的工单；其他情况。

（3）受理内容描述不清、造成市公司工作人员无法理解工单内容。如：未按 95598 业务工单填写规范进行填写；工单受理内容与客户诉求完全不符。

（4）在规定答复期限内同一客户反映的同一问题造成的重复工单。

（5）与报修客户联系后客户表示未报修的工单可退单，并注明详细原因。

（6）工单一级分类选择错误。

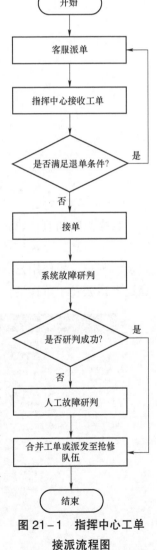

图 21-1 指挥中心工单接派流程图

（二）故障研判

配电网的故障研判是指依托配电网物理拓扑结构、设备与设备上下级关系，通过收集当前电网各类设备实时运行信号，诊断出引起停电的故障类别、发生故障的位置以及停电影响范围的过程。准确的故障研判可以帮助供电服务指挥人员更合理地调配抢修资源、派发抢修任务；可以帮助现场抢修人员更快地排查故障，找到故障点、故障原因加快抢修进度；可以帮助客服人员更准确地掌握故障停电影响范围，以便及时拦截到新增报修，减少重复派工。智能化供电服务指挥系统故障研判示例如图 21-2 所示。

图 21-2　用户报修研判详情

（三）工单派发

根据故障研判逻辑，将工单派发至相应的抢修所属单位、抢修班组、抢修人员等，实现工单信息线上流转的，可直接派单至抢修人员移动作业终端，并可短信通知到抢修人员、班长、报修用户、客户经理，如图 21-3 所示；未实现工单信息线上流转的，可通过电话派发工单详情。

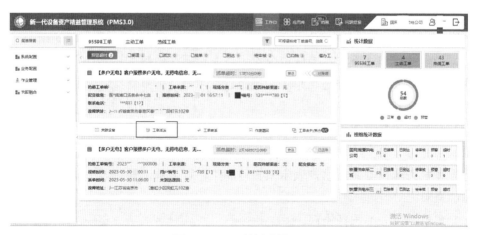

图 21-3　工单派发界面

二、工单合并

故障报修工单流转的各个环节均可以进行工单合并，合并后，指定一张工单作为主工单，其余工单作为子工单。为保证故障报修工单流程闭环，提高客户满意率，合并后的故障报修工单处理完毕后，主、子工单均需回访。

对于在实现营配信息融合情况下，建立准确的"站-线-变-户"拓扑关系的情况下指挥人员可对因同一故障点影响的不同客户故障报修工单进行合并，对于不确定是否为同一故障点的工单下派至相应抢修人员，抢修人员确认为同一故障点引起的客户报修可以进行工单合并，在合并工单前要经过仔细核实、查证，不得随意合并工单。除了故障报修工单外，其余类型工单均不能进行合并。

工单合并可以避免大量的重复工作，提升指挥人员派单效率和回单效率，减轻抢修人员回复工单工作量。合并工单范例如图21-4所示。

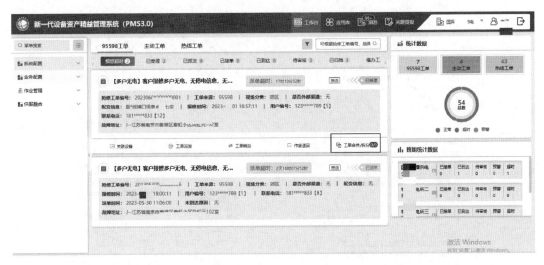

图21-4　工单合并界面

合并工单的方法有通过批量合并或点选某张工单进行合并操作。批量合并可先选择多张工单，再确定主单的方式进行合并操作。

三、抢修处理

抢修处理包括抢修人员接单或退单、到达现场、故障处理、回复工单等环节。抢修人员与供电服务指挥人员一致，实行7×24h全天候服务管控和服务响应，及时处理客户故障诉求，实现"五个一"标准抢修要求：一个用户报修、一张服务工单、一支抢修队伍、一次到达现场、一次完成故障处理。

目前抢修接单的模式有：

（1）指挥人员直接派发至对应的班组，班组内上班的所有人员均能接单，任一人接单后，其余人员不得操作。

（2）指挥人员根据派单规则、App在线情况和人员工单数量等派发至对应班组的某个人员，该人员接单处理。

（3）通过类似于"滴滴打车"App，抢修人员进行抢单。抢修处理具体要求有：

（一）接单或退单

抢修人员在指挥中心派发工单后规定时间（规定时间根据各地市《供电服务指挥业务管理办法》执行）内完成接单或退单。对于非本部门职责范围或信息不全影响抢修工作的工单应及时反馈指挥中心，指挥中心在 3min 内将工单回退至派发单位并详细注明退单原因。对于职责范围内的工单，抢修人员接到工单后应第一时间联系报修客户，其次确认报修内容，告知其预计到达现场时间，安抚客户情绪。抢修人员收到短信截图和 App 上接、退单界面如图 21－5 和图 21－6 所示。

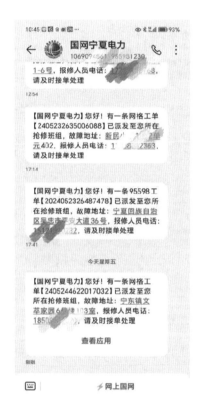

图 21－5　抢修收到报修短信界面

图 21－6　移动配抢 App 抢修接单、退单界面

（二）抢修到达现场

抢修人员到达故障现场时限应符合：城区范围不超过 45min，农村地区不超过 90min，特殊边远山区不超过 120min。具备条件的单位采用最终式，抢修人员到达故障现场后 5min 内将到达现场时间录入系统；不具备条件的单位采用过渡模式，抢修人员到达故障现场后 5min 内向供电服务指挥中心反馈到达现场时间，暂由指挥中心将到达现场时间录入系统。抢修 App 上到达现场点击界面如图 21－7 所示，到达现场操作界面如图 21－8 所示。

图21-7　到达现场点击界面

图21-8　抢修到达现场后的操作界面

（三）抢修完毕回单

图21-9

　　抢修完毕后应及时准确回单，便于国网客服尽快与客户回访。具备条件的单位采用最终模式，抢修完毕后 5min 内抢修人员填单向供电服务指挥中心反馈结果，指挥中心30min 内完成工单审核、回复工作；不具备条件的单位采用过渡模式，抢修完毕后 5min 内抢修人员汇报供电服务指挥中心，暂由指挥中心在 30min 内完成填单、回复工单。抢修 App 上抢修修复点击界面如图 21-10 所示，抢修修复操作界面如图 21-11 所示。

图 21-10　抢修修复点击界面

图 21-11　抢修修复操作界面

四、客户催办

客户催办即客服代表应客户要求，对正在处理中的业务工单进行催办。抢修类催办业务，客服代表应做好解释工作，并根据客户诉求派发办工单。

客服代表在 10min 内完成抢修类催办工单派发。已生成工单（包括抢修类工单及非抢修类工单）的业务诉求，客户再次来电要求补充相关资料等业务诉求的，需将补充内容详细记录并生成催办工单下派。客户催办故障抢修工单的，若抢修人员到达现场时限已超过服务承诺时限要求一半及以上时间的，可派发催办工单，催办工单派发时间间隔应在 5min 及以上；若抢修人员未到达现场，且未超过服务承诺时限要求一半时间的，由客服代表做好解释工作，争取客户理解。对于存在舆情风险的，需按照客户诉求派发催办工单。

供电服务指挥中心人员在接到客户催办后，与工单接单要求相同，3min 内告知抢修人员。告知抢修人员的方法有：

（1）具备系统自动一键催办功能的可实现一键催办，直接将工单的内容推送至手机App。

（2）通过系统实现短信催办功能的，在系统中，将客户催办信息（包括工单编号地址、电话、客户催办诉求）通过短信告知抢修人员，同时在系统中形成催办工单。

（3）不能实现系统与抢修互动的，可通过微信、电话等方式告知抢修人员。

五、审核工单

供电服务指挥中心根据抢修人员回填的工单在 30min 内完成审核，审核不通过将不通过原因回退抢修人员重新回填，审核通过提交至上级派发单位。国网客服中心客服人员审核抢修人员回填的工单：客服代表审核供电服务指挥人员提交的工单，审核不通过，回退供电服务指挥中心重新回单。

（一）故障报修工单填写规范

抢修回填工单在主站端回复界面，指挥中心对工单内容进行审核，工单填写应注意：

（1）工单应使用书面语进行填写，内容描述应准确、简洁，避免错字、别字的发生；语句通顺、流畅，结构逻辑性强，避免产生歧义句。

（2）工单填写项目应尽可能完整，带有星号的为必填项；对于非必填项，本着便于处理的原则根据需要尽量填写。

必填项包括到达现场时间、预计恢复送电时间、故障类型、故障现象、故障设备产权属性、故障原因、故障区域分类、故障修复时间、现场抢修记录、处理结果、是否已回复等。选填项包括抢修部门、抢修人员、抢修车辆、联系电话、停电范围、承办意见合并工单等。

（3）故障报修工单现场抢修记录应对故障处理过程进行简要描述，不应以"已处理""已转部门处理"等形式回复。

供电服务指挥中心提交的工单由国网客服中心客服人员进行审核。审核不通过，回退供电服务指挥中心重新回单。审核不通过的原因有：

（1）客户诉求实际未处理好或未完全处理好，工作人员急于反馈工单，导致回访人员与客户核对信息时发生回退。

（2）用户首次报修的故障已经修复，但是在回访时又发生新的故障导致用户还是电造成回退。

（3）故障修复完毕后未与报修本人联系，回访用户时，用户对抢修结果不清楚，遇成回退。

（4）工单处理意见填写不规范，未按上级客服中心要求进行填写。

（5）工单处理意见反馈不真实或不完整，导致回访时客户提出异议。

（6）工单处理意见与工单受理内容不相符，未按客户诉求进行处理。

（二）故障报修工单回单模板

故障报修工单回复模板在系统中的查询界面如图 21-12 所示。

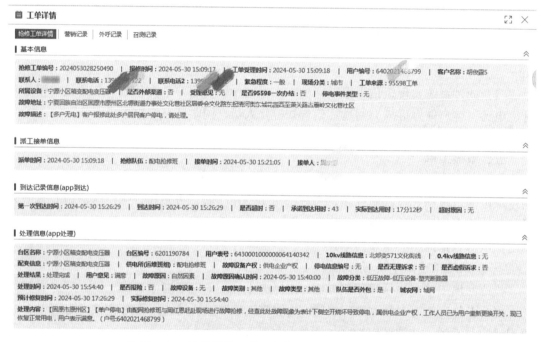

图 21-12　故障报修工单回复模板在主站端的查询界面

1. 高压故障

抢修现场检查确认为供电企业产权设备故障，回单时写明：现场经查故障原因为 10kV××线故障停电，于××日抢修完毕，恢复供电，已联系用户解释清楚，用户无异议（相关停电信息编码：××）。

2. 低压故障

抢修现场检查确认为供电企业产权设备故障，回单时写明：现场经查此户是××故障，于××日抢修完毕恢复供电，用户无异议。

3. 电能质量故障

（1）电能质量问题，抢修现场检查确认为供电资产故障，修复处理后，回单时请写明：现场检查确认为××故障，已处理，现场正常供电。抢修现场测量电压值××，属于正常范围，已和客户进行沟通。

（2）电能质量问题，抢修现场检查确认为供电资产原因不能短时修复处理，还需其他部门后续处理，回单时请写明：

现场检查确认为××故障，临时无法进行恢复，已取得客户谅解，后续将转××部门处理。

（3）抢修现场检查确认为供电资产部分电压异常故障，已有改造计划，等待停电，回单时请写明：

××月××日，××部门经现场勘查核实，负荷高峰时，现场实测电压××V，××线路××台区电压低系××（如配电变压器容量小、线径细、供电半径大等）原因造成。已有改造计划，计划于××月××日采取××措施处理完毕。

4. 客户内部故障

抢修现场检查确认为客户产权设备故障，回单时写明：

（1）抢修现场检查确认为客户资产故障，如需要客户自行处理的，回单时请写明，现场检查确认为××故障，属客户内部故障，客户自行处理，已向客户解释清楚。

（2）抢修现场检查确认为客户资产故障，帮助客户临时修复处理的，回单时请写明现场检查确认为××故障，属客户内部故障，已代为临时处理，后续自行处理，已向客户解释清楚。

（3）抢修现杨检查确认为高（低）压动力客户资产部分故障，回单时请写明：

现场检查确认为专变（临时用电）客户，属客户内部故障，客户自行处理或已转营销部处理，已向客户解释清楚。

5. 非电力故障

（1）非电力故障—客户误报。

1）抢修人员确认客户停电为负控限电引起，回单时请写明：

现场核实为负控限电造成客户无电，非抢修范围，已经向客户解释。

2）抢修人员确认客户停电为欠费停电引起，回单时请写明：

现场核实因其欠费停电造成客户无电，并向客户解释，请客户结清电费后，尽快去供电公司营业厅办理复电手续。

或：现场核实因其欠费停电造成客户无电，已经临时为客户送电（报备营销××单位），并向客户解释，请客户结清电费后，尽快去供电公司营业厅办理复电手续。

3）物业公司与客户矛盾造成停电，回单时请写明：

客户与物业公司之间有纠纷被断电，请客户与物业公司协商处理。

4）抢修人员联系客户（或到现场）时，客户表示已用电正常，回单时请写明：

抢修人员联系客户（到现场）时，客户表示家中已有电。

5）95598国网客服中心告知，客户取消报修，回单时请写明：

客户已致电95598取消报修。

6）客户因不在家中等特殊情况，与抢修人员约定时间开展抢修工作的，回单时请写明：

由于××，抢修人员××（手机××）跟客户约时××日××时（时间）处理（明确届时是客户联系抢修人员还是抢修人员联系客户）。

7）抢修人员确认客户停电为计划停电引起，回单时请写明：

现场核实客户停电原因为 10kV ××线路计划停电，已发停电信息，停电信息编码：

（2）非电力故障—紧急消缺。

1）供电资产客井盖缺失或损坏，造成安全隐患不能及时修复，回单时请写明：现场已做临时防护处理，预计在××（时间）前修复，已和客户进行沟通。

2）供电资产窨井盖缺失或损坏，造成安全隐患已及时修复、回单时请写明：现场已做临时防护处理，已修复，已和客户进行沟通。

3）非供电资产窨井盖缺失或损坏，造成安全隐患，回单时请写明：

现场查看发现该窨井盖非供电资产，属××（电信，雨污分流等），已告知客户。

4）高压线路弧垂过大、电杆倾斜等安全隐患情况，回单时请写明：

现场已做临时防护处理，已通知相关部门处理，预计在××（何时前）修复，已和客户进行沟通。

5）树木碰线，存在安全隐患，回单时请写明：

因树木生长较快碰到低压线路，已锯树处理。

6. 计量故障

（1）抢修现场检查确认为电能表故障，更换电能表处理，回单时请写明：

现场检查此户是电能表故障，于××日更换电能表，抢修完毕，恢复供电，已联系用户解释清楚，用户理解。

（2）抢修现场检查确认为终端故障，回单时写明：

现场检查故障原因为终端故障，已于××日为客户恢复送电并做好解释，内部已发起计量故障流程，客户无异议。

（3）电能表疑似存在串户现象，回单时请写明：

抢修单位现场确认，客户用电正常，但电能表疑似存在串户现象，已与报修人解释，告之后续会有专业人员与其联系，预约核查处理串户事宜。

（4）电能表箱破损或缺失，回单时请写明：

抢修人员抵达现场对破损或缺失的电能表箱已做临时处理，目前不影响客户用电安全，但需对电表箱做进一步的维护处理。已向客户解释，告知后续会有人员与其联络处理表箱问题。

第二十二章　95598 非抢修业务管控

第一节　投诉业务处理规范

一、投诉定义

供电服务投诉是指公司经营区域内（含控股、代管营业区）的电力客户，在供电服务、营业业务、停送电、供电质量、电网建设等方面，对由于供电企业责任导致其权益受损表达不满，在法定诉讼时效期限内，要求维护其权益而提出的诉求业务（以下简称"客户投诉"）。

二、投诉分类

客户投诉包括服务投诉、营业投诉、停送电投诉、供电质量投诉、电网建设投诉五类。

（1）服务投诉指供电企业员工（不含抢修、施工人员）在工作场所或工作过程中服务行为不规范引发的客户投诉，主要包括服务态度、服务规范等方面。

（2）营业投诉指供电企业在处理具体营业业务过程中存在工作超时限、疏忽、差错等引发的客户投诉，主要包括业扩报装、用电变更、抄表催费、电费电价、电能计量、业务收费等方面。

（3）停送电投诉指供电企业在停送电管理、现场抢修服务等过程中发生服务差错引发的客户投诉，主要包括停送电信息公告、停电问题、抢修服务等方面。

（4）供电质量投诉指供电企业向客户输送的电能长期存在频繁停电、电压偏差、电压不平衡、电压波动或闪变等供电质量问题，影响客户正常生产生活秩序引发的客户投诉，主要包括电压质量、供电可靠性等方面。

（5）电网建设投诉指供电企业在电网建设（含施工行为）过程中存在农网改造违规收费、电力施工不规范等问题引发的客户投诉，主要包括供电设施、电力施工人员服务行为等方面。

三、投诉受理

（1）国网客服中心受理客户投诉时，应初步了解客户投诉的原因，安抚客户，做好解释工作，详细记录客户所属区域、姓名、联系电话、投诉内容、客户编号（"e充电"账号、充电卡号等）、是否要求回复（回访）等信息。

（2）国网客服中心应在客户挂断电话后 20min 内完成工单填写、审核、派单；省（市）公司接到 12398 等外部渠道转办的客户诉求，国网客服中心接到公司巡视办转办的投诉诉求及营销服务舆情后 20min 内完成工单录入。

（3）被省营销服务中心、国网电动汽车公司退回的工单，首次退单由国网客服中心在 60min 内复核，第二次退单在 30min 内复核。每日 21:00 至次日 8:00 期间可不开展退单分理工作。国网客服中心对不符合退单标准的，应详细填写退单原因并将工单回退；对符合退单标准的，应详细填写修改原因并将工单改类或修改投诉业务子类重新派发。

（4）客户通过其他方式进行投诉的，国网客服中心应及时派发工单，相关要求参照95598客户投诉受理要求执行。

（5）投诉受理判定标准。

1）客户在人工服务通话（会话）中明确表达不满，严重影响客户体验，且诉求符合投诉判定要点的，派发投诉工单。

2）触碰供电服务"十项承诺"、员工服务"十个不准"等红线问题，派发投诉工单。涉及接受客户吃请和收受客户礼品、礼金、有价证券等客户诉求派发行风问题线索移交工单。

3）符合以下条件的不派发投诉工单，派发相应业务工单。

① 符合《国家电网有限公司95598特殊客户管理规范》规定范围内的客户诉求。

② 符合《国家电网有限公司95598重要服务事项报备管理规范》规定范围及应用要求的客户诉求。

③ 超过《中华人民共和国民法典》民事权利诉求时效期限的客户诉求。

④ 客户匿名、保密投诉。

⑤ 主动表明自己为政府规定的拆迁户的客户诉求。

⑥ 别人代办的办电业务，或道听途说场景，本人未亲身经历部分环节的客户诉求。

⑦ 经95598业务支持系统识别为网络虚拟电话号码的客户诉求。

⑧ 新接收（签订移交协议之日起2年内且未完成改造）的代管县、"三供一业"、转供电、地方电力、小水电、集团供电等供电营业区域内的客户，反映的抄表催费、电能计量、停送电、供电质量和电网建设类客户诉求。

4）通过95598业务支持系统判别为同一停电事件导致的频繁停电，在已派发投诉工单的前提下，后续24h内同一诉求按同一10kV线路降级派发意见（建议）工单；同一台区客户反映电压质量长时间异常的投诉，在已派发投诉工单的前提下，后续60个工作日内同一诉求按台区降级派发意见（建议）工单。

（6）客户撤销投诉。客户来电要求撤销投诉，国网客服中心如实记录，按咨询办结并与前期投诉工单关联，前期投诉工单不得办结。

四、接单分理

（1）各省营销服务中心、国网电动汽车公司接收客户投诉工单后，应对工单进行研判，完成转派或退单。首次接单分理应在60min内完成，二次接单分理及最终接单分理应在30min内完成。

（2）地市、县公司接收客户投诉工单后，应在2h内完成转派或退单，如可直接处理，按照业务处理时限要求回复工单。地市公司、国网电动汽车公司业务处理部门退单后，只可修改业务子类，不能修改业务类型或办结。

（3）符合以下条件的，工单接收单位应将工单回退至派发单位，重新派发或向客户解释说明，办结工单：

1）非本单位供电区域内的。

2）客户信息有误或核心内容缺失，接单部门无法处理的。

3）业务类型或投诉子类错误的。

4）同一客户的同一诉求在业务办理时限内，再次派发投诉的。

五、投诉处理

（1）地市、县公司从国网客服中心受理客户投诉（客户挂断电话）后 24h 内联系客户，4 个工作日内调查、处理，答复客户，并反馈国网客服中心。如遇特殊情况，按上级部门要求的时限处理。

（2）工单反馈内容应真实、准确、全面，符合法律法规、行业规范、规章制度等相关要求。

（3）地市、县公司在投诉调查结束后，对属实投诉应进行责任标记，对不属实投诉发起申诉。

（4）受理、处理环节分别按客户描述及调查情况，进行责任标记，分为个人责任和单位责任。

1）个人责任是指因供电公司工作人员责任导致的客户投诉，单位责任是指因供电公司电网投入不足、信息系统问题等导致的客户投诉。

2）国网客服中心根据客户描述在工单派发时进行责任标记，地市、县公司根据调查情况在工单处理环节进行责任标记，投诉责任以处理环节标记结果为准。

3）基层单位对判定为单位责任的投诉不得考核个人。

六、回单审核

（1）国网客服中心、省营销服务中心，国网电动汽车公司，地市、县公司应根据对回单质量进行审核，对回单内容不符合要求的，应注明原因后将工单回退至投诉处理部门再次处理。工单回复内容存在以下问题，应将工单回退：

1）未对客户投诉问题进行答复或答复不全面的。

2）未提供投诉处理依据的。

3）违背公司相关规定或表述不清、逻辑混乱的。

4）其他经审核应回退的。

（2）针对频繁停电、电压质量长时间异常问题已列入本单位年度改造项目的，应在回单中明确项目名称、整改开始和结束时间、涉及范围等，原则上整改时间不超过 60 个工作日，在同一客户反映同一问题后不派发投诉工单。

七、工单回复（回访）

（1）国网客服中心应在回单后 1 个工作日内完成回复（回访），如实记录客户意见和满意度评价，客户明确提出不需回复（回访）及外部渠道转办诉求中无联系方式的工单，不进行回复（回访）。

（2）回复（回访）时存在以下问题，应将工单回退：

1）工单填写存在不规范。

2）回复结果未对客户诉求逐一答复。

3）回复结果违反有关政策法规。

4）客户表述内容与投诉处理部门回复内容不一致，且未提供支撑说明。

5）投诉处理部门对 95598 客户投诉属实性认定错误或强迫客户撤诉。

八、工单催办

（1）国网客服中心受理客户催办诉求后，10min 内派发催办工单。省营销服务中心、国网电动汽车公司在接到工单后工作时间 10min 内派单至业务处理部门，业务处理部门须及时处理并办结。客户再次来电要求补充相关资料的，需详细记录并派发催办。

（2）客户催办时提出新的诉求，派发相应业务类型工单。

（3）同一事件催办次数原则上不超过 2 次，若客户表示强烈不满，诉求有升级隐患等特殊情况的，可派发催办工单，规避服务风险，避免引发舆情事件。

九、证据管理

（1）投诉证据包括书面证据、媒体公告、短信等，原则上每件投诉的证据材料合计存储容量不超过 10M。

（2）投诉相关证据材料应形成电子文档，作为投诉工单附件上传系统，视频材料根据基层单位处理需要进行上传。

（3）各单位做好投诉证据归档保存，保存年限为 3 年，超过保存年限的投诉证据按照保密材料销毁要求执行。

第二节 一般诉求业务处理规范

一、一般诉求定义

一般诉求业务是指客户通过 95598 电话、95598 网站、在线服务、微信公众号等渠道反映以及 12398、公司巡视办及营销服务舆情转办的举报（行风问题线索移交）、意见（建议）、业务申请、查询咨询诉求业务。

二、一般诉求分类

（1）举报（行风问题线索移交）是指客户对供电企业内部存在的徇私舞弊、吃拿卡要等行为或外部人员存在的窃电、破坏和偷窃电力设施等违法行为进行检举的诉求业务，主要包括行风问题线索移交、窃电、违约用电、破坏和偷盗电力设施等。

（2）意见（建议）是指客户对供电企业在供电服务、供电业务、停送电问题、供电质量问题、电网建设、充电服务、充电设施建设等方面存在意见或建议而提出的诉求业务。

（3）业务申请是指客户向供电企业提出业务办理申请，或需协助、配合开展现场服务的诉求业务。主要包括新装增容及用电变更申请、用电信息变更、用电异常核实等。

（4）查询咨询是指客户对各类供电服务信息、业务办理情况、电力常识等问题的自助查询及业务询问，对供电企业在供电服务等方面提出的表扬，以及通过线上渠道申请办理的业扩报装、用电变更等诉求业务。

三、一般诉求受理

（一）举报（行风问题线索移交）

（1）国网客服中心应在客户挂断电话后 20min 内，详细记录客户信息、举报内容、联系方式、是否要求回访等信息，选择举报类型与处理单位，并尊重举报人匿名、保密要求，生成举报业务工单，派发至市、县供电服务指挥中心、国网电动汽车公司。

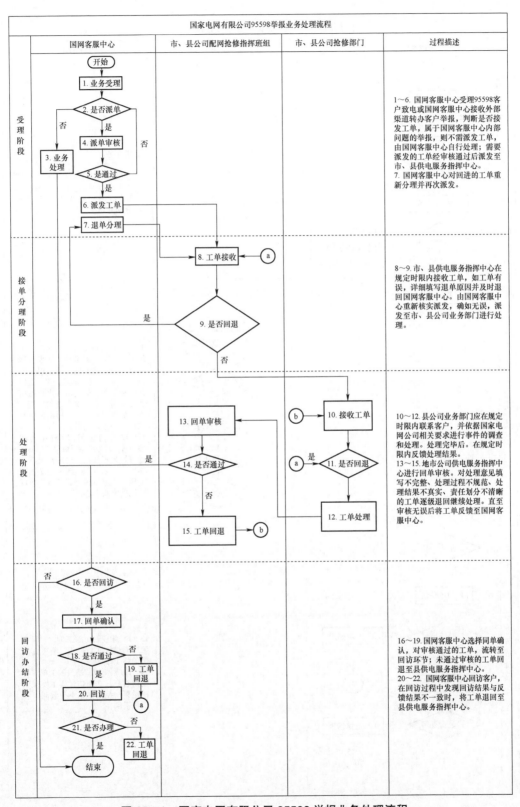

图 22-1 国家电网有限公司 95598 举报业务处理流程

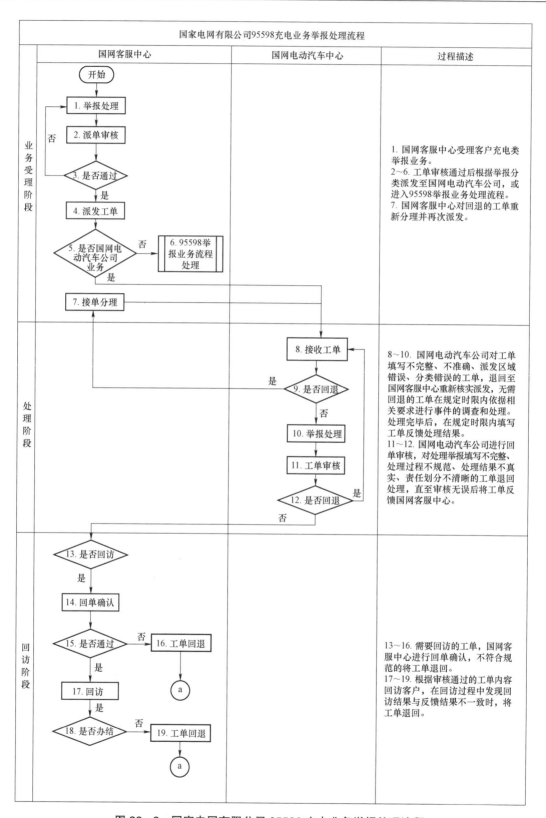

图 22-2 国家电网有限公司 95598 充电业务举报处理流程

（2）12398.公司巡视办转办、营销服务舆情中的举报（行风问题线索移交）诉求，分别由省（市）公司、国网客服中心在接到后 20min 内完成工单录入（具体要求按照电话受理规范执行）。

（3）涉及党风廉政建设方面的行风问题举报，国网客服中心应按时移交驻公司纪检监察组处理。

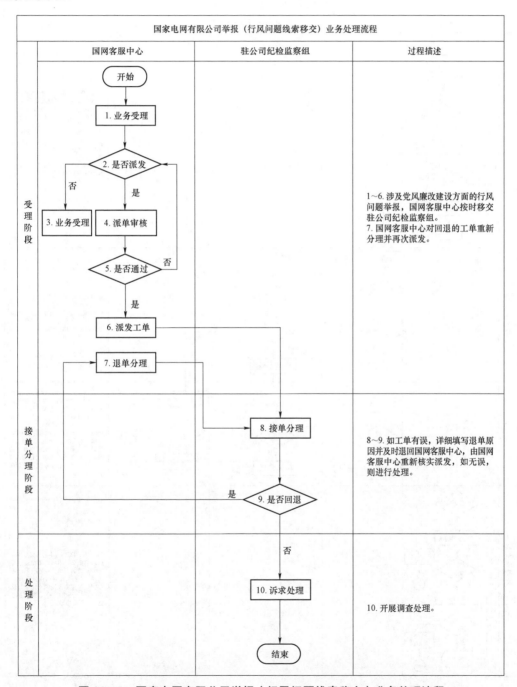

图 22-3　国家电网有限公司举报（行风问题线索移交）业务处理流程

（二）意见（建议）

（1）国网客服中心应详细记录客户信息、意见（建议）内容、联系方式、是否要求回访等信息，选择意见（建议）类型与处理单位，并尊重客户匿名、保密要求，20min内派发意见（建议）业务工单至各省营销服务中心、国网电动汽车公司、国网电商公司。

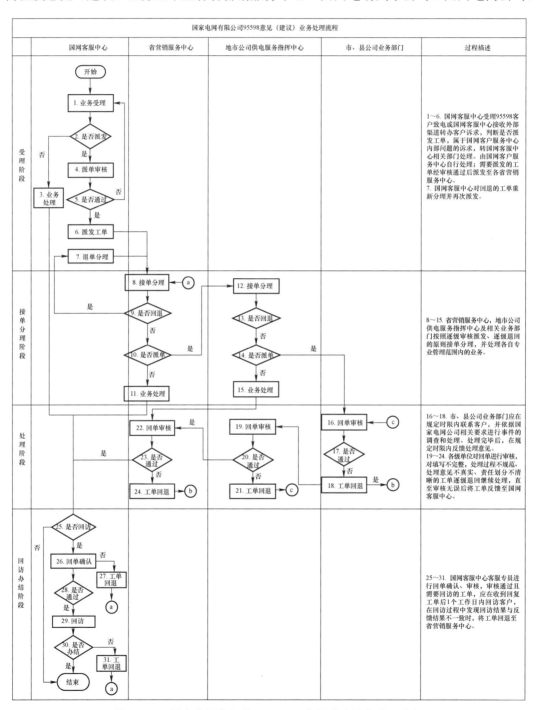

图 22-4　国家电网有限公司 95598 意见（建议）处理流程

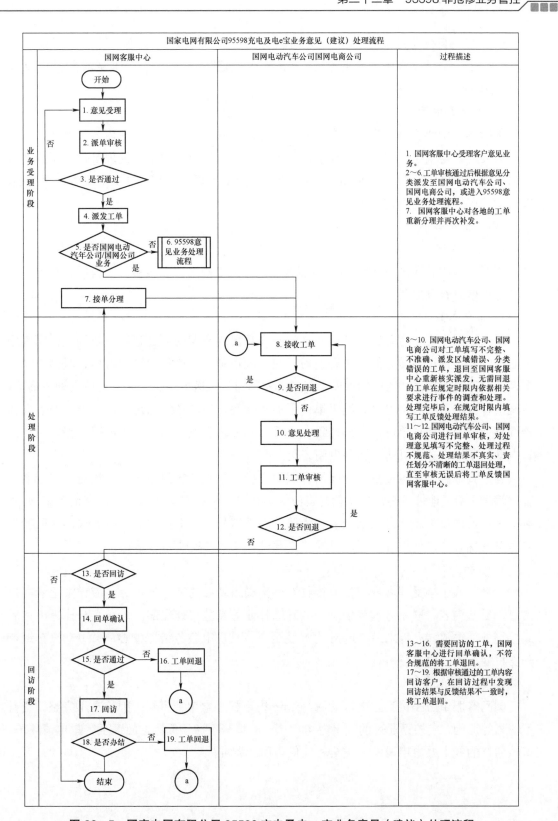

图 22-5 国家电网有限公司 95598 充电及电 e 宝业务意见（建议）处理流程

（2）12398 公司巡视办转办、营销服务舆情中的意见（建议）诉求，分别由省（市）公司、国网客服中心在接到后 20min 内完成工单录入（具体要求参照电话受理规范执行）。

（三）业务申请

国网客服中心受理客户业务申请后，应详细记录客户信息、反映内容、联系方式、是否需要回访等信息，根据客户反映的内容，准确选择业务类型与处理单位，生成业务申请工单。客户挂断电话后 20min 内完成工单审核，并派发至市、县供电服务指挥中心，省电动汽车地市分支机构、国网电商公司。

（四）查询咨询

1. 信息查询

国网客服中心通过 95598 电话智能客服、95598 网站、在线服务等自助查询方式向客户提供信息查询服务。

2. 客户咨询

国网客服中心、省营销服务中心（设有少数民族座席的）受理客户咨询或国网客服中心接收到外部渠道转办的客户咨询后，应详细记录客户信息、咨询内容、联系方式、是否需要回复等信息。通过知识库、用户基本信息、停送电信息、业务工单查询咨询等，能直接答复的，应直接答复办结工单；不能直接答复的，详细记录客户诉求，准确选择查询咨询类型与处理单位，客户挂断电话后 20min 内派发至市、县供电服务指挥中心，省电动汽车地市分支机构、国网电商公司。

客户查询咨询用电信息时，国网客服中心应通过开放式问题与客户核对客户户名、客户编号、用电地址等客户档案信息，在核实客户身份后方可向客户提供查询咨询服务。对于客户反映供电企业员工因社会行为违法违规等与供用电业务无关的诉求，客服专员应尽量安抚客户，使用规范话术引导客户通过合法渠道反映并办结。

3. 表扬

国网客服中心受理客户表扬或接收到外部渠道转办的客户表扬后，应详细记录客户信息、反映内容、联系方式等信息，准确选择业务类型与处理部门，在客户挂断电话后或接到外部渠道转办诉求后 20min 内派发至市、县供电服务指挥中心，省电动汽车地市分支机构、国网电商公司。

4. 线上办电审核

国网客服中心在接到办电申请后，5min 内审核办电申请资料，因信息不完整、资料不清晰等原因，审核不通过的线上办电申请，应填写不通过原因，回退至客户申请环节。审核通过的线上办电申请，派发至相应供电所或营业厅。

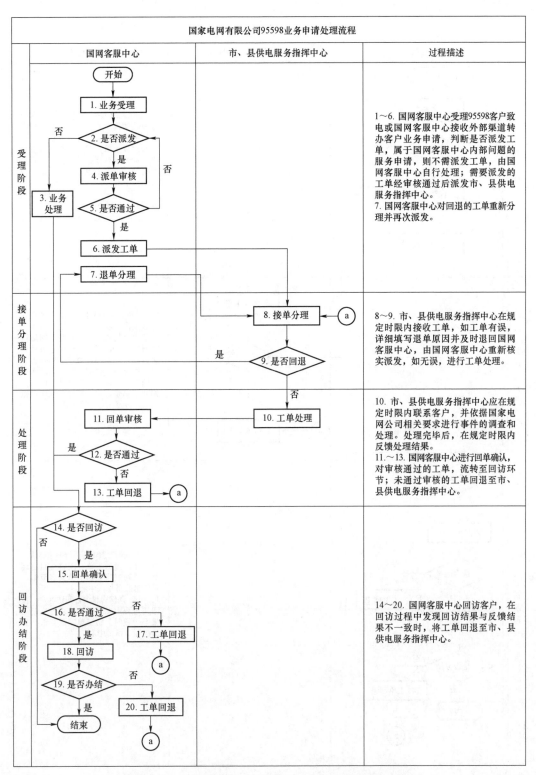

图 22－6　国家电网有限公司 95598 业务申请处理流程

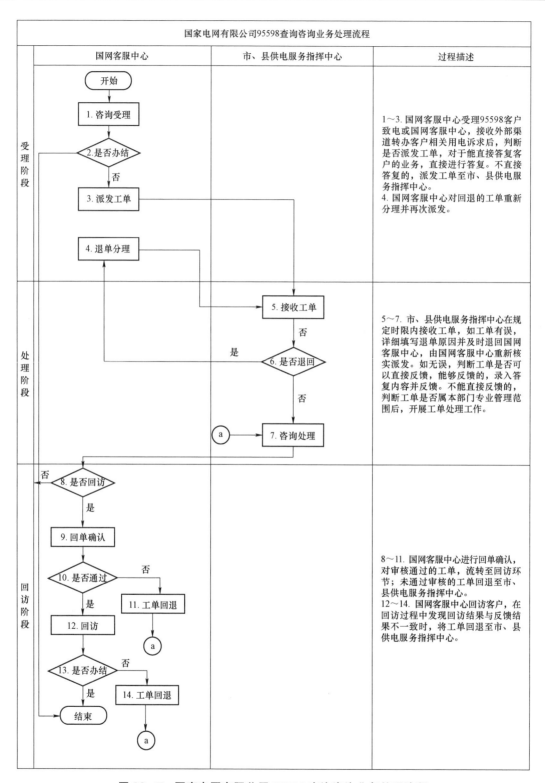

图 22-7　国家电网有限公司 95598 查询咨询业务处理流程

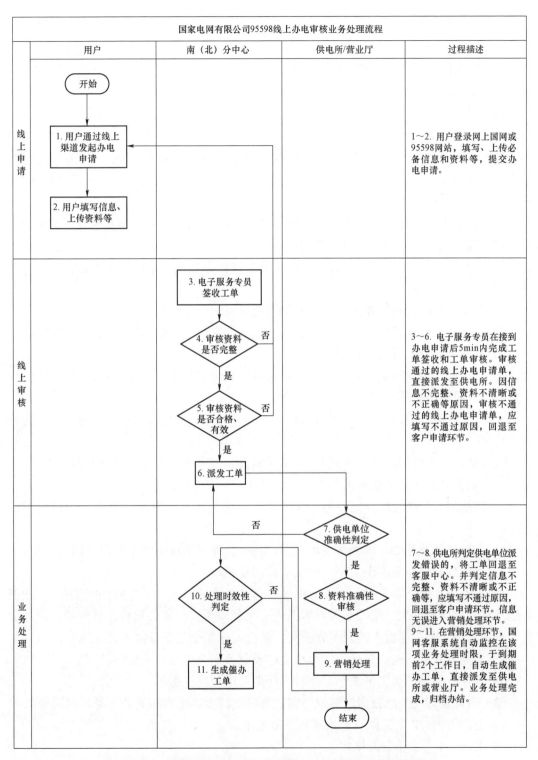

图 22－8　国家电网有限公司 95598 线上办电审核业务处理流程

（五）工单处置

对国网电动汽车公司、省电动汽车地市分支机构、国网电商公司、省营销服务中心及市、县供电服务指挥中心回退的一般诉求工单，国网客服中心应核对受理信息，60min内办结或重新派发。

四、接单分理

（1）国网电动汽车公司、省电动汽车地市分支机构、国网电商公司、省营销服务中心及县供电服务指挥中心，接收工单后，需在24h内联系客户或处理的工单，应在2h内，完成接单转派或退单；其他工单，应在2h内，完成接单转派或退单。如可直接处理，按照业务处理时限要求完成。

（2）供电所、营业厅在接到线上办电工单后，应在2h内，完成接单转派或退单，如可直接处理，按照业务处理时限要求完成。

（3）符合以下条件的，工单接收单位应将工单回退至派发单位，重新派发或向客户解释说明，办结工单：

1）非本单位区域内的业务，应注明其可能所属的供电区域后退单。

2）国网客服中心记录的客户信息有误或核心内容缺失，接单部门无法处理的。

3）业务类别及子类选择错误。

4）知识库中的知识点、重要服务事项报备可正确解答客户诉求，且客户无异议的。

五、一般诉求处理

业务处理部门在接到客户一般诉求后，在如下时限内按要求开展调查处理，并完成工单反馈。

（1）举报（行风问题线索移交）、意见（建议）工单9个工作日处理并回复工单。

（2）业务办理各子类业务工单处理时限要求：

1）已结清欠费的复电登记业务24h内为客户恢复送电，送电后1个工作日内回复工单。

2）电器损坏业务24h内到达现场核查，业务处理完毕后1个工作日内回复工单。

3）办电预受理业务1个工作日内核实并回复工单。

4）服务平台系统异常业务3个工作日内核实并回复工单。其中95598网站、在线服务等系统异常客户诉求，首派至国网客服中心，经研判需由省公司协助处理的，应在受理客户诉求后1个工作日内转派至省公司，省公司在1个工作日内处理并回复。

5）电能表异常、电表数据异常、校验电表业务5个工作日内处理并回复工单。

6）其他业务申请类工单5个工作日内处理完毕并回复工单。

（3）查询咨询（信息查询、客户咨询、表扬、线上办电审核）业务处理时限要求：

1）客户咨询：2个工作日内处理并回复工单。

2）表扬：4个工作日内核实。

3）线上办电审核：根据客户办电类型在规定时间内处理并回复工单。

六、回单审核

国网电动汽车公司，国网电商公司，省营销服务中心，地市、县公司对回单质量进行审核，发现工单回复内容存在以下问题的，应将工单回退至处理部门再次处理：

（1）未对客户提出的诉求进行答复或答复不全面、表述不清楚、逻辑不对应的。

（2）未向客户沟通解释处理结果的（除匿名、保密工单外）。

（3）应提供而未提供相关诉求处理依据的。

（4）承办部门回复内容明显违背公司相关规定。

（5）其他经审核应回退的。

七、工单回复（回访）

（1）国网客服中心对于接收的举报（行风问题线索移交）、意见（建议）、业务办理、查询咨询（业务询问、线上办电审核）工单，除客户明确提出不需回复（回访）、匿名、外部渠道转办诉求中无联系方式的工单外，应在收到工单反馈结果后 1 个工作日内开展工单的回复（回访）工作，并如实记录客户意见和满意度评价。

（2）针对不认可国家及公司政策、已进入司法程序、无明确用电诉求要求领导联系等诉求，处理单位可在回单时标记［无理诉求客户］，此类工单仅开展一次短信回访；客户主叫号码为网络虚拟号的工单，仅开展一次短信回访。

（3）国网客服中心在回复（回访）过程中，对工单填写存在不规范、回复结果未对客户诉求逐一答复、回复结果违反有关政策法规、工单填写内容与回复（回访）客户结果不一致，且基层单位未提供有效证明材料或客户对证明材料有异议的，客户要求合理的，填写退单原因及依据后将工单回退至工单提交部门。

八、工单催办

（1）国网客服中心受理客户催办诉求后，10min 内派发催办工单，催办工单流程与被催办工单一致。省营销服务中心、地市公司供电服务指挥中心、国网电动汽车公司、省电动汽车地市分支机构、国网电商公司在工作日 10min 内完成接单转派处理。

（2）客户再次来电要求补充相关资料，需详细记录并派发催办工单。催办次数原则上不超过 2 次，对于存在服务风险的，按照客户诉求派发催办工单。

（3）客户催办时提出新的诉求，派发相应业务类型工单。

（4）客户通过 95598 网站、在线服务等渠道提交的线上办电申请，国网客服中心在该项业务处理时限到期前 2 个工作日，自动生成催办工单，直接派发至供电所或营业厅。

第二十三章 业扩报装业务管控

第一节 职 责

一、营销部职责

营销部是业扩流程管控的归口管理部门，负责业扩报装相关制度、标准的宣贯和落实，并指导相关部门开展业务；负责业扩报装的全业务、全过程管理；负责各单位业扩报装业务的督导、现场服务管控及评价考核。

二、供电服务指挥中心（配网调控中心）职责

供电服务指挥中心（配网调控中心）是业扩全流程管控的实施单位，负责监控用户新装与增容办电时间，以及业务受理、供电方案答复、设计文件审核、中间检查、竣工检验、装表接电环节时长的预警、督办、统计分析，负责各单位业扩现场服务规范性的管控、督办。

三、客户服务中心职责

负责辖区专线客户报装全过程管理，负责35kV以上客户现场勘查、供电方案答复、设计文件审查、业务收费、中间检查、竣工检验、计量装置安装、供用电合同起草及签订、送电工作，负责业扩现场作业规范性稽查、督办。

四、区县供电公司职责

负责辖区内业扩报装业务实施，落实上级单位业扩管理相关规定；对辖区内业扩报装工作进行督导检查，评价考核；负责辖区内低压客户、10kV客户业扩报装全过程管理，负责35kV及以上客户业扩报装受理。

第二节 业扩流程环节管控

（1）供电服务指挥中心（配网调控中心）运营管控室依托供电服务指挥系统开展新装、增容办电时间，以及供电方案答复、设计文件审核、竣工检验、装表接电等各环节的时长监测，对即将超时的情况进行预警。

（2）供电服务指挥中心（配网调控中心）运营管控室分析新装、增容业务整体平均时长变化趋势，内部协同情况，配套工程执行进度，评价业务成效，挖掘影响工作效率的主要环节和因素。

（3）客户服务中心、区县供电公司、供电所接到供电服务指挥中心（配网调控中心）下发的督办或预警单，在次日完成核查确认，并将整改或预控措施反馈至供电服务指挥中心（配网调控中心）运营管控室。

（4）专业管理部门根据供电服务指挥中心（配网调控中心）提交或发布的业扩环节管理优化提升等方面的建议和意见，加强业扩环节管理，不断提高工作效率。

第三节 业扩现场服务管控

一、供电服务指挥中心（配网调控中心）运营管控室

（1）供电服务指挥中心（配网调控中心）运营管控室依托供电服务指挥系统、营销业务应用系统开展新装、增容办电工单回访，每周抽取低压归档业扩工单的20%、业扩工单100%进行回访工作，监督各单位业扩工单的规范性。

（2）供电服务指挥中心（配网调控中心）运营管控室分析新装、增容业扩回访中发现的共性问题、突出问题，评价业务成效，挖掘影响服务提升的主要环节和因素。

（3）客户服务中心、区县供电公司、供电所接到供电服务指挥中心（配网调控中心）下发的回访工单督办，在2个工作日内完成核查确认，并将整改或预控措施反馈至供电服务指挥中心（配网调控中心）运营管控室。

（4）专业管理部门根据供电服务指挥中心（配网调控中心）提交或发布的业扩服务成效等方面的建议和意见，加强业扩现场服务管理，不断提高服务质量。

二、客户服务中心稽查监控班

（1）客户服务中心稽查监控班依托营销业务应用系统、全业务管控系统等开展新装、增容办电工单规范性稽查，每周抽取各供电所、班组低压归档业扩工单的20%、业扩工单100%，通过检查业扩线上流程、现场工作视频记录、工作计划的匹配度，监督各单位业扩现场作业规范性。

（2）客户服务中心稽查监控班分析新装、增容业扩稽查中发现的共性问题、突出问题，评价业务成效，挖掘影响作业规范的主要环节和因素。

（3）客户服务中心、区县供电公司、供电所接到客户服务中心稽查监控班下发的业扩规范工单督办，在2个工作日内完成核查确认，并将整改或预控措施反馈至客户服务中心稽查监控班。

（4）专业管理部门根据客户服务中心提交或发布的业扩作业规范等方面的建议和意见，加强业扩现场作业管理，不断规范现场作业行为。

第四节 供电企业办理用电报装业务的环节和时限目标

表 23-1　　　20××年×月供电企业办理用电报装业务的环节和时限目标

序号	用户类型	各环节办理时间（工作日）						合计办理时间	判定规则	备注说明
		业务受理	供电方案答复	设计审查	中间检查	竣工检验	装表接电			
1	居民用户	1	—	—	—	—	2	5	—	无论有无配套或受电工程，考核合计办理时限，即业务受理开始至装表接电完成不超过5个工作日，否则视为超时限

续表

序号	用户类型	各环节办理时间（工作日）						合计办理时间	判定规则	备注说明
		业务受理	供电方案答复	设计审查	中间检查	竣工检验	装表接电			
2	实行"三零"服务的低压非居民用户	1	3	—	—	—	2	15	低压非居民新装、增容流程中是否有工程选项选择以下两类的：1. 无；2. 有配套无受电	1. 第一类：在是否有工程选项中选择无的，考核供电企业责任环节：包含业务受理、供电方案答复时间；装表接电时间。2. 第二类：在是否有工程选项中选择有配套无受电的，不提取供电方案答复时间，考核合计办理时限，即业务受理开始至装表接电完成不超过15个工作日，否则视为超时限
3	未实行"三零"服务的低压非居民用户	1	3	—	—	—	2	6	低压非居民新装、增容流程中是否有工程选项选择以下两类的：1. 无配套有受电；2. 有配套有受电	考核供电企业责任环节：包含业务受理、供电方案答复时间；装表接电时间与客户受电工程施工时间无法在系统中无法区分，暂不考核
4	高压单电源用户	1	10	3	2	3	3	22	高压单电源新装、增容流程中是否有工程选项仅允许选择以下两类：1. 无配套有受电；2. 有配套有受电	考核供电企业责任环节：包含业务受理、供电方案答复、设计审查、中间检查、竣工检验、装表接电
5	高压双电源用户	1	20	3	2	3	3	32	高压双电源新装、增容流程中是否有工程选项仅允许选择以下两类：1. 无配套有受电；2. 有配套有受电	考核供电企业责任环节：包含业务受理、供电方案答复、设计审查、中间检查、竣工检验、装表接电

注：1. 低压用户指采用380V及以下电压供电的用户，高压用户指采用10（6）kV及以上电压供电的用户。

2. 对于居民用户和实行"三零"服务的低压非居民用户，用电报装压减为受理签约、施工接电2个环节。

3. 低压居民、非居民新装、增容流程中是否有工程选项说明。

（1）无：指接户线及电能计量箱已安装到位，剩余空表位。

（2）有配套无受电：指电能表以上接户线或低压线路延伸或变压器增容等内容由供电企业投资。

（3）有配套有受电：指电能表以上接户线由用户投资，低压线路延伸或变压器增容等内容由供电企业投资。

（4）无配套有受电：指低压线路已延伸到位，电能表以上接户线由用户投资。

4. "三零"指"零上门""零投资""零审批"，以电能表及以上供配电设施客户是否投资为判定依据（在营销系统低压非居民新装、增容流程中，在是否有工程选项中选择无、有配套无受电两类的定义为"三零"投资用户，其中有营业执照的定义为"三零"投资小微企业，没有营业执照的定义为其他"三零"用户；在是否有工程选项中选择有受电无配套、有受电有配套工程的属于非"三零"用户）。

第五节　高压业扩报装

表 23-2　　　　　高压客户业扩报装关键环节作业标准及工单流转条件

序号	环节	收资要求	作业标准	工单流转条件	服务时限	异常情况处置办法
1	业务受理	（1）用电人有效身份证件。 （2）用电站址地物权证件。 （3）用电工程项目批准文件	线下受理： （1）通过政务信息共享调用或客户携带资料齐全时，营业厅或政务服务大厅工作人员应即时将信息录入系统并生成工单。 （2）客户携带资料不齐全时，实行"容缺受理"。 线上受理： 客户通过线上办电渠道发起用电申请时，市供电服务指挥中心值班员2工作时内直接派单至辖区客户经理，1个工作日内完成业务受理	客户提交办电资料并审核合格	1个工作日	对于"容缺受理"的，若客户在现场勘查时仍无法提供齐全的办电资料，应由客户在现场勘查单上签字确认，可终止办电流程，并在现场勘查结束2个工作日内，申请纳入"白名单"管理，并上传客户签字确认的勘查单作为佐证材料
2	方案答复	无	（1）根据与客户预约时间，开展现场勘查。现场勘查前应预先了解待勘查地点现场供电条件，通过供电方案辅助编制调用电网资源，预编供电方案。现场勘查时，对具备直接答复供电方案条件的，直接答复客户；不具备直接答复条件的，在规定时限内通过"办电e助手"、微信、邮寄或送达等方式答复客户。 （2）现场勘查完成后应在2个工作日内将相关信息录入营销系统	供电方案答复书	高压单电源用户10个工作日；双电源用户18个工作日	因雨雪天气等不可抗力，或客户原因，无法开展现场勘查时，应与客户再次约定现场勘查时间，由此导致供电方案答复超时限时，可在方案答复完成后2个工作日申请纳入"白名单"可将"办电e助手"留痕记录等作为佐证材料
3	设计审查（仅重要客户、意向资产移交客户）	（1）设计单位资质证明材料。 （2）用电工程设计及说明书	（1）仅对重要客户、意向资产移交客户开展设计文件审查实行清单化管理，并在规定时限内组织相关部门完成对设计审查环节查验设计单位资质、设计说明书及用电工程设计（一二次系统图、平面布置），意向需要资产移交的客户增加隐蔽工程图查验内容，审查意见一次性书面答复客户。 （2）受理客户设计文件审查申请后，应即时录入系统，完成系统环节流转。如果设计文件审查不合格，应在营销系统内录入设计审查结果。设计审查完成后应在2个工作日内将相关信息录入营销系统，完成系统环节流转	客户提交完整的设计审查资料经审验合格且完成设计审查	3个工作日	无
4	中间检查（仅重要客户、意向资产移交客户）	（1）施工、试验单位资质证明材料。 （2）隐蔽工程施工及试验记录	（1）仅对重要客户、意向资产移交客户的客户开展中间检查，实行清单化管理，在规定时限内组织相关部门完成查验施工、试验资质、施工记录、接地装置，意向需要资产移交的客户增加防震、消防、隐蔽工程等查验内容。 （2）受理客户中间检查申请后，应即时录入营销系统，完成系统环节流转。如果中间检查不合格，应在营销系统内录入中间检查结果。中间检查完成后应在2个工作日内将相关信息录入营销系统，完成系统环节流转	客户提交完整的中间检查资料经审验合格且完成现场中间检查	2个工作日	因雨雪天气等不可抗力，或者客户原因，无法开展中间检查的，应与客户再次约定现场服务时间，由此导致中间检查超时限时，可在中间检查完成后2个工作日内申请纳入白名单

续表

序号	环节	收资要求	作业标准	工单流转条件	服务时限	异常情况处置办法
5	竣工检查	工程竣工报告（含竣工图纸）。对于按照规定未开展设计审查和中间检查的客户，还应提供设计、施工、试验单位资质证明材料	（1）竣工检验主要完成资料查验和现场查验。资料查验可通过线上或线下方式开展，实行清单化管理，仅查验工程竣工图、客户侧涉网设备交接试验报告。查验时应审核客户提交的材料是否齐全有效，资料查验合格后方可组织现场查验。现场查验应按照国家、行业标准、规程和客户竣工报验资料，对受电变压器及以上至产权分界点的客户设备进行全面检验，查验结果可通过线上或线下方式反馈客户。 （2）在客户提交验收申请时，应即时录入营销系统，完成系统环节流转。如果资料查验或现场查验不合格，应一次性书面答复客户，并在营销系统内录入验收结果。竣工检验完成后应在2个工作日内将相关信息录入营销系统，完成系统环节流转	客户提交完整的竣工检验资料经审验合格且完成现场竣工检验	3个工作日	因雨雪天气等不可抗力，或客户原因，无法按时开展竣工检验的，与客户再次约定现场服务时间，可利用"办电e助手"云验收功能开展远程验收。由此导致竣工检验超时时，可申请纳入白名单，将"办电e助手"留痕记录等作为佐证材料
6	装表接电	无	（1）电能计量装置和用电信息采集终端的安装应与客户受电工程施工同步进行，送前完成。正式接电前，应完成接电条件审核，并对全部电气设备做外观检查，接电条件包括：启动送电方案已审定，新建的供电工程已验收合格，客户的受电工程已竣工检验合格，供用电合同及相关协议已签订，业务相关费用已结清。 （2）装表接电完成后应在2个工作日内将相关。 信息录入营销系统，完成系统环节流转	现场送电完成	3个工作日	对于已确定停（送）电时间，因客户原因未实施停（送）电的项目，与客户确定接电时间调整安排，重新报送停（送）电计划；因天气等不可抗因素，未按计划实施的项目，若电网运行方式没有发生重大调整，可按原计划顺延执行。由此导致装表接电超时限时，可在装表接电完成后2个工作日内申请纳入白名单

第六节　低压业扩报装

表 23-3　　　　低压客户业扩报装关键环节作业标准及工单流转条件

序号	环节	收资要求	作业标准	工单流转条件	服务时限	异常情况处置办法
1	业务受理	（1）用电人有效身份证件。 （2）用电地址物权证件	线下受理： （1）通过政务信息共享调用或客户携带资料齐全时，营业厅或政务服务大厅工作人员应即时将信息录入系统并生成工单。 （2）客户携带资料不齐全时，实行"容缺受理"。 线上受理： 客户通过线上办电渠道发起用电申请时，市供电服务指挥中心值班员2工作时内直接派单至辖区客户经理，1个工作日内完成业务受理	客户提交办电资料并审核合格	1个工作日	对于"容缺受理"的，若客户在装表接电时仍无法提供齐全的办电资料，应由客户在送电单确认，可终止办电流程，并在现场勘查结束2个工作日内，申请纳入"白名单"管理，并上传客户签字确认的勘查单作为佐证材料

序号	环节	收资要求	作业标准	工单流转条件	服务时限	异常情况处置办法
2	装表接电	无	（1）电能计量装置安装和采集调试同步进行，装表接电完成。 （2）装表接电完成后应在 2 个工作日内将相关信息录入营销系统，完成系统环节流转	现场接电完成	2 个工作日	对于已确定装表接电时间，因客户原因未实施，与客户确定装表时间调整；因天气等不可抗因素，由此导致装表接电超时限时，可在装表接电完成后 1 个工作日内申请纳入白名单

第二十四章 其他业务管控

第一节 重要服务事项报备

一、重要服务事项定义

重要服务事项是指在供用电过程中，因不可抗力、配合政府工作、系统改造升级等原因，可能给客户用电带来影响的事项，或因客户不合理诉求可能给供电服务工作造成影响的事项。

二、重要服务事项报备范围

（1）配合军事机构、司法机关、县级及以上政府机构工作，需要采取停限电或限制接电等措施影响供电服务的事项。包括安全维稳、房屋拆迁、污染治理、产业结构调整、非法生产治理、紧急避险等对电力客户中止供电或限制接电的事项，以及地市级及以上政府批准执行的有序用电（需求响应）等。

（2）因系统升级、改造无法为客户提供正常服务，对供电服务造成较大影响的事项。包括营销业务应用系统、"网上国网"、网上营业厅、充电设施大面积离线、"e充电"App异常等面向客户服务的平台及第三方支付平台。

（3）因地震、泥石流、洪水灾害、龙卷风、山体滑坡、森林火灾，以及经县级及以上气象台、政府机关部门发布的符合应用级别的预警恶劣天气造成较大范围停电、供电营业厅或第三方服务网点等服务中断、无法及时到达服务现场，对供电服务有较大影响的事项（预警恶劣天气类型见附表）。

（4）供电公司确已按相关规定答复处理，但客户诉求仍超出国家有关规定的，对供电服务有较大影响的最终答复事项。包括青苗赔偿（含占地赔偿、线下树苗砍伐）、停电损失、家电赔偿、建筑物（构筑物）损坏引发经济纠纷，或充电过程中发生的车辆及财物赔偿等各类赔偿事件引发的纠纷；因触电、电力施工、电力设施安全隐患等引发的伤残或死亡事件；因醉酒、精神异常、限制民事行为能力的人提出无理要求；因供电公司电力设施（如杆塔、线路、变压器、计量装置、分支箱、充电桩等）的安装位置、安全距离、施工受阻、噪声、计量装置校验结果和电磁辐射引发纠纷，非供电公司产权设备引发纠纷；因员工信贷问题、已进入司法程序或对司法判决结果不认可引发的纠纷问题。

（5）因私人问题引起的经济纠纷、个人恩怨、用户不满处罚结果，可能引起的恶意投诉事项。

三、重要服务事项报备流程

（一）发起

（1）区（县）公司范围内的重要服务事项由责任单位在系统中发起，地市范围内的重要服务事项由地市公司供电服务指挥中心发起。

（2）省公司范围内的重要服务事项原则上由省营销服务中心发起、审核、发布。

（二）审核

地市公司供电服务指挥中心负责本市重要服务事项审核，对不符合报备管理规定的，回退至属地单位或部门；对符合管理规定的，提交地市公司专业管理部门审批。

（三）审批

地市公司营销部、运检（设备）部、建设部等专业管理部门负责本市重要服务事项审核，符合管理规定的发布使用；对不符合报备管理规定的，回退至地市公司供电服务指挥中心。

（四）使用

（1）国网客服中心要组织客服专员在填写报备相关工单的用户编号、联系电话或客户地址时，与报备的重要服务事项相关联，精确至市（县）级，并在业务受理页面警示提醒。

（2）当客户诉求与报备范围（一）到（三）的重要服务事项对应时，应按以下标准派单：

1）属于投诉场景，符合报备范围与影响投诉子类时，原则上做好客户解释并以查询咨询工单办结。

2）涉及频繁停电投诉时，根据掉电记录核减影响时间段内的所有停电，掉电记录查询失败且客户表述不清、或报备影响时间不能完整覆盖停电时间时，按报备数量核减。

3）不属于投诉场景但符合报备范围的，原则上做好客户解释并以查询咨询工单办结。

4）客户诉求超出重要服务事项报备范围，或与影响投诉子类不相符的，按相应业务分类标准派单。

（3）当客户诉求与报备范围（四）的重要服务事项对应时，符合报备范围且与影响投诉子类相符的，做好客户服务解释工作并以查询咨询工单办结，不再派发新工单，其中信贷类问题客户反映人员与报备人员相符的即认定为符合报备范围。超出报备范围或与影响投诉子类不符的，客户反映投诉诉求时，降级派发意见（建议）工单；反映其他诉求时，按相应业务分类标准派单。

（4）当客户诉求与报备范围（五）的重要服务事项对应时，符合报备范围且属于投诉场景的不派发投诉工单，按照客户诉求降级派发意见（建议）工单；不属于投诉场景的，原则上以查询咨询工单办结。超出报备范围的，按相应业务分类标准派单。

（5）对于配合军事机构、司法机关、县级及以上政府机构工作，采取停限电或限制接电等措施影响供电服务的重要服务事项报备，报备的事件发生时间根据军事机构、司法机关、政府支撑材料中工作开展的具体时间确定，无工作开展具体时间的，以支撑材料落款时间为事件发生时间。

（6）对于经县级及以上气象台、县级政府部门发布符合应用级别的预警恶劣天气的紧急重要服务事项报备，由发起单位选择预警中预计恶劣天气开始后 24h 内的任一时点为应用时限开始时点，按不同预警级别执行应用时限。

（7）国网客服中心对应用报备解释办结的工单，应通过系统传递给市县公司，属地单位应加强分析，形成问题闭环，做好服务风险防控。

（五）下线

针对已结束的报备事项，系统按照截止有效时限自动完成报备下线。

四、重要服务事项报备内容

（1）重要服务事项报备内容应包括：申请单位、申报区域、事件类型、事件发生时间、影响结束时间、申请人联系方式、上报内容、应对话术及相关支撑附件。客户资料颗粒度应尽量细化，原则上除了报备范围（三）的重要服务事项以外，均需要在影响范围中录入客户明细（客户户名、用户编号、详细地址或联系方式），其中涉及整台区业务的，应通过营销系统推送客户资料。

（2）报备内容中应简述问题处理过程，如起因、事件发展过程、联系客户处理结果等。

（3）报备内容中应包含国网客服中心受理客户诉求时的参考话术，采用一问一答的形式，问答需涵盖报备事项要点，答复用语文明规范。

（4）附件提供的相关支撑材料应包括重要服务事项的相关证明文件或照片。

（5）报备的起止时间必须准确，配合政府停限电以文件通知期限为准，最终答复事项应结合实际确定，但最长均不超过 6 个月，其余重要服务事项时间跨度原则上不应超过 3 个月，超过需再次报备。

（6）重要服务事项报备起止时间原则上应精确至小时。

五、其他要求

（1）重要服务事项报备实施影响客户数总量控制，当年各省报备范围（四）、（五）类影响客户总数不得超过年初省公司客户总数的千分之五。

（2）各级审核单位应在 2 个工作日内完成重要服务事项报备的审核工作。报备范围（一）中的有序用电（需求侧响应）限电、紧急避险，以及报备范围（三）中的地震、泥石流等自然灾害的重要服务事项，在非工作时间可先发起报备流程，1 个工作日内完成有关证明材料补充。

（3）地市公司应严格审核报备事项及材料质量，确保报备事项客观真实、资料准确详实。

（4）国网客服中心客服专员根据报备材料答复客户，造成的不满意评价和对内投诉可剔除。

（5）国网客服中心对所有使用报备事项受理的工单须在系统中标记并加强质检，国网营销部将进行抽查。

（6）省公司营销部加强重要服务事项报备质量监督，组织营销服务中心开展质检，原则上报备范围（三）的重要服务事项发布后 1 个工作日内完成合格性标记，其余报备发布后 5 个工作日内完成合格性标记，对于报备事项不符合规范要求的，在系统中标记"不合格"并停止使用。

（7）各省公司加强对重要服务事项报备及使用情况分析和管控，对应用重要服务事项的工单逐一进行跟踪。

（8）国网营销部组织对各单位报备情况开展不定期抽查，每发现一件虚假报备事项，计为一件投诉。

六、重要服务事项报备支撑材料提供要求表

表 24-1

类别	报备事项	材料提供单位级别	材料要求	影响投诉子类
第一类报备	安全维稳、房屋拆迁、污染治理、产业结构调整、非法生产治理等对电力客户中止供电或限制接电事项	军事机构、司法机关、县级及以上人民政府、电力监管机构、电力管理部门、安全生产监督管理部门、消防部门、法律法规规定的其他行政主体。（行政机关以外的各类办公室、委员会、领导小组、指挥部等临时性、协调性机构，需法律法规授权）	军事机构、司法机关、县级及以上政府提供的配合停电的盖章决定、通知、函等需有停电对象的名称（姓名）、用电地址、停电时间或期限、停电的事由和规范性依据	抢修人员服务行为、无故停电、频繁停电、电压质量异常、现场服务人员服务行为、营业厅人员服务行为、环节处理问题、环节处理不当、超时限、业扩报装超时限
			安全维稳类：县级及以上人民政府或其应急管理部门提供的配合停电的盖章决定、通知、函等	
			污染治理类、房屋拆迁类、产业结构调整类、非法生产治理类：县级及以上人民政府或其有关行政主管部门提供的配合停电的盖章决定、通知、函等	
	紧急避险	—	（1）特殊紧急情况下，停电通知采用非书面形式时，需提供停电决定主体通知的录音、短信、微信等证据，并在停电决定主体补发书面停电通知或出具书面情况说明后 1 个工作日内在系统中补录。 （2）无停电通知但供电公司研判存在安全隐患需要紧急停电的，由地市公司专业管理部门出具情况说明，经部门负责人签字并加盖公章	
	有序用电（需求响应）	地市级及以上政府部门	地市级及以上政府部门发布的有序用电（需求响应）方案与政府部门（或地市级供电公司）启动有序用电（需求响应）的通知	安全维稳类：县级及以上人民政府或其应急管理部门提供的配合停电的盖章决定、通知、函等
第二类报备	系统升级、改造	省公司及以上（原则上每月不超过 2 次）	省公司专业部门、省信通公司等单位提供的升级、改造盖章材料之一，材料需明确系统名称、受影响功能、范围、升级改造时间及范围等	业扩报装时限、环节处理不当、环节处理问题、欠费恢复点、车联网人员服务行为，充电抢修到达现场时限、电价电费、车联网点检电费、超时限、停送电信息问题、营业厅人员服务行为

类别	报备事项	材料提供单位级别	材料要求	影响投诉子类
第三类报备	地震、泥石流、洪水灾害、龙卷风、山体滑坡、森林山火	乡镇级及以上政府	事发后的政府通报或地级市及以上新闻媒体（含其新闻体账号）报道	频繁停电、电压质量异常、无故停电、超时限、欠费停复电、充电抢修到达现场超时限、现场服务人员服务行为、营业厅人员服务行为、业扩报装超时限、环节处理问题、车联网人员服务行为、充电抢修到达现场超时限、抄表、验表、环节处理不当、施工人员服务行为、停送电信息问题抢修人员服务行为
	恶劣天气预警	区县级及以上气象台	中国天气网、国家突发事件预警信息发布网（含其新媒体账号）、区县级及以上气象台网站（含其新媒体账号）信息截图、区县级及以上气象台出具的书面预警通知材料之一	沙尘暴、大雾、霾、道路结冰仅影响超时限、欠费停复电、充电抢修到达现场超时限场景；其他类预警影响频繁停电、电压质量异常、无故停电、超时限、欠费停复电、充电抢修到达现场超时限、验表（仅针对台风、暴雪、高温、暴雨的红色预警）、业扩报装超时限（仅针对台风、暴雪、高温暴雨的红色预警）
第四类报备	青苗赔偿（含占地赔偿、线下树停电苗砍伐）、损失、家电赔偿。建筑物（构筑物）损坏引发经济纠纷、充电过程中发生的车辆及财物赔偿等各类赔偿事件引发的纠纷	村委会（社区居委街道办）及以上政府机构，保险公司，有资质的鉴定机构	青苗赔偿（含占地赔偿、线下树苗砍伐）：村委会（社区居委会）街道办及以上政府机构提供的书面盖章证明，或有资质的评估机构提供的书面盖章证明；或区县级及以上政府出具的赔偿标准	充电过程有关赔偿纠纷影响：车联网人员服务行为、现场服务人员服务行为、充电抢修到达现场超时限其他各类赔偿影响：现场服务人员服务行为、营业厅人员服务行为、施工人员服务行为、抢修人员服务行为、频繁停电、电压质量异常、无故停电、超时限、停送电信息问题、欠费停复电、业扩报装超时限农网改造
			建筑物（构筑物）损坏引发经济纠纷：村委会（社区居委会）、街道办及以上政府机构提供的书面盖章证明，或保险公司、有资质的鉴定机构提供的书面盖章证明	
			停电损失、家电赔偿、充电过程中发生的车辆及财物赔偿：保险公司或有资质的鉴定机构提供的书面盖章证明	
			其他赔偿事件引发的纠纷：有资质且有权限的第三方机构提供的书面盖章证明，或区县级及以上政府出具的赔偿标准	
			以上无赔偿依据的，已要求客户通过司法、仲裁等途径解决的，经地市公司专业管理部门审核出具情况说明并加盖公章	

类别	报备事项	材料提供单位级别	材料要求	影响投诉子类
第四类报备	因触电、电力施工、电力设施安全隐患等引发的伤残或死亡事件	有资质的鉴定机构、司法文书	1. 有资质的鉴定机构或司法文书。 2. 无赔偿依据的，已要求客户通过司法、仲裁等途径解决的，经地市公司专业管理部门审核出具情况说明并加盖公章	现场服务人员服务行为、营业厅人员服务行为、车联网人员服务行为、施工人员服务行为、抢修人员服务行为、超时限、欠费停复电、停送电信息问题、农网改造
	因醉酒、精神异常、限制民事行为能力的人提出无理要求	村委会（社区居委会）、街道办及以上政府机构，医疗机构	村委会（社区居委会）、街道办及以上政府机构提供证明或有资质的鉴定机构（或相关医疗机构）出具证明或其他佐证材料	全部投诉子类
	因供电公司电力设施（如杆塔、线路、变压器、计量装置、分支箱、充电桩等）的安装位置、安全距离、施工受阻、计量装置校验结果引发纠纷，非供电公司产权设备引发纠纷	—	安装位置、安全距离、施工受阻：现场测量照片及电力设施保护条例等文件依据或村委会（社区居委会）、街道办及以上政府机构提供的相关佐证材料	现场服务人员服务行为、营业厅人员服务行为、施工人员服务行为、抢修人员服务行为、验表、停送电信息问题、无故停电、频繁停电、电压质量异常、欠费停复电、抄表、业扩报装超时限、车联网人员服务行为、充电抢修到达现场超时限、农网改造、超时限
			计量装置校验：有资质的鉴定机构提供验表报告	
			非供电公司产权设备：产权方证明或村委会（社区居委会）、街道办及以上政府机构提供的佐证材料	
			涉及安装先后、非供电公司产权设备难以获取证明材料的，已要求客户通过司法、仲裁等途径解决的，经地市公司专业管理部门审核出具情况说明并加盖公章	
	因供电公司电力设施噪音、日电磁辐射引发纠纷	有资质的鉴定机构	1. 鉴定机构出具的检测报告、鉴定机构的资质证明〔注：电磁辐射符合《电磁环境控制限值》（GB 8702—2014）中豁免范围，即100kV以下电压等级的交流输变电设施产生电场、磁场、电磁场的设施（设备）可免于管理的可不提供检测报告，但需提供客户设备电压等级的支撑材料。〕 2. 涉及在建工程，提供第三方环评报告	
	因员工信贷问题、已进入司法程序或对司法判决结果不认可引发的纠纷	借贷合同、司法文书	1.员工信贷问题：借贷合同或催款还款记录。影响范围需提供催债电话或被催债的员工及亲属明细（员工姓名或联系方式）。 2. 已进入司法程序或对司法判决结果不认可：受案回执、立案回执、判决书等司法文书之一	全部子类
第五类报备	因私人问题引起的经济纠纷、个人恩怨或用户不满处罚结果		1.因私人问题引起的经济纠纷、个人恩怨：能证明存在经济纠纷个人恩怨的公安机关接处警记录或受案回执，或村委会（社区居委会）、街道办及以上政府机构、人民调解委员会出具的相关材料。 2. 用户不满处罚结果：处罚结果及依据	全部子类

七、突发气象灾害预警的重要服务事项报备应用范围

表 24-2

序号	气象灾害类型	预警等级			重要服务事项报备应用等级	重要服务事项报备应用时限	预警发布平台
		黄色	橙色	红色			
1	台风		12h 内可能或者已经受热带气旋影响,沿海或者陆地平均风力达 10 级以上,或者阵风 12 级以上并可能持续	6h 内可能或已经受热带气旋影响,沿海或者陆地平均风力达 12 级以上,或者阵风达 14 级以上并可能持续	橙色及以上	3 天	县级及以上气象台、政府部门
2	暴雨	6h 内降雨量将达 50mm 以上,或者已达 50mm 以上且降雨可能持续	3h 内降雨量将达 50mm 以上,或者已达 50mm 以上且降雨可能持续	3h 内降雨量将达 100mm 以上,或者已达 100mm 以上且降雨可能持续	黄色及以上	橙色及以下 24h;红色 3 天	县级及以上气象台、政府部门
3	暴雪	12h 内降雪量将达 6mm 以上,或者已达 6mm 以上且降雪持续,可能对交通或者农牧业有较大影响	6h 内降雪量将达 10mm 以上,或者已达 10mm 以上且降雪持续,可能或者已经对交通或者农牧业有较大影响	6h 内降雪量将达 15mm 以上,或者已达 15mm 以上且降雪持续,可能或者已经对交通或者农牧业有较大影响	黄色及以上	橙色及以下 24h;红色 3 天	县级及以上气象台、政府部门
4	寒潮		24h 内最低气温将要下降 12℃以上,最低气温小于等于 0℃,陆地平均风力可达 6 级以上,或者已经下降 12℃以上,最低气温小于等于 0℃,平均风力达 6 级以上,并可能持续	24h 内最低气温将要下降 16℃以上,最低气温小于等于 0℃,陆地平均风力可达 6 级以上,或者已经下降 16℃以上,最低气温小于等于 0℃,平均风力达 6 级以上,并可能持续	橙色及以上	橙色 24h;红色 3 天	县级及以上气象台、政府部门
5	大风	12h 内可能受大风影响,平均风力可达 8 级以上,或者阵风 9 级以上;或者已经受大风影响,平均风力为 8~9 级,或者阵风 9~10 级并可能持续	6h 内可能受大风影响,平均风力可达 10 级以上,或者阵风 11 级以上;或者已经受大风影响,平均风力为 10~11 级,或者阵风 11~12 级并可能持续	6h 内可能受大风影响,平均风力可达 12 级以上,或者阵风 13 级以上;或者已经受大风影响,平均风力为 12 级以上,或者阵风 13 级以上并可能持续	黄色及以上	橙色及以下 24h;红色 3 天	县级及以上气象台、政府部门
6	沙尘暴		6h 内可能出现强沙尘暴天气（能见度小于 500m),或者已经出现强沙尘暴天气并可能持续	6h 内可能出现特强沙尘暴天气（能见度小于 50m),或者已经出现特强沙尘暴天气并可能持续	橙色及以上	24h	县级及以上气象台、政府部门
7	高温		24h 内最高气温将升至 37℃以上	24h 内最高气温将升至 40℃以上	橙色及以上	24h	县级及以上气象台、政府部门
8	雷电	6h 内可能发生雷电活动,可能会造成雷电灾害事故	3h 内可能发生较强雷电活动,并伴有 9 级以上短时大风,或短时强降水,或冰雹,出现雷电和大风灾害的可能性很大	3h 内可能发生强烈雷电活动,并伴有 10 级以上短时大风,或短时强降水,或冰雹,出现雷电和大风灾害的可能性非常大	黄色及以上	橙色及以下 24h;红色 3 天	县级及以上气象台、政府部门

序号	气象灾害类型	预警等级			重要服务事项报备应用等级	重要服务事项报备应用时限	预警发布平台
		黄色	橙色	红色			
9	冰雹		6h 内可能出现冰雹天气，并可能造成雹灾	2h 内出现冰雹可能性极大，并可能造成重雹灾	橙色及以上	24h	县级及以上气象台、政府部门
10	霜冻		24h 内地面最低温度将要下降到零下 5℃以下，对农业将产生严重影响，或者已经降到零下 5℃以下，对农业已经产生严重影响，并将持续		橙色	24h	县级及以上气象台、政府部门
11	大雾			2h 内可能出现能见度小于 50m 的雾，或者已经出现能见度小于 50m 的雾并将持续	红色	24h	县级及以上气象台、政府部门
12	霾		未来 24h 内可能出现下列条件之一并将持续或已达到下列条件之一并可能持续： （1）能见度小于 1000m 且相对湿度小于 80%的霾。 （2）能见度小于 1000m 且相对湿度大于等于 80%，PM2.5 浓度大于 250 微克/立方米且小于等于 500 微克/立方米。 （3）能见度小于 5000m，PM2.5 浓度大于 500 微克/立方米		橙色	24h	县级及以上气象台、政府部门
13	道路结冰			当路表温度低于 0℃，出现降水，2h 内可能出现或者已经出现对交通有很大影响的道路结冰	红色	24h	县级及以上气象台、政府部门
14	雷雨大风			2h 内可能受雷雨大风影响，平均风力可达 12 级以上并伴有强雷电；或者已经受雷雨大风影响，平均风力为 12 以上并伴有强雷电，且可能持续	红色	24h	县级及以上气象台、政府部门
15	森林火灾		高火险，森林火险气象等级为四级，林内可燃物容易燃烧，森林火灾容易发生，火势蔓延速度快	极高火险，森林火险气象等级为五级，林内可燃物极易燃烧，森林火灾极易发生，火势蔓延速度极快	橙色及以上	24h	县级及以上气象台、政府部门

第二节 95598 知识库维护

一、95598 知识库定义及作用

（一）95598 知识库定义

95598 知识库包含了各种电力知识、用电常识、电力设备维护等相关信息，用户可以通过拨打 95598 热线，向客服人员查询相关问题，客服人员可以通过查询 95598 知识库，为用户提供专业的解答和指导。通过 95598 知识库，国家电网公司可以提高客服人员的服务水平和效率，为用户提供更加便捷和贴心的服务体验。

总的来说，95598 知识库是国家电网公司为提升客户服务水平而建立的电力知识数据库，旨在为用户提供更加全面、专业的电力服务和解决方案。

（二）95598 知识库作用

智能知识库具备了向客户、客服专员、省公司一线客服人员提供统一服务知识支撑能力。国网工作人员可通过智能知识库查询到电力方面相关知识点，用电用户可通过与智能知识库相关联平台，如智能机器人等了解相关电力业务。国网客服中心客服人员也可通过智能知识库为用户解答电力方面相关疑问。

（三）95598 知识库意义

智能知识库作为新上线的知识管理系统平台，是支撑以客户为中心的现代服务体系。通过对国网客服中心知识库进行深化应用，加强对国网客服中心客服专员工作的服务支撑能力，加强对客服中心的业务支撑能力，支撑电子渠道的知识检索服务，满足客户服务电子渠道化、自助化的发展趋势。

二、95598 知识库操作流程

（一）登录注销

1. 登录

国网知识库地址：http://10.90.86.202:18050/kbase/

在登录界面中，输入用户名、密码和验证码，点击【立即登录】，登录知识库系统。

2. 注销

登录系统进入首页后，可在顶栏中点击"个人" – "退出"，即可退出系统。如图24-1所示。

图 24-1 退出界面

图 24-2　退出按钮

（二）首页功能

登录后进入系统首页。首页分为知识分类区、顶部功能区和快捷功能访问区三个部分。

图 24-3　首页

1. 知识分类区

知识分类区包括：知识分类、收藏夹。

图 24-4　知识分类

（1）知识分类。

知识分类是以目录结构的形式存储知识，点击分类可展开下一级的知识分类，知识分类中的内容会以侧滑的形式展现出来，列表显示其中的实例、文章、文档知识的文章名。可以点击"名称"和"热度"切换列表中文章名的排序方式。

图 24-5　知识分类展示

"左侧收缩"即将左侧的知识目录区收缩起来，再次点击时可恢复原状。

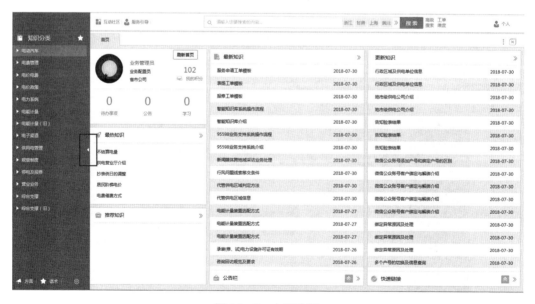

图 24-6　左侧收缩

（2）收藏夹。

知识库的收藏夹包含"知识收藏""公告收藏"。

图 24-7 收藏

"知识收藏"是收藏文章、文档、问答知识的收藏夹。操作步骤：

1）可以根据个人需求对收藏下的文件夹赋予标签，根据标签进行查询、管理。

2）点击"★"，可以进入收藏夹，显示收藏文件夹为"知识收藏"和"公告收藏"，点击可以显示其收藏夹下内容。

3）勾选收藏夹，可对收藏夹进行新增、修改或删除的操作。

4）勾选收藏内容，可以修改收藏内容的路径和标签。

5）在新增收藏夹的时候，可以对收藏夹赋予标签，标签可根据座席需求设置。

2. 顶部功能区

顶部功能区包括：互动社区、服务流程引导、搜索、高级搜索、工单维度、个人中心。

图 24-8 顶部功能区

图 24-9 为个人中心入口：

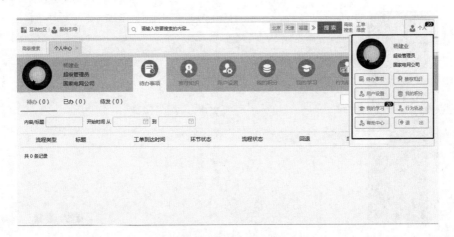

图 24-9 个人中心

3. 快捷功能访问区

快捷功能访问区分为七个区域：三个小功能卡片区、两个大功能卡片区和两个折叠功能卡片区。

图 24-10　快捷访问区

（1）个人信息。

当前用户的信息展示，具体包含我的积分，待办事项、用户设置、行为轨迹。当有新的待办/公告/学习出现时，会有红点提示，点击可以直接进入该功能页面。

进入"个人" – "用户设置"，在"用户设置"界面，对"默认省份"进行编辑，可以设置每个客服服务的省市，最多设置四个，每次客服登录会默认为这

图 24-11　个人信息

四个省市，不用每次登录设置，客服专员设置的省份会同步到搜索框处，每次登录，搜索框会显示默认省份，不需要设置。

图 24-12　用户设置

（2）最热知识。

最热知识展示的是知识库系统中点击量最高知识所属实例名称，根据点击量的倒序排列。

最热知识－操作步骤：

（1）点击最热知识的名称，可查看该条实例的详情。

（2）点击"最热知识或更多"，可查看最热知识所属实例的名称。

图 24－13 最热知识

（3）最新知识。

最新知识展示的是知识库系统中最新添加的知识，根据时间的倒序排列。

最新知识－操作步骤：

1）点击最新知识的名称，可查看该条知识的详情。

2）点击"最新知识或更多"，可查看最多 100 条的最新知识的名称。

图 24－14 最新知识

（4）更新知识。

更新知识展示的是知识库系统中最新修改的知识，根据时间的倒序排列。

更新知识－操作步骤：

1）点击更新知识的名称，可查看该条知识的详情。

2）点击"更新知识或更多"，可查看最多100条的更新知识的名称。

图24-15　更新知识

（5）推荐知识。

推荐知识展示的是其他用户推荐给当前用户的知识，根据时间的倒序排列。

推荐知识－操作步骤：

1）点击推荐知识的名称，可查看该条知识的详情。

2）点击"推荐知识或更多"，可查看最多100条的推荐知识的名称。

图24-16　推荐知识

（6）公告栏。

公告栏－操作步骤：

点击"公告栏"进入公告页面，可分别查看收件箱中的公告，可查看公告的创建时间、创建人、有效期及状态。

进入"收件箱"页面，可查看当前用户收到的公告。

收件箱查询–操作步骤：

1）填写公告名称/内容、时间、创建人、选择公告状态，点击【查询】，可对收件箱中的公告进行搜索，点击【重置】可清空搜索条件，点击【刷新】则刷新当前收件箱。

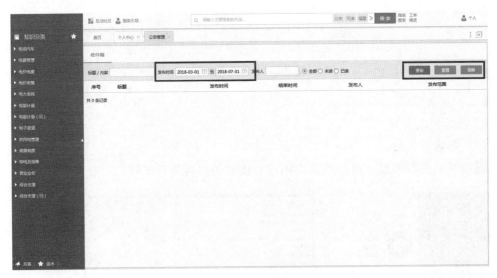

图24-17　公告

2）点击公告标题可查看公告详情，包括公告的标题、创建人、创建日期、公告内容、附件、历史版本、阅读情况及加载知识。

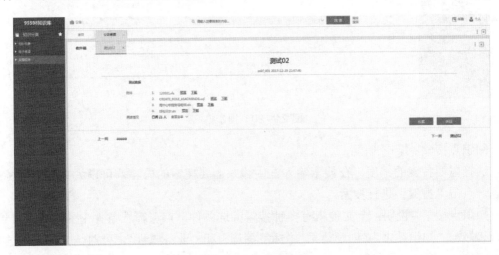

图24-18　公告展示

3）点击【上一条】或【下一条】，可查看该公告的上下一条公告的内容。

4）收件公告的显示。收到的未阅读的公告标题为粗体。

（7）快速链接。

快速链接中存放其他网页的链接，便于用户快速查看。

快速链接–操作步骤：

1）点击快速链接的名称，可直接跳转到该链接下的网页。

2）点击"快速链接或更多"，进入快速链接的页面，可对快速链接进行新增、修改或删除的操作。

图 24-19　快速链接

（三）搜索引擎

1. 基础搜索引擎

（1）搜索输入框。

通过搜索引擎前置一定的功能规则，对搜索的内容进行干预、引导和强化。

图 24-20　搜索框

知识点搜索-操作步骤：

选择需要搜索的维度，在搜索输入框中输入需要搜索的内容，可以为关键字或标准问题，点击"搜索"进行搜索。

知识点搜索-说明：全文检索有多种搜索筛选条件，点选筛选条件中的"知识目录""知识时效""知识类型""创建日期""标签筛选"和"业务属性"，可对全文检索的结果进行筛选。

知识点搜索逻辑-说明：对知识进行搜索时，首先对标问进行搜索，如果标问搜索返回为空，对文章进行搜索，如果文章搜索也为空，对文档进行搜索。

1）"知识目录"是指知识的分类目录，目前支持一级目录的筛选。

2）"知识时效"分为"生效中""已过期"、"已归档"，分别代表的是"开始时间至结束时间""结束时间至追溯时间""已过了追溯时间"。

图 24-21 筛选搜索

3）"知识类型"分为"标问搜索""文章知识"和"文档知识"，其中"文档知识"的类型，可以细分为 WORD、EXCEL、PPT、PDF、TXT、P4.图片和音频格式。

4）"创建日期"是指知识创建的日期，可以选择一周内、一月内、一年内和精确的时间。

5）"标签筛选"是根据知识所关联的标签进行筛选。

6）"业务属性"是根据创建文章时所关联的属性进行筛选。

知识文章搜索-操作步骤：

1）文档搜索：搜索后展开筛选框，点击"文档知识"进行文档知识的筛选，再根据需要点击相应的类型，进入相应的文档类型筛选。

图 24-22 文档搜索

2）高级搜索。

高级搜索入口包含"高级搜索"和"目录搜索"两个功能，高级搜索通过多种搜索方式进行搜索。目录搜索是对知识目录中进行搜索。

高级搜索 – 操作步骤：

1）勾选"知识目录"中的一级目录如"电费电价"的目录（未勾选时则全部搜索）。

2）"必须包含"中输入的内容必须在知识中出现才会被检索出来，输入'更名资料'。"可能包含"中输入的内容是否出现在知识中都会被检索出来（有的话会搜索排名会提高），输入'居民'。"不包含"中输入的内容必须为检索出的内容中不包含的，输入'短信'。

3）"知识类型"选择"文章知识"。

4）"知识时效"选择"生效中"（"生效中""已过期""已归档"，分别代表的是'开始时间至结束时间'、'结束时间至追溯时间'、'已过了追溯时间'）。

5）点击"搜索"，对已经输入的高级搜索条件进行搜索。

图 24 – 23　高级搜索

目录搜索 – 操作步骤：

1）点击"目录搜索"，输入"搜索内容"。

2）点击"搜索"，得到目录搜索的结果，点击搜索结果可以跳转到相应的知识分类下查看该分类下的详情，即该分类下所包含的文章或子分类。

（2）二次搜索。

对全文搜索得到的结果，增加新的关键词进行搜索筛选。

二次搜索 – 操作步骤：

1）在全文检索的结果中的二次搜索框中输入"关键词"。

图 24-24　目录搜索

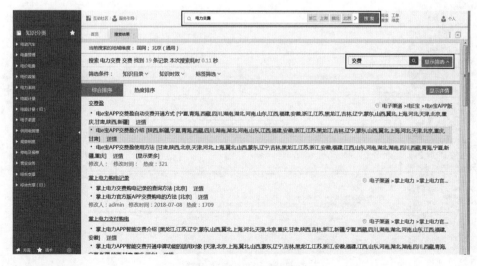

图 24-25　二次搜索

2）点击放大镜确认，对全文检索的结果进行二次搜索，在已经有的"关键词"的结果集中再次搜索包含"关键词"的内容。

（3）工单维度。

工单维度是对接了业务支持系统的行政区域码，自动定位到用户接电话区域，方便用户搜索。

工单维度－操作步骤：

1）在业务知识系统，客服专员在接到电话后，点开"行政区域"，填写工单维度后，点击"确定"。

2）在智能知识库端，点击"工单维度"，搜索地域维度自动更新为行政区域填写的维度，在搜索框输入需要搜索的内容，进行搜索即可。

（4）归属地选择。

在用户设置页面，设置默认服务省份，搜索框归属地即显示默认服务省份，如果默认服务省份全部为北中心服务省份，在搜索框归属地处只显示北中心服务省份；如果默认服务省份全部为南中心服务省份，在搜索框归属地处只显示南中心服务省份；如果默认服务省份同时包含南北中心服务省份，在搜索框归属地处显示南北中心服务省份。

（5）搜索结果页面。

1）搜索地域提示语，例如当前搜索维度为北京，在搜索结果页面显示：当前搜索地域为：国网，北京。

2）在搜索维度框归属地选择四川，在搜索结果页面的搜索结果列表中将该标答所归属的其他维度隐藏折叠，只显示当前选择的维度，可以点击将隐藏维度展开。

2. 标准问答知识

标准问答知识是将企业服务所需的知识内容，整理成问题加答案形式的知识内容，便于用户查找和对外服务使用。

图 24-26　标准问答

（1）标准问答知识编辑。

标准问答知识的编辑在机器人后台创建相应的问答知识点，详细过程本文档不展开。

（2）标准问答知识应用。

鼠标下滑到标准答案下方的 操作 ，鼠标放到【操作】上，下方隐藏按钮会出现，可对知识进行相关操作，包括签读、纠错、收藏和推荐。

文章－操作步骤：

1）点击【签读】，可对知识进行签读。

2）点击【知识反馈】，可对知识进行纠错，也可查看其他用户对知识的纠错内容。选择评论类型、填写反馈内容、选择审核人，点击【知识反馈】后系统将触发纠错流程，流程会走向选择的"审核人"进行审批。

图 24－27　知识反馈

3）点击【收藏】，在弹出框内选择文件夹，或直接输入文件夹名称进行新建，点击【确定】。

图 24－28　收藏功能

4）点击【推荐】，可将知识推荐给系统中的其他用户。在弹出框中选择推荐范围，点击添加可选择推荐的部门或用户，选择推荐的周期，点击【确定】。

图 24-29　推荐功能

5）点击【关联】，可以查看该知识点关联的其他知识点，并且点选关联中的知识点可以跳转至该知识点的查看页面。

6）点击【话说】，可以查看该知识点关联的话术。

7）点击【服务树】，可以查看该知识点关联的服务树，点击【服务树】中的服务节点可以直接跳转至该服务引导流程图。

（3）文章知识展示。

1）业务文章展示的入口有两种方式：

搜索框检索-操作步骤：

在搜索框中输入文章名称进行搜索，可在搜索详情界面中点击【详情】进行查看。

图 24-30　文章搜索

目录树点选-操作步骤：

通过点击知识分类中的目录树，点击需要查看的文章名称，可直接进行查看。

图 24-31　目录树搜索

在后台完成文章创建后，用户可在系统前端进行查看。

2）文章的页面展示包括：文章标题、目录、正文和文章相关操作。

图 24-32　文章页面

其中文章的标题包括文章所属分类、文章标题、创建信息、目录（文章目录和导航目录）。

文章标题-操作步骤：

①　点击文章所属分类，跳转到该分类的目录列表。

②　点击文章目录，跳转到目录相应位置。

③　滚动文章页面，在正文右侧可展示出文章的导航目录，点击可跳转到目录相应位置。

3）文章的正文展示包括标题、标题介绍和问答知识。

知识的展示包括标准问、标准答、答案附件和知识相关操作。

图 24-33 标准问导航

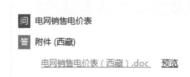

图 24-34 附件预览

文章下载-操作步骤：

答案附件支持下载和在线预览，点击【下载】可将附件保存到本地，点击【预览】可对附件进行在线预览（电子渠道由于保密问题，不支持下载文档）。

4）文章知识应用。

文章的相关操作包括参考文档、版本对比、收藏、推荐、评论、文章关联和文章对比。

图 24-35 文章页面

参考文档–操作步骤：

点击【参考文档】，可查看原文附件，点击【查看】可进行在线预览，点击【下载】文件保存到本地。如果【参考文档】中的数字显示为 0，则表示此文章无参考文档。

图 24–36　参考文档

版本对比–操作步骤：

点击【版本对比】，查看文章的历史版本，可进行对比、屏蔽和开放的操作。

图 24–37　版本选择

勾选版本号，点击【对比】可对文章的不同版本进行对比。

图 24–38　版本对比（只能进行两个版本之间的对比）

点击【屏蔽】可对文章的该版本进行屏蔽，屏蔽状态的版本无法实现版本对比的功能。

已经屏蔽的版本，点击【开放】可对文章的该版本进行开放，开放状态的版本可进行版本对比的操作。

点击【更多】，选择【收藏】，可对文章进行收藏。

点击【更多】，选择【推荐】可将文章推荐给系统的其他用户。

图 24-39　版本屏蔽　　　　　　　　图 24-40　更多

点击"文章关联"中的文章名称，可直接跳转到关联文章的展示页面。

文章关联有两种方式：

① 引用相同业务模板的文章，系统会进行自动关联。

② 在后台创建文章时，可手动关联文章。见 manager 中的内容。

图 24-41　更多功能

点击【文章对比】，勾选需要对比的文章名称，点击【选中对比】，可与当前文章进行对比。

图 24-42　文章对比

（四）个人中心

个人中心是管理用户个人信息和处理个人工作事务的空间，分为待办事项、推荐知识、用户设置、我的积分等六个功能。

图 24-43　个人中心入口

1. 推荐知识

点击"推荐知识"，可查看"我的推荐"和"推荐给我"的内容，"我的推荐"内容可进行修改和删除操作。

图 24-44　推荐知识

我的推荐-操作步骤：

点击"我的推荐"，可查看当前用户推荐的"知识、文章或文档"，勾选推荐内容的名称，点击【修改】，选择推荐范围和推荐周期，点击【确定】。

图 24-45　我的推荐-修改

（1）推荐周期中的日/周/月：即当前时间开始的一天/一周/一月之内。

（2）勾选推荐内容，点击【删除】，可对已推荐的知识进行删除。

2. 用户设置

用户设置页面主要是对客服所服务的省份进行默认设置，客服每次登录知识库，默认为其所服务的省份。客服在登录系统后，优先设置默认服务省份。

图 24-46 默认省份设置

3. 帮助中心

用户点击帮助中心，可以查看座席端用户手册，对相关功能进行查询。

（五）网页刷新、切换功能

1. 网页刷新

网页刷新有两种方式，一是自动刷新，二是手动刷新。

（1）自动刷新－操作步骤：

在搜索端更换搜索省市维度，点击已经打开的 tab 页面，tab 页面自动刷新到当前维度的知识内容。

（2）手动刷新－操作步骤：

点击 tab 页的名字，右键，显示两个选项，一个是刷新即刷新当前 tab 页，一个是关闭其他页面，选择关闭其他页面，可以将当前打开的其他页面全部关闭。

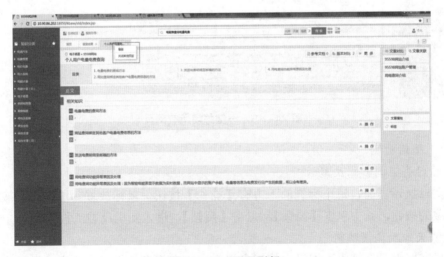

图 24-47 页面刷新

2. 网页切换功能

如果当前打开多个网页，有些网页被隐藏，可以使用网页右上角的功能，进行网页切换功能对网页进行切换。

图 24-48　切换其他网页

图 24-49　一键关闭所有网页

（六）反馈功能

1. 已经存在的知识反馈

在文章展示页面，每个标签的下方有【操作】按钮，鼠标放置到【操作】按钮上，弹出隐藏的按钮，其中包含【反馈】，点击【反馈】，进入知识反馈流程。

2. 缺失知识反馈功能

如果客服专员在搜索页面没有搜索到该内容，在搜索结果页面的底部显示提示语为"搜索未找到结果，请点击这里 反馈"，点击"点击这里"进入缺失知识反馈流程，流程界面如图所示，搜索内容会自动带到反馈界面之中，选择"归属地"及"反馈类型"，填写"问题描述"之后，点击【提交】，进入审批流程。

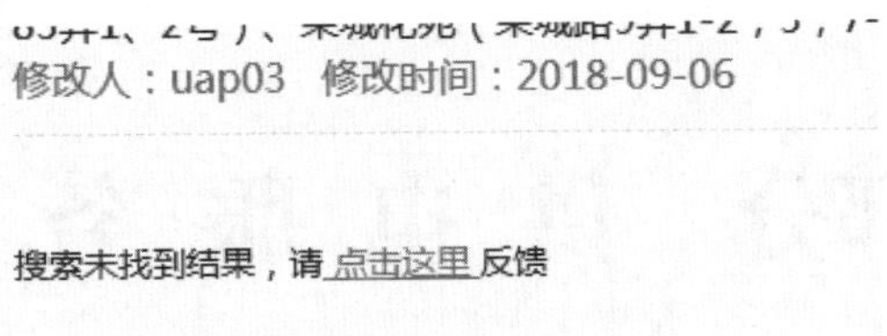

修改人：uap03　修改时间：2018-09-06
搜索未找到结果，请 点击这里 反馈

图 24－50　缺失知识反馈功能入口

知识反馈
搜索内容：
电价标准
归属地：
请选择
反馈类型：
相关度低
问题描述：
请发表您的描述
提交
关闭

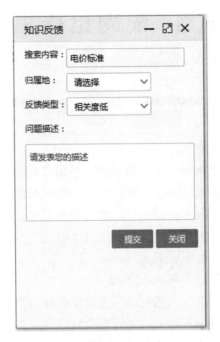

图 24－51

第五部分 供电服务指挥

第二十五章 配网抢修指挥管理

第一节 配网抢修指挥

一、配网抢修指挥的定义

配电网抢修指挥业务是指地（市、州）供电公司（简称地市公司）供电服务指挥中心（简称供指中心）及县级电力调度控制分中心（简称县调），根据国家电网客户服务中心（简称国网客服中心）派发的故障报修工单内容或配调监控系统发现的故障信息，对配电网故障进行研判，并将工单派发至相应抢修班组。

二、配网抢修指挥业务管理要求

配网抢修指挥业务应符合下列基本要求：

（1）配电网抢修指挥人员（包括配电网抢修指挥相关班组班长及班组成员）配置应满足 7×24h 值班要求，保障及时处理工单，避免出现工单超时现象。配电网抢修指挥席位设置应考虑应急需求，保证业务量激增时工作开展需求。

（2）配电网抢修指挥值班实行 24h 不间断工作制。值班人员在值班期间应严格遵守值班纪律，保持良好的精神状态。值班期间，应定期巡视系统在线情况网络是否正常、音响是否正常，及时审核停电信息报送是否及时、完整、规范。

（3）公司系统内的各级调控机构应建立配电网抢修指挥业务应急体系，负责业务范围内突发事件应急工作的组织和实施，确保配电网抢修指挥业务正常运转。发生影响配电网抢修指挥业务正常开展的重大事件时，应按规定立即汇报。

（4）公司系统内的各级调控机构应建立配电网抢修指挥业务备用机制，主要包括本地备用与异地备用。本地备用主要包括人员、场所、电源、网络、终端、账号等的备用。异地备用包括地区内的市—县（营业部）、地区间业务支撑系统抢修业务账号间的互备。

（5）地市、县公司应在抢修班组部署远程终端或手持终端，实现配电网抢修指挥相关班组与抢修班之间的工单在线流转，并保证信息安全要求。

（6）现场抢修人员应服从配电网抢修指挥人员的指挥，现场抢修驻点位置、抢修值班力量应设置合理。地、县公司运检部门及时通报抢修驻点、抢修范围及联系人方式等变化情况。

（7）地市、县公司应做好配电网抢修指挥技术支持系统及网络通道的运行维护工作。

（8）已具备营配调贯通条件的单位，可通过故障研判技术支持系统整合。网拓扑、设备实时运行信息、设备告警信息、用户报修信息，提升故障研判精度，及时准确掌握电网各类故障情况。根据故障研判结果自动生成规范停电信息并向国网客服中心自动推送。

不具备营配调贯通条件的单位，配电网抢修指挥人员应加强与配电网调控人员、现场抢修人员的沟通，快速、准确进行故障研判，及时跟进计划、临时类现场工作进展、故障抢修动态，特别关注工作现场（或抢修现场）恢复送电时间，及时变更停电信息，有效拦截继发工单，同时做好抢修类工单审核，特别针对已填写的抢修信息逻辑关系及填写规范性等内容。

（9）配电网抢修指挥人员上岗前应建立人员培训及考核档案，培训内容除配电网抢修指挥业务直接相关的内容外，还应包括行为规范、优质服务、保密、消防等相关的具体要求，培训考核合格后方可上岗并颁发上岗证书。

三、配电网抢修工单流转

（一）配电网抢修工单概述

配电网抢修工单包括配电网调度技术支持系统发现的故障信息生成的主动工单和国网客服中心直派供指中心、县调的故障报修工单。

（1）配电网调度技术支持系统发现的故障信息是指整合了调度自动化、配电自动化信息的配电自动化监控系统发现的设备告警信息。通过与生产、营销等系统集成，实现开关、配电变压器等设备故障告警信息的主动接收。

（2）国网客服中心直派供指中心、县调的故障报修工单分为抢修类工单和生产类紧急非抢修工单两种不同类型。抢修类工单是指国网客服中心受理的客户通过 95598 电话、95598 网站、在线服务、微信公众号等渠道反映的故障停电、电能质量或存在安全隐患须紧急处理的电力设施故障诉求业务工单；生产类紧急非抢修工单内容包括供电企业供电设施消缺、协助停电及低压计量装置故障。

（二）故障报修业务管理要求

（1）为规范公司 95598 客户服务业务流程，适应公司建设目标要求，进一步提升服务效率和客户体验，为客户提供"7×24"故障报修服务，故障报修运行模式统一设置为：国网客服中心受理客户故障报修业务后，直接派单至地市、县供电公司配电网抢修指挥相关班组，由配电网抢修指挥相关班组开展接单、故障研判和抢修派单等工作。在抢修人员完成故障抢修后，具备远程终端或手持终端的单位由抢修人员填单，配电网抢修指挥相关班组审核后回复故障报修工单；不具备远程终端或手持终端的单位，暂由配电网抢修指挥相关班组填单并回复故障报修工单。国网客服中心根据报修工单的回复内容，回访客户。

（2）国网客服中心受理客户故障报修诉求后，根据报修客户重要程度、停电影响范围、故障危害程度等，按照紧急、一般确定故障报修等级，2min 内派发工单。地市、县供电公司根据紧急程度，按照相关要求开展故障抢修工作。生产类紧急非抢修业务按照故障报修流程进行处理。

（3）各级单位提供 24h 电力故障抢修服务，抢修到达现场时间、抢修到达现场后恢复供电时间应满足公司对外的承诺要求。具备远程终端或手持终端的单位，抢修人员到达故障现场后 5min 内将到达现场时间录入系统，抢修完毕后 5min 内抢修人员填单，配电网抢修指挥相关班组 30min 内完成工单审核、回复工作；不具备远程终端或手持终端的单位，抢修人员到达故障现场后 5min 内向本单位配电网抢修指挥相关班组反馈，暂由配电网抢修指挥相关班组在 5min 内将到达现场时间录入系统，抢修完毕后 5min 内抢修人员向本单位配电网抢修指挥相关班组反馈结果，暂由配电网抢修指挥相关班组在 30min 内完成填单、回复工作。国网客服中心应在接到回复工单后 24h 内（回复）回访客户。

（4）国网客服中心根据停电影响范围及时维护、发布相关紧急播报信息。

第二节 停送电信息报送

一、停送电信息分类

影响客户供电的停送电信息，分为生产类停送电信息和营销类停送电信息。生产类停送电信息包括：计划停电、临时停电、电网故障停限电和超电网供电能力停限电等；营销类停送电信息包括：客户窃电、违约用电、欠费、有序用电等。

二、停送电信息发布渠道

停电信息的发布渠道有：国网 95598 客服热线、网上国网 App、95598 网站、国网宁夏电力网上营业厅微信公众号、短信等线上渠道以和向产权单位、小区物业、村（镇）公示栏发送纸质通知单等线下渠道。

三、停送电信息发布

（1）各区（县）公司须将涉及客户停电的计划检修及临时检修按时限要求在供电服务指挥系统中进行录入，月计划检修应在计划执行前一个日历月的 22 日前录入，周检修计划需提前 15 天、临时检修计划需提前 2 天录入，并由供电服务指挥中心服务指挥班（以下简称服务指挥班）按照计划检修提前 7 天、临时检修提前 24h 的要求，对录入上报的检修计划进行审核发布报送至国网客服中心，并同步推送至网上国网 App、95598 网站、国网宁夏电力网上营业厅微信公众号。

（2）各区（县）应将明确的停电信息报送人及联系电话报送各地市供电服务指挥中心。

（3）区（县）供电公司根据各自设备管辖范围编译的生产类停送电信息应包含：供电单位、停电类型、停电区域（设备）、停送电信息状态、停电计划时间、停电原因、现场送电类型、现场送电时间、高危及重要客户、发布渠道等信息。

（4）区（县）公司在现场张贴的纸质停电通知中，停电范围要详细到街道、小区及村队；在给供电服务指挥中心报送的纸质检修计划中除上述内容外，同时需逐一列出停电范围内涉及的配电变压器、重要客户及专变客户。

（5）配电变压器及以上的停送电信息，需通过供电服务指挥系统停送电信息管理模块编译报送。服务指挥班负责对各区县公司录入的停电信息进行审核和发布，同步依托供电服务指挥系统获取的 PMS 及营销系统基础数据信息（包含但不限于站、线、变、箱、表、户关系等）开展停电信息精准分析、短信通知到户工作，以确保停电信息报送的及时性、准确性、完整性。

（6）检修计划报送时间要求：供电设施计划检修停电应提前 7 天，临时停电应提前 24h，故障停电应在故障停电发生 15min 内完成停送电信息报送工作。

（7）计划检修停电必须严格按计划时间进行停、送电，停送电联系人应在线路恢复送电 5min 内向供电服务指挥中心汇报，服务指挥班应在线路恢复供电 10min 内，将现场实际送电时间录入供电服务指挥系统。如遇特殊情况需延时送电的，责任单位须提前 2h（距离计划恢复送电时间）汇报供电服务指挥中心，服务指挥班应至少提前 30min 向国网客服中心报送延迟送电原因及延时后的预计送电时间，以便客服专员做好客户的解释工作。

（8）检修停电（计划、临时）信息需要变更或取消时，责任单位应提前 1 天向供电服务指挥中心报送变更信息，服务指挥班应及时在供电服务指挥系统发布变更、取消信息。

（9）故障停送电信息报送要求：配电自动化系统覆盖的设备停电后，供电服务指挥系统将自动生成该停电事件，服务指挥班应在 15min 内通过供服系统停电池"一键生成"停电信息（系统自动拓扑分析停电设备及用户），在完善相应字段信息后向国网客服中心报送并同步将该停电信息推送至网上国网 App、95598 网站、微信公众号；配电自动化系统未覆盖的设备跳闸停电后，应在抢修人员到达现场确认故障点后，各部门、区（县）公司按照专业管理职责，10min 内将具体分闸设备信息报送至供电服务指挥中心，由服务指挥班手动录入该停电事件，供服系统自动拓扑分析停电设备及用户，30min 内向国网客服中心报送停电信息。

（10）超电网供电能力需停电时，原则上应提前在供电服务指挥系统中报送停限电范围及停送电时间，无法预判的停电线路应在执行后 15min 内报送停限电范围及停送电时间。现场送电后，应在 30min 内填报送电时间。

（11）对客户因窃电、违约用电、欠费等原因实施的停电，区（县）供电公司营销部门应及时在营销业务应用系统中维护停电标志。

（12）公司按照自治区政府指令启动的有序用电方案，需提前 1 天向有关用户发送有序用电指令，同时向国网客服中心报送有序用电执行计划（包括执行时间、地区、调控负荷等）。向客户发送的有序用电类送电信息应包含客户名称、客户编号、用电地址、供电电源、计划错避峰时段、错避峰负荷等信息。

四、停电信息通知客户的时间要求

计划检修、临时检修涉及其他客户停电的，由区（县）供电公司现场通知客户，供电服务指挥中心同步发送停电短信精准告知。

（一）停电手续办理程序

除因故中止供电外，需对客户停止供电时，应按下列程序办理停电手续：

（1）应将停电的客户、原因、时间报本单位负责人批准。批准权限和程序由省公司设备部、营销部按照各自职责制定。

（2）在停电前 3 天至 7 天内，将停电通知书送达客户，对重要客户的停电，应将停电通知书报送同级电力管理部门。

（3）在停电前 30min，将停电时间再通知客户一次，方可在通知规定时间实施停电。

（二）客户通知及公告

因故需要中止供电时，应按下列要求事先通知客户或进行公告：

（1）因供电设施计划检修需要停电时，应提前 7 天通知客户或进行公告。

（2）因供电设施临时检修需要停止供电时，应当提前 24h 通知重要客户或进行公告。

引起停电或限电的原因消除后，应在 3 日内恢复供电。不能在 3 日内恢复供电的，应向客户说明原因。

（三）停电信息内容发布

停电信息发布内容包括：停电原因、停电时间、停电范围、送电时间及涉及停电的重要客户名单。

第二十六章 网格化属地管理

第一节 职 责 分 工

一、地市公司供电服务指挥中心（配网调控中心）

（1）负责 7×24h 受理本单位范围内客户故障报修、查询咨询、业务申请及信息告知等用电诉求，不得受理投诉、意见、举报等诉求。

（2）负责本单位网格化服务渠道工单受理派发、协调指挥、工单审核、跟踪督办等日常运营工作，开展网格化服务渠道业务的质量评价，提出考核建议。

（3）负责统计分析本单位网格化服务渠道业务的数据和运营情况，编制相关分析报告，提出供电服务改进意见。

（4）负责本单位网格化服务渠道风险预警发布及过程管控。

（5）配合本单位设备部、营销部、调控专业做好网格化服务渠道业务的相关支撑工作。

二、地市、区（县）供电公司及乡镇供电所

地市、区（县）供电公司及乡镇供电所是本单位网格化服务渠道客户服务业务支撑部门，主要负责以下工作：

（1）负责接收本单位范围内网格化服务渠道客户诉求，组织开展报修、查询咨询、业务申请处理等工作。

（2）负责本单位网格化服务渠道质量反馈和整改工作。

（3）负责对本单位网格化服务渠道运营情况开展分析统计工作。

（4）密切关注全渠道所涉及的供电服务的舆情信息，及时发现有可能成为热点的问题，实时跟踪舆论动态，及时做好舆情风险处置工作、并将处置情况进行上报。

（5）负责对本单位客户诉求涉及"三指定""乱收费"、供电营业厅服务等问题进行核查处理、落实整改。

三、地市、县公司其他部门（业务支撑机构）

负责各自专业管理范围内业务的调查处理、反馈和整改工作，负责本单位服务风险预警处置、整改。

第二节 主 动 抢 修 管 理

一、配电系统物联网应用

（一）低压配电网络的全监控

配电系统的"大脑"是配电系统中的智能化监控系统，其负责存储、处理配电设备

的运行状况,以及配电设备的运行状况,向配电设备(配电自动化终端机和智能化仪表)发出指令。

配电网络的智能监测也是电网维护的重要基础,能够对配电机房的总体运行状况进行远程监控、危险预警和异常报警。数据传送系统作为"管道",连接了现场监测数据与后台监控平台,并通过短信、语音和微信等多种可选的方式向有权限的用户发送数据。智能监控系统作为"感官",其任务是对端测试中的各部分进行采集,然后按照相关的技术规程向主控终端发送。

智能执行器就是"手脚",根据监控系统的数据,在超出设定的范围时,进行智能控制。使配电房的环境参数保持在预定的范围内。中低压配电网的环境监测示意图如图26-1所示。

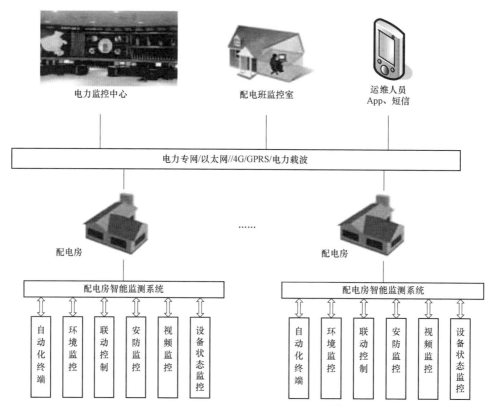

图 26-1　电网运行状态与环境监测图

（二）低压配电系统的拓扑结构

随着电力市场的运营和维修需求的不断增加,配电网络的拓扑结构也会随之改变,因此,无法对现有的电力系统进行实时的调整,使得电力系统的真实拓扑结构很难得到精确的体现。因此,如何正确地确定配电网的拓扑是十分有意义的。基于 IP 的宽频载波技术,采用信号嵌入技术,可以动态产生电力公司配电网络,并对低压台区户变及线变的配电系统进行系统的校验,有效地解决低压台区户变及线变拓扑结构精度不高、校验手段不足等问题。配电网络的低电压拓扑结构如图26-2所示。

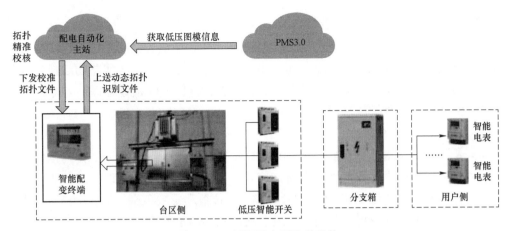

图 26-2　低压配电网络的结构

（三）智能台区的营配调一体化

该系统将配电网络的感知层次快速延伸至低电压配电网络，并在满足原电能表计的基础上，实现低压拓扑动态管理、用户停电事件主动上报等功能，实现低压配电网的营配调贯通融合。

（四）低电压故障的积极修复

当前，电力系统的维护工作主要依赖于客户的报修被动进行。用户的用电体验差，供电公司的主动服务意识有待提高。目前的故障感知方法在短时间内很难提高故障类型、覆盖面和实时性，因而不能在一定程度上支持低压配电网络故障后的"主动抢修"服务。

通过对电力系统的故障状态和故障状态的实时反馈，可以对电力系统的故障进行自动修复，并通过智能台区对低压实时故障研判，进而将故障研判结果主动推送至决策人员。决策人员将故障情况通过工单上报到故障检修部门，实现对低压配电网络的主动修复，缩短了检修周期。低压故障的主动检修流程如图 26-3 所示。

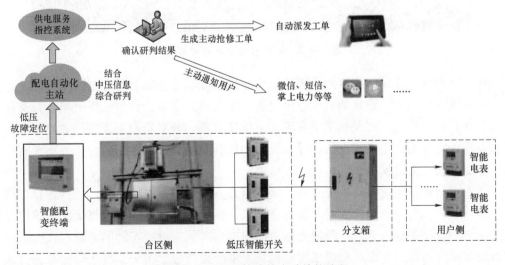

图 26-3　低压故障的主动检修流程

（五）低压配电网络的线损管理

低压配电网线损精细管理是利用低压监测单元和智能电表，对各进、出线关键节点的冻结电量进行实时监测，并根据低压配电网络的数学模型，将各线路的线损进行分层统计。对线路损耗的异常波动进行预警，为市场营销专区的线损管理提供支持。

二、低压电网故障智能化研判

（一）低电压故障分析的发展趋势

根据《国家电网公司关于加快推进供电服务指挥平台建设的意见》，作为抢修指挥和用户服务指挥中心的电力业务调度系统，应具备"对配电变压器及以下设备低电压、重过载等运行状态实时监测""主动研判故障类型、位置和影响范围，发放抢修工单"等功能。中、低电压的故障分析和判断的一般思路如图26-4所示。

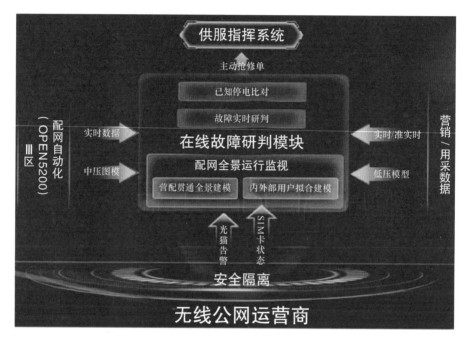

图 26-4　中低压设备的故障研判

在智能台区上实现低压电力系统的故障分析，可以分为以下两个方面。

（1）改造计量表，加装低电压收集设备。通过对配电变压器、低压分路、分支箱和表箱等进行低压监控，实现对配电变压器、低压分路、分支箱和表计量等的检测。但由于需要投入大量的低压采集设备，以及设备的更新与后期维护等原因，该方案在网络上的推广面临着很大的挑战。

（2）根据通信经营者的光猫资源，实现跨行业的告警。通信部分，光纤入户工程已经基本完成，利用电信运营商用户和市场营销之间的地址匹配，可以将运营商的信息和低压网络的模型进行整合，并利用光猫对网络的实时状态进行实时的更新，并结合网络拓扑对其进行分析。从而达到对低压带电状况的全面监控。由于系统之间的数据传递延迟和判断的时间限制，使得低压设备的分析时间缩短到了 2～5min。在不进行现场改造的情况下，充分利用不同行业的数据，实现对低压电网带电状态的全面感知。

（二）低压设备故障研判的技术途径

基于配电网的自动绘图模式，通过整个销售体系，完成了"站－行－变－箱－户"的立体建模、内部的数据协作和中压力的识别。该方法采用实时配电变压器、智能配电变压器、智能设备采集及用电系统的资料进行综合处理，对专线、专变发生的中电压事故进行了检测。跨行业的数据处理，包括所有的低电压装置的故障，符合通信运营商的要求，并根据客户的需求对跨行业的数据进行拟合。

通过对电力系统的全面覆盖，实现对低压电力的全面感知，并将其与电网的拓扑结构相结合，实现对低压电力的全面感知。

配电网络的经营管理是一项新兴的、非核心的业务。当前，由于电力系统本身的智能终端普及率较低，无法实现对低压居民的实时覆盖。经过数年的发展，我国的通信运营商网络已基本实现了城镇和乡村地区的网络终端的普及。与通信公司合作，在不改变现有配电网的低压端基础上，使其能够在不改变现有电网的低压端条件下，对其进行实时的无电预警。

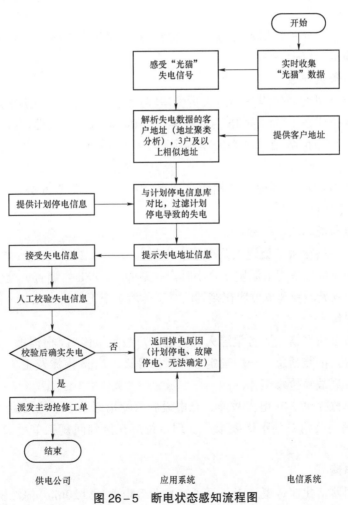

图 26－5　断电状态感知流程图

为了更好地提高对低压配电网络用户的失电感知能力，及时、准确地发放维修作业单、增加"故障感知系统"的数量，须构建以手机用户为基础的失电感知系统。将通信光猫的有效失能数据与移动光猫的有效失能数据进行比对，得到的故障数据将更加准确、客观和及时。同时，通过对故障类型、位置和影响程度的分析，建立了基于人工智能的辅助判断数据库，为建设和完善"数字电网"提供了基础数据库。

三、故障自动处理及抢修

故障研判确定故障原因及位置后，进行自动化故障处置流程，智能化设备无法自动处置则派发主动抢修工单进行抢修处置。

第三节　网格化服务渠道客户诉求业务管理

各地市公司网格化服务渠道人员为客户提供"7×24"小时服务，受理客户诉求时，应落实"首问负责制"，可立即办结的业务直接答复并办结工单；不能立即办结的业务，派发工单至责任单位处理，各单位处理完毕后将工单反馈至受理单位，由受理单位回复（回访）客户。

95598 客户诉求业务包括紧急服务类一级、紧急服务类二级、紧急服务类三级、故障报修、业务申请、查询咨询。

一、紧急服务类一级

（1）各地市公司网格化服务渠道人员受理客户紧急服务类一级诉求后，15min 内派发工单。各级单位应在工单派发 1h 内联系客户，48h 内调查、处理，答复客户并审核、反馈处理意见，供电服务指挥中心应在接到回复工单后 1 个工作日内审核、回复（回访）客户。

（2）营销服务中心对各地市公司供电服务指挥中心紧急服务类一级工单派发质量（准确性）进行定期抽检。

二、紧急服务类二级、三级

各地市公司网格化服务渠道人员受理客户紧急服务类二级、三级诉求后，15min 内派发工单。各级单位应在工单派发 2 个小时内联系客户，48h 内调查、处理，答复客户并审核、反馈处理意见，受理单位应在接到回复工单后 1 个工作日内回复（回访）客户。

三、故障报修

（1）各地市公司网格化服务渠道人员受理客户故障报修后，根据报修客户重要程度、停电影响范围等，按照紧急、一般确定故障报修等级，2min 内派发工单。地市、县公司根据紧急程度开展故障抢修工作。

（2）各级单位提供 24h 电力故障、充电设施故障抢修服务，抢修到达现场时间、恢复供电时间应满足公司对外承诺要求。受理单位应在接到回复工单后 24h 内回复（回访）客户。

四、业务申请

各地市公司网格化服务渠道人员受理客户业务申请后，20min 内派发工单。各级单位应在规定时限内调查、处理，答复客户并审核、反馈处理意见，受理单位应在接到回复工单后 1 个工作日内回复（回访）客户。

五、查询咨询

各地市公司网格化服务渠道人员受理客户查询咨询（包括信息查询、客户咨询、表扬及线上办电审核）后，不能立即办结的 20min 内派发工单（线上办电 5min 内完成资料审核）。各级单位应在规定的时限内调查、处理，答复客户并审核、反馈处理意见，受理单位应在接到回复工单后 1 个工作日内回复（回访）客户。

第四节　工　单　管　理

一、工单填写

（1）各地市公司网格化服务渠道人员受理客户诉求时，应了解客户诉求原因，引导提供客户编号等信息，应用客户历史服务信息、知识库、客户档案等全渠道数据信息，精准解答客户诉求，尊重客户匿名保密要求，准确选择业务分类，完整记录客户姓名、地址、联系方式、回复（回访）要求、业务描述等，做到语句通顺、表达清晰、内容完整。

（2）客户反映多个诉求按照如下要求派发工单：

1）业务类型不同，按照业务类型的最高等级派发；

2）业务类型相同，按照客户主要诉求所属的业务子类派发；

3）对于时效性要求紧急的业务，应分别派发工单；

4）属于不同供电单位的，按供电单位分别派发工单。

（3）处理部门回复工单时，应做到规范、全面、真实，针对故障范围、复电时间、抄表方式等实现点选回单，处理情况保留人工填写。

（4）受理单位回复（回访）客户时，应准确、完整记录客户意见。

二、工单传递

各地市公司网格化服务渠道人员应按照规定的流程及时限要求派发工单，各级单位按照规定的流程和要求传递、处理工单，并跟踪、督办处理进度，将审核确认后的处理意见反馈至受理单位。

三、工单合并

（1）除故障报修工单外，其他工单不允许合并。

（2）工单流转各环节均可以对工单进行合并，合并时应经过核实，不得随意合并。

（3）合并后的工单处理完毕后，需回复（回访）所有工单。

（4）公司设备部对故障报修工单合并情况进行不定期抽检和考核。

四、工单回退

（1）各级单位对各类型工单在供电单位派发错误时，各单位供电服务指挥中心可在接单分理环节"同级转派"。

（2）各级单位对客户联系方式、姓名、户号、地址等信息错误、缺失、业务分类错误的各类型工单，填写退单原因及依据后将工单退回受理单位。为保证客户诉求及时传递，受理单位应进行业务类型变更、派发区域修改等工单处理操作。

（3）受理单位在回复（回访）过程中，对工单填写不规范、回复结果违反政策法规、工单填写内容与回复（回访）结果不一致等，且基层单位未提供有效证明材料或客户对证明材料有异议的，客户要求合理的，填写退单原因及依据后将工单回退至工单处理部门。

五、工单回复（回访）

（1）原则上派发工单应实现百分百回复（回访），如实记录客户意见和满意度评价；表扬、匿名、客户明确要求不需回复（回访）的工单不进行回复（回访）。

（2）原则上每日 12:00 至 14:00 及 21:00 至次日 8:00 期间不得开展客户回复（回访），网格化服务渠道人员在回复（回访）客户前应熟悉工单回复内容，不得通过阅读工单"回复内容"的方式回访客户。遇客户不方便时，应按与客户约定时间完成回复（回访）。

（3）由于客户原因导致回复（回访）不成功的，受理单位回复（回访）应安排不少于 3 次，每次间隔不小于 2h。3 次回访失败应写明原因，并办结工单。

（4）回复（回访）时客户提供新证据或提出新诉求，正常开展原诉求满意度回访，新证据或新诉求应派发新工单，不应回退原工单；当客户对处理结果不认可时，应解释办结。

六、工单催办

（1）各地市公司网格化服务渠道人员受理客户催办诉求后，10min 内派发催办工单，催办工单流程与被催办工单一致。客户再次来电补充相关资料，需详细记录并派发催办工单。除故障报修外，其他业务催办次数原则上不超过 2 次，对于存在服务风险的，按照客户诉求派发催办工单。

（2）客户催办时提出新的诉求，派发相应业务类型工单。

第五节　11 类网格化工单处理规范及流程图

一、（网格）客户诉求服务规范

（一）电话接听

（1）呼入电话应在铃响四声（12s）之内接听，超过四声（12s）接听的应首先向客户致歉。

（2）应在电话接通后首先以普通话致问候语，例如："您好，请问有什么可以帮您？"主动表达服务意愿。

（二）电话外呼

（1）当进行客户满意度回访或回复客户咨询提问时，不宜在午休时间和晚上 21:00 以后拨打客户电话，以免影响客户休息。提前与客户约定通话时间的，应按约定时间拨打客户电话。

（2）电话接通后，主动问候并确认客户身份，简要说明致电客户的事由，请客户支持。

（3）当客户表示不方便接听电话时，应向客户致歉并另外约定通话时间。

二、（网格）故障报修业务处理规范

（1）各地市公司网格化服务渠道人员受理客户故障报修、紧急非抢修类业务，应详细记录客户故障报修的用电地址（充电站地址）、客户姓名、客户编号（充电设备编号、充电卡号等）、联系方式、故障现象、客户感知等信息。

（2）各地市公司网格化服务渠道人员受理客户故障报修时，对可根据用电信息采集信息、停电信息及分析到户信息、充电设施停用状态信息答复的，详细记录客户信息后办结；对可确定是客户内部故障的，建议客户联系产权单位、物业或有资质的施工单位处理，详细记录客户信息后办结；对可确定是充电设施假性故障的，帮助客户排查解决，详细记录客户信息后办结；对客户多次以故障报修名义拨打电话，但实际现场无故障，构成公司资源占用、恶意骚扰的，经属地核实确认并提供有效证据后办结。

三、（网格）一般诉求业务处理规范

业务处理部门在接到客户一般诉求后，在如下时限内按要求开展调查处理，并完成工单反馈。

（一）信息查询、客户咨询、表扬、线上办电审核业务处理时限要求

（1）客户咨询：2个工作日内处理并回复工单。

（2）表扬：4个工作日内核实。

（3）线上办电审核：根据客户办电类型在规定时间内处理并回复工单。

（二）办理各子类业务工单处理时限要求

（1）已结清欠费的复电登记业务24h内为客户恢复送电，送电后1个工作日内回复工单。

（2）电器损坏业务24h内到达现场核查，业务处理完毕后1个工作日内回复工单。

（3）办电预受理业务1个工作日内核实并回复工单。

（4）电能表异常、电表数据异常、校验电表业务5个工作日内处理并回复工单。

（5）其他业务申请类工单5个工作日内处理完毕并回复工单。

四、（网格）紧急服务类诉求业务处理规范

各地市公司网格化服务渠道人员应在客户挂断电话后15min内，详细记录客户信息、反映内容、联系方式、是否要求回访等信息，选择对应的业务类型与处理单位，并尊重客户匿名、保密要求，生成业务工单，派发至相应处理单位。

（一）紧急服务类一级诉求受理判定标准

（1）客户在人工服务通话（会话）中明确表达不满，严重影响客户体验，且诉求符合投诉判定要点的，派发紧急服务类一级工单。

（2）触碰供电服务"十项承诺"、员工服务"十个不准"等红线问题，派发紧急服务

类一级工单。

（二）客户撤销一级诉求

客户来电要求撤销紧急服务类一级诉求，受理单位如实记录，按咨询办结并与前期紧急服务类一级诉求工单关联，前期紧急服务类一级诉求工单不得办结。

五、（网格）查询咨询业务处理流程

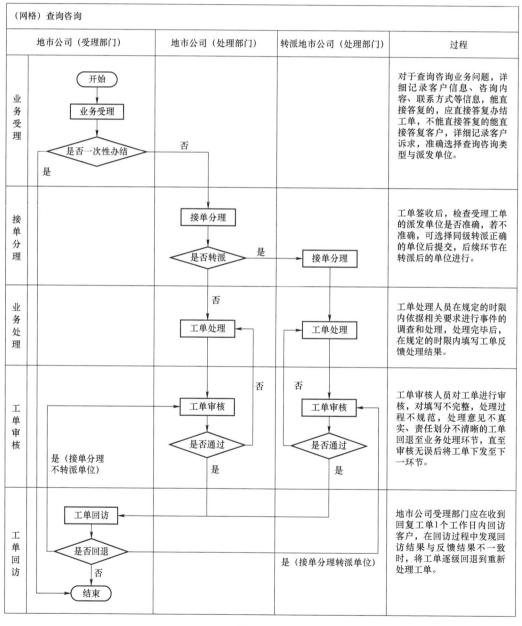

图 26-6

六、(网格)故障报修业务处理流程

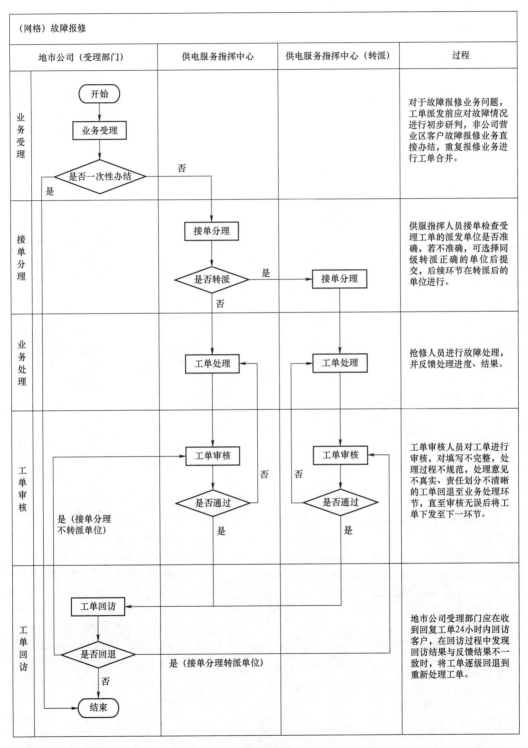

图 26-7

七、（网格）业务申请业务处理流程

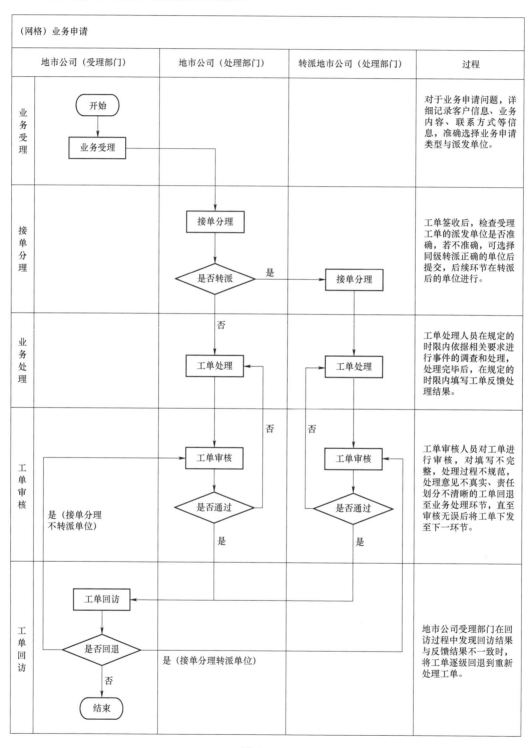

图 26-8

八、（网格）紧急服务类一级业务处理流程

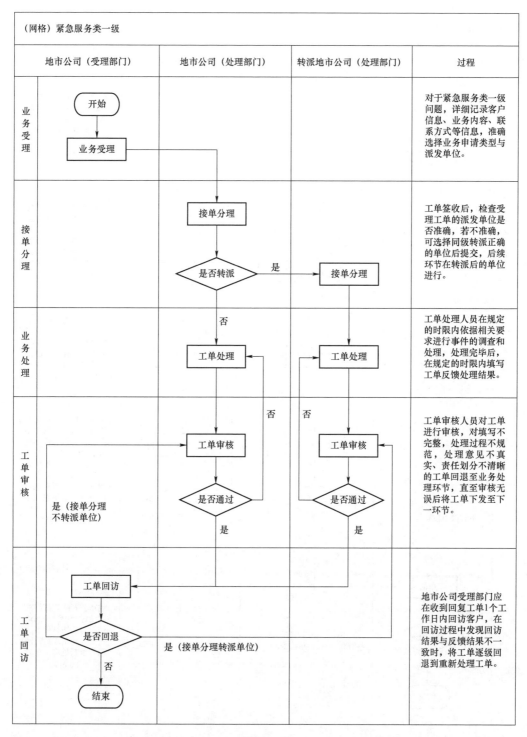

图 26-9

九、（网格）紧急服务类二级业务处理流程

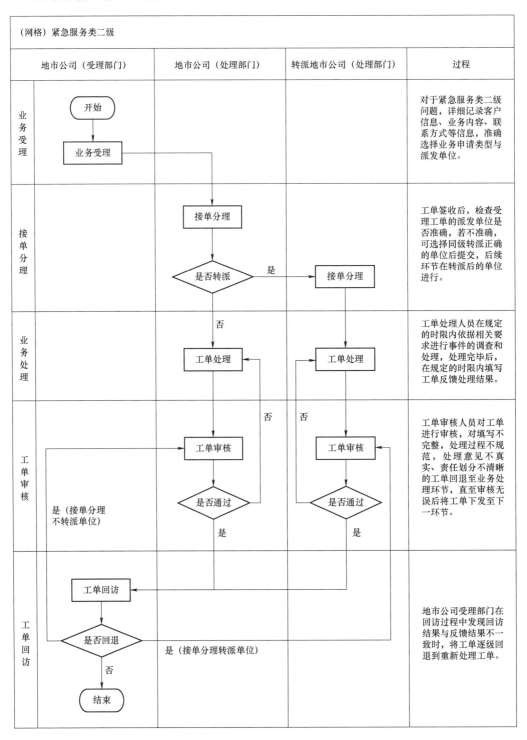

图 26-10

十、（网格）紧急服务类三级业务处理流程

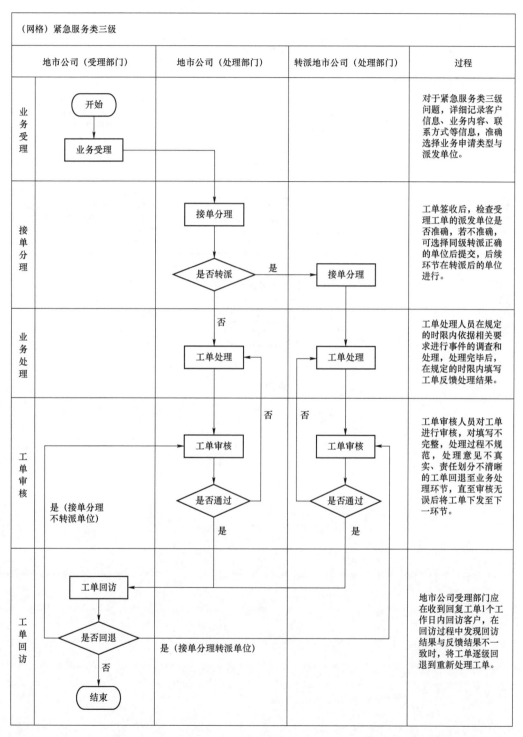

图 26-11

十一、（网格）客户催办业务处理流程

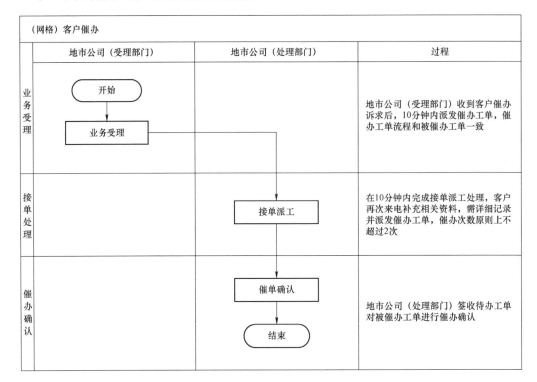

（网格）客户催办			
	地市公司（受理部门）	地市公司（处理部门）	过程
业务受理	开始 → 业务受理		地市公司（受理部门）收到客户催办诉求后，10分钟内派发催办工单，催办工单流程和被催办工单一致
接单处理		接单派工	在10分钟内完成接单派工处理，客户再次来电补充相关资料，需详细记录并派发催办工单，催办次数原则上不超过2次
催办确认		催单确认 → 结束	地市公司（处理部门）签收待办工单对被催办工单进行催办确认

图 26-12

第二十七章　供电服务提升合规管理

第一节　供电服务质量管控手段

一、严格执行管控标准

统一执行服务标准，规范业务流程，明确管理要求，严格执行公司《供电营业规则》《供电服务规范》《供电服务"十项承诺"》《员工服务"十个不准"》《城市供电营业规范化服务窗口标准》《城市供电营业规范化服务示范窗口标准》《农村供电营业规范化服务示范窗口标准》等制度和技术标准。

全面监控供电服务核心业务和关键指标，包括全过程工作质量、规范执行、服务质量及用电履约监控。

实现重要服务事件报备、供电服务质量等信息发布。公开电网资源可开放容量信息和业扩流程进展信息。

实时跟进供电服务、指标数据和客户满意度等供电服务数据质量管控，定期形成供电优质服务分析。

二、明确管控责任部门

（一）营销部

营销部是供电服务质量归口管理部门，主要负责供电服务相关政策、法规宣贯，工作标准制定及专业指导工作；营业窗口服务规范、视频监控设备管理、多元化终端管理、充电桩、业扩报装、量价费执行等业务，并负责对客户提供营销服务过程的具体实施和质量保证；负责供电服务质量问题整改情况的考核评价管理。

（二）运维检修部

运维检修部作为生产类供电服务质量的专业管理部门，主要负责生产类供电服务相关政策、法规宣贯，工作标准制定及生产业务指导工作；保障供电质量，开展故障抢修和供电服务涉及电网建设等业务；负责对客户提供供电服务过程的具体实施和质量保证。

（三）供电服务指挥中心（配网调控中心）

供电服务指挥中心（配网调控中心）是供电服务质量的监督管控部门。主要支撑营销部、运检部开展供电服务质量管控工作；根据相关工作标准，负责对供电运维质量监测、供电服务质量全流程开展预警、响应和客户满意度评价；对各部门开展的供电服务相关工作提出评价、分析、考核建议。

（四）运维检修部、客户服务中心、县供电公司

配电运检室、客户服务中心、县供电公司是供电服务的具体承担单位。主要负责供电服务业务的规范、制度、流程的培训宣贯、执行；负责本单位供电服务数据统计分析，

事件调查；负责供电服务质量管控及问题整改落实。

三、协同工作机制

（一）服务事件稽查监控

供电服务指挥中心（配网调控中心）（以下简称"供电服务指挥中心"）运营管控室，不定期通过营业大厅视频监控系统对营业场所人员在岗情况、人员着装、服务行为等开展在线稽查监控。

供电服务指挥中心运营管控室不定期采取抽查或专项检查方式，对营业窗口人员在岗、人员着装、服务行为，窗口便民服务设施设置，服务规范（标准）、具备资质施工企业名单、服务电话公示，窗口规范装修，车辆标识等有关供电服务规范事项开展稽查。

（二）服务质量稽查

供电服务指挥中心运营管控室不定期采用拨打报修电话，现场咨询等形式开展明察暗访，对故障抢修到达现场时限、人员服务态度、车辆材料准备等有关供电服务事项进行稽查，并针对不规范事项下发督办或预警单。

供电服务指挥中心运营管控室通过客户回访，稽查供电服务事项落实情况，综合分析判断供电服务质量方面存在的问题，并针对不规范事项下发督办或预警单。

供电服务指挥中心通过抢修、非抢修工单全流程监督管控和供电服务关键指标，分析供电服务质量，并提出管理和整改意见。

（三）供电服务质量事件整改

供电服务指挥中心对发现的问题、差错上报相关职能部室，并形成供电服务质量督办单，下发至责任单位，督办整改措施，及时问题销号，规范供电服务行为，降低服务投诉风险。

营销部、运检部、县供电公司接到供电服务指挥中心下发的督办或预警单，要组织开展现场调查核实，并制定相应的整改措施。并在 3 个工作日内向供电服务指挥中心运营管控室反馈整改结果或预控措施。

营销部、运检部应根据供电服务指挥中心提出的供电服务质量方面的问题和建议，加强专业管理，集中整改反映集中的问题。加强对责任部门的考核评价，不断提高供电服务质量。

（四）用电履约监控

供电服务指挥中心接收营销业务信息系统推送的用电客户欠费停电流程信息、欠费复电流程信息，审核监控催费、复电过程是否符合标准，对流程不规范、复电不成功等异常流程发起督催办工单。

（五）服务信息对外发布

供电服务指挥中心服务指挥班按规定期间将计划停电检修、临时停电检修，线路（设备）故障停电信息录入 PMS 系统，并及时发布。

供电服务指挥中心运营管控室及时维护公司营销政策、量价费、业扩相关规定等 95598 知识库内容，并及时发布。

各单位对需要公布的服务事件在事件应以书面形式上报供电服务指挥中心运营管控

室，由供电服务指挥中心审核后上报省客服中心统一发布。

（六）重要服务事项报备

各单位应及时将大面积停电、涉及高危重要用户停电、自然灾害导致停电、用户不符合法律法规或不可满足的诉求等可能引起客户投诉的重大服务事项书面上报供电服务指挥中心运营管控室。

供电服务指挥中心运营管控室审核后及时上报省客服中心统一发布。涉及用户诉求不能满足或新闻媒体曝光的停电事件等重大服务事件应经公司相关部门审核确认后上报省客服中心。

（七）供电服务关键指标分析

供电服务指挥中心每周开展供电服务关键指标统计分析，数据分析统计时间为上周四零点至本周四零点。

供电服务关键指标分析包括：客户投诉率、客户满意度、"互联网＋"线上业务受理率、业扩服务时限达标率、95598 工单处理及时率、平均抢修时长、巡视计划执行率、配电缺陷消除及时率等供电服务关键指标。

指标分析过程中，应跟踪指标的走势，验证业务开展成效，辅助发现弱项指标，并对指标异常情况进行预警和分析，实现各类指标全过程管控。

四、业务规范管控要求

（一）供电服务通用规范

（1）遵守国家法律法规，诚实守信，爱岗敬业，廉洁自律，秉公办事，真心实意为客户着想。

（2）上岗必须统一着装，佩戴工号或放置工号牌。

（3）接待客户礼貌谦和，主动热情，使用规范化文明用语，提倡使用普通话。当出现差错时，及时向客户表示歉意并纠正。

（4）熟知本岗位业务知识和相关技能，岗位操作规范、熟练，具有合格的专业技术水平。

（5）上门为客户服务时应主动出示证件，尊重客户的风俗和习惯。工作完成后，做到设备整洁、场地清洁，并向客户发放"征求意见书"，征求客户的意见和建议。

（二）供电服务人员仪容、仪表规范

（1）着装，统一、整洁、得体

（2）服装正规、统一、整洁、完好、协调、无污渍，配套穿着，服装不能混穿。扣子齐全，不漏扣、错扣。

（3）在左胸前佩戴好统一编号的服务证（牌）。

（4）衬衣下摆束入裤腰和裙腰内，袖口扣好，内衣不外露。

（5）着西装时，打好领带，扣好领扣。上衣袋少装东西，裤袋不装东西，并做到不拢袖口和裤脚。

（6）鞋、袜保持干净、卫生，鞋面洁净，在工作场所不打赤脚，不穿拖鞋。

（7）仪容，自然、大方、端庄，头发梳理整齐，不染彩色头发，不戴夸张的饰物。

（8）男职工修饰得当，头发长不覆额、侧不掩耳、后不触领，嘴上不留胡须。

（9）女职工淡妆上岗，修饰文雅，且与年龄、身份相符。工作时间不能当众化妆。

（10）颜面和手臂保持清洁，不留长指甲，不染彩色指甲。

（11）保持口腔清洁，工作前忌食葱、蒜等具有刺激性气味的食品。

（12）举止，文雅、礼貌、工作精神饱满，注意力集中，无疲劳状、忧郁状和不满状。

（13）保持微笑，目光平视客户，不左顾右盼、心不在焉。

（14）坐姿良好，上身自然挺直，两肩平衡放松，后背与椅背保持一定间隙，不用手托腮。

（15）不跷二郎腿。不抖动腿，椅子过低时，女职工双膝并拢侧向一边。

（16）避免在客户面前打哈欠、伸懒腰、打喷嚏、挖耳朵等。实在难以控制时，应侧面回避。

（17）不能在客户面前双手抱胸，尽量减少不必要的手势动作。

（18）站姿端正，抬头、挺胸、收腹、双手下垂置于大腿外侧或双手交叠自然下垂；双脚并拢，脚跟相靠，脚尖微开。

（19）走路步伐有力，步幅适当，节奏适宜。

（20）严禁在营业场所吸烟、吃东西、扇扇子，不得搭肩挽臂，嬉闹，不得做与本岗位工作无关的事。

（三）用电履约业务要求

除因故中止供电外，供电企业需对用户停止供电时，应按下列程序办理停电手续。

（1）应将停电的用户、原因、时间报本单位负责人批准。批准权限和程序由省电网经营企业制定。

（2）在停电前三至七天内，将停电通知书送达用户，对重要用户的停电，应将停电通知书报送同级电力管理部门。

（3）在停电前 30min，将停电时间再通知用户一次，方可在通知规定时间实施停电。

（4）客户欠电费依法采取停电措施的，在费用结清后 24h 内恢复供电。因特殊原因不能及时恢复送电的要耐心向客户做好解释工作。

（四）服务信息对外发布要求

各单位对需要公布的服务事件在事前应以书面形式上报供电服务指挥中心。具体公布的服务事件包括：

（1）因供电设施计划检修需要停电，应提前 7 天通过平台系统向社会公告停电线路、区域、停电的起止时间。

（2）临时检修需要停电，应提前 24h 通知重要客户；其他客户可通过供电服务指挥平台、新闻媒体、广播、电视、发送手机短信等方式告知。

（3）紧急故障情况下的停电或限电。

（4）公司相关政策规定、量价费关键信息、重点业扩报装内容发生变更后，需在 24h 之内完成信息对外发布。

（五）重要服务事项报备要求

重大服务事件应坚持即时上报原则，各单位对发生重大服务事件，应在发生后第一时间将事件发生的时间、地点和初步原因、可能造成的影响及时上报；在重大服务事件发生后 24h 内，将事件的详细处理情况以书面形式上报；在事件妥善处理后，重大服务事件报告经省公司相关管理部门审核后再次以书面形式上报国网营销部和国网客服中心。

重大服务事件主要包括：

（1）电网大面积停电造成的客户停电事件。

（2）涉及高危、重要电力客户的停电事件。

（3）新闻媒体曝光并产生重大影响的停电事件或供电服务事件。

（4）配合政府部门工作，需要采取停限电等措施影响供电服务的事项。包括安全维稳、拆迁改造、污染治理、产业结构调整。

（5）因系统升级、改造无法为客户提供正常服务，对供电服务造成较大影响的事项。包括营销业务应用系统、掌上电力、网上营业厅等面向客户服务的平台及第三方支付平台。

（6）因地震、泥石流、洪水、台风灾害造成较大范围停电、供电营业厅或第三方服务网点等服务中断，对供电服务有较大影响的事项。

（7）因员工私人问题引起的经济纠纷、个人恩怨、个人作风、违约用电及窃电用户不满处罚结果，来电反映服务态度和规范可能引起的恶意投诉事项。

（8）供电企业确已按相关规定答复处理，但客户诉求仍超出国家有关规定的，对供电服务有较大影响的个体重要服务事项。包括青苗赔偿（含占地赔偿、线下树苗砍伐）、停电损失、家电赔偿、建筑物（构筑物）损坏引发经济纠纷；因触电、电力施工、电力设施安全隐患等引发的伤残或死亡事件；因醉酒、精神异常、限制民事行为能力的人提出无理要求；因供电企业电力设施（如杆塔、线路、变压器、计量装置、分支箱等）的安装位置、安全距离、噪声和电磁辐射引发纠纷。

（六）供电服务关键指标质量要求

1."互联网＋"线上业务受理

新装及抢修业务、方案勘察、竣工检验等业务等全部通过线上办电终端进行，逐步减少柜台办电数量，缓解柜台工作人员压力，线上办电业务指标须达到 100%。

2. 业扩服务时限

（1）供电方案答复期限：在受理申请后，低压客户在次工作日完成现场勘查并答复供电方案；10kV 单电源客户不超过 14 个工作日；10kV 双电源客户不超过 29 个工作日；35kV 及以上单电源客户不超过 15 个工作日；35kV 及以上双电源客户不超过 30 个工作日。

（2）中间检查的期限：自接到客户申请之日起，高压供电客户不超过 3 个工作日。

（3）竣工检验的期限：自受理之日起，高压客户不超过 5 个工作日。

（4）装表接电的期限：对于无配套电网工程的低压居民客户，在正式受理用电申请后，2 个工作日内完成装表接电工作；对于有配套电网工程的低压居民客户，在工程完工当日装表接电。对于无配套电网工程的低压非居民客户，在正式受理用电申请后，3 个工作日内完成装表接电工作；对于有配套电网工程的低压非居民客户，在工程完工当日装表接电。对于高压客户，在竣工验收合格，签订供用电合同，并办结相关手续后，5 个工作日内完成送电工作。

3. 业扩配套电网工程建设时限及要求

（1）低压项目、10（20）kV 项目，自供电方案答复之日起有效建设周期（不含政府审批程序、施工受阻等电网企业不可控因素消耗时间）最长不超过 10 个、60 个工作日。

（2）35kV 及以上项目，实行领导责任制，定期督办，确保与客户受电工程同步实施、同步送电。

（3）对于电网接入受限改造项目，实行"先接入、后改造"，低压、10（20）kV 项目有效建设周期分别不长于 10 个、120 个工作日。

4. 故障抢修时限要求

（1）供电服务指挥中心值班人员应在接到故障报修工单后 3min（180s）完成工单派发，各级抢修人员应在 5min 内完成手持终端 App 接单确认工作。

（2）故障抢修人员到达现场的时限时间为：城区范围不超过 45min，农村地区不超过 90min，特殊边远地区不超过 2h。

（3）抢修人员到达故障现场后 5min 内将到达现场时间录入系统，抢修完毕后，抢修人员应在 5min 内填报故障处理情况并返回到供电服务指挥中心，服务指挥班应在 30min 内完成工单审核、提交工作。

（4）抢修人员到达现场后，确认属于客户产权设备故障或自行维护线路故障，应告知客户自行委托施工单位处理或与该产权管理部门联系解决。

（5）抢修人员应按照故障分级，优先处理紧急故障，如实向上级部门汇报抢修进展情况，直至故障处理完毕。预计当日不能修复完毕的紧急故障，应及时向供电服务指挥中心汇报；抢修时间超过 4h 的，每 2h 向服务指挥班报告故障处理进展情况。

（6）发生 10kV 故障，服务指挥班应及时与配网调控班核实信息，确认为 10kV 设备发生跳闸事件，下发主动抢修工单至抢修人员手持终端，抢修人员及时排查故障并在工单中如实填写故障原因、停电范围、停电时间等故障信息。

（7）表计故障抢修应采用携表抢修现场更换故障电表的方式，更换后应做好记录，及时传递营销部门，并在 1 个工作日内完成表计变更流程，确保用户正常用电。

（8）故障抢修需要打开电表箱的，工作完毕须将表箱立即加锁并在工单中注明；需要打开电表尾盖的，工作完毕须立即进行加封并在工单中注明；无论发生何种故障，严禁打开电表外壳；高低压表计损毁的应当调查损毁原因。

5. 95598 工单处理要求

（1）对于投诉，责任单位应在国网客服中心受理客户诉求后 1 个工作日内联系客户（保密工单除外）并组织调查，3 个工作日内向供电服务指挥中心反馈调查结果。

（2）对于 95598、12345、12398 下派的举报，责任单位应在国网客服中心受理客户诉求后 1 个工作日内联系客户（保密工单除外）并组织调查，2 个工作日内向供电服务指挥中心反馈调查结果并将投诉单返回，各单位严格按照规定执行。

（3）服务类、营业类、停送电类投诉，客户针对同一事件在首次投诉办结后，连续 2 个月内投诉 3 次及以上且属实的，由上一级单位介入调查处理。

（4）供电质量和电网建设类投诉，客户针对同一事件在首次投诉办结后，连续 6 个月内投诉 3 次及以上且属实的，由上一级单位介入调查处理。

6. 设备巡视工作要求

每天早晚对所管辖范围内的多元化、视频监控、营业厅各类设备进行巡视，并在巡视单上进行填写。对发现的故障台区及时联系运维人员，若运维人员 24h 之内无法进行处理，由相关责任人第一时间上报至各单位设备管理专责。

7. 配电缺陷消除工作要求

供电服务指挥中心负责配电网设备的运行监测，对发现配电变压器重复停电、重过载、低电压、过电压、异常电压、三相电流不平衡及时下达预警工单，督促责任部门按照规定处理，要求在督办时限内反馈预警工单。全面压缩各环节的处理时长，提高电压合格率和电能质量，降低重复停电率，提高客户满意度。

五、评估及考核

供电服务指挥中心（配网调控中心）按月对各业务单位当月的工单处理质量，服务投诉事件属实性认定，视频监控、明察暗访发现的问题进行评价，并为相应的职能部门提供考核依据。

凡发生供电服务过错的，参照《国家电网公司供电服务奖惩规定》和各级公司相关规章制度执行。

第二节 供电服务指挥考核体系

供电服务指挥业务评价指标分为定性指标和定量指标，定性指标是指业务内容完成质量的评估，定量指标是指评价指标完成目标值的评估。评价考核应作为一种管理手段而非管理目的，其目的是通过评价考核来提升服务，解决服务中存在的问题。本节主要根据国家电网公司供电服务"十项承诺"及《国家电网公司 95598 客户服务业务管理办法》介绍了供电服务指挥业务相关的评价指标、指标定义、计算方法，申诉业务的要求和处理规范。

一、供电服务指挥业务评价指标

（一）95598 工单指标

1. 95598 工单派单及时率

指标定义：工单派单及时数占工单派发总数的比例。

计算方法：95598 工单派单及时率＝95598 工单派单及时数/派发工单总数×100%。

2. 工单回填及时率

指标定义：工单回填及时数占工单派发总数的比例。

计算方法：95598工单回填及时率=工单回填及时数/派发工单总数×100%。

3. 工单回填规范率

指标定义：工单回填规范数占工单派发总数的比例。

计算方法：95598工单回填规范率=工单回填规范数派发工单总数×100%。

4. 研判及派单平均时长

指标定义：所有工单研判的平均用时。

计算方法：研判及派单平均时长=所有工单用时之和/所有工单数。

5. 工单转派率

指标定义：转派工单数量占已接受工单总数（减去退单总数）的比例。

计算方法：工单转派率=转派工单数量/（工单总数-退单数）×100%。

6. 故障报修兑现承诺率

指标定义：故障报修在规定时限内到达现场的抢修工单占下派的抢修工单总数的比例。

计算方法：故障报修兑现承诺率=（1-未兑现承诺的工单数/已受理派发故障报修工单总数）×100%。

7. 未拦截工单数量

指标定义：正确报送停送电信息后，超出规定时间（10min），客服中心未拦截工单总数。

计算方法：客服中心未拦截工单之和。

8. 工单处理最高效率

指标定义：统计一个月内，单位时间（15min）内每人处理工单的最大数量。

计算方法：工单处理效率=15min处理工单数/上班人数。

工单处理最高效率=一个月中工单处理效率的最大值。

（二）信息报送指标

1. 生产类停送电信息编译报送及时率

指标定义：生产类停送电信息编译及时数，占应报生产类停送电信息总数的比例。

计算方法：生产类停送电信息编译报送及时率=生产类停送电信息编译及时数/应报送生产类停送电信息上报总数×100%。

2. 生产类停送电信息编译准确率

指标定义：生产类停送电信息编译报送准确数，占应报送生产类停送电信息总数的比例。

计算方法：生产类停送电信息编译准确率=生产类停送电信息编译准确数/应报送生产类停送电信息上报总数×100%。

（三）配电运营管控指标

1. 配电变压器重过载率

指标定义：配网设备中配电变压器重载、过载数，占配电变压器总数的比例。

计算方法：配电变压器重载率＝配电变压器重载数/配电变压器总数×100%。

配电变压器过载率＝配电变压器过载数/配电变压器总数×100%。

2. 配电变压器三相不平衡度

指标定义：配网设备中配电变压器三相不平衡数，占配电变压器总数的比例。

计算方法：配电变压器三相不平衡度＝配电变压器三相不平衡数/配电变压器总数×100%。

3. 配电变压器电压异常率

指标定义：配网设备中配电变压器电压异常数，占配电变压器总数的比例。

计算方法：配电变压器电压异常率＝配电变压器电压异常数/配电变压器总数×100%。

（四）客户服务指挥指标

1. 客户投诉率

指标定义：各公司在规定时限内的投诉数量（包含12398直接投诉数、升级至12398投诉数、95598投诉数、供电服务舆情数），占千户数量的比例。

计算方法：客户投诉率＝客户投诉量/（客户数/1000）

客户投诉量＝12398直接投诉数＋升级至12398投诉数×2＋95598受理投诉数－95598受理但已彻底解决投诉数＋供电服务舆情数

其中：12398直接投诉数：客户前期未拨打95598或属地服务电话，直接拨打12398且经调查属实的投诉。

升级至12398投诉数：客户前期致电95598或属地服务电话反映过同一问题，但未予解决，导致客户升级至12398且经调查属实的投诉。

95598受理但已彻底解决投诉数：立足推动问题解决，对于频繁停电和电压质量长时间异常两类投诉，通过跟踪回访客户、整改措施查证（系统调取改造等信息）、后续2个月内同台区诉求跟踪核查或掉电记录调取等方式验证，同时满足以上条件时可认定投诉已彻底解决，从投诉考核中剔除。营销、停送电、电网建设方面投诉主要因人员主观行为引起，已经对客户造成事实上的损害（伤害）且无法补救，应着力从源头上防范，不纳入剔除范围。

供电服务舆情：国网客服中心监测的较大及以上供电服务舆情以及公司党组宣传部转办的舆情事件。

2. 95598诉求一次解决率

指标定义：90天内同一客户、同一电话号码对同一事件重复致电两次及以上的事件数，占投诉、意见、服务申请工单总数的比例。

备注：客户重复致电情况是指统计周期内对各单位除故障报修、表扬和一次办结以外的业务，按照来电号码、客户编号、事件内容等进行重复筛查所得的重复事件数，以下情况除外：

（1）经公司认定为恶意和不合理诉求的重复事件；

（2）工单已办结但客户再次来电对原来的处理结果又提出新的诉求；

（3）工单在途未超时，客户再次来电反映同一事件；

（4）客户编号咨询、电量电费咨询、业务办理手续咨询等查询咨询类诉求，因同一客户可能查询咨询不同地址、不同月份的客户及用电信息，以及因客户自身原因遗忘而重复咨询等。

计算方法：95598 诉求一次解决率＝1－重复诉求数/（投诉＋意见＋服务申请）数量×100%。

3. 95598 业务处理满意率

指标定义：统计时段内客户对公司处理工单［投诉、意见（建议）、故障报修、业务申请、查询咨询类工单］服务评价满意的数量占接受调查数量的比例。

备注：以下情况不纳入该项指标统计范围：非公司产权故障、供电设备位置、民事赔偿、违窃处理等涉及维护公司利益或为客户不合理诉求。

计算方法：95598 业务处理满意率＝（评价满意的工单数＋评价非常满意工单数）/参加评价工单总数×100%。

（五）营配调技术支持系统指标

1. 配电自动化终端在线率

指标定义：配电自动化终端在线的数量，占配电自动化终端总数的比例。

计算方法：配电自动化终端在线率＝在线终端数/终端总数×100%。

2. 配电自动化遥控使用率

指标定义：配电自动化终端中可以遥控并且使用了遥控的终端数，占可以遥控的终端总数的比例。

计算方法：配电自动化终端遥控使用率＝使用了遥控的终端数/遥控的终端总数×100%。

3. 遥控成功率

指标定义：配电自动化终端遥控成功的数量，占配电自动化可以遥控终端总数的比例。

计算方法：配电自动化终端遥控成功率＝遥控成功的终端数/可以遥控的终端总数×100%。

4. 遥信正确率

指标定义：配电自动化终端遥信信号正确的数量，占配电自动化终端遥信信号总数的比例。

计算方法：配电自动化终端遥信正确率＝遥信正确的数量/终端遥信信号总数×100%。

5. 支持系统故障时长

指标定义：95598 系统故障（工单无法正常打开、无声音报警，工单无法正常流转等）及网络故障等支持系统故障持续时间之和。

计算方法：支持系统故障时长＝95598 系统故障时长＋网络故障时长＋其他支持系统故障时长。

（六）配网调控业务指标

1. 年度重复停电率

指标定义：当年重复停电的项目数量，占年计划停电的项目数的比例。

计算方法：年度重复停电率＝当年重复停电的项目数/当年计划停电的项目数×100%。

2. 月度停电计划执行率

指标定义：当月实际完成的计划项目数量，占当月计划项目总数的比例。

计算方法：月度停电计划执行率＝当月实际完成的计划项目数/当月计划项目数×100%

3. 月度临时停电计划率

指标定义：当月临时计划项目数量，占当月计划项目总数的比例。

计算方法：月度临时停电计划率＝当月临时计划项目数/当月计划项目数（含周计划）×100%。（不含周计划调整项目）

4. 日停电计划检修申请按时完成率

指标定义：当月在批准时间内完成的检修单数量，占当月实际执行的检修单总数的比例。

计算方法：日停电计划检修申请按时完成率＝当月在批准时间内完成的检修单数/当月实际执行的检修总单数×100%。

（七）配网运检业务指标

1. 配网规划管理（20%）

（1）配电网设备利用合理率（30%）。

配电网设备利用合理率＝0.3×110kV设备利用合理率得分＋0.3×35kV设备利用合理率得分＋0.4×10kV配电变压器利用合理率得分。

（2）配电网规划项目落地率（20%）。

配电网规划项目落地率＝按规划方案执行的当年投产网架类项目数量/当年投产网架类项目数量×100%。

（3）规划问题解决率（30%）。

规划问题解决率＝0.3×110kV 电网问题解决率＋0.3×35kV 电网问题解决率＋0.4×10kV 电网问题解决率。

（4）配电网规划工作—经研所（20%）。

配电网规划工作＝0.3×基础数据得分＋0.5×规划报告质量得分＋0.2×规划报告进度得分。

2. 配网工程管理–项目中心（25%）

（1）进度管理（40%）。

进度管理＝0.4×节点进度＋0.4×工程量进度＋0.2×财务入账率；

1）节点进度＝a×开工率＋b×竣工率＋c×结算率，a、b、c 为子指标权重，一季度 $a=0.4$.$b=0.3$.$c=0.3$，二季度 $a=0.5$.$b=0.3$.$c=0.2$，三季度 $a=0.3$.$b=0.5$.$c=0.2$，四季度

$a = 0.1, b = 0.6, c = 0.3$；

2）工程量进度＝已完成建设工程量/计划建设工程量,计划建设过程量以初设工程量为准；

3）财务入账率＝工程成本发生金额（含税）/计划下达金额。

（2）系统应用管理（20%）。

系统应用管理＝0.3×初设应用率＋0.4×结算应用率＋0.2×到岗到位率＋0.1×数据准确率；

1）初设应用率＝应用系统开展初设的单体工程数/已下达单体工程数；

2）结算应用率＝应用系统开展结算的单体工程数/已下达单体工程数；

3）到岗到位率＝0.5×安全检查率＋0.5×单体工程到岗率；

4）数据准确率＝抽查数据准确条数/抽查数据条数。

（3）安全质量管理（20%）。

安全质量管理＝0.5×施工转型升级管理＋0.3×现场督查管理＋0.1×典型设计应用率＋0.1×标准物料应用率

1）施工转型升级管理＝0.3×土建预制化应用率＋0.3×电气预制化应用率＋0.4×新型机械应用率；

2）现场督查管理＝0.5×平均问题数量＋0.5×问题整改率；

3）典型设计应用率＝应用典设的单体工程数/已下达单体工程数；

4）标准物料应用率＝应用标准物料的单体工程数/已下达单体工程数。

（4）技经管理（20%）。

技经管理＝0.5×前期造价管理质量＋0.5×结算管理质量

1）前期造价管理质量＝0.3×估算质量＋0.5×概算质量＋0.2×预算质量；

2）结算管理质量＝0.4×过程造价管理质量＋0.6×结算审核质量；

3．电力保供（30%）

（1）无人机应用情况（10%）。

无人机应用情况＝0.4×无人机巡检缺陷检出率＋0.6×无人机应用情况。

（2）主动运维抢修管理（20%）。

抢修管理＝0.2×工单接单及时率＋0.5×工单处置完成率＋0.3×平均处理时长－工单重复派发率扣分。

（3）供服指挥管理（10%）。

生产指挥管理＝0.8×超时工单督办率＋0.2×抢修记录仪应用率。

（4）跳闸管控（20%）。

百公里故障跳闸。

（5）供电质量管理（20%）。

供电质量管理＝0.3×频繁停电工单＋0.2×低电压工单＋0.2×抢修质量工单＋0.2×检修安排工单＋0.1×综合电压合格率。

（6）供电可靠性管理（10%）。

用户平均故障停电次数＝∑每次故障停电用户数/等效用户数。

（7）设备运行异常（10%）。

配电变压器运行异常率＝异常配电变压器数量/配电变压器总数量。

4. 配网数字化管理（25%）

（1）防误闭锁（10%）。

配电专业防误操作管理成效＝0.4×防误操作设备覆盖率＋0.6×防误闭锁应用率。

（2）安全管理（20%）。

安全管理＝检修计划一致率－一般违章扣分。

（3）台账准确率（20%）。

台账准确率＝0.5×系统台账准确性＋0.5×维护及时性。

（4）自动化（50%）。

终端在线率＝0.3×（DTU＋FTU 在线率）＋0.5×融合终端在线率＋0.2×暂态录波型故障指示器在线率；

FA 动作正确率＝0.5×（FA 启动次数/线路故障总数）＋0.5×（FA 成功执行事件数量/线路故障总数）；

遥控使用率＝开关遥控操作数量/（三遥开关设备手动变位数量＋三遥开关设备遥控变位数量）；

遥控成功率＝开关设备遥控成功数量/开关设备遥控操作总数量；

融合实用化指标＝0.3×（融合终端数据完整数/融合终端系统接入数）＋0.5×（融合终端数据可用数/融合终端系统接入数）＋0.2×（低压光伏开关数据完整数/低压光伏开关系统接入数）。

二、异常指标申诉要求

（一）申诉

95598 业务申诉包括基层单位发起的数据修正诉求业务和国网营销部、国网客服中心发起的抽检修正工作。其中基层单位发起的申诉是指因上级单位工单流转错误、业务分类错误、城乡标志错误、业务属实性认定错误、系统原因、不可抗力、非供电企业责任、客户恶意诉求或工单信息填写不全影响工单处理等原因，造成基层单位 95598 业务处理不及时或差错，影响基层单位相关数据指标，由基层单位对上一级单位提出数据修正的诉求业务。国网营销部、国网客服中心发起的抽检修正是指在开展 95598 工单抽检、质检工作中，对业务分类错误的工单进行业务分类修正的工作。抽检修正属于申诉业务中业务分类错误的子类。

本条中的申诉是指由于人为原因、不可抗力或第三方责任等因素造成基层单位 95598 业务数据或指标偏差，由国网营销部、国网客服中心、省客服中心、属地供电企业发起的纠偏流程。其中抽检修正只能由国网营销部、国网客服中心发起。

（二）申诉原则

95598 业务申诉本着"逐级申诉，逐级负责"的原则，即以地市公司为单位向省公司提出申诉，经省公司审核合格后向国网客服中心和国网公司营销部申请认定、审核。初次申诉由国网客服中心负责认定，国网公司营销部负责最终审核归档。最终申诉由国网公司营销部审核，省公司内部申诉由各省公司自行处理。

本条明确了申诉流程以及申诉责任单位，保证申诉工作的规范性和严肃性。"逐级申诉、逐级负责"是指初次申诉由属地供电企业向省客服中心发起，省客服中心进行初次审核或直接发起初次申诉，国网客服中心对省客服中心提交的申诉进行认定。国网营销部对各省公司发起的最终申诉进行最终认定。

对已办结的业务可以提出申诉，通过系统流转完成申诉工作，申诉结果以规定时间内的认定结果为准。以规定时间内认定结果为准，是为了保证与国网营销部数据统计周期一致，申诉统计每月××日0点截至。在途95598工单无法发起申诉流程。国网客服中心不接受线下流转的申诉申请。经核实，因各省公司内部因素造成工单超时、业务处理不规范等情况，各单位依旧向国网营销部和国网客服中心进行申诉的，以及申诉佐证材料弄虚作假的，国网营销部将对相关单位进行通报、考核。

1. 申诉条件

省公司和地市供电企业对工单接派单、工单处理、停送电信息报送、知识库信息报送、工单业务类型、城乡标志、客户评价等工单处理情况有异议时，可向国网公司提出申诉。国网营销部、国网客服中心可以对抽检、质检发现业务分类错误的工单进行抽检修正。因人为原因、不可抗力或第三方责任等因素造成基层单位95598业务数据或指标偏差时，基层单位可以采取向上级单位申诉的方式申请纠偏，最终真实、客观地还原公司供电服务现状。

2. 申诉级别

95598业务申诉分为初次申诉和最终申诉。

初次申诉和最终申诉是为一张工单一个业务类型的申诉提供了2次申诉机会，体现了公司对申诉工作的重视程度，以及开展申诉业务的严谨性。最终申诉是指省客服中心属地供电企业初次申诉不通过，对判定结果不认可，提供再次申诉的流程。

3. 申诉次数

一张工单对一个业务类型的申诉只允许提交1次，不同业务类型的申诉应单独发起申请。

本条中的"提交1次"是指向国网客服中心提交1次。同一张工单可以发起不同业务申诉类型。

（三）申诉流程

地市供电企业相关部门根据专业管理职责分别提出申诉申请，经省客服中心审核后提交国网客服中心。国网客服中心对审核通过的初次申诉提国网营销部审核并规定，对审核不通过的退回省客服中心。省客服中心对初次申诉结果有异议的，可由省公司营销部向国网营销部提出最终申诉。申诉工单应包括工单编号、业务类型、申诉原因及目的、申诉依据和申诉人等信息。

1. 初次申诉流程

（1）申诉工单根据申诉类型的不同由地市供电公司相关部门分别提出申诉。

（2）省公司客服中心在接到地市公司申诉申请后，审核通过的提交到国网客服中心处理。审核不通过的注明原因后将工单退回地市公司重新处理。本条中的重新处理是指属地供电企业可根据省客服中心审核结果，补充完善申诉理由、申诉材料等相关依据后，再次提交或放弃申诉、归档办结。

（3）国网客服中心在接到省公司申诉申请后，相关部门及人员根据各自职责进行认定、审核，审核通过的提交国网营销部。审核不通过的注明原因后将工单退回省公司。

（4）国网客服中心对质检发现的业务分类错误发起抽检修正流程，并进行内部认定审核，审核通过的提交国网营销部。审核不通过的注明原因后退回抽检修正发起人。

（5）国网营销部在接到国网客服中心的认定结果后，进行审核并归档。

2. 最终申诉流程

（1）最终申诉由省客服中心提出申请，经省公司营销部审核通过后向国网营销部提交。本条明确了最终申诉发起流程。为保证申诉工作严肃性，最终申诉的申诉原因、理由以及相关证明材料须与初次申诉保持一致，不得更改。

（2）国网营销部在接到最终申诉申请后，进行最终审核并归档。

（3）国网营销部发起业务分类错误抽检修正后，直接审核并归档。

（四）申诉要求

1. 投诉申诉要求

（1）95598 客户投诉承办部门对业务分类、退单、超时、回访满意度、属实性存在异议时，由各地市供电企业发起，以省公司为单位向国网客服中心提出初次申诉。

（2）省公司与国网客服中心初次申诉结果不一致时，由省公司营销部向国网营销部提出最终申诉，国网营销部做出最终认定。

故障报修工单申诉要求：

1）各单位可对工单超时、回退、回访不满意等影响指标数据的故障报修工单提出申诉。

2）当发生自然灾害等突发事件造成短时间内工单量突增，超出接派单人员或抢修人员的承载能力，各单位可对此类超时工单提出申诉，申诉时需提供证明材料。

3）各地市供电企业对有异议的故障报修工单，可提出申诉，以省公司为单位向国网客服中心提出初次申诉。国网客服中心在 2 个工作日内答复申诉结果，在双方无法达成一致意见的情况下，可由各省公司营销部向国网营销部提出最终申诉，国网营销部在 3 个工作日内答复审核结果。

2. 申诉时限要求

（1）初次申诉，自地市公司发起申诉申请至省客服中心完成审核提交不超过 2 个工作日。

（2）国网客服中心接到省公司申诉申请后 2 个工作日内进行认定。

（3）国网营销部在接到国网客服中心认定结果后 3 个工作日内完成最终审核并归档。

（4）最终申诉在初次申诉结果认定后，省客服中心、省公司营销部应在 2 个工作日发起最终申诉。国网营销部在接到省公司营销部最终申诉申请后 3 个工作日内答复最终申诉结果。

（5）申诉流程一般不超过 7 个工作日。已办结工单超过 1 个日历月未提出申诉的，视为放弃申诉，逾期不再受理。1 个日历月是指 30 日。已办结归档的工单，可在自归档之日起 30 日内发起申诉流程，逾期不再受理。为保证系统报表数据稳定性、准确性，30 日内未提出申诉的，视为放弃申诉。

3．其他要求

（1）各单位应及时发起申诉，申诉工单答复内容包括申诉认定结果、申诉认定依据及相关说明。

（2）同一张工单对同一类型的申诉只允许提交 1 次，不同类型的申诉应单独发起申诉工单。1 次是指向国网客服中心提交 1 次同一张工单可以发起不同业务申诉类型。

（3）申诉结果由国网客服中心统一汇总，以每月 27 日报国网营销部结果为准。每月 25 日以后提交申诉的，申诉结果转入次月汇总发布。国网客服中心将根据国网营销部认可的申诉结果，定期发布各省公司的申诉处理结果和通过率等情况。

（五）申诉结果应用

（1）申诉结果不能直接修改 95598 业务支持系统内的原始数据，仅可作为对原始数据的备注修正。

（2）申诉工单办结后，由系统自动对原始数据进行备注修正，不得人工干预。

（3）申诉结果与报表数据同步发布，最终发布数据以备注修正后的数据为准。

（4）各单位要针对 95598 业务申诉中暴露出来的问题，分析、整改专业管理和业务流程设置方面存在的不足，切实降低申诉量。

本条中的申诉结果应用是指国网客服中心通过 95598 业务支持系统申诉相关报表（含申诉、抽检修正）进行统计分析，国网营销部根据报表统计数据进行综合应用、统计及发布。保留原始数据主要是为了多维度进行数据对比、分析，进一步提升公司整体服务质量和服务水平。

（六）其他

投诉是一柄双刃剑，为广大用电客户带来更好用户体验的同时，也容易滋生部分恶意投诉和无理诉求。为更好地服务于广大用电客户的根本利益，同时促使电网工作人员将服务工作重点聚焦于客户诉求和问题处理，并兼顾客户恶意诉求给基层员工带来的困扰，2018 年 7 月 26 日起，仅保留"工单处理满意度错误、业务类型错误、接派单超时限处理超时限"4 个申诉类别中的部分原因申诉。具体如下：

（1）"工单处理满意度错误"申诉类别中保留"客服专员责任"原因申诉。

（2）"业务类型错误"申诉业务类别中保留"恶意投诉"原因申诉，具体情况为：是有明确证据证明客户诉求存在为满足私利而诬陷工作人员的情况；二是客户提出的诉求超出国家规定或公司规定供电企业所能承担的责任范围。为保证申诉公平、公正、真实，"业务类型错误"申诉材料由省公司归口部门审核签字盖章报送。

（3）"抽检修正"原因申诉是国网客服中心保证受理标准一致性和公平性的重要手段同时为确保抽检修正的准确性，抽检修正业务由国网营销部进行最终认定后归档生效。

（4）"接派单超时限""处理超时限"申诉类别受理规则不变，其中"不可抗力"仅限于重要服务事项报备管理规定中明确的地震、泥石流、洪水、台风、红色预警恶劣天气，以及地市级以上政府批准执行有序用电限电。

展　望　篇

第六部分 新技术、管理模式探索应用

第二十八章 配网专业新技术应用

第一节 智慧物联网技术应用

一、物联网的概念

物联网，即由物物相联的互联网，通过装置在对象（人或物）上的各种信息感知设备，感知描述物体特征的各种信息；然后按照约定的协议，通过相应的接口，把物品与互联网互联，进行信息交换和通信；最终目的是实现对象的智能化识别、定位、跟踪、监控和管理的一种巨大网络。

二、物联网的体系架构

物联网在功能上超越了传统互联网和通信网以传输为主的功能，在技术上融合了感知、网络、处理和应用等多项技术，在系统体系架构上从信息技术终端延伸到了感知物理世界和多项应用业务。因此，物联网实质上已经不仅仅是传统网络的范畴，而成为以数据为核心、多业务融合的"虚拟＋实体"的信息化系统。其体系结构可以分为：感知互动层、网络传输层和应用服务层。

三、物联网的关键技术

物联网系统的关键技术主要包括感知和识别技术、融合和接入技术、网络传输技术、智能处理技术等。

（一）感知和识别

技术感知和识别技术，即对物理世界各类信息的获取技术，主要设备有传感器、条形码等。

1. 传感器

传感器是能够感受制定的被测量，并按照一定规律转换成可用输出信号的器件或装置，主要完成信息监测任务，相当于物联网的"神经元"。

传感器按照监测信号的原理分为两类，一是各种非接触式敏感性元件，如光敏、声敏、热敏、湿敏等；二是接触监测式元件，如温度传感器、液位传感器、流量传感器、压力传感器等。

2. 射频识别技术

由"标签（射频卡）＋阅读器＋天线"组成。其原理是利用无线射频信号通过空间交变电磁场耦合原理,实现非接触双向通信和信息自动识别。高速公路电子收费系统就是该技术的一个典型应用。

3. 条形码

商品的外包装上的一组灰白相间条纹的标签,就是条形码它是商品通行于国际市场的"共同语言",是全球统一识别系统和通用商业语言中最重要的标识之一。

现在的条形码是指由一组规则排列的条、空及对应字符组成的标识,用以标识一定商品信息的符号,通过条形码识读设备(红外或光电感应器等)扫描识读。根据表达信息维数的不同,可以分为一维条形码、二维条形码、三维条形码。

一维条形码只是在一个方向(一般是水平方向)表达信息,其特点是信息录入快,差错率低,但数据容量较小,条形码遭到损坏后便不能阅读。

二维条形码是在水平和垂直方向的二维空间存储信息,其特点是信息密度高、容量大,不仅能防止错误,而且能纠正错误,即使条形码部分损坏,也能将正确的信息还原出来,适用于多种阅读设备进行阅读。

三维条码是在二维条码的基础上加入色彩或者灰度作为第三维。第三维的加入提高了条形码的存储信息量,增加了单位面积信息存储密度。因此,相对于一维和二维条形码,具有明显的优点,存储信息量大,清晰度质量高等。

(二)融合与接入技术

"融合与接入"是指实现各种感知信息与不同传输网络的融合和接入的短距离通信技术。典型的有现场总线、蓝牙、Wi-Fi、ZigBee 等技术,其中现场总线属于有线接入通信技术,而其他则属于无线接入通信技术。

1. 现场总线

现场总线是 20 世纪 80 年代末、90 年代初发展形成的一种有线数据传输网络,主要用于制造自动化、过程自动化、楼宇自动化等领域的现场智能设备互连通信网络。它作为工厂数字通信网络的基础,法通了生产过程现场及控制设备之间及其与更高控制管理层次之间的联系。

现场总线设备的工作环境处于过程设备的底层,作为工厂设备级基础通信网络,要求具有协议简单、容错能力强、安全性好、成本低的特点,并满足有一定的时间确定性和较高的实时性要求。

2. 蓝牙技术

蓝牙技术是一种短距离、低速无线通信技术通过测量信号的强度进行定位。它可以支持便携式计算机、移动电话以及其他移动设备之间的相互通信,进行数据和语音传输。民用蓝牙技术的覆盖范围为 8～30m。

蓝牙技术的优势是:蓝牙工作的频段是 ISM 频段(即工业、科研和医用频段),是全球通用且无需许可的频段;可实时进行数据和语音传输;具有很好的抗干扰能力;具有很强的移植性,可应用于多种通信场合;蓝牙设备功耗低,容易实现,便于推广,对人体危害也小。蓝牙主要应用于无线设备、图像处理设备、安全产品、消费娱乐、汽车产品、家用电器等诸多领域。

3. Wi-Fi 技术

Wi-Fi 是 Wirelessfidelity（无线保真）的缩写，是一种无线电技术，其主要作用是能够实现计算机之间以及计算机与因特网的无线通信。

与蓝牙技术一样，Wi-Fi 技术也属于在办公室和家庭中使用的短距离无线通信技术。但蓝牙技术在数据安全性方面要好一些，而 Wi-Fi 技术在电波覆盖范围方面则要略胜一筹，Wi-Fi 的覆盖范围可达 100m 左右。

4. ZigBee 技术

ZigBee 技术是一种近距离、低功耗、低速率、低成本，可以实现双向无线通信的数据传输技术。ZigBee 技术的通信距离从标准的 75m 到几百米、几千米，并支持无限扩展，主要用于近距离无线连接。应用领域包括工业控制、消费性电子设备、汽车自动化、家庭和楼宇自动、医用设备控制等。

5. 无线传感网（WSN）

无线传感网是由部署在监测区域内大量廉价微型传感器节点组成，通过无线通信方式形成的一个自组织网络。

无线传感器网络是一种全新的信息获取平台，能够实时监测和采集网络分布区域内的各种监测对象的信息，并将这些信息发送到网关节点，以实现复杂的指定范围内的目标检测与跟踪，具有速度快、抗毁性强特点，有着广阔的应用前景。

（三）智能处理技术

物联网系统的管理和应用层，运用包括数据整理与分析、数据挖掘、模式识别、专家系统、云计算等高端数据处理技术，完成了对海量信息的智能处理，提升了对物理世界、经济社会的各种活动和变化的洞察力，实现智能化的决策和控制。

（四）智能控制技术

智能控制技术是控制技术与人类智能活动的结晶，由此出现的各种智能化设备和智能控制系统，使人类生活更接近智能化。

四、物联网技术在电网调度中的应用

（一）电网调度数据管理

物联网技术对电网调度数据管理具体涵盖了调度基础数据、调度计划数据安全校核数据与生产监控数据管理等几方面内容。调度基础数据管理包括设备的基本参数、额定参数等，还包括电力生产、计划、营运等数据；调度计划数据管理涵盖了发电用电规划、水库调整规划、电力营销规划、电力负荷重点调整规划、水文预报数据等；安全校核数据具体涵盖了对电网系统电压值的监测对电压失稳率进行测算、静态性失稳故障和暂时性失稳故障调整情况的监督与管理等，从而维护与提升电网系统运行的安稳性；生产监控是对电网历史电量数据等进行监管，进而提升电力资源配送的安全性。

（二）电网业务数据管理

物联网技术在电力业务数据中的应用，最大的实用价值体现在对电力业务信息系统整体监管与调整方面上，涵盖生产、调度、销售、运转等环节。调度始终被视为电力资源生产期间的重心，与电力生产、电力计划、电力设备设施构建、电力资源销售、运行安稳性监管以及紧急状况处理等多个业务相关联。在物联网技术的支撑下，电力设备在运行期间产生的数据信息得到动态式监管与测量，对相关参数信息进行实时调整，借此维护与强化电力企业各类业务运行的安全性与有效性。

第二节 大数据技术应用

一、大数据的概念

随着大数据技术的发展，对大数据的定义也呈现多样化的趋势。本质上，大数据不仅意味着数据的大容量，还体现了一些区别于"海量数据"和"非常大的数据"的特点。比较主流的定义主要有以下三种。

属性定义：大数据技术描述了一个技术和体系的新时代，被设计于从大规模多样化的数据中通过高速捕获、发现和分析技术提取数据的价值。大数据显著特点，即容量（volume）、多样性（variety）、速度（velocity）和价值（value）。

比较定义：超过了典型数据库软件工具捕获、存储、管理和分析数据能力的数据集。这种定义说明了什么样的数据集才能被认为是大数据。

体系定义：大数据是指数据的容量、数据的获取速度或者数据的表示限制了使用传统关系方法对数据的分析处理能力，需要使用水平扩展的机制以提高处理效率。

综合上述的定义，大数据相较传统数据分析，具有以下几个显著特点：首先，数据集的容量是区分大数据和传统数据的关键因素；其次，大数据有三种形式：结构化、半结构化和无结构化。传统的数据通常是结构化的，易于标注和存储；再次，大数据的速度意味着数据集的分析处理速率要匹配数据的产生速率；最后，利用大量数据挖掘方法分析大数据集，可以从低价值密度的巨量数据中提取重要的价值。

二、大数据的处理方式

大数据分析是通过在功能强大的支撑平台上运行分析算法，来发现隐藏在大数据中潜在价值的过程，例如隐藏的模式和未知的相关性。根据处理时间的需求，大数据的分析处理可以分为两类。

流式处理：流式处理假设数据的潜在价值是数据的新鲜度，因此流式处理方式应尽可能快地处理数据并得到结果。在数据连续到达的过程中只有小部分的数据被保存在有限的内存中。流处理方式用于在线应用，通常工作在秒或毫秒级别。

批处理：在批处理方式中，数据首先被存储，随后被分析。

通常情况下，流处理适用于数据以流的方式产生且数据需要得到快速处理获得大致结果。因此流处理的应用相对较少，大部分应用都采用批处理方式。

三、大数据系统构架

大数据系统是一个复杂的、提供数据生命周期（从数据的产生到消亡）的。

不同阶段数据处理功能。典型的大数据系统分解为 4 个连续的阶段，包括数据生成、数据获取、数据存储和数据分析。

（一）数据生成

1. 数据源

近些年，由于视频、互联网和摄像头的普及使用，世界上的数据产生了爆炸式的增长。由于数据必须依靠信息通信技术才能读取其中的信息，发现数据中存在的价值，因此结合信息通信技术发展历程，数据生成的模式可分为 3 个顺序的阶段。

阶段 1：数字技术和数据库系统的广泛使用。20 世纪 90 年代，许多企业组织的管理系统存储了大量的数据，如银行交易事务、购物中心记录和政府部门归档等。这些数据集是结构化的，并能通过基于数据库的存储管理系统进行分析。

阶段 2：Web 系统的日益流行。20 世纪 90 年代末期，以搜索引擎和电子商务为代表的 Web1.0 系统产生了大量的半结构化和无结构的数据，包括网页数据和事务日志等。之后，许多 Web2.0 应用从在线社交网络（如论坛、博客、社交网站和社交媒体网站等）中产生了大量的用户创造内容。

阶段 3：移动设备（如智能手机、平板电脑、传感器和基于传感器的互联网设备）的普及。移动互联网的快速发展，产生了大量高度移动、位置感知、以个人为中心和上下文相关的数据。

可以发现，数据生成模式是从阶段 1 的被动记录到阶段 2 的数据主动生成再发展到阶段 3 的自动生成。

2. 数据属性

普适感知和计算产生出前所未有的复杂的异构数据，这些数据集在规模、时间维度、数据类型的多样性等方面有着不同的特性。例如，移动数据和位置、运动、距离、通信、多媒体和声音环境等相关。NIST 提出了大数据的 5 种属性。

（1）容量：数据集的大小。

（2）速度：数据生成速率和实时需求。

（3）多样性：结构化、半结构化和无结构的数据形式。

（4）水平扩展性：合并多数据集的能力。

（5）相关限制：包含特定的数据形式和查询。数据的特定形式包括时间数据和空间数据；查询则可以是递归或其他方式。

（二）数据获取

数据获取阶段的任务是以数字形式将信息聚合，以待存储和分析处理。数据获取过程可分为三个步骤：数据采集、数据传输和数据预处理。数据传输和数据预处理没有严格的次序，预处理可以在数据传输之前或之后。

1. 数据采集

数据采集是指从真实世界对象中获得原始数据的过程。数据采集方法的选择不但要依赖于数据源的物理性质，还要考虑数据分析的目标以下是 3 种常用的数据采集方法。

（1）传感器。

传感器常用于测量物理环境变量并将其转化为可读的数字信号以待处理。传感器包括声音、振动、化学、电流、天气、压力、温度和距离等类型。信息通过有线或无线网络传送到数据采集点。

（2）日志文件。

日志是广泛使用的数据采集方法之一，由数据源系统产生以特殊的文件格式记录系统的活动。和物理传感器相比，日志文件可以看作是"软件传感器"。

（3）Web 爬虫。

爬虫是指为搜索引擎下载并存储网页的程序，是网站应用如搜索引擎和 Web 缓存的主要数据采集方式。

2. 数据传输

原始数据采集后必须将其传送到数据存储基础设施等待进一步处理。数据传输过程可以分为两个阶段，IP 骨干网传输和数据中心传输。

PP 骨干网提供高容量主干线路将大数据从数据源传递到数据中心。传输速率和容量取决于物理媒体和链路管理方法。

数据中心传输是指数据传递到数据中心后，将在数据中心内部进行存储置的调整和其他处理的过程。

3. 数据预处理

数据集由于干扰、冗余和一致性等因素的影响具有不同的质量，因此在大数据系统中需要数据预处理技术提高数据的质量。

（1）数据集成。

数据集成技术在逻辑上和物理上把来自不同数据源的数据进行集中，为用户提供一个统一的视图。数据集成在传统的数据库研究中是一个成熟的研究领域，如数据仓库和数据联合方法。其中，数据仓库由 3 个步骤构成：提取、变换和装载。

1）提取：连接源系统并选择和收集必要的数据用于随后的分析处理。

2）变换：通过一系列的规则将提取的数据转换为标准格式。

3）装载：将提取并变换后的数据导入目标存储基础设施。

（2）数据清洗。

数据清洗是指发现数据集中不准确、不合理或不完整数据，并对这些数据进行修补或移除以提高数据质量的过程。

一个通用的数据清洗框架由 5 个步骤构成：定义错误类型，搜索并标识错误实例，改正错误，文档记录错误实例和错误类型，修改数据录入程序以减少未来的错误。

（3）冗余消除。

数据冗余是指数据的重复或过剩会增加传输开销，浪费存储空间，导致数据不一致，降低可靠性。数据冗余减少机制包括冗余检测和数据压缩等。

除了前面提到的数据预处理方法，还有一些对特定数据对象进行预处理的技术，如特征提取技术，在多媒体搜索和 DNS 分析中起着重要的作用。然而，没有一个普适的数据预处理过程可以用于任何数据集的处理，必须综合考虑数据集的特性、需要解决的问题、性能需求和其他因素，来选择合适的数据预处理方案。

（三）数据存储

大数据系统中的数据存储子系统将收集的信息以适当的格式存放以待分析和价值提取。为了实现这个目标，数据存储子系统应该具有如下两个特征：

（1）存储基础设施应能持久和可靠地容纳信息。

（2）存储子系统应提供可伸缩的访问接口供用户查询和分析巨量数据。

从功能上，数据存储子系统可以分为硬件基础设施和数据管理软件。硬件基础设施实现信息的物理存储，数据管理软件解决的是如何以适当的方式组织信息以待有效地处理。

（四）大数据分析

（1）数据分析和处理，其目标是提取数据中隐藏的数据，提供有意义的建议以及辅助决策制订。数据分析的方式主要分为：

1）描述性分析：基于历史数据描述发生了什么。

2）预测性分析：用于预测未来的概率和趋势。

3）规则性分析：解决决策制定和提高分析效率。

（2）数据分析的目标主要包括：

1）推测或解释数据并确定如何使用数据。

2）检查数据是否合法。

3）给决策制订合理建议。

4）诊断或推断错误原因。

5）预测未来将要发生的事情。

（3）尽管目标和应用领域不同，一些常用的分析方法几乎对所有的数据处理都有用。

1）数据可视化。

数据可视化的目标是以图形方式清晰有效地展示信息。一般来说，图表和地图可以帮助人们快速理解信息。

2）统计分析。

统计分析技术可以分为描述性统计和推断性统计。描述性统计技术对数据集进行摘要或描述，而推断性统计则能够对过程进行推断。

3）数据挖掘。

是发现大数据集中数据模式的计算过程。许多数据挖掘算法已经在人工智能、机器学习、模式识别、统计和数据库领域得到了应用。

四、大数据技术在电网中的应用实例

（一）用电负荷预测

目前调度掌握的数据已经能够涵盖到用户负荷层面，基于每个用户的负荷与气象、典型日曲线、设备检修等数据，建立各类影响因素与负荷预测之间的量化关联关系，利用大数据技术有针对性地构建负荷预测模型，实现更加精确的短期、超短期负荷预测，保障电力供应的可靠性。

（二）发电计划预测

针对大规模新能源并网与消纳问题，通过多源数据融合、模式识别、偏好决策、模糊决策等数据分析技术预测电网母线负荷，并以此为依据，结合经济发展、气象以及其他各类信息来源，对发电计划进行持续滚动动态优化，从而科学、合理地制订月度（周度）、日前、日内等不同周期机组的电量计划、开停机计划和出力计划，最大限度地保证电力电量平衡。

（三）电网运行监测

通过汇总区域内各级设备台账、负荷、电网运行、网架结构等海量数据，对线损进行实时计算和处理，实现电能损耗的有效控制。通过利用实时用电负荷、实时变压器负荷、设备运行状态信息，估算出配电设备的负载情况，对配电设备进行重过载预警，有效减少电压不稳定、频繁停电等现象。

（四）电网故障诊断

电网发生故障后会经历电气量变化、保护装置动作、断路器跳闸三个阶段，其中包含大量反映电力系统故障的数据信息。监测系统将采集到的海量故障数据从自动装置上送至调度中心，剔除时空交错的复杂数据中冗余信息，只保留电网故诊断所需信息，将多源故障数据进行融合，利用专家知识、粗糙集理论、数据建模等分析技术，实现故障类型的诊断与判定。根据故障分析结果，调度运行人员及时进行事故处理，快速恢复供电，保证电网安全可靠运行。

（五）电网风险预警

通过对电网运行数据的监测分析、深度挖掘，基于大数据技术开展电网运行状态评估，计算电网运行风险指数，判断出风险类型，预测从当前到未来一段时间内电网运行面临的风险情况；根据风险类型辨识结果，生成相应的预防控制方案，供调度决策人员参考。对突发性风险和累积性风险进行准确区分并生成针对性预防控制方案，依据对多源异构数据的深度分析，将风险准确定位到局部，实现全网各区域风险状况的集中辨识、定位以及预防控制。

第三节 云计算技术应用

一、云计算的定义

云计算是一种动态的、易扩展的、且通常是通过互联网提供虚拟化的资源计算方式，是并行计算、分布式计算、网格计算、效用计算、虚拟化、面向服务架构、网络存储等众多计算机技术和网络技术融合发展的产物，能够大大提高对各种分析计算任务的数据存储能力和计算能力。

提供资源的网络称为"云"，用户不需要了解"云"的内部细节，也不必具有"云"的专业知识或直接控制基础设施。在用户看来，云资源是可以无限扩展的，可以随时获取，按需使用，按使用付费。它提供的服务具有超大规模、虚拟化、可靠安全等独特功效，可以是 IT 和软件、互联网相关的，也可以是任意其他的服务。

综合所述，可得出云计算的几个主要特点：具有超强的计算和存储能力、易于扩展和管理、采用虚拟化技术把资源抽象成服务、可靠性高、极其廉价等。

二、云计算的体系结构

云计算的一个核心理念就是将大量用网络连接的计算资源统一管理和调度，构成一个计算资源池向用户按需服务，通过不断提高"云"的处理能力，进而减少用户终端的处理负担，最终使用户终端简化成一个单纯的输入输出设备，并能按需享受"云"的强大计算处理能力。

云计算的一个本质特征是采用虚拟化技术，云计算平台对整合的所有计算和存储资源均进行虚拟化，形成"云"，对用户来讲"云"就是一个单位的实体。云计算的体系结构如图28-1所示。

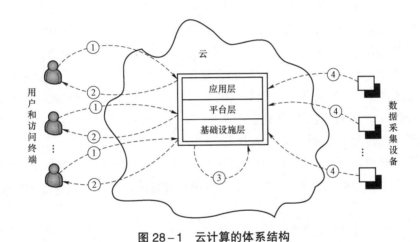

图28-1　云计算的体系结构

云计算平台可以将用户的任务放到"云"中的同一设备中，也可以将任务进行拆分，分别运行在"云"中多台设备中，即云计算平台可以根据用户的任务动态分配"云"中的各种计算和存储资源。另外，云计算利用虚拟化技术将云中的资源抽象成服务的形式提供给用户，一般服务包括3个基本层次：基础设施层、平台层和应用层。

（一）基础设施层

是虚拟化了的大量广源异构硬件资源及相关的管理功能集合。基础设施层中硬件资源通过网络（如Interet或专属网络等）连接在一起，利用集群或分布式控制技术实现硬件设备的协同工作。该层能运行多种操作系统和软件，根据用户需求动态提供丰富的计算和存储资源。通过基础设施层，用户相当于在使用一台具有超级计算和存储能力的计算机。

（二）平台层

构建在基础设施层之上，是具有基础性和可重复利用性的软件集合，为用户提供软件开发和测试平台。通过应用程序编程接口和软件开发工具包等提供软件开发测试环境，并提供各种软件所需的运行环境。平台层让用户可以方便地将所开发的应用软件发布在云计算平台的应用层,加快了应用服务的部署,有利于应用服务的扩展。

（三）应用层

是云计算平台上发布的所有应用软件集合。用户通过 Internet 便能直接访问应用层上的应用软件,无需本地安装,更不需要维护和升级软件,软件的开发、测试、运行、维护和升级均由应用程序开发者负责,因此极大地。

方便了用户对应用软件的使用。

三、云计算技术在电网中的应用实例

（一）调度控制云平台

调度控制云平台（简称"调控云"）是面向电网调度业务的云服务平台。为适应电网一体化运行特征,以电网运行和调控管理业务为需求导向,依托云计算、大数据等 IT 技术,构建调控云,形成"资源虚拟化、数据标准化、应用服务化"的调控技术支撑体系。调控云的目标是建立统一和分布相结合的分级部署设计,形成国分（国调、国调分中心）主导节点和各省级协同节点的两级部署,共同构成一个完整的调控云体系。

构建全网统一的模型、运行和实时数据资源池,实现与实际一、二次系统一致的全网准确、完整的模型。推动各类运行数据的云端存储和应用,实现电网实时数据云端获取。构建开放、共享的调控云应用服务体系,打造体现"全网、全景、全态"特征的电网一张图,支撑运行分析、安全管控和辅助决策等业务应用场景。按照组件开放、架构开放生态开放的原则,国（分）、省级两级"$1+N$"中的每个调控云节点均建立业务双（多）活的两（多）个站点,每个站点内由基础设施层、平台服务层和应用服务层、3 个层级组成。

调控云及其基础应用功能已在华北、华东、华中、山东、天津、冀北、四川、湖南、江苏、浙江、福建、上海等十余个省级及以上调控中心部署,平台在实践中得到充分验证,取得了较好的应用效果。

（二）基于云架构的一体化调度培训仿真技术

调度员仿真是通过数字仿真技术模拟电力系统的静态和动态响应及事故恢复过程,使调度员在与实际电网相同的调度环境中进行正常操作、事故处理及系统恢复的培训,以提高调度员的各项基本技能,尤其是事故时快速反应的能力。新一代 DTS 基于调控云平台,进一步具备调控一体化仿真及多级电网全范围的联合反事故演练功能,支持各级电网同时进行联合反事故演习,以提高协同管理电网、协同处理故障、协同保障电网运行的能力。

基于云架构的调控一体化仿真培训由调度员培训模拟和监控员培训模拟应用功能构成,两者均包括电力系统仿真、控制中心仿真、教员台控制等模块,其中监控员培训模拟应用功能在共享部分调度员培训模拟应用功能基础上,对电力系统仿真、控制中心仿真、教员台控制等模块进行扩展,实现保护信号、保护装置与一次设备的自动关联,使监控员仿真模拟更加真实可靠。

第四节　移动互联网技术应用

一、移动互联网的定义

中国工业和信息化部电信研究院在 2011 年的《移动互联网白皮书》中对移动互联网的定义为："移动互联网是以移动网络作为接入网络的互联网及服务包括 3 个要素：移动终端、移动网络和应用服务。"

（1）移动终端，包括手机、专用移动互联网终端和数据卡方式的便携电脑。

（2）移动网络，包括 2G、3G、4G、5G 等。

（3）应用服务，包括 Web、WAP（无线应用协议）方式。

二、移动互联网的架构

移动互联网的特点和业务模式，要求移动互联网技术架构中应具有接入控制、内容适配、业务管控、资源调度、终端适配等功能，这需要从终端技术、承载网络技术、业务网络技术各方面综合考虑来构建架构。

移动互联网的典型体系架构模型包括：

（一）业务应用层

提供给移动终端的互联网应用，包括典型的互联网应用比如网页浏览、在线视频等，也包括基于移动网络特有的应用，如定位服务等。

（二）移动终端模块

从上至下包括终端软件架构和终端硬件架构。

1. 终端软件架构

包括应用 App、用户、支持底层硬件的驱动、存储和多线程内核等。

2. 终端硬件架构

包括终端中实现各种功能的部件。

3. 网络与业务模块

从上至下包括业务应用平台和公用接入网络。

（1）业务应用平台：包括业务模块、管理与计费系统、安全评估系统等。

（2）公共接入网络：包括接入网络、承载网络和核心网络等。

三、移动终端技术

（一）网络访问加速技术

目前接入网络包括 WIFI、WLAN、4G、SG 等多种类型，要确保移动互联网用户在各种复杂网络环境下，均能获得良好的体验，是移动应用开发中的关键问题之一。

总体指导原则为：能够动态感知用户的网络状况，调整应用处理逻辑和应用内容展现机制。当出现网络切换、中断、网速异常下降等情况时，能够及时进行处理，不影响用户的主流程操作；在代码中做多重异常保护措施，增强代码的健壮性，防止应用因为网络不稳定导致闪退等问题。

（二）能耗控制技术

移动应用的耗电控制是开发过程中重点考虑的因素之一。应用耗电控制的技术包括系统级电源管理、无线通信节能机制等，涉及应用开发方法和应用网络访问等诸多方面。

在应用开发中，网络频繁访问和大数据交互也是应用耗电的一大重要原因因而在应用设计过程中，需要考虑应用网络访问的频度并减少不必要的数据交叉。

（三）定位技术

定位，也称为位置感知，是指借助已知空间中的一组参考点的位置来获得该空间中移动用户的位置的过程，是移动终端在使用中非常重要的功能需求定位技术主要有 3 类：卫星定位技术、网络定位技术和感知定位技术。

（四）终端硬件技术

随着移动互联网技术的不断发展，移动终端硬件发展呈现出以下趋势：

（1）智能化发展趋势，实现功能更丰富。

（2）处理能力更强，存储空间更大。

（3）模块化发展趋势：手机设备已经出现了硬件及软件架构向通用化发展的动向，大量采用嵌入式操作系统与中间件软件，关键零部件也呈现出标准化发展趋势。

（五）终端软件技术

移动互联网终端软件主要包括操作系统和第三方应用软件，其特点是以智能终端操作系统为基础，结合各种层次或类别的中间件实现对应用服务的支持，基于目前情况来看，终端操作系统的发展趋势是：开放性、安全性；终端应用软件的发展趋势是开发操作本地化、服务全能化以及传统电信业务替代产品。

（六）终端开发框架

开发框架主要定义了整体结构、类和对象的分割及其之间的相互协作、流程控制、强调设计复用，便于应用开发者能集中精力于应用本身的实现细节。移动互联网终端应用的统一架构包括移动互联网终端应用的统一开发框架和开发环境两部分。其中，统一开发框架采用分层架构，减少了模块间的耦合，使得应用组件、系统中间件具有良好的扩充性。开发环境是应用开发人员物理上感知到的最前端，让开发者可以通过简单易用的开发工具，基于开发框架和模板开发，快速构建移动应用。

（七）人机交互界面

人机交互界面是用户操作应用终端的第一环境，人机交互接口是否友好功能是否强大，直接影响到用户对终端使用的满意度和业务的成功率。

（八）远程服务的调用技术

远程服务调用是移动应用与后台服务之间数据交换的实现方式，移动应用通常使用基于超文本传输协议（HTTP）的 Webservice 协议来实现终端和服务器之间的数据交换。

Webservice 通常基于简单对象访问协议（SOAP）的标准方式和基于表述性状态转移（REST）两种方式。前者由于数据传输量较大，应用场景受限；后者能基于可扩展标记语言（XML）和 JSON 等的多种方式。

四、移动互联网在配电网调度中的应用

（一）配电网调度网络化下令

基于移动互联网技术，通过在配电网调度技术支持系统中建设智能操作票检修申请

单功能模块，实现智能拟票、模拟预演、安全校核、预令、正令管理检修许可等功能，在移动作业平台部署配电网调度网络化下令 App 功能模块，具备与智能操作票、检修申请单功能模块双向信息交互等功能，采用 VPN、VLAN 等构建虚拟专网方式保障移动通信网络安全。值班调度员和现场运维人员通过网络化方式实现操作票的预令下发、正令下令、复诵、调度确认、回令收令等环节，替代电话下令等手段，减少操作时接打电话对调度人员时间的占用，规避传统电话模式带来的语音歧义、信息缺失、监护盲点、误读、误记误解等危险点，促使串行的调度操作向并行开展，促进调度与现场高效协同极大地提升调度操作效率。

（二）配电终端信息自助验收

基于移动互联网技术，通过在配电网调度技术支持系统中建设配电终端信息接入与验收管理 Web 功能模块，实现信息表管理、信息接入（变更）管理、自助验收管理等功能，在移动作业平台部署配电终端信息自助验收 App 功能模块，具备与配电网调度技术支持系统双向信息交互、通信异常提醒等功能现场运维人员手持自助验收 App 终端，能够随时随地和主站开展配电终端信息接入验收业务，实现配电终端信息接入（变更）规范化、现场验收自助化信息验收并行化、验收报告数字化，促进配电网调控终端信息接入与验收业务模式向数字化、自动化、智能化方向转变，有效降低一线调控人员工作承载力。

第五节　人工智能技术应用

一、人工智能研究内容

从人工智能的发展历程来看，20 世纪 80 年代的算法创新研究为人工智能带来了突破性发展。之后，大数据、计算力、深度学习等方面的进展促进了人工智能的高速发展。算法、计算力、大数据是人工智能的基础支撑层，而建立在这之上的基础技术便是计算机视觉、自然语言理解、语音识别。人工智能通过这三种技术，使机器能够看懂、听懂人类世界，用人类的语言和人类交流。

（一）人工智能的基础支撑层

1. 算法

算法是指用系统的方法描述解决问题的策略机制，能够基于定规范的输入，在有限时间内输出所要求的结果。

近几年，新算法的发展提升了机器学习的能力，尤其是深度学习理论的成熟。目前，很多企业将先进算法封装于易用的产品中，采用云服务或开源方式向行业提供先进技术，这种方式大大推动了人工智能技术的发展。目前，很多厂家都在搭建通用的人工智能机器学习和深度学习计算底层平台，如谷歌的 TensorFolw 软件、微软的 Computational Network Toolkit 深度学习工具包、亚马逊的 AWS 分布式机器学习平台、百度的 AI 开放平台等。

2. 计算力

人工智能对计算力的要求很高。以往受制于单机有限的计算力，对人工智能的研究进展缓慢。近几年，云计算的发展大幅提升了计算力。机器学习，特别是深度学习，是极耗计算资源的，而云计算可以达到每秒 10 万亿次的运算能力。此外，图形处理器的进步也很好地推动了人工智能的发展，这种多核并行计算流的方式能够大大提高运算速度。

3. 大数据

移动互联网的爆发式发展，使当今社会积累了大量数据。随着对数据价值的挖掘，各种管理和分析数据的技术得到了较快发展。人工智能中很多机器学习算法需要大量数据作为训练样本，如图像、文本、语音的识别，都需要大量样本数据进行训练并不断优化。现在这些条件随处可得，大数据是人工智能发展的助推剂，为人工智能的学习和发展提供了非常好的基础。

（二）人工智能的技术方向

人工智能涉及的学科非常多，包括数学、认知学、行为学、心理学、生理学、语言学等。人工智能技术方向主要分为计算机视觉、自然语言处理、语音识别三个部分，即首先要能看得懂、听得懂，这样才能精准的执行指令。

1. 计算机视觉

通俗来说，计算机视觉就是让机器能"看"懂，其作用在于从图像或视频中提取符号与数值信息，分析计算该信息的同时，进行目标的识别、检测和跟踪等。

计算机视觉处理的图像一般分为静态图像和动态图像。识别静态图像比较容易，只需对采集到的图像上传到计算机的数据库进行模糊对比即可；而识别动态图像时则比较麻烦，需要对拍摄场景中的所有信息进行整理和分类，然后再通过智能设备进行处理分析，而智能设备的处理能力尤为关键。

近年来，计算机视觉借助人工智能的理念与思路也发展了许多产业项目：手机的人脸识别解锁和支付功能，识别动植物的 App，电子监控系统，车间生产零件的自动化控制处理等。

2. 自然语言处理

自然语言处理是研究人与计算机可通过自然语言进行有效通信的技术（又称为人机对话）。

通过计算机模拟人们日常交际的语言习惯，让计算机能够理解和运用社会中人类普遍使用的语言：如汉语、英语等。当人们与计算机进行对话时，计算机就可以对人们提出的请求快速处理：例如实时翻译，文献查找等。

自然语言处理是人与计算机直接沟通的桥梁，但却也是非常复杂的一步。因为自然语言不像机器编程语言一样严谨，而且不同的人有不同的说话方式和习惯，甚至还有口音的很大差异。如果计算机无法明白甚至曲解其含义，执行成错误的结果，会带来不必要的麻烦。

3. 语音识别

语音识别是把语音信号转化为文字或执行命令的一个过程主要方法为模式匹配法，即首先将用户的词汇存入到计算机的数据库中，然后再与数据库里的每个模板进行相似度匹配，相似度最高的被筛选作为识别结果输出。

目前，语音识别技术已经应用在各类生活服务终端及通信，比如小爱同学 Siri 等智能终端语音助手等。研究语音识别技术也是现在的主流趋势，要大力推动智能语音识别等人工智能的应用，取代大量、重复、繁琐的人工服务和工作内容，提高工作水平与效率。

二、人工智能技术在电网调度中的应用

（一）停电事故恢复方案优化

对各变电站及线路的负荷能力数据、位置关系数据、各区域用户用电需求进行判断，并对各类用户失电恢复优先级进行标注，基于经济、社会影响等方面因素综合考虑用户失电恢复优先级，结合对可调用资源的统筹和对用户重要性的判断，基于人工智能技术，生成故障恢复方案模型，为指挥人员处理停电事故提供辅助参考。

（二）智能调度机器人

通过主要需求理解、对话控制及底层的自然语言处理、知识库等技术实现智能语音处理，对口音、方言、口语化表达习惯、专业词汇、环境背景杂音、句子停顿等多种因素进行综合处理，积累适应当地表达特色的自然语言样本，结合实际业务场景持续更新术语及需求信息，实现典型业务场景机器人"智能调度"的功能。江苏地区试点的配电网智慧大脑，成功打造了模式创新、管理提质、技术增效的全数字化配电网调控管理体系，将多轮人机对话、复杂语音语义识别技术、知识图谱、深度学习、图神经网络等 AI技术与调度业务相结合，建成集虚拟全能调度、实时影子监护、故障应急响应等核心功能于一体的配电网智慧大脑，贯通了 DMS、OMS、调度电话系统、网络发令系统，实现调度操作有效性校核并同步完成收发令、开关模拟置位、挂牌等调度员日常计划检修类操作，极大地提升配电网调度业务整体运营效率。

（三）设备事态趋势感知

利用设备参数、运行年限、状态信息、历史故障、缺陷隐患、在线监测等各类数据进行设备画像，对设备未来趋势进行智能诊断，辨识设备存在的运行风险。通过人工智能技术感知设备运行状况，对设备的健康状况进行科学状态评价，指导调控人员重点关注存在隐患的电力设备，制订预控措施。

（四）故障自动研判

利用积累的大量历史跳闸动作报告和故障录波的波形、现场实际故障点照片、故障原因分析，对跳闸动作报告和故障录波的故障波形、现场实际故障点照片、故障原因分析等数据进行标注，进行人工智能的深度学习、分类对故障类型、故障点、故障原因进行综合分析评估，指导调控人员事故处理决策。

第六节　区块链技术应用

一、区块链技术概述

2008 年，被称为"比特币"的数字货币首次出现，比特币的设计初衷是在不信任环境下进行数字货币的支付，通过哈希函数、非对称加密、签名等密码学方法来实现用户

的匿名以及交易的确认，通过共识机制对共同维护的数据达成一致，对信任危机提出了一种新的解决思路。自比特币问世以来，比特币的底层技术——区块链技术也在不断发展，目前区块链的发展可分为 3 个阶段。

（一）区块链 1.0

区块链 1.0 阶段也可以被称为可编程货币阶段，区块链互不信任的人在没有权威机构介入的情况下，可以直接使用比特币进行支付比特币以及随后出现的莱特币、狗狗币等电子货币，凭借其去中心化、跨国支付、随时交易等特点，对传统金融造成了强烈的冲击。

（二）区块链 2.0

区块链 20 阶段可以被称为可编程金融阶段。受比特币交易的启发，区块链技术被应用到包括股票、清算、私募股权等其他的金融领域区块链技术的应用使金融行业有希望摆脱人工清算、复杂流程、标准不统一等带来的低效和高成本，使传统金融行业发生颠覆性改变。

（三）区块链 3.0

区块链 3.0 阶段可被称为可编程社会阶段。随着区块链的发展，人们逐渐探索将区块链应用到各种有需求的领域。例如应用区块链匿名性特点的匿名投票领域，利用区块链溯源特点的供应链、物流等领域。区块链将不可避免地对未来的互联网以及社会产生巨大的影响。

二、区块链架构

通常把区块链平台分为 5 层，分别是数据层、网络层、共识层、合约层和应用层。

（一）数据层

数据层是最底层，通过封装的链式结构、非对称加密、共识算法等技术手段来完成数据的存储和交易的安全实现，通常选择 LevelDB 数据库来存储索引数据。

区块链使用更简单、运算更快的哈希指针来完成区块之间的链接。每个区块都是由区块头和区块体两部分组成。区块头中通常存放着前块哈希、时间戳、Merkle 根、随机值、难度目标等数据，区块体中存放着交易数据。通过每个区块头中包含的前块哈希（除创世区块外）使当前区块指向前一区块，从而将个个孤立的区块在逻辑上连接起来，形成一条链状结构。目前，数据存储模型主要分为基于交易的模型和基于账户的模型，比特币采用的是基于交易的模型。

（二）网络层

区块链通过对等节点（Peer-to-Peer）的方式完成组网，消息和数据的传输直接在节点之间完成，节点可以选择在任意时刻加入或退出网络而无需中间环节或中心服务器的参与，因此网络层采用 P2P 协议作为传输协议。

（三）共识层

在一个区块链的分布式系统中，互不信任的节点通过某一机制在短时间内排除恶意节点的干扰，对正确结果达成一致，即称各节点之间达成共识。

相较于传统系统，区块链提出"不可能三角"评价标准，即去中心化、可扩展性、安全性不能同时满足。从解决传统分布式共识问题的经典共识算法到解决区块链共识的 PoW，PoS 算法，共识算法经历了长足的发展与改进。

（四）合约层

区块链 2.0 在区块链 1.0 的基础上引入了智能合约，智能合约从本质上来说是通过算法、程序编码等技术手段将传统合约内容编码成为一段可以在区块链上自动执行的程序，是传统合约的数字化形式。智能合约使区块链在保留去中心化、不可篡改等特性的基础上增加了可编程的特点。

（五）应用层

区块链目前的应用场景主要集中在数字货币、金融交易、数据鉴证、选举投票、物流等方面，另外区块链与一些前沿研究领域如物联网、AI 等也有了不错的交互。应用层除了根据具体的应用业务独立开发一些专用的应用之外，还可以通过对下层数据和业务的集成来提供服务，构建适应性较强的区块链通用服务平台，如微软公司的 Azure BaaS。

三、区块链技术在电网调度中的应用

（一）基于区块链的虚拟电厂应用

虚拟电厂既要满足海量分布式能源资源实时参与电力市场交易，又要有效控制分布式电源并网行为以确保电力系统安全、可靠地运行，其协调控制技术从机制设计到技术实现均具有较大难度。区块链技术的不可篡改性、分布记账特性，能够为解决上述问题提供新的研究思路。区块链因其分布式记账特性能够为虚拟电厂的电力交易和调度提供透明、公开、可靠和低成本的去中心化平台，使不同类型的分布式电源产生的数据能够高效、快速地交叉验证和可信共享。采用区块链技术的虚拟电厂与各分布式能源之间可以在信息对称的情况下进行双向选择，分布式的信息系统和虚拟电厂内部分布式能源相匹配，各发电单元自愿加入虚拟电厂并共同进行系统的维护工作。每当有新的分布式能源加入虚拟电厂时，通过数字身份验证对各分布式能源的信息进行验证，并保证其受已定的激励政策和惩罚机制约束，从而使得区块链技术能在虚拟电厂与分布式能源之间生成有效的智能合约，并保证自动且稳定地执行。

通过区块链激励机制将虚拟电厂协调控制手段和分布式电源的独立并网行为有机联动，在确保电力系统安全、可靠运行的基础上，实现分布式发电的高渗透、高自由、高频率、高速度并网。

（二）基于区块链的透明调度

构建基于区块链的调度信息交互和数据存储中心，有效地将区块链技术数据存储、信息安全、数据互操作性方面的优势引入调度系统中。通过区块链实时发布发电信息及用电需求，基于区块链智能合约自动匹配需求并制订电力调度计划，可实现电网自适应调度和运行，提升运行效率和信息安全能力，促进能源更合理消纳。基于区块链的透明调度运行总体思路。

（1）参与到调度系统的各个用电单元，将各自的用电需求信息提交到交易市场，交易市场将用电信息汇总，并提交到区块链平台。

（2）通过共识算法形成发电单元索引列表，各个用电单元都可以根据发电单元索引

信息寻找适合自己的发电单元。基于智能合约可以根据不同的情形确定各个用电单元对接的发电单元集合，从而实现最优的供需交易结果。

（3）在发电计划匹配成功后，各发电单元完成自己的发电任务，通过输电系统运营商进行电力配送，最终将电能输送到相应的用电单元。输电系统运营商与区块链平台不断进行信息的审核确认，将电力交易信息上传至区块链平台存证，以保证每笔用电交易都准确完成。

（三）基于区块链的电力调度考核评价

基于区块链的电力调度考核评价系统，实时采集发电企业 PMU 子站、RTU/测控装置、边缘代理装置等数据信息并进行上链存证操作，有效保证源头数据的真实性和完整性。利用区块链的智能合约技术构建"两个细则"指标考核模型，将智能合约通过广播发送到区块链中，与其他区块链节点进行同步，在多方节点下共同完成指标考核计算，并将考核结果进行对外发布，实现电力调度考核评价全过程的公开透明、真实可信和可追溯。

第二十九章　配网专业管理模式展望

第一节　配网精益化管理模式展望

一、宏观上的精益化管理

规划如何进行投资过程中，要将配电网的实际情况考虑进去，有针对性地制定配网建设计划。项目投资者应当规划好投资项目，根据影响程度来排列配网建设项目，优先规划影响较大的项目，确定投资重点，以保证投入的资金能够合理运用，建设好配网项目。建设组织也要加强监督，实现自动化建设，提升运行速度。目前，国内配网自动化不论是调度还是建设都很慢，很多业外人士根本没办法了解电网实际的运行状态，而运行数据的收集却需要配网资料足够完整。在规划配网项目时，相关部门应当将自动化系统纳入其中，为实现配网自动化奠定基础，一开始建设时没有纳入自动化系统，一旦实现配网自动化了，就很难更换相关设备。相关部门加强研究，定时监控配网，可以从技术层面做好供电管理。如果有条件，也可以使用节能设备，尽可能降低能耗，最大限度降低供电成本。施工现场的安全问题也要重视，近些年以来，项目施工现场安全事故频发，企业在承受经济损失的同时，还要为辛辛苦苦树立起来的品牌形象买单。发生事故，轻的可能会导致财产损失，重的可能直接带来人员伤亡，面对各种问题，企业必须建立完善处理预案，制定防控方案和安全问题处理措施，在施工之前，完善相关管理制度，明确施工过程中各个环节的安全管理问题。有关部门也要完善施工管理机制，明确要求配电工程施工过程中的各项安全要求。同时，加强对施工作业人员的安全意识教育，提升其安全意识，避免安全事故。

二、微观上的精益化管理

设计变更管理应当规范化。配网设计变更指的是设计单位以现有项目设计为依托，加以补充，完善设计的过程。根据工程结算资料来看，很多建设项目的施工过程都有设计变更，若是相关单位的设计变更管理不到位，没有最大限度地处理好设计变更或者处理不规范，就会导致问题发生。比如说，在没有正式开工手续的情况下就正式开工。当然，相关单位要解决的问题并不止于此，应当根据不同施工环节的具体情况，制定针对性投资计划，尽可能优化网架结构，提升供电可靠性。近些年，很多变电站都有重载运行。建设单位应当结合各地电力负荷情况进行投资。

三、停电计划精益化管理

停电会对配网的安全性和稳定性造成影响，相关部门应当重点关注停电问题。结合配网实际，合理规划，可以保证配网运行安全，不让停电影响配网稳定运行。对停电可能带来的危害加以预测，根据原有数据，结合之前的配网管理经验，可以将停电的浪费概括如下：第一，缺乏协调性；施工单位在建设配网过程中，与设计单位之间很少能够协调一致，导致很多计划无法彻底执行，计划协调性不好，导致配网管理受到影响。第二，停电预测不到位；停电预测技术落后，导致停电控制不合理，线路分析及设备分析始终无法深入。第三，缺少数据；停电规划要想保证科学性，制定完善数据支撑很重要，数据信息的匮乏，导致多个环节协调困难，资金浪费严重。

四、带电作业精益化管理

停电数目的减少有利于带电作业的开展，可以维护好配网系统。按照带电作业相关特性，分析配网停电的危险程度之后，制定如下措施：第一，加强训练，提升带电作业熟练度；带电作业对技术的要求极高，因为工作的高危性质，很多没有完全掌握安全作业标准的工作人员是无法从事这项工作的。相关部门必须加大带电作业人员培训力度，保证工作人员全面掌握带电作业相关技术和标准。第二，合理拓宽带电作业范围；带电作业能够避免停电范围不断扩大。尽可能减少停电户数；相关工作人员应当试着在停电管理过程中进行带电作业，全力以赴，努力维护好配网供电安全。

构建起配网精益化管理体系，对建设配网项目意义重大。相关部门应当在大胆假设、小心求证的基础上使用精益化管理理论，对配网项目进行精益管理。不仅要对每个建设环节进行科学的指导和安排，还要实时监控整个配网项目建设的各个环节。为确保配网项目建设的效率和质量，配网精益化管理体系的建立健全已迫在眉睫，需要尽快完善相关体系。

第二节 配电二次运维创新

一、配电二次设备运维支撑平台

支撑现场终端运维需要，配电二次设备评估与运维支撑平台在配电终端在线监测的基础上，采用配电自动化信息交换总线集成配电终端自我描述、运行监测、智能巡检相关数据，进行状态评估、缺陷识别、故障诊断，分析出不同等级的处缺、预警信息，以指导现场快速运维，改变以往定期巡检模式，优化终端检修流程，推动配电自动化向智能决策和主动运维转变。

通过配电自动化信息交换总线集成配电自动化系统、生产管理系统、通信网管系统等相关系统的配电二次设备运行状态、配电网运行相关信息，依托配电在线运行监测和评估技术、数据挖掘技术，提供运维管理类应用、实时监视与预警类应用、数据分析与挖掘类应用、全寿命周期管控类应用等功能，为配电终端运维人员提供全面技术支撑，提升配电二次设备运维技术手段和管理水平。

配电二次设备运维支撑平台通过集成配电网遥信/遥测等实时/历史数据、通信通道/路径/模块数据、终端台账/参数/定值/软硬件版本数据、终端运行状态、巡视/试验/检修等相关业务数据，完成终端及通信异常分析、终端失效分析、蓄电池分析、通道质量分析、参数和定值校验与分析、终端运行综合评价，实现配电终端消缺。

二、配电二次设备在线监测

通过对影响配电自动化正常运行的配电二次设备各相关设备和环节涉及的状态量进

行分析，可以确定配电终端、通信系统在线监测量，采集信息通过通道实时或准实时上送至配电主站。其中配电终端通过对所采集的终端本体、二次回路的状态信息分析，结合所存储的历史状态数据，发现终端及二次回路异常时，记录运行日志并上传报警信号；每天生成一次终端自检报告，分析终端运行状态和统计信息。

（一）配电终端在线监测

DTU、FTU 等智能配电终端设备内部关键回路通过集成传感器，结合硬件检测技术与软件校验方式实现内部运行状态监测，并将检验结果通过通信通道上送，维护人员通过维护软件读取相关结果，使配电终端内部运行关键参数与自检。

结果处于一种"可视化"的状态。在实际运行中，常常以配电终端为核心，通过扩展现有软硬件平台和外部接口，通过增加传感器和扩展运行数据的统计分析，实现配电终端状态信息的自动采集，复用现有配电通信通道，将配电终端状态信息上送到配电自动化系统。其中配电终端及二次回路的状态采集功能均集中到配电终端实现，主要状态量包括：运行环境信息采集、模拟量转换状态采集、开关量转换状态采集、通信状态采集、主供电源状态采集、备用电源状态采集和内部板卡状态采集。

（二）通信状态在线监测

配电网目前主要的通信方式包括光纤、无线通信。配电终端利用无线数传模块采集无线通信状态信息对其进行监测，无线通信状态信息通过配网终端上传至配电自动化主站系统，配电主站结合配电终端、通信状态信息进行统一分析，并对无线通信状态进行评估。光纤通信状态通过配电自动化总线固定周期调用其通信管理系统的相关信息进行分析和对其状态进行评估。在现场运行中通信状态量通过数据接口从光纤通信网管和无线通信网管中获取。配电通信网络采集的状态量信息包括光纤通道状态、无线通道状态和通信接入口状态，通过通信网管系统采集到的状态量。

三、可视化技术

可视化技术在智能电网二次设备使用过程中，包含了很多方面，比如说设备状态、SCD 管理、虚端子等可视化部分组成。

其中设备状态可视化：将智能电网二次设备的信息状态通过可视化进行分层展示。比如说，在设备状态可视化应用过程中，专业技术人员可以通过网调层来获取相关数据信息，同时还可以通过另一层及了解更多的设备状态。同时还可以通过监控系统、警告系统对智能电网二次设备进行实时监控。

SCD 管理可视化：对智能电网二次设备当中的 SCD 二次回路进行管理，并保证设备的使用安全。同时 SCD 文件具有较强的一致性，也是 SCD 可视化管理中重要组成部分，在管理过程中常常会以不同形式的 SCD 文件进行二次回路，与一些虚端子进行比较，在比较之后再将其中的结果展现出来，供给人们观看。比如说，在比较时可以将两个设备之间的装置进行连接，并在其中标记一个小加号，如果两个设备之间的虚端子进行修改，那么可以在设备连接处标记一个叉号等。

虚端子可视化包括了对设备的变化可视化和虚端子实施状态可视化组成。在二次设备实际操作过程中，其虚端子可视化可以通过一定的比较将二次设备的连接情况展现出来，并将虚端子可视化状态进行更新，只有这样才能方便技术人员对二次设备的检测维修工作。

四、诊断技术

该模块负责对设备可能存在的故障进行检测，以故障参数的特定阈值为根据，对比设备经过检测后所得到的参数指标，若该参数指标超出预先设定的阈值范围，则判定该设备存在故障。在实际的检测过程中，每一项数据的走向和趋势均会一定程度上影响到最终的诊断结果，并且无法借由单一数据对系统状态进行判断。因此，研究决定采用神经网络来对系统判断进行监测，所使用的神经网络模型为 Self-Organi-zingfeatureMap，在通过该模型实现阈值判断的同时，也能够实现更高可信度的故障诊断，并且可以导出故障的种类、位置等重要数据。

智能警告又分为以下几点：

（1）对智能电网二次设备进行分级分类警告；

（2）将智能电网二次设备中的检修信息过滤；

（3）将智能电网二次设备中的重要警告内容自主的推动到最前端；

（4）将智能电网二次设备中的多样化警告信息进行不一致警告；

（5）如果设备发现故障时，没有及时进行维修，就会出现频繁警告。

故障定位：

（1）根据智能电网二次设备的开关位置、使用状态进行定期检测，从而保证设备的使用安全；

（2）为智能电网二次设备制定对应的模拟量警告系统，并对设备中的数据信息进行分析；

（3）将智能电网二次设备中的录波数据进行实时监控，并保证设备的开关回路使用良好；

（4）为智能电网二次设备制定对应的保护数据系统，如果发生意外需要系统意外问题进行分析，并为其制定有效的解决对策，从而保证设备的使用安全；

（5）将智能电网二次设备进行 GO0SE 返校信息，并对设备的跳闸回路进行实时监控，如果跳闸失败，可以及时为其制定出一份科学合理的解决对策。

五、线路巡视工作时刻跟进

一旦配电网技术改造完成后，要提高其运行的安全性和平稳性，不可放松对配电网管理方向的严格把关。线路巡视的根本目的在于确保技术改造后的线路安全，一旦安全出现了问题，线路巡视工作只能是虚有其表甚至流于形式。配电网管控的安全性直接取决于日常巡视、运维查验和检修养护的科学性，对线路的巡视和确保线路的安全顺畅运行之间是相辅相成、必不可少的两方面。要提高线路巡视工作的有效性，还是要加大宣教力度，不断增强群众安全管控配电线路的意识，其涉及"群众参与度"的问题。长期以来，由于配电网线路的安全性和危险性较强，其日常检修、巡视和故障排查往往与广大用户无关，而只是全体技术工作者的"分内之事"。

六、配电二次运维管理模式创新

（一）优化改进电网结构

电力系统在运行过程中，通过电网功能，降低电力故障出现造成的停电或断电范围，提高电网系统稳定性。为了充分发挥电网系统的优异效果，需要电力企业在电力运行过程中，积极进行电力故障原因分析和总结，发现电力运行规律，从而为电网结构优化和改进提供数据支持。配网结构从根本上影响电力设备运行的过程和结果。为了提高电网效果，企业要在实际电力运行过程中优化配网结构，完善配网系统。比如：① 合理控制供电系统的供电半径范围，降低线路的承受压力和传输损耗；② 高度关注变电关键部分，及时更换线路设备及设备零件；③ 在进行电力设备和运行器械的选择时，关注地域差异，有针对性的选择变压器等。配网结构的改善和优化对于电力管理中的智能管理也会产生影响，使电网技术的数据传输速度和准确率更高。

（二）积极解决线损问题，加强变电管理认识

同时，优化改进电网结构需要加强对于电力线损问题的认识。电力线损问题出现的原因多种多样，比如电力班组配合不足、电力抄表时间不统一、电力变压器故障、配网结构不合理、电力工作人员自身专业能力不足、电力企业对于线损问题重视程度不足等。降低电力线损情况对于提高电力企业电能供应效率具有重要作用，是我国电力管理中一项重要的组成部分。为了有效降低电力线损，需要相关工作人员不断提升工作素养。

第三节　能源互联网系统与主动配电网互联

一、通用要求

主动配电网是能源互联网系统的重要组成部分，其规划设计，运行控制及信息交互应与能源互联网的架构体系相协调，以支撑能源与信息的互联互通。

（1）主动配电网规划设计应坚持面向用户供电可靠性的理念，满足安全、高效、灵活的电力传输与配送。

（2）主动配电网应满足分布式电源、微电网、电动汽车、储能及各类用户的便捷灵活接入与消纳要求。

（3）主动配电网应综合运用电源侧、电网侧、负荷侧的各类灵活性资源，实现配电网主动运行与管理，提升能源配置的效率水平。

（4）主动配电网应与能源互联网系统实现信息的深度共享与融合，并满足信息总安全防护相关要求。

二、主动配电网的物理互联

（一）网架结构

（1）各层级主动配电网应相互匹配、强简有序、相互支援，支撑配电网安全灵活运行与分布式电源分层高效消纳。

（2）同一地区同类供电区域的网架结构宜统一，网架结构设计应遵循不交叉供电原则，形成相对独立的供电区域，每个供电区域内宜含有一定数量的分布式电源、储能及需求响应资源。

（3）高可靠性供电区域的主动配电网结构应便于实现故障自动隔离，具备网络重构能力，逐步具备故障自愈能力。

（4）交流电网和直流电网可通过柔性直流技术组成交直流混合配电网。

（5）交直流配电网互联可采用交直（AC－DC），直交（DC－AC），交直交（AC－DC－AC）典型结构及其组合。交直流配电网典型互联方式可参照附录 A。

（6）交流侧电网应符合 DL/T 5729 的规定，应选取满足供电可靠性需求的网架结构。

（7）直流侧电网结构可根据规划区域特点，选择辐射式、单端环式，双端式、多端式、多端环式结构等。

（二）与分布式电源的互联

主动配电网与分布式电源的互联应符合 GB/T 33593 等相关国家、行业技术标准的规定。在满足并网技术要求的条件下，分布式电源并网电压等级可按表 29－1 的规定确定。

表 29－1　　　　　　　　　分布式电源并网电压等级参考表

电源总容量范围 P	并网交流配电网电压等级	并网直流配电网电压等级
$P \leqslant 8kW$	220V	220V
$8kW < P \leqslant 400kW$	380V	750、1500V
$400kW < P \leqslant 6MW$	10kV	±6kV、±10kV
$6MW < P \leqslant 20MW$	20、35kV	±20kV、±35kV

分布式电源接入交流配电网公共连接点的电能质量应符合（GB/T 12325、GB/T 14549、GB/T 15543、GB/T 24337）等相关标准的规定。

分布式电源宜根据电网状况就近接入交流或直流配电网。接入单条线路的分布式电源的上送总容量不应超过线路的允许容量，接入本级配电网的分布式电源的上送容量不应超过上一级变压器的额定容量以及上一级线路的允许容量。

主动配电网接入分布式电源时，可配置储能装置，储能容量应根据技术经济分析结果确定。

（三）与微电网的互联

主动配电网与微电网的互联应符合 GB/T 33589 等相关标准的规定。

微电网的互联电压等级应根据交换容量，经技术经济比较后综合确定。

并网型微电网接入交流配电网公共连接点的电能质量应符合（GB/T 12325、GB/T 14549、GB/T 15543、GB/T 24337）等相关标准的规定。独立型微电网的电能质量要求应由微电网运营方协商确定。

直流微电网宜接入直流或交流配电网，交流微电网宜就近接入交流配电网。

（四）与电动汽车充换电设施的互联

主动配电网与充换电设施的互联应符合 GB/T 36278、GB 50966 等标准的规定。

电动汽车充换电设施的供电电压等级应根据充电设备及辅助设备总容量，综合考虑需用系数、同时系数等因素，经济技术比较后确定。

电动汽车换电设施接入交流配电网时，其接入点的电能质量应满足（GB/T 12325、GB/T 14549、GB/T 15543、GB/T 24337）等相关标准的规定。充换电设施站点应预留电能质量治理设备的安装位置。

电动汽车充换电设施的用户等级应符合（GB/T 29328）的规定。具有重大政治、经济、安全意义的电动汽车充换电设施，或中断供电将对公共交通造成较大影响或影响重要单位正常工作的充换电站可作为二级重要用户，其他可作为一般用户。

（五）与储能的互联

主动配电网与储能的互联应符合 GB/T 36547 等相关标准的规定。

储能接入配电网的电压等级应综合考虑储能系统的额定功率、当地电网条件确定。

储能中性点的接地方式应与所接入电网的接地方式相一致。

储能接入配电网应进行短路容量校核，接入交流配电网的电能质量应满足（GB/T 12325、GB/T 14549、GB/T 15543、GB/T 24337）等标准的规定。

储能并网点应安装易操作、可闭锁、具有明显断开指示的并网断开装置。

储能接入配电网时，功率控制、频率适应性、故障穿越等方面应符合 GB/T 36547 的相关规定。

接入配电网的储能，作为电源时输出有功功率应采取移峰填谷，平滑功率曲线，提高电网供电可靠性和运行效率等控制措施；作为应急电源的储能系统应具备孤岛运行能力，应能在上级配电网失电后对应急负荷供电。

与光伏互联的储能，应以一体化设备为技术导向减少设备的占地空间。

（六）与用户的互联

主动配电网与用户的互联应符合相关国家标准的规定，不应影响电网的安全运行及电能质量。

用户的供电电压等级应根据当地电网条件，供电安全要求、供电可靠性要求、最大用电负荷、用户报装容量等，经技术经济比较论证后确定。用户接入容量和供电电压等级可参考表 29-2。对于供电半径较长、负荷较大的用户，当电能质量不满足要求时，应与高一级电压网络互联。

表 29-2　　　　　　　　用户接入容量和供电电压等级参考表

供电电压等级	用电设备容量	受电变压器总容量
220V	10kW 及以下单相设备	—
380V	100kW 及以下	50kVA 及以下
10kV	—	50kVA～10MVA
35kV	—	5～40MVA
66V	—	15～40MVA
110kV	—	20～100MVA

注　无 35kV 电压等级的电网，10kV 电压等级受电变压器总容量为 50kVA 至 20MVA。

受电变压器总容量 100kVA 及以上的用户，在高峰负荷时的功率因数不宜低于 0.95；其他用户和大、中型电力排灌站，功率因数不宜低于 0.90；农业用电功率因数不宜低于 0.85。

重要电力用户供电电源配置应符合 GB/T 29328 的规定。重要电力用户供电电源应采用多电源、双电源或双回路供电，当任何一路或一路以上电源发生故障时，至少仍有一路电源能对保安负荷供电。特级重要电力用户应采用多电源供电；一级重要电力用户至少应采用双电源供电；二级重要电力用户至少应采用双回路供电。

重要电力用户应自备应急电源，电源容量至少应满足全部保安负荷正常供电的要求，并应符合国家有关技术规范和标准要求。

用户因畸变负荷、冲击负荷、波动负荷和不对称负荷对公用电网造成污染的，应按照"谁污染，谁治理"和"同步设计、同步施工、同步投运、同步达标"的原则，提出治理和监测措施。

主动配电网应为互联用户提供电力供应，电能质量应符合国家相关标准的规定。

互联用户可控资源应能根据电网控制指令，主动响应电网侧需求，主动参与功率调节，实现用户与配电网的友好互动。

三、主动配电网的信息互联

（一）信息交互

主动配电网的信息模型应符合 IEC 61968 公共信息模型以及 IEC 61850 的建模规范。

主动配电网的终端设备应设置本地和相邻终端设备的通信参数以及局部拓扑信息、通信协议和数据交互列表，并生成相应的自描述配置文件。

主动配电网控制系统应具备与电网相关自动化系统的运行控制信息交互的能力。控制系统应分层设计，宜具备中心控制层、区域控制层和就地控制层三层控制体系。主动配电网控制系统架构可参照图 29-1。

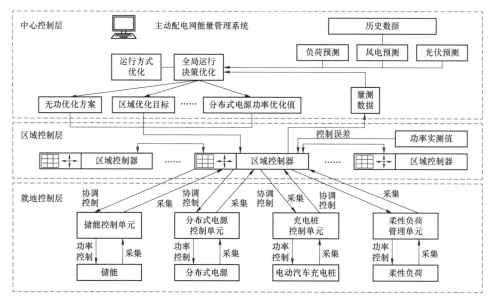

图 29-1 主动配电网的控制系统架构

1. 中心控制层

中心控制层属于长时间尺度的优化控制，时间响应宜为分钟级及以上，应以主动配电网能量管理系统为核心，通过其他层次的配合采集整个配电网络的运行信息，通过全局优化算法对配电网进行全局层而上的优化控制，对下层区域设定区域优化目标。中心控制层可与现有配电主站集成或单独设置，也可在物联网应用架构的云平台中部署。

2. 区域控制层

区域控制层应以区域控制器为核心，主要负责短时间尺度的区域功率统筹，宜以秒级时间计算，应基于全局运行决策优化所给出的优化目标及参考信息对其所属范围内的分布式电源进行局部自治优化，并通过分布式电源管理单元装置对不同类型的分布式电源进行控制。在全局运行决策失去功能时也可自主决策并完成自身区域的自治运行控制与管理。区域控制层可部署在配电子站中，在物联网应用架构中可在边缘计算节点中部署，实现云边协同控制。

3. 就地控制层

就地控制层属于短时间尺度功率控制，时间响应宜为秒级及以下，应以分布式电。源的控制单元为核心，对同一配电节点上同类型分布式电源进行调度。宜用于提高分布式电源功率跟踪速度，同时可实现多个分布式电源的分配协调。

主动配电网中各层级设备与相关设备之间应实现数据通信，收集下层设备、单元的运行工况及有功功率、无功功率、电压、电流、功率因数等数据。

主站与区域控制器的交互内容应包括区域控制器的通信链路状态，运行模式、拓扑信息、区域控制器的控制参考值及控制参数等。

区域控制器与就地控制器的交互内容应包括分布式电源/储能运行/充电桩/柔性负荷状态，有功功率、无功功率等。

区域控制器与区域控制器的交互内容应包括区域控制器的通信链路状态、运行模式、拓扑信息、区域控制器的控制参考值及控制参数等。

主动配电网的控制系统可采用集中式或分布式控制模式，两者可互为后备。

主动配电网的控制系统可通过 IEC 61968 规定的方式与调度主站进行数据交互，确保电网的安全运行。

（二）通信方式

（1）主动配电网的通信系统应满足配电自动化、用电信息采集、分布式电源、电动汽车充换电设施及储能设施等源网荷储终端的远程通信通道接入需求，适配新兴业务及通信新技术发展需求。

（2）终端远程通信应根据主动配电网的业务性能需求、技术经济效益、环境和实施难度等因素，选择适宜的光纤、无线、载波通信等通信方式。当中压配电通信网采用以太网无源光网络（EPON）、千兆无源光网络（GPON）或工业以太网等技术组网时，应使用独立纤芯。

（3）无线通信包括无线公网和无线专网方式。无线公网宜采用专线接入点（APN）/虚拟专用网络（VPN）、认证加密等接入方式；无线专网宜采用远距离无线电（LoRa）、紫蜂协议（ZigBee）等接入方式，应采取双向鉴权认证、安全性激活等安全措施。

（三）安全防护

主动配电网信息安全防护应符合 GB/T 36572、GB/T 22239 的规定，并满足安全分区、网络专用、向隔离、纵向认证的要求。

具有控制要求的终端设备应配置安全模块，对来源于主站系统的控制命令和参数设置指令应采取安全鉴别和数据完整性验证措施，以防范冒充主站对现场终端进行攻击、恶意操作电气设备。

四、主动配电网的信息物理融合

主动配电网信息物理融合的应用场景可实现主动配电网分析，决策与控制能力的有效提升，包括但不限于主动配电网信息物理融合的源网荷储协同优化分析控制，跨信息物理空间的风险评估场景。

主动配电网应适应能源互联网的发展方向，以实际需求为导向，宜通过信息物理融合的混成计算方法对能源互联网中能量路由路径进行计算。

主动配电网应支撑状态感知、自动控制与智能应用，提升信息物理融合能力。主动配电网的控制系统宜采用基于信息物理融合的自趋优控制方法，满足协调控制、运行管理、互动服务等多元需求。

应采用跨信息物理空间的故障风险演化方法开展主动配电网的安全性分析与风险评估，避免主动配电网信息空间与物理系统二者交互影响导致叠加风险。

主动配电网的信息物理融合类应用应包括但不限于主动配电网的信息物理融合能量管理业务、智能配电终端、源网荷储协同优化分析及安全性评估业务。

第四节 能源互联网的节能减排

一、能源互联网的概念

能源互联网可以理解为"综合运用先进的电力电子技术，信息技术和智能管理技术，将大量由分布式能量采集装置，分布式能量储存装置和各种类型负载构成的新型电力网络、石油网络、天然气网络等能源节点互联起来，以实现能量双向流动的能量对等交换与共享"。能源互联网有三大内涵：从化石能源走向可再生能源；从集中式产能走向分布式产能；从封闭走向开放，这也意味着，未来能源行业的发、输、用、储及金融交易等环节都将会发生巨大变化。

综合能源系统是能源互联网的重要物理载体，根据地理因素与能源发/输/配/用特性，综合能源系统分为跨区级、区域级和用户级。区域综合能源系统是探究不同能源内部运行机理、推广能源先进技术的前沿阵地，具有重要的研究意义；稳态分析是该领域研究的基础，是探究多能互补特性、能量优化调度、协同规划、安全管理等方面的核心所在。

综合智慧能源只做一件事情，就是用积极的方式开发建设全新的综合能源，运用互联网创新技术让综合能源系统拥有智慧。综合智慧能源以功能区为单元，对不同能源品种，提供一体化解决方案，实现横向"电热冷气水"多类能源互补，纵向"源网荷储用"

多种供应环节的生产协同、管廊协同、需求协同以及生产和消费间的互动。

二、综合智慧能源节能减排开发建设路径及适用技术

综合智慧能源系统涵盖众多供能技术，国家《关于推进"互联网＋"智慧能源发展的指导意见》具体要求、《分布式发电管理暂行办法》根据各用能领域的用能特征与需求，对综合智慧能源的开发建设、区域能源系统范围、适用技术，对综合智慧能源发展提供了参考。

（一）互联网＋智慧能源指导意见

（1）鼓励建设智能风电场、智能光伏电站等设施及基于互联网的智慧运行云平台，实现可再生能源的智能化生产；鼓励煤、油、气开采加工及利用全链条智能化改造，实现化石能源绿色、清洁和高效生产；鼓励建设以智能终端和能源灵活交易为主要特征的智能家居、智能楼宇、智能小区和智能工厂。

（2）推动不同能源网络接口设施的标准化、模块化建设，支持各种能源生产、消费设施的"即插即用"与"双向传输"，大幅提升可再生能源、分布式能源及多元化负荷的接纳能力。

（3）促进智能终端及接入设施的普及应用，促进水、气、热、电的远程自动集采集抄，实现多表合一。

（4）积极开展电动汽车智能充放电业务，探索电动汽车利用互联网平台参与能源直接交易、电力需求响应等新模式；充分利用风能、太阳能等可再生能源资源，在城市、景区、高速公路等区域因地制宜建设新能源充放电站等基础设施，提供电动汽车充放电、换电等业务。

（5）建设面向智能家居、智能楼宇、智能小区、智能工厂的能源综合服务中心，通过实时交易引导能源的生产消费行为，实现分布式能源生产、消费一体化。

（6）建设基于互联网的绿色能源灵活交易平台，支持风电、光伏、水电等绿色低碳能源与电力用户之间实现直接交易；构建可再生能源实时补贴机制。

（7）实施能源领域的国家大数据战略，拓展能源大数据采集范围，支持直流电网、先进储能、能源转换、需求侧管理等关键技术、产品及设备的研发和应用。

（二）分布式发电管理暂行办法

1. 分布式能源系统的适用范围

总装机容量 50MW 及以下的小水电；以各个电压等级接入配电网的风能、太阳能、生物质能、海洋能、地热能等新能源发电；除煤炭直接燃烧以外的各种废弃物发电，多种能源互补发电，余热余压余气发电、煤矿瓦斯发电等资源综合利用发电；总装机容量 50MW 及以下的煤层气发电；综合能源利用率高于 70％且电力就地消纳的天然气热电冷联供等。

2. 综合智慧能源的适用技术

涵盖小水电发供一体化技术；与建筑物结合的用户侧光伏发电技术；分散布局建设的并网型风电、太阳能发电技术；小型风光储等多能互补发电技术；工业余热余压余气发电及多联供技术；以农林剩余物、畜禽养殖废弃物、有机废水和生活垃圾等为原料的

气化、直燃和沼气发电及多联供技术；地热能、海洋能发电及多联供技术；天然气多联供技术、煤层气（煤矿瓦斯）发电技术；其他分布式能源发电技术等，多种供能技术＋分布式能源＋互联网技术创新。

三、能源互联网节能减排措施

（一）提高电网的效率

为了减少不必要的能源浪费，电网需要不断提高效率。首先，可以通过谐波检测和修复来减少系统中的功率损失。其次，利用先进的计算机模拟技术，优化电网的运行方式，降低输电损耗。此外，采用高效的变压器和电缆设备，减少能源损耗，也是提高电网效率的重要举措。

（二）促进清洁能源的开发与利用

清洁能源是未来电力行业发展的重要方向。通过大力发展可再生能源，如风能、太阳能以及水力能源，可以减少对传统燃煤等化石能源的依赖，从而降低温室气体的排放。此外，还可以支持新能源设备的研发和推广，如太阳能发电板、风力发电机组等，进一步推动清洁能源的利用与开发。

（三）推动能源储存技术的发展

电网的节能减排不仅仅局限于电力生产环节，储能技术的发展也是至关重要的。能源储存技术可以帮助平衡电力供需，提高电力系统的稳定性。例如，利用电动汽车的电池能量进行能源储存，在低谷时段储存电能，在高峰时段释放电能，既可以减少电网的负荷压力，又可以提高能源利用效率。

（四）加强智能电网建设

智能电网的建设是实现节能减排的重要手段之一。通过引入先进的信息通信技术，实现电力系统的远程监控与控制，可以降低能源的浪费，提高电网的运行效率。智能电网还可以通过优化供电网络的配置和调度，减少输配电损失，提高供电质量，从而实现节能减排的目标。

（五）加强对能源消耗的管理与监控

对能源消耗的管理与监控是电网电力行业节能减排的基础。电力行业应通过建立能源管理体系，对能源消耗过程进行监测与分析，及时发现并解决能源浪费问题。此外，制定能源消耗的统计与评估标准，强化能源消耗的信息披露与公开，促进电力企业更好地履行社会责任，推动节能减排工作的落实。

第五节　配电网与分布式能源消纳

一、电网承载力等级

（一）配电网接纳清洁能源能力评估指标

配电网接纳清洁能源能力评估，用于评估配电网可接纳清洁能源的容量及主要的技术经济影响因素，为配电网规划建设提供依据，引导分布式电源科学有序发展。

接纳能力评估综合考虑分布式能源接入对各层级配电网在安全裕度和电能质量等方面的影响，并考虑配电网调度控制能力及经济性等相关因素。配电网接纳清洁能源能力评估指标体系见表 29-3。

表 29-3　　　　　　　　　　　　配电网接纳清洁能源能力评估指标体系表

一级指标	二级指标
安全裕度	容量裕度
	供电安全水平
	短路电流
电能质量	电压质量
	谐波水平
调控能力	可参与配电网有功调节的分布式电源容量/数量占比
	可参与配电网无功调节的分布式电源容量/数量占比
	分布式电源数据采集覆盖率
经济分析	建设改造成本
	运维成本
	电能损耗

安全裕度指标评估计算时，应考虑分布式能源出力消纳，结合不同类型的分布式能源出力特性和评估区域配电网的负荷特性，在系统最大最小运行方式、电源最大送出方式等不同的时间断面下来计算分布式能源接入后配电网的安全裕度指标，保证计算结果能够覆盖清洁能源接入后配电网运行最恶劣场景。

配电网接纳清洁能源能力评估应考虑清洁能源可参与配电网有功与无功调节的能力，以及含储能的清洁能源对配电网接纳能力的提升作用。此外，提高清洁能源数据采集覆盖率，也有助于新能源的统筹调度，提升清洁能源总体消纳水平。

（二）电网承载力等级划分

电网承载力评估等级根据计算分析结果，分区分层确定。评估等级可以分为绿、黄、红色。

表 29-4　　　　　　　　　　　　电网承载力等级划分

等级	依据	含义
绿色	反向负载率：$\lambda \leqslant 0$，短路电流、电压偏差、谐波含量校验通过	可完全就地消纳，电网无反送潮流
黄色	反向负载率：$0 < \lambda \leqslant 80\%$，短路电流、电压偏差、谐波含量校验通过	电网反送潮流不超过设备限额的 80%
红色	反向负载率：$\lambda > 80\%$，短路电流、电压偏差、谐波含量校验不通过或向电网反送电	电网反送潮流超过设备限额的 80%，或电网运行存在风险

二、提升配电网分布式能源消纳承载力措施

（一）推动网源协同，提升配电网分布式新能源承载能力

满足大规模分布式新能源接网需求是配电网高质量发展的必然要求。为实现 2025 年配电网具备 5 亿 kW 左右分布式新能源接入能力的发展目标，有针对性加强配电网建设，评估配电网承载能力，建立可承载新能源规模的发布和预警机制，引导分布式新能源科学布局、有序开发、就近接入、就地消纳。

一是夯实物理支撑，通过优化加强配电网网架结构，合理配置布点容量，不断丰富配电网调节手段，加快配电网一二次融合和智能化升级，满足分布式新能源规模化接入需要。

二是完善管理机制，通过统筹配电网容量、负荷特性、调节资源情况，系统开展新能源接网影响分析，建立定期分布式新能源可开放容量的发布和预警机制，优化分布式新能源发展规模、布局和并网时序。

（二）推动网荷协同，提升配电网电动汽车等新型负荷承载能力

《关于深化电力体制改革加快构建新型电力系统的指导意见》提出"科学衔接充电设施点位布局和配电网建设改造工程"，"结合负荷特性分析，有序安排配电网升级改造"，"建立配电网可接入新型负荷容量的信息发布机制引导充电设施合理分层接入中低压配电网"。

一是加强规划引领，在配电网规划中充分考虑电动汽车、电能替代带来的用电需求增长，加强负荷特性、布局和配电网匹配分析，科学衔接，助力构建电动汽车充电基础设施网络。

二是在夯实物理支撑的基础上，完善管理机制，科学引导充电设施等新型负荷分层分区接入，充分利用各级配电网承载容量。

（三）统筹大电网与配电网建设，推动新业态健康发展

大电网与配电网兼容并存是配电网高质量发展的重要保障。《关于深化电力体制改革加快构建新型电力系统的指导意见》提出"建设满足分布式新能源规模化开发和就地消纳要求的分布式智能电网""推动微电网建设"。

一是提升配电网自我平衡能力。统筹考虑新能源出力特性、负荷特性及调节能力等要素，系统优化源荷储容量配置，同时依托信息调控技术，逐步实现自主调峰、自我平衡。

二是挖掘用户侧调节潜力。依托分散资源聚合互动等技术，创新需求响应组织模式，鼓励可调节负荷、新型储能、分布式新能源、电动汽车等资源以虚拟电厂、负荷聚合商、综合能源服务等贴近终端用户的新业态新模式主动参与需求响应，充分发挥用户侧资源灵活调节能力。

三是推动主配衔接。新型电力系统将呈现大电网与分布式兼容并举的形态，亟须理顺大电网与配电网关系，为分布式智能电网、微电网接入公网创造便利条件。

简化接网程序，明确资产管理界面，明晰与大电网在调度权责、安全责任的界线划分，确保大电网和配电网在规划设计、调度运行等方面有机衔接，保障电能的高效利用

和平稳输送。

三、光伏发电系统接入配电网技术

（一）有功功率

1. 有功功率控制

（1）通过 10（6）kV 电压等级并网的光伏发电系统应能接收并自动执行有功功率控制指令，控制误差绝对值应不大于额定有功功率的 1%，响应时应不大于 5s。

（2）通过 380V 电压等级并网的光伏发电系统应能接收并自动执行有功功率控制指令。

2. 一次调频

（1）通过 10（6）kV 电压等级并网的光伏发电系统应具备一次调频能力。

（2）当电力系统频率偏差超出一次调谐死区范围时，光伏发电系统按公式计算有功功率变化量：

$$\Delta P_1 = -k_1 \times \frac{f_1 - f_N}{f_N} \times P_N$$

式中　ΔP_1——光伏发电系统有功功率变化量，单位为兆瓦（MW）；

　　　k_1——有功调频系数；

　　　f_1——电力系统频率，单位为赫兹（Hz）；

　　　f_N——电力系统额定频率，单位为赫兹（Hz）；

　　　P_N——光伏发电系统额定有功功率，单位为兆瓦（MW）。

（3）一次调频的有功调频系数，死区范围应根据所接入电力系统的频率调节特性，由电力系统调度机构确定，有功调频系数的取值范围宜为 10～50，死区范围宜为 ±（0.02～0.06Hz）。

（4）当电力系统频率大于 50Hz 时，光伏发电系统减少有功功率的限幅宜不小于 10% 额定有功功率。

（5）当电力系统频率小于 50Hz 时，配置储能的光伏发电系统应增加有功功率，增加有功功率的限幅宜不小于 6% 额定有功功率。

（6）一次调频响应滞后时间应不大于 18，响度时间应不大于 5s，调节时间应不大于 15s，一次调频达到稳定时的有功功率调节偏差应不超过额定有功功率的 ±1%。

（二）无功电压

（1）光伏逆变器的无功出力范围应在图 29-2 所示矩形框内动态可调。

（2）光伏发电系统应具有多种无功功率控制模式，包括无功电压控制，定功率因数控制和定无功功率控制等。

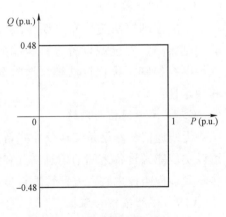

图 29-2　光伏逆变器无功出力范围

P—光伏逆变器有功功率标幺值；
Q—光伏逆变器无功功率标幺值

（3）光伏发电系统应具备参与并网点电压调节的能力，宜通过调整自身无功功率、有功功率等方式参与电压调节。

（4）光伏发电系统并网点功率因数应在 0.95（超前）～0.95（滞后）范围内连续可调。

（三）故障穿越

低电压穿越。当电力系统发生故障导致光伏发电系统并网点电压跌落时，光伏发电系统应具备图 2 规定的低电压穿越能力，具体要求如下：

（1）光伏发电系统并网点电压跌至 0 时，光伏发电系统应能不脱网连续运行 150ms；

（2）光伏发电系统并网点电压跌至标称电压的 20% 时，光伏发电系统应能不脱网连续运行 625ms。

光伏发电系统并网点电压跌至标称电压的 20% 以上至 85% 时，光伏发电系统应能在规定范围内不脱网连续运行。

第六节　分布式新能源自主运行智能控制技术

分布式新能源自主运行智能控制技术是实现分布式新能源高效、稳定、安全运行的关键。通过综合运用传感器与数据采集、智能控制算法、无线通信与网络、远程集控与监控、能源基础管理、智能优化调度、故障诊断与预警以及数据安全与隐私保护等技术手段，可以实现对分布式新能源系统的全面监控和优化，为新能源行业的发展提供有力支持。

（一）传感器与数据采集

传感器是分布式新能源系统的重要组成部分，用于实时监测各种环境参数和能源设备的运行状态。数据采集系统负责收集传感器的数据，并进行预处理和存储。通过高精度的传感器和高效的数据采集技术，可以实现对分布式新能源系统的全面监控和精细化管理。

（二）智能控制算法

智能控制算法是分布式新能源自主运行的核心。这些算法根据实时数据和预定义的控制策略，对能源设备进行智能控制和优化。常见的智能控制算法包括模糊控制、神经网络控制、优化算法等。这些算法能够有效地提高分布式新能源系统的运行效率和稳定性。

（三）无线通信与网络

无线通信与网络是实现分布式新能源系统自主运行的关键技术。通过无线通信网络，可以实现能源设备之间的信息交互和协同工作。同时，无线通信网络还可以将实时数据传输到远程监控中心，方便管理人员进行远程监控和调度。

（四）远程集控与监控

远程集控与监控是分布式新能源系统自主运行的重要组成部分。通过远程监控中心，管理人员可以实时监测分布式新能源系统的运行状态，并根据需要进行远程控制。这种集中化的管理方式可以大大提高管理效率，降低人力成本。

（五）能源基础管理

能源基础管理是分布式新能源系统稳定运行的基础。它包括设备维护、能源计量、数据管理等方面。通过能源基础管理，可以确保分布式新能源系统的安全稳定运行，提高能源利用效率。

（六）智能优化调度

智能优化调度是分布式新能源系统自主运行的关键环节。通过智能算法对能源设备进行调度和优化，可以实现能源的高效利用和减少浪费。智能优化调度还可以根据能源需求和设备状态进行实时调整，确保系统的稳定运行。

（七）故障诊断与预警

故障诊断与预警技术能够实时监测分布式新能源系统的运行状态，并通过数据分析发现潜在故障。一旦出现故障，预警系统能够迅速响应，通知管理人员进行处理，避免故障扩大或造成损失。

（八）数据安全与隐私保护

数据安全与隐私保护是分布式新能源自主运行智能控制技术中不可忽视的方面。由于系统中涉及大量的数据传输和存储，必须采取有效的安全措施，确保数据的安全性和完整性。同时，对于涉及个人隐私的数据，应采取加密和匿名化处理，保护用户隐私。

第三十章 供电服务运营管控优化

第一节 运营管理模式创新

一、指挥平台大数据分析导向及作用

（一）有助于工作效能提升与指挥平台建设

因涉及供电服务的环节较多，其各节点中所包含的信息数据数量大、类型多、价值高，通过挖掘业务历史数据与实时数据在各节点融合形成的大数据的潜在价值，可以实现以穿透点上数据揭示面上问题或预判和防范问题风险的效果，将极大地提升公司供电服务质效和运营管理水平，对促进供电服务指挥平台建设具有重要的现实意义。

（二）有助于专业信息融合与业务效率提高

支撑供电服务业务的各专业信息系统在多年的发展建设中趋于成熟与稳定，但因各系统相互独立，在专业关联应用上存在掣肘和不足。开展供电服务大数据分析与应用，将有助于打通运检、营销、调度等专业壁垒，整合公司配网设备与客户信息等数据，实现供电服务全业务各环节的数据共享，以大数据精准分析与研判为导向，推动公司供电服务精益化水平的提升。

（三）有助于数据潜在价值挖掘与深化应用

通过大数据分析与应用，以指挥平台分析研判、查纠督办和风控评价的工作机制，可实现对公司供电服务"事前"预警分析、精准定位；"事中"协同监督、全过程控制；"事后"总结提升、有效预防的全过程管控。有助于分析掌握客户用电需求和用电行为，有针对性地开展电网建设升级改造，制定优质服务策略，优化客户用电体验和服务。

二、构建营配调一体化业务体系，实现资源集约化管控

遵循"统一接单、统一指挥、纵向贯通、横向协同"的原则。在研判故障和突发事件时，95598系统、110社会联动系统、OPEN3000、营配贯通等系统和现场巡视情况都在第一时间汇总至供电服务指挥中心；在资源调动上，赋予供电服务指挥中心最大权限，配检、营销、生产班组、供电所、应急基干队伍的人员以及设备、物资都受中心调度指挥；在事件处置过程中，配网运营指挥中心工作人员能通过全覆盖的配电自动化系统直接完成隔离、倒负荷等远程操作。从而形成集指挥、协调、信息发布于一体的跨专业指挥体系，有效简化业务流程、提升协调效率，实现"快速响应、统一指挥"。

通过一体化营配调指挥体系，可减少中间环节，提升业务协同能力，强化配网故障研判、抢修指挥业务能力。有利于深化配网调度、配网监控和分析以及营销相关业务之间的协同配合，真正实现配网指挥在末端的高度融合。

三、实时监控用户诉求，做好服务质量过程管控

依托物联网、移动 App 等智能化手段，拓展线上多方互动渠道，主动通知办电过程、用电诉求、故障抢修等服务过程信息，提升客户服务体验。实时监控各项业务处理进程，对未执行一次性告知造成客户多次往返、无故拖延业务办理、让客户承担应由供电企业出资建设的供配电设施等不良做法进行重点监控。对各电压等级业扩办理进行管控，真实反映业务办理进度和时限，尤其是加强业扩跨专业协同，提高协调效率，缩短接电时间。对高压业扩现场联合查勘、供电方案编制及网上会签、配套项目前期工程、物资供应、工程施工、竣工验收、停（送）电计划流转等各业务环节按部门设置预警和告警阈值，通过供电服务指挥中心实现预警、告警信息的实时自动推送，催办相应单位、班组加快办理，实现客户诉求一次解决。同时，根据业务时限监控情况，定期向业务主管部门提出考核意见。

四、停电全方位管控

从事前、事中、事后三个维度，对计划、故障、临时停电和欠费停电等各类停电事件进行管控。一是事前全面辨析服务风险。组织召开停电协调会，统一平衡月度计划；对每周计划停电线路，从历史停电信息、重过载和低电压情况、敏感台区和客户情况、历史投诉信息等多维度分析服务风险。二是事中着重快速研判响应。智能研判停电事件，对停电事件自动研判、故障范围精准定位、故障信息快速传递，让客户早知晓、供指人员早判断、抢修人员早出警。三是强化专业协同，供指中心统筹各专业力量，对于重大保电和大型小区停电，派出应急电源车，先复电后抢修；对于局部多个故障抢修点，快速调度多支抢修力量，协同开展工作。四是事后评估分析存在问题。对临时停电、提前停电、延期送电、频繁停电等事件，进行日通报和专题分析，并督办责任单位、责任人员整改，形成考核闭环。

五、强化业扩全流程管控工作

加强业扩全流程实时管控，对业扩协同环节、报装流程、业扩质量、业扩结存、配套工程进度、客户满意度等指标进行监督、预警及评价。业扩预约早介入。协同客户服务中心，明确业扩报装预约工作流程和规范，理清两方预约主体职责界面，确保业扩报装一经发起，立即上网、全部在线。报装过程全监控。建立业扩全流程管控工作服务体系，明确业扩全流程管控人员、受理预约人员、上门服务人员、服务回访人员岗位职责，开展集中监控、实时预警、协调催办异常、超期流程 8 笔，主动联系客户，协调工作进度，确保实时流转、按时送电。归档工单强分析。对归档工单存在的异常问题实行"通报、跟踪、验证、闭环"全过程管理，对发现的 6 笔异常问题实施跟踪闭环管理；加强低压业扩回访工作，针对未互动客户进行二次回访，及时解决客户诉求，确保业扩线上预约率、低压业扩日回访率 100%。

六、构建立项管理体系，确保精准立项

以《配电网规划设计技术导则》为指导，统一配电网发展目标、思路和原则，实现规划思路及工作要求的"标准化"。贯彻"问题与需求导向"的储备立项原则，强化基础数据收集和分析，统筹考虑市政规划、电网运行、状态检修、业扩接引等工作；充分考

虑不同地区的发展特性，实施差异化划分供电分区类别，实现城乡0.4~110kV电网统一规划立项，编制《配电网规划后评估（评价）技术原则》，为规划后评估工作提供技术和管理保障；树立项目需求常态储备理念，做到配电网规划与项目需求有效衔接，合理安排建设改造时序，分年绘制地理接线图和项目需求计划表，实现项目需求"一图一表"。

七、健全可行性研究与初步设计技术标准体系，实现精准设计

梳理规划设计、建设施工、运维检修、物资采购等环节相关技术标准，建立各类完善的技术标准支撑体系；深入贯彻资产全寿命周期管理理念，结合各类供电区域的划分和功能定位，全面提高架空线路、配电变压器、电缆等设备参数，严格设备验收和抽检，做到导线截面一次选定、廊道一次到位、变电站土建一次完成，30年不大拆大换，实现设备选型"一步到位"。

（一）构建统一规范工作流程

一是依托市经济技术研究所建立完善的配电网标准化建设评审机制和工作流程。二是编制配电网工程初步设计评审意见模板，明确项目初步设计评审的技术标准、内容和深度要求，使配电网设计在技术标准、设备选型、通用设计、标准物料等方面实现标准化。三是开展典型设计和标准物料应用培训，全面提升配电专业人员的业务技能和工作水平。

（二）强化典型设计成果应用

深入贯彻国家电网公司《配电网工程典型设计》各分册相关要求，严把配电网工程初步设计方案审批关，有效规范配电网工程设计方案选择，大力提升配电网工程设计深度，体现技术先进性、设备标准性和适度前瞻性理念，重点突出设计方案与标准物料、设备选型与检测规范、工艺规范的有效衔接，确保典型设计应用率达到100%。

（三）严格配电网工程通用造价

严格以《配电网工程通用造价》为依据，编制、审查配电网工程预算，合理降低工程造价，提高配电网工程建设的经济效益和社会效益。

八、建立工程进度督导机制，督导工程实施进度

一是强化组织保障。各单位分管领导每周组织工程协调会，运检部每日对工程进行管控协调，开展配电网工程常态化督查。

二是落实领导承包责任制。各单位领导对建设规模大、施工难度大的项目进行承包，统筹安排施工力量，协助做好方案制定、施工组织等工作。

三是强化物资保障。超前分析物资需求，建立与物资部门催货供货"日协调、日管控"联动机制，每日对到货情况进行统计分析，发现问题及时协调解决，保证各项工程物资及时到货。

第二节　数字化转型

一、数字监测指挥员打造

（一）工作思路

为适应新时代赋予配网优质服务新使命和供电服务精益管理的新要求，从根本上解

决监测指挥专业力量不足等困局，供电服务指挥中心应坚持需求导向，以科技创新促可靠供电和优质服务为目标，开展数字化应用建设，依托 RPA、AI 技术，打造数字监测指挥员，将一线常规性、重复性工作全面智能替代，实现监测"快递员"向综合"指挥员"职能升级，促进供电服务提质增效。

（二）具体做法

1. 分析业务痛点

一是班组业务类型跨专业、业务流程繁琐。监测指挥班负责全渠道客户诉求归集和答复、配网运行设备监测等 13 项职责，涉及调控、运检、营销三大专业，工作流程繁琐复杂。

二是班组工单业务工作量大、人员承载力不足。监测指挥班仅工单处置件数和人均综合工作量在公司内均属前列。

值班员全年重复几十万次工单接派和督办，单纯依靠人工操作，效率低下且容易出错等。一线业务人员置身于繁琐单调的流程处理工作中，工作强度超负荷，无法从事创新创效等更有价值的工作。

2. RPA 建设应用

全面分析监测指挥班各项业务，通过固化流程、操作内容和人员角色，明确可实现智能化处置的业务，提高班组的智能化应用率。通过 RPA、AI 技术深化数据应用，支撑监测指挥员由忙于工单接派、信息传递的"快递员"向预警、分析、精准决策的"指挥员"全面升级。

数字监测指挥员不仅具备 RPA 的流程自动化工作处理能力，还可以进行信息分析决策，共包含 5 项技能，为提升供电服务质效提供强有力支撑。

一是实现全量工单过程管控。数字监测指挥员通过自动提取工单信息，智能匹配系统数据，实现 95598、12345 等全渠道工单自动派发，对临近办结时限的全渠道工单进行点对点预警，对故障报修现场接单、到达现场、工单回复 3 个关键环节自动进行短信预警，有效防范抢修到达现场超时限等"红线"问题，确保客户诉求及时响应。

二是实现服务质量在线监督。数字监测指挥员可以自动识别全渠道工单的敏感意见、重复诉求等问题并预警，辅助建立包含自动筛查、统计分析、预警督办在内的服务质量监督体系，通过每日预警服务质量、每周通报整改情况、每月分析突出问题，建立闭环管控机制，促进服务质量持续提升。

三是实现配网运行状态监测。数字监测指挥员可以监测配网运行情况，自动统计配网设备重过载设备生成配电变压器重过载治理日通报。同时，通过故障报修工单热点台区及线路预警、配网低电压客户统计等功能，精准剖析配网设备运行薄弱环节，强化配网设备精益化管控。故障报修工单热点台区及线路预警功能完全依靠人工需要 2 个小时，现在数字监测指挥员自主运行 0.5h 即可完成。

四是实现服务风险超前预警。数字监测指挥员可以自动识别 95598 故障报修相似地址工单，实时提醒现场抢修人员，自动研判报修站点承载力并实时提醒属地管理人员。聚焦供电质量风险管控，对客户反映的多次停电问题，溯源开展停电事件核查、频繁停电台区预警，指导属地单位及时采取差异化管控措施。

五是实现数据核查精准发力。数字监测指挥员具备数据反向核查能力，可以基于工单自动接派等基础功能，自主开展故障报修回单质量核查等工作。故障报修回单质量核查完全依靠人工需要 3 个小时，数字监测指挥员自主运行半小时即可完成。

二、"五维一体"数字化供指中心

（一）工作思路

供电服务指挥中心（配网运管中心）工作贯穿电网运行、设备运维、抢修指挥、客户服务全流程，打造以夯实营配调数据管理为基础，开展城网调控管理、配网运营指挥、供电服务管控、配电自动化主站、运营质量监控等五方面重点工作，将配网管理由"管的全、管的住"向"管的好、管的精"发展。

（二）主要做法

1. 城网调控管理

建设配调智能指挥平台，部署"计划管控、日志模型、配网方式、网络化下令、数据可视化、主配协同"6 大模块功能。

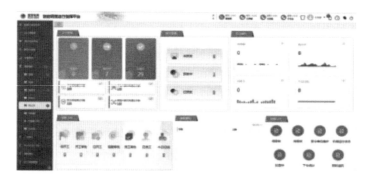

图 30-1

2. 供电服务管控

充分发挥中心对外链接、对内统筹各类资源的作用，形成一口对外、分工协作、内转外不转的 7×24h 一站式服务模式。

图 30-2

3. 配网运营指挥

开展 7×24+96 点准实时状态监测，制定配网运、检、抢业务 4 类 26 种主动工单，应用"配网巡检 App"等智能 App 抓实到位率。

图 30-3

4. 配电自动化主站

持续深化主站功能建设，建成全省首批县域远程工作站，实现定值"四遥"远程下装，探索终端自动调试"机器代人"，构建"三层五级"级差保护定值整定原则。

5. 运营质量监控

针对设备异常、抢修进展、服务进展制定 3 类督办策略，系统+人工有效管控各项工作质量，每日发布五份日报，每周发布三份周报，用"数据"聚焦重点单位、重点区域、重点问题、重点设备。

6. 营配调数据管理

按照"127N"治理路径（1 是一套体系，2 是两个闭环管控，7 是 7 种数据核查方法，N 是 N 个应用场景），以"数据责任到人"为核心，建立数据主人制管理体系，定期发布工作周报和业绩考核，刚性管控数据工作进度和质量，10kV 营配调数据完成全量全查全治理，实现基于"电网一张图"的图数一致、图模贯通、图实一致。

三、全渠道工单提级与预警

（一）工作思路

紧密围绕国网公司各项决策部署，全面落实"全渠道工单管控同质化"要求，通过多专业协同、全渠道分析，扎实推进工单线上化、可视化、数字化，为公司生产运维和营销服务提供有力支撑。

（二）主要做法

1. 推动"数字赋能"，聚焦创新提效

归集 95598、12398、12345、微信等多个渠道客户诉求，以"工单驱动业务"的深化应用为着力点，以"数字化"推动"管理质效提升"为契机，自主研发"6+1"工单管控平台（"6"分别是故障工单模块、非故障工单模块、意见工单模块、频繁停电模块、低电压模块、约时工单模块；"1"是工单总览模块）。对内，实现全渠道工单的线上统计和实时分析；对外，实现服务风险的前置预警和无缝对接，充分发挥供指中心"指挥枢纽"的作用。

图 30-4

2. 融入"四个热点"，聚焦用户诉求

在全渠道工单全量数据库的基础上，融入"四个热点"元素（热点诉求、热点人群、热点区域、热点台区）分类展示工单处理及时率、万户工单投诉率、万户工单意见率等指标情况。

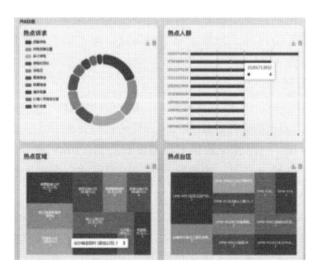

图 30-5

3. 强化"两单两报",聚焦频停管控

将频停诉求工单设置为热点用户,依据全渠道分析结果,将热点用户与配电变压器台区进行挂接,做到了热点客户的事前、事中和事后全面管控。根据配电变压器停电次数实施红橙黄预警分级管理,派发"预警单",充分发挥配自实用化功能,根据开关同跳、越级跳闸情况,派发"整改单",并以"周报""月报"的形式进行分析,有效提升供电可靠性。

4. 深化"工单闭环",聚焦精益管理

构建约时工单线上台账,以"电子台历"的形式展示不同时间的约时工单明细和月度约时工单数量,实时提醒运维单位开展约时工单处理,监督工单回访和闭环。

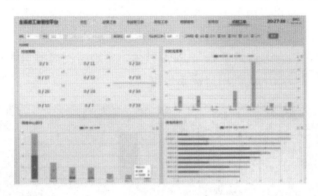

图 30-6

四、打造供服虚拟数字员工团队

（一）工作思路

为满足日益增长的业务量、数据量和服务质量的需求,应开展人工智能等数字化手段在供电服务领域的应用探索,创新打造"供服虚拟数字员工团队",包含了虚拟调度员、智能监屏员、虚拟调试员、办公助手、智慧客服、抢修专家等角色。

（二）具体做法

实现县、区供指（分）中心全覆盖,打造"城区一体、市县联动"两级供指体系,构建"供电服务指挥中心-末端供电服务网格"快速响应网络,依托"供服虚拟数字员工团队"实现业务直接穿透至设备主人、网格。

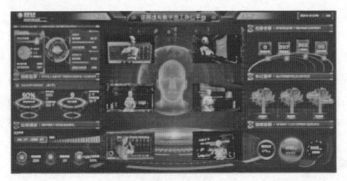

图 30-7

一是建立虚拟调度员，替代配网调度员完成 40% 的日常工作，可与现场人员实时互动，开展现场许可、操作、报投等工作。

二是智能监屏员，自动过滤筛选信号，识别故障信号并第一时间电话告知调度人员和抢修值班人员进行处理。

三是虚拟调试员，替代自动化主站人员与现场人员完成自动站点 96% 的二遥信号联调，并能生成调试分析报告。

四是虚拟办公助手，利用机器人流程自动化（RPA）技术，模拟业务人员完成常规系统流程操作、报表制作、电话催办、数据稽查等工作。开发实现 95598 工单自动派单、工单辅助审核、配网运行日报等 10 个典型应用场景。

五是抢修专家，能实现内外网工单搬运，在移动端提供设备图纸调阅、位置导航、工单预警、最优抢修策略分析等服务，为故障抢修全过程保驾护航。

六是智慧客服，结合语音机器人与 RPA 技术，实现居民峰谷电办理、实名通电办理等线上简单业务受理与低压业扩用户满意度回访。

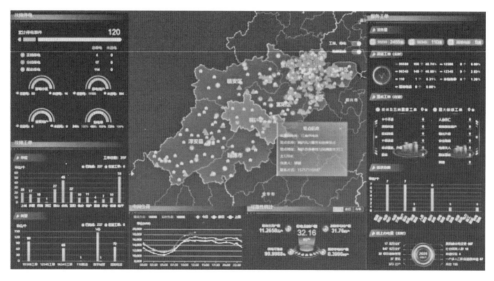

图 30-8

五、供电抢修数字化

（一）工作思路

以抢修工单为基准，一是完成基于"接龙"模型设计的抢修全链条业务线性管控，实现抢修全业务全程可视化分析展示等；二是利用"大数据"算法模型构建"故障抢修效率模型"实现抢修人员工作质量、工作效率、用户满意度等多维度质效评价，提升抢修效率标杆评估的合理性及多样性；三是完成"大数据模型优化抢修资源配置"，对抢修人员实现高效、准确和多维度的绩效评估，为后续抢修资源配置、抢修力量平衡提供决策依据。

（二）主要做法

（1）优化现有抢修业务流程，开发基于"接龙"模型设计的抢修全链条线性管控：

一是建立抢修任务智能化推送机制，为抢修外勤人员提供全流程解决方案；二是开发涵盖抢修人员到达现场时间、到达现场坐标定位、抢修内容填报、设备基本信息自动生成等的工单生成系统；三是以当前抢修业务全流程为链条，开发"手持+被夹"模式，从抢修接单至用户复电，完成抢修全业务流程数据自动归集，形成大数据分析基础数据库。

（2）通过数字化手段对故障抢修数据、历史服务数据进行细分，研究不同条件下影响业务开展的关键因子，计算出区域、驻点、业务量的合理范围，对抢修超时、处理质量低、客户不满意等情况进行归因分析，采用聚类、人工神经网络、深度学习、专家样本库等技术对数据处理后，根据业务特点选择合适算法，构建"故障抢修效率模型"，实现抢修人员工作质量、工作效率、用户满意度等多维度抢修评价，提升抢修效率标杆评估的合理性及多样性。

（3）针对抢修人员到达现场及时率、故障修复时长、抢修质量、用户满意度等，以海量数据为基础，利用大数据手段构建抢修人员信用评价及服务风险评价模型，基于数据挖掘及边缘计算技术，对抢修人员实现高效、准确和多维度的绩效评估，为后续抢修资源配置、抢修力量平衡提供决策依据。

第三节 优质服务提升

一、强化精准研判能力

（一）工作思路

随着近年来供电公司配网规模的快速增长，各配网运维单位的工作负载持续增大，运维侧重点更需清晰，频繁停电等客户诉求也对相关管控工作的及时性、有效性提出了更高的要求，对供电服务指挥中心的客户服务工作造成了更大的挑战。

（二）主要做法

（1）以数字化为依托，以可靠性管理为抓手，建设鹰眼智能感知系统，充分整合调控事件化告警、配电自动化 FA 故障综合研判、配电变压器智能终端停复电信号和结构化停电信息池等数据，实现配网故障事件秒级生成。通过定制化短信靶向推送至各专业各层级，提升专业协同水平。深化配电自动化系统在配网故障处置中的应用，通过全自动 FA 实现故障区域精准研判、非故障区域快速复电。

（2）严格频繁停电预警工作，按照年度停电线路及配电变压器数据、60 天滚动停电线路及配电变压器数据两个维度，建立设备停运榜单，通过系统每日数据更新实时发布预警清单，督促各配电单位优化运维方案，及时调整停电计划，为增强关键及敏感区域的服务力量提供数据支撑。在停电计划审批工作中，根据统一数据源，对可能造成频繁停电的线路、配电变压器进行严格的计划停电审批工作，有效杜绝由此导致的频繁停电风险。

（3）整合营配多类数据源，深化 HPLC 数据的应用能力，以可靠性管理为目标，持续优化低压停电事件研判规则，全面排查漏发、误报、载波通道异常等问题，保障低压户表上送的数据质量，成功将设备管理、主动服务触角延伸至客户侧。以上述工作为基础，选取试点区域积极开展低压用户"主动运维"工作，对低压停电事件派发主动抢修工单，并要求该类工单与 95598 报修工单实施同质化管理。

二、构建供电保障新举措

（一）工作思路

以"供好电、服好务"为目标，以"监测有效、指挥有序、监督有力"为保障，坚持"服务做加法，流程做减法"的工作理念，充分发挥技术和系统的资源优势，不断深化服务管理支撑，助推配电网业务向数字化转型、管理向服务型转变。

（二）主要做法

1. 优化定值整定方案，完善多级重合闸配置标准

以"分级配、分界点隔离、多级重合"为原则，参照安秒特性曲线优化跌落式熔断器与保护装置配合，调整多级重合闸配置策略，优化解决保护不完全配合、瞬时故障负荷损失、用户侧故障越级问题，实现非故障区域快速复电。

2. 应用工单驱动新模式，加强基础运维透明化

主动承接省级工单驱动业务配网管控模式试点任务，以供电服务指挥系统为支撑，推行现场巡视、缺陷隐患"一源三库"线上管理运作新模式，完善"掌上供电服务 App"移动终端和供电服务指挥系统、改进功能应用需求，形成配网问题"一个源"，实现现场巡视、缺陷隐患管理无纸化、无报表。整合系统数据资源，深化应用营配贯通成果，自建低压主动抢修工单，实现"故障感知零死角、客户服务零距离"。

3. 深化服务风险预警防控，降低服务热点问题

以降工单、压投诉为目标，建立恶劣天气实时监测机制，实现重要事项全量报备，滚动完善知识库，重点收集、报备资产未移交、抄表未到户信息，减少投诉风险和不满意评价。提升主动服务能力，完成敏感用户台账建立，开发应用敏感用户所属台区经理自动派发短信 RPA 机器人，为台区经理发送敏感用户停电短信、服务风险预警短信、故障抢修超时短信，提高 95598 工单满意率。

4. 攻坚配网突出问题治理，高效推进闭环整治

运用智能化供电服务指挥系统，发挥预警、监督职能，开展线路及配电变压器频繁停电、重过载、低电压、三相不平衡等设备异常状态监测，及时通报跟踪整治。预警频繁停电台区，降低配网线路故障。建立"以用促改，改用结合"的模式，推进电网一张图问题数据治理，以系统自查、计划执行、事故处理逢停必校等方式开展全过程数据核查，驱动营配调问题数据动态清零。组织编制配网运行方式，分析各单位一次设备、二次设备及配网运行管理问题。

5. 加强网格化深化应用，推行"村网共建"新模式

按照城市与农村生活群体的用电需求差异，分别依托物业电工和农村电工打造辅助供电服务模式，建立更为直接和畅通的电力服务通道。

城市网格借助物业成熟的服务渠道，利用现有的物业电工，不断加强与物业协作的网格化服务。按照 1000 户（或 500 户以内整小区为基本单元）配备 1 名网格化辅助电工的标准与具有劳务资质的社会化单位签订长期的合作协议，建立健全"事前防范、事中处置、事后治理"的全周期闭环管控机制。物业电工及时收集并向台区经理反馈客户的

用电问题、难题，让客户诉求在网格中及时快速响应，让矛盾在网格中化解，让服务在网格中提升。明确安全、规范、服务是第一要素，明确物业电工的服务清单，建立安全管理长效机制，让贴心服务直达客户心中。农村网格利用地方关系网，一个村或临近多个村聘请一名当地农村电工，做好安全教育培训，使人员具备相应的电力知识，具备处置一般用户内部故障的能力。工作职责主要是配合台区经理做好安全用电宣传、简单故障处理，复杂故障上报、协助解决用电纠纷、廊道树障协调等。

通过以网格化微信群为载体，以村委会办公地点为平台，建立供电服务工作群，让用户进入社区微信群，打通供电服务"最后一米"，全面了解客户需求，及时发布停送电信息等，使村民在缴纳电费、用电业务咨询、用电安全常识咨询等业务上更便捷，坚持服务不出网格的原则，积极提升供电公司服务质量和水平，打造"人在网格中，事在网格办"的服务样板。

第四节 重大活动保电

一、数字化赋能转型，多举措智慧保电

（一）工作思路

供电公司供电服务指挥中心（配网调控中心、生产管控中心）按照重大事件关键时间节点，细化责任分工，强化过程管控，以服务用户为核心、以创新突破为重点、以"五个最"要求实现"四个零"目标、以"两个正确"实现"三个保到"，全体干部员工同题共答、同向发力，人人尽其责、事事争优秀，以实际行动践行着"精益求精、万无一失"的庄严承诺。

（二）具体做法

1. 创新突破，数字赋能智慧保电

为了更好地做好保电业务管控，对上构建专业管理部门辅助决策支撑体系，对下健全客户诉求快速响应指挥体系，供指中心基于大数据、人工智能、数字孪生等技术，充分挖掘电力大数据价值，打造保电对象"全感知"、需求响应"全链接"、指挥调度"全在线"的智慧保电指挥系统，集客户侧重要末级负荷监测、智慧配电监测、输电线路可视化监测、网络安全态势监测等 24 个子功能模块为一体，实现穿透指挥、全息感知、泛在物联，确保资源调配及时、人员到位迅速，全链条支撑保电监控、保电指挥、应急处置、领导决策等各环节。

2. 多措并举，齐心协力智慧保电

在供电保障工作，中心始终强调"上下一盘棋"，注重发挥整体合力，借鉴"柔性组织"模式，利用资源的有效配置和管理的高效组织，依托各专业室和班组完成保电相关任务。一是同心协力，做好万全准备。制定阶段任务清单，督促中心全体员工对清单内容逐项销号落实，确保任务高质量执行；二是用心调度，守护配网。对保电点位开展供电溯源、编制故障预案、排查配网隐患、接入中压发电车，并落实 3 天一次应急演练；三是齐心建设，智慧配电。全力推进配电自动化主站建设及终端接入，完成图模导入，

桂开、环网柜联调接入，提高配电自动化覆盖率，强化大运期间相关设备的感知能力；四是细心深化，管控生产。牵头完成市级指挥部筹建，编制运行规程，统一各级指挥部运转标准，指出保电运维的重点，实时派发巡视工单以及督办单，助力保电"万无一失"。

二、依托供指体系建设，打造重大保电智慧新模式

（一）工作思路

坚持"以客户为中心"，制定"保电源、保线路、保场所、保核心、保应急、保品牌"六项原则，以最高标准、最强组织、最严要求、最实措施、最佳状态（"五个最"），实现设备零故障、客户零闪动、工作零差错、服务零投诉（"四个零"）的保电目标，全力为重大保电提供可靠供电保障和优质服务支撑。

（二）主要做法

1. 一是依托供指体系，精准有效保供电

充分发挥供指体系优势，构建"供指牵头协调、军种把关督导、基层主体实施"的保电运转体系，打破专业壁垒，统筹各方资源，有效地锻炼供指体系队伍，制定保电工作手册和"一户一案"，形成一整套标准化的操作流程，固化标准化指导手册。将供指中心由原来的综合协调部门，打造为"信息透明、指挥高效、服务优质、全程闭环"的供电服务指挥体系，充分体现供指体系在重大活动保电工作中的高效性、权威性和优越性。

2. 建立作战地图，高效传达信息

公司按照"战区主战、专业协同"的工作要求，编制保电指挥"一张图"绘制"保电作战图"，直观反映重要保电场所、10kV 至 220kV 主备供电源、应急保电车、UPS 电源车等分布情况，集成展示保电变电站、输电线路、外破点防范、地理位置、责任单位负责人及值守人等信息，一张图看全面，一张图看所有，极大提升了保电设备全景感知能力，保障运动会期间保电指挥高效运转。

3. 数字赋能保电，全景智能管控

针对输电设备采用无人机精益化巡视杆塔，通过照片对比和溯源定位，快速分析隐患类型并定位具体位置；针对变电设备采用远程智能巡视平台、高清视频、无人机、机器人、红外测温等手段对变电站、保电线路进行监测，及时排除设备缺陷；针对配网线路设备依托"配网一张图"，通过无人机和红外成像测温仪精准巡视 10kV 线路和用户侧设备，极大提高了巡视效率。

4. 专业协同联动，风险精准研判

充分发挥供指体系作战的高效性和权威性，优化统筹生产、营销、后勤等资源，主动对接政府，"延伸客户"全面排查、精准研判风险隐患。按照"全覆盖、勤排查、早发现、快治理"的工作原则，联合重大活动组委会、发改局、经信局、住建局、应急管理局和消防大队等单位对保电场所双电源接入、自备应急电源配置等开展专项检查，提前排查客户侧用电隐患，并下达隐患整改通知书，高效决策指挥各项保电工作落实落地，打通供电优质服务"最后一公里"。

三、健全电力安全保障体系，落实各项保电措施

（一）工作思路

建立健全电力安全保障组织体系和工作机制，依托供电服务指挥体系，压紧压实安

全责任、落实落细各项保电措施，全面提升基础保障、过程管控和应急处置能力，全面加强赛事场馆、重要场所等供电保障，做到"一个杜绝、三个不发生"（杜绝各类安全事故，不发生有影响的停电和服务事件，不发生越级上访等社会稳定问题，不发生失泄密事件），实现"五个确保"（确保安全生产形势平稳，确保重要电力通道安全稳定，确保重要场所、重要用户供电万无一失，确保不发生因电引起的火灾，确保不因疫情影响供电保障）和"四个零"保电目标（设备零故障、客户零闪动、工作零差错、服务零投诉），圆满完成供电保障任务。

（二）具体做法

1. 统一领导、分组保障

成立领导小组与工作小组，切实指导和保障保电工作高质效开展。编制保电方案，供电服务指挥中心联合区县公司建立总体协调及调度运行和优质服务工作组，运用供电服务指挥体系各专业协同、前后端衔接的优势，充分发挥配网保电线路的监控运维及故障抢修处置和优质服务快速响应作用，明确工作要求和措施，提出要以最高的标准、最有效的组织保障、最可靠的技术措施、最饱满的精神状态、最严明的工作纪律，扎实做好保电工作，全力保安保稳保供，确保重要地区电力供应安全可靠。

2. 全面监控、前置感知

在重大活动开始前一个月即开始全面监控活动所涉及的线路、台区稳定供电情况，依托供服系统的大数据分析及监控功能，全面监测线路负载、台区用电、重要用户供电情况，对不同场地有针对性地制定电力设施整治方案，针对区域内重过载、低电压、三相不平衡的设备进行全量更换修整，对所有重大活动区域的配电室、电缆沟、电源模块、保护装置开展全量校验检查、消缺整改，确保各活动地区两路市电、一路发电车、一路UPS不间断电源，确保电源保障无误，确保供电"零闪动"。在配电自动化系统创新制作十六运保电监控舱，一览展示所有保电活动区域内涉及线路和联络开关运行情况，增加监控轮值人员，活动期间每小时开展所有设备特巡，全量下发主动工单，对重点区域的报修和意见工单提级管控，主动服务客户诉求，确保工作零差错、服务零投诉。

3. 应急响应、未雨绸缪

图 30-9

一区域一方案详细制定每一路电源故障后的应急处置预案，供电服务指挥中心每日开展事故预想和桌面推演，模拟活动区域涉及的保电线路单条、两条甚至多条故障状态下的调度处置及指挥响应，同时联合运维单位开展事故实现演习，将事故状态下的负荷倒换、设备抢修、物资调配、诉求响应、舆情引导等突发情况全面模拟演练，同时考虑极端情况下，上级电源故障导致城区大面积停电情况下的应急处置，对发电机、发电车、带电作业车等紧急物资做好县域互备、跨市支援的应急响应。

第五节　供电质量改善

一、加强频繁停电管控，持续提升供电质量

（一）工作思路

坚决贯彻落实国网公司、省能监办、省公司关于频繁停电治理工作要求，充分发挥供电服务指挥中心营、配、调专业融合优势，聚焦精益运检、数据监测和问题分析三方面，全面支撑公司频繁停电问题治理。

（二）具体做法

1. 工单驱动，预防频停事件发生

供指中心依托工单驱动业务数字化管控系统，紧抓巡视工单、主动运检工单、检修消缺工单等运检类全流程管控，推动配网安全稳定运行水平全面提升，有效降低故障发生率、减少频停事件发生。

图 30－10

2. 加强监测，做好频停信息预警

常态化开展频繁停电问题管控，充分应用"95598 关键信息提取微应用""掉电记录RPA"等数字化手段，全面掌握客户历史停电信息；通过配电自动化系统、可靠性系统、供指系统等全方位掌握台区、线路停电信息，每周形成客户、变压器、线路三个维度的停电问题报告，提前掌握停电情况，提供频停预警分析。

3. 溯源分析，提供频停治理依据

依托工单驱动业务掌握的设备运行信息，结合客户、变压器、线路三个维度统计的

停电事件信息，从网架、设备、技术、管理、服务等多方面剖析问题成因，结合实际提出频繁停电治理措施和建议，为精准投资、靶向治理提供依据，让频停治理实现"当下改"与"长久立"的结合。

二、主动监测高效运维，持续提升供电保障能力

（一）工作思路

在低电压、高电压、严重三相不平衡等异常台区治理中，供指中心依托专班机制，充分发挥供服系统和 HPLC 主动监测作用，坚持监测防线前移、流程时限前移、管理介入前移，提升异常台区处置效率。

（二）具体做法

1. 监测防线前移

图 30-11

依托供电电压综合分析平台开展低电压/高电压监测，规范了异常电压台区的监测方法和处置流程，并将整个流程系统化、工单化、标准化，在用户还未发现自己出现末端低电压时就跨前一步解决问题，从源头上降低异常电压台区报修数量。

2. 流程时限前移

依托专班机制进一步优化电压异常台区的处置流程，新增供指中心辅助研判机制，在接到低电压报修后，抢修小班在先行测量报修用户电压的同时，对临近用户也进行测量，必要时通过系统监测数据明确低电压范围，提供是否重复报修等关键信息至营业站，提高营业站现场勘查的效率；进一步压缩处置时限要求，接单后 24h 内由营业站完成现场勘查并给出方案，5 天内由运检部实施，并对 3 天内提前完成处置的行为进行嘉奖，提高处置速度。

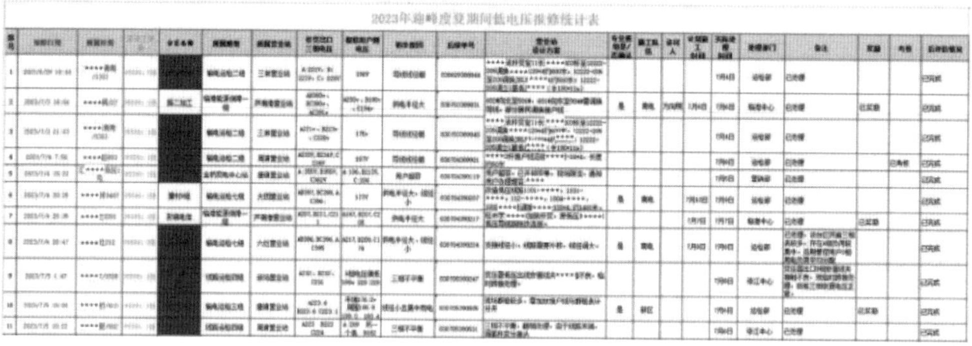
2023年迎峰度夏期间低电压报修统计表

图 30－12

3. 管理介入前移

依托每周专班例会对异常台区治理中存在的问题开展协调分析，对于重复报修、施工困难、部门协调等难点问题一事一议挂牌推进，重点问题不过夜、难点问题不隔周，确保处置时限如期完成。

三、数智引擎驱动，提升配网运营质效

（一）工作思路

聚焦“不停电、供好电”的工作理念，坚持以客户为中心，强化标准化运维、精益化管理和数字化转型，依托“数智引擎”驱动电力质量检测手段升级，着力打造“责任、平安、精益、数字、数智”配网，全力以赴保安全、保民生、保供电，推动配网工作再上新台阶。

（二）具体做法

1. 聚焦转型赋能，构筑“数字配网”

将“数据治理”攻坚战纳入公司年度重点任务，组建多专业共治的数据治理专班，同步推进中低压、线变户，实现治理工作管理“不打结”。理顺“地、县、班组”三级数据治理职责，跟踪每条线路、每个台区数据治理进度，实现治理工作管理“不断线”。创新使用公用（i 国网）+商用软件（GPS 工具箱），人工+无人机采点方式，确保坐标采集一次到位，建立“五方校核”机制，实现数据治理工作“不反复”。

2. 聚焦智慧升级，构建“数智配网”

建成由 1 台电力电子变压器和 4 台传统变压器构成的 400+750V 交直流混联微电网群，建成规模可拓展、功能可复用、建设可标准化的台区级交直流配电网网架。在配电自动化云主站建立微电网群的虚拟构建、运行方式编排与互济控制，采用“云－边－端”分层分级、协同调控架构，首次实现光伏逆变器、V2G 充电桩等端设备不依赖就地横向通信的远方集中调控。完成继电保护定值自动整定下发、光伏出力预测、配网承载力分析、故障自动分析等 7 个模块上线，配网数字化运营与管理不断深化。

3. 数字赋能超前监测

以智能融合终端“边”设备为核心，基于“边缘计算+系统推演”的工作思路，终端侧压缩下装“70%、1h”高负载阈值（原重过载监测阈值为 80%，持续 2h），实现高负载台区“小时级”监测预警，主站侧整合终端上送负载信息和台区业扩新装、增容在途

流程，实现台区可开放容量"查的清、算的准"，重过载问题"早知道、早处置"，"运维＋工程"治理措施要求得到支撑和落实。

4. 源头治理节点管控

推进供电质量监测与业扩实时报装"共管"，在业扩受理勘察环节，通过 RPA 流程机器人自动抽取配电变压器容量、三相负荷数据、用户相序数据，开展风险研判，对低负荷（负载率 50% 以下）台区，提供用户接入相序建议，对高负荷（负载率 50% 及以上）台区，派发台区相序优化联系单，要求属地站所客户接入当天完成台区负荷调整，实现三相负荷主动分流，进一步压降供电质量问题，推动台区三相不平衡问题源头管控。

5. 工单驱动闭环整治

供服分中心对终端监测电能质量问题先研判、再派单，前置解决系统档案异常问题；现场运维人员细化反馈"召测、表测、实测"结果，支撑数据运维人员精准锁定异常成因；市级供服中心紧盯季节性重过载、长期低电压问题闭环治理的同时，将异常配电变压器销号及时率、重复发生率作为重点管控指标与配网奖惩挂钩，电能质量问题真正实现"任务有源，出门有单，轨迹可视，绩效可评"。

第六节　应急处置强化

一、主动停电监控，优化服务水平

（一）工作思路

为有效提升营配调系统专业融合，强化供电服务的"主动性"，提高客户用电满意度，供指中心开展配网停电监控，利用 HPLC 收集用户停电信息、利用 TTU 和台区总表收集台区侧停电信息，基于低压网络拓扑，自动研判故障类型，确定故障点和故障范围，跨前开展故障抢修，同时压缩现场勘查时间，实现"停电感知零死角、精准研判零时差、主动服务零距离"。

（二）主要做法

停电监控模块基于业务中台系统，利用数字配电网搭建的数据基座，通过用户侧和台区侧停电信息收集，利用停电范围研判算法，自动研判判断故障类型，确定故障点及故障范围，优化抢修流程，提高供电服务水平。

图 30-13　停电监控页面

1. 主动监控提速服务流程

一是主动触发抢修流程。系统实时收集用户侧智能电表 HPLC 信息，若判断用户失电，摆脱对用户报修单的依赖，指挥一体化抢修人员在用户报修前跨前开展现场勘查及抢修工作。

图 30-14　主动监控与用户报修时间对比

二是配合消缺计量装置。若系统感知到单户停电信息，一体化抢修人员经现场勘查，发现现场并未发生停电，实际因为计量装置采集问题导致系统误判，供指中心及时通知相关部门进行计量装置消缺处理。

图 30-15　计量装置故障导致的误采集

2. 智能研判提升运抢效率

一是自动分析停电设备。根据用户报修信息，系统利用收集到的停电信息，基于低压网络拓扑，依据故障研判算法上溯追踪疑似故障设备，可视化失电范围，及时通知电网侧、用户侧设备抢修人员，实现跨专业协同处理，优化抢修服务水平。

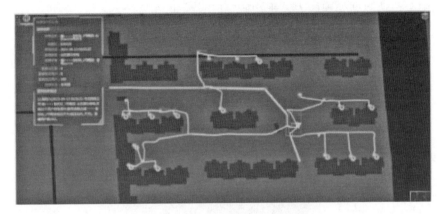

图30-16　智能研判停电范围

二是不断优化研判算法。通过故障报修单的汇总收集以及人工现场勘查结果，验证停电信息收集、停电范围研判的准确性，不断汇总反馈研判结果，促使算法迭代升级，提高研判的准确性。

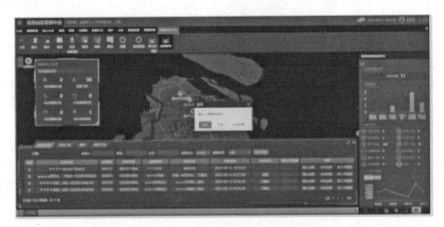

图30-17　确认故障信息是否有效

二、自动化抢修服务质效提升

（一）工作思路

汇聚用电信息采集、配电自动化、调度自动化等多专业系统数据，开发故障精准自动研判、停电范围自动扫描、停电信息自动推送等"七个自动"数据应用。以数据驱动业务，以中台支撑应用，对内优化业务流程和管理架构，推动专业转型与变革，对外聚焦客户用电体验，提升供电服务质效。

（二）主要做法

停电故障是影响用户体验的首要因素，开展故障精准自动研判，实现"数据全""算法优""计算快"。数据全体现在，汇聚了营、配、调的全量实时运行数据，尤其是2022

年 HPLC 智能电表的全覆盖，为故障分析打下数据基础；算法优体现在，首创双向算法对停电事件进行补全和校核，准确性提升至 95%；计算快体现在，把研判过程迁移至中台，借助中台快速数据处理能力，平均研判时长缩短 70%。

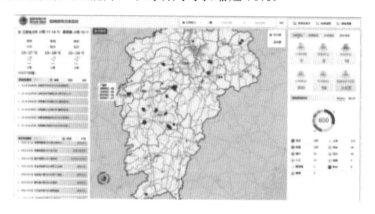

图 30-18　停电全城热力展示

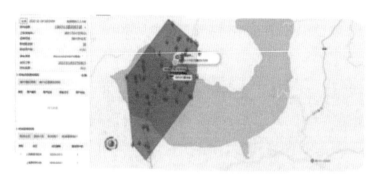

图 30-19　停电时间范围展示

研判故障后，停电范围自动扫描触发运作，带来两个转变，一是停电定位从被动到主动，调用电网资源业务中台的扫描服务，贯通营销信息，快速锁定本次故障的影响范围；二是停电信息呈现方式从纯文字转变为地图上色块标注，一目了然。

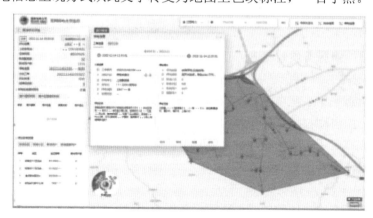

图 30-20　停电信息自动生成

停电信息自动推送，实现两个替代、一个推送。不论是故障停电还是计划停电信息，都用系统自动发布替代过去线下人工填报；对大面积停电、停电超时限等专项预警信息通过企业级消息推送平台实时定点推送；在技术中台的移动门户中，还能通过掌上供服App等移动应用随时、随地、随身查询。

图 30-21　故障停电信息自动推送

（三）取得成效

1. 赋能基层更便捷更有力

原先故障信息依靠人工统计、层层上报，一有故障大家就忙着打电话，现在有了七个自动化助手，业务流、数据流依托企业中台的网络安全保障能力进行脱敏加密后，直接推送到移动端进行共享，基层员工在微信上就可以轻松掌握实时情况，也不需要现场、单位两头跑，填报各种表格、系统，业务只要一部手机就可以全面闭环。

2. 服务客户更可靠更及时

供服抢修业务流程得到了重构完善。在原来仅由供服座席发起抢修的基础上，七个自动化助手能同步通知供电服务的指挥、监督、抢修等人员，实现了业务流程的串行加并行，从而信息更透明，抢修更高效。用户平均停电时长同比下降 27%；故障查找、定位、发布全流程统计时长缩短至 15min 以内；抢修工单进程可视化让客户不再盲目等待，轻松掌握复电进展，客户满意度更高。

第三十一章　新型电力系统下智能配电网新技术

第一节　新材料、设备研发与资产管理

一、新材料及新器件研发

各类新材料是新型配用电系统中能量变换、电力传输和运行控制的直接载体，直接决定运行效率、安全可靠性和系统成本。例如新型导电材料能够降低能耗，能源短缺和环境污染等问题；先进电工磁性材料应用于电网智能传感器，有助于提高系统运行的可靠性；新型绝缘材料和绝缘结构能够解决引入电力电子设备所导致的更加频繁的瞬时脉冲过电压问题；基于以氮化镓（GaN）、碳化硅（SiC）为代表的第三代半导体材料发展出的新一代微波射频器件和功率电子器件，能够为通信领域和电子领域的节能降耗提供技术支撑。

二、新型电力设备和用电设施研发

具体到新产品上，企业开发新型电力电子设备，特别是软常开开关设备，通过控制连接馈线上的有功潮流和无功潮流，以实现平衡功率、改善电压、负荷转供、限制故障电流等功能。在能源互联网的大潮中，融合新技术，实现功能＋监测＋电子化＋数字化＋人工智能，从低端仿造跨越到高端制造，从单一产品向综合解决方案延伸，从制造工厂跨越到创新工厂。让低压电器制造与革新为低碳化、数字化、可持续发展贡献力量。

三、电力设备全生命周期资产管理技术

新型配用电系统中新型电力设备和用电设备繁杂多样，配电设备的全寿命管理以及生态设计极其重要，必须在实现经济性的同时，保障各类设备安全运作。全生命周期运维包括采购需求阶段、设备验收阶段、生产运营阶段、报废退役阶段，在资产管理中要实现一体化设计，保证数据共享，优化管理，结合"互联网＋"等技术拓展管理空间，提升管理效率。

第二节　源荷互动技术

一、负荷的柔性化利用及负荷管理技术

负荷柔性化利用是未来开发智慧用能节能的重要环节，有利于促进能源节约型社会的发展。对柔性负荷调控技术的研究包括：基于柔性负荷的特性对其进行分类建模，充分发掘负荷弹性潜力；积极完善柔性负荷机制，推进示范工程建设；使用智能技术对用户行为进行差异化分析，提升调控精准程度等。

有效的负荷管理能够减轻新型能源系统因新能源不稳定及负荷侧不确定造成的供需

矛盾，目前电力负荷管理技术已具备电费管理、电能损耗管理、防窃电分析以及数据共享等功能。随着数据驱动、虚拟电厂、5G 通信等技术的发展，电力负荷管理系统将在负荷数据预测、负荷协调控制技术以及管理实效性方面得到极大的提升，有力保障各类分布式电源、电动汽车、储能系统等不同类型的元件的协同运行，提高资源合理利用率。

二、计算源荷不确定性因素的潮流计算方法

潮流计算是配电系统规划与调度运行的重要基础。现阶段，已有学者提出了考虑光伏、风电出力不确定性的潮流计算方法。此外，有学者分别提出了考虑负荷不确定性及负荷响应调峰需求不确定性的潮流计算方法。总体来看，现有研究成果已经较为广泛地考虑了源荷互动各环节不确定性因素，并提出了各种不确定性因素单独作用下的潮流计算方法。

三、源荷互动模式下配电系统多目标优化调度技术

源荷互动模式下，调度决策很大程度上影响了系统运行的安全性与可靠性。目前，有学者提出利用二阶锥优化、粒子群算法进行多目标潮流优化的方案，利用帕雷托最优解集对潜在最优解进行多维度评价，给运行调度人员提供了更灵活的决策方案，有助于实现源荷互动模式下的安全、稳定、经济调度。

四、电力市场环境下经济运行技术

通过各种激励方式引导多元主体参与电力市场交易是推进源荷互动的重要手段，其具体技术形式包括需求侧响应和虚拟电厂。目前，相关研究集中在利用价格激励机制激发用户参与响应的积极性。为充分挖掘并调动系统中的可调资源，有学者开展了源网荷整体态势感知、响应能力实时量化评估、响应策略从群体落实到个体、源网荷协调控制技术、负荷多时间尺度特性等方面的研究，为基于需求侧响应的系统动态功率平衡技术发展提供了思路。

围绕源荷互动开展的研究主要包括潮流分析及优化技术和市场引导机制两方面。在潮流分析与优化技术方面，现有技术忽略了配电系统源荷集聚带来的时空耦合特性以及气温关联特性，难以提升新型配电系统的潮流控制精度，无法实现短时间尺度内峰谷差的平抑。在市场引导机制方面，考虑到负荷响应不可避免的时滞特性，需求侧响应并不能完美解决配电系统峰谷差问题。需要考虑结合柔性负荷深度控制技术，使得负荷用能曲线能够实时跟踪新能源发电曲线，以实现实时源荷平衡，从根本上解决峰谷差问题，提升配电设备利用率。

第三节　直流配电技术

目前，直流配电技术研究主要集中在以下几个方面：

一、电压序列与标准化

目前，国际上暂无统一的直流配电电压等级序列标准。国内外学者从供电能力、投资成本、直流设备制造水平、电能质量要求、配电经济性、各种典型配电场景的负荷需求特征等方面提出了多种直流电压等级序列选择方案。我国于 2017 年 12 月颁布了《GB/T 35727—2017 中低压直流配电电压导则》。目前，相关标准集中在中低压公共直流配电系

统电压等级的规划，对于通信系统、楼宇供电、船舶供电、城市轨道交通等具体场景的直流电压等级序列规划还缺乏细化标准。

二、直流配电系统故障保护技术

直流配电网故障保护技术是保障直流配电网安全运行的关键手段。以两电平电压源换流器、模块化多电平换流器为代表的新型配电设备以及环网拓扑结构的出现，深刻改变了配电网的故障特征。有学者提出了基于流向对比法、极值比较法、方向预测法以及"单支路即时记忆、多支路短时定位"的保护策略，提升了故障类型识别速度和故障隔离的可靠性。

三、直流配电系统协调控制与调度优化技术

目前，直流配电网的电压控制策略主要采用主从控制、下垂控制和电压裕度控制 3 种方式。从直流配电网示范工程建设经验来看，主从控制是现阶段应用较为广泛的直流配电网电压控制方式。也有学者提出了改进的电压控制策略，提出一种结合下垂控制和偏差控制的直流电压偏差斜率控制策略，克服了偏差控制响应速度慢以及下垂控制的稳态误差问题。

随着分布式电源、储能以及柔性负荷的大量接入，微电网将会是实现配电系统新能源友好接入与高效消纳的重要途径，结合直流配电技术的交直流微电网群协同控制技术是后续值得关注的研究方向。

第四节　智能配电网态势感知技术

一、智能配电网态势感知技术概述

开展智能配电网态势感知关键技术的研究，并促进具有高精度、高可靠性的态势感知技术在智能配电网中的应用，在电力系统领域有着广阔的发展空间与极高的应用价值。图 31-1 所示是多维度的智能配电网态势感知物理框架，从配电网精益化运维的角

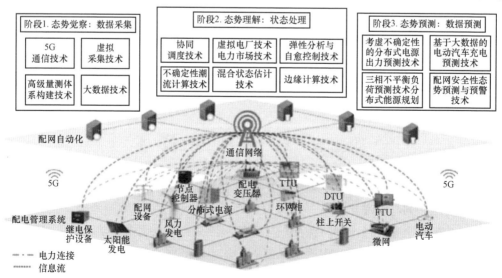

图 31-1　智能配电网态势感知物理框架

度归纳并分析了当前智能配电网态势感知技术在态势觉察、态势理解、态势预测等阶段的关键技术。

二、态势觉察

态势觉察是数据获取阶段，该阶段获取智能配电网分析和调控所需的数据，从深度和广度两个层面实现对智能配电网的全面感知，其架构见图31-2。态势觉察主要关键技术包括：大数据技术、5G通信技术、虚拟采集技术、高级量测体系构建技术等。

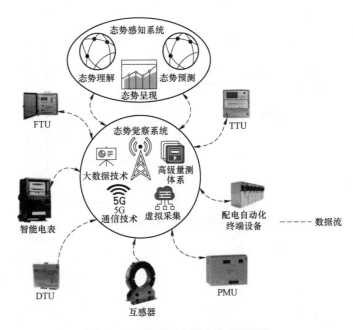

图 31-2 智能配电网态势觉察架构

三、态势理解

态势理解是数据分析阶段，深入理解与挖掘在态势觉察阶段中收集到的数据，并从系统稳定性、经济性、负载转供能力、可靠性、灵活性、供电能力、负荷接入能力和分布式发电消纳能力等方面分析智能配电网的运行态势，其架构如下图所示。态势理解主要关键技术包括：不确定性潮流计算技术、混合状态估计技术、配网弹性分析与自愈控制技术、配网可靠性与灵活性分析技术、配网协同调度技术、配网故障定位技术、电力市场技术、虚拟电厂技术、边缘计算技术等。

四、态势预测

态势预测是状态预测阶段，用于预测智能配电网状态的未来变化趋势，例如不确定性负荷、分布式电源和电动汽车的功率预测；同时态势预测可以实时评估配电网络的运行风险，并提醒配网管理部门及时做出调控，其架构如图 31-3 所示。态势预测主要关键技术包括：三相不平衡负荷预测技术、考虑不确定性的分布式发电出力预测技术、基于大数据的电动汽车充电预测技术、分布式能源规划技术、配网安全性态势预测与预警技术。

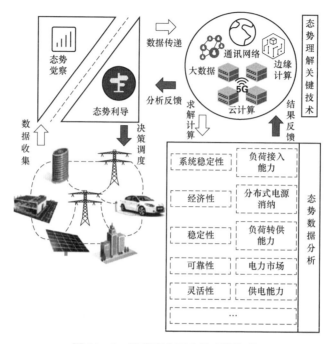

图 31-3　智能配电网态势理解架构

附录 1 配电网安全平台软硬件环境配置基本要求

附表 1－1   配电网安全平台硬件环境要求

硬件类别	规格	备注
监控平台 （含工作站）	监控平台： CPU：≥2 个，每个≥8 核，主频≥1.8GHz 内存：≥128GB，可扩展的最大内存≥256GB 硬盘：≥4TBSATA 硬盘（≥10000 转，传输速率≥6Gbps），配置 RAID0，1（硬件实现），支持热插拔 网卡：千兆以太网口≥4 个 提供冗余电源及风扇 机架式，高度≤4U，配置导轨 含国产安全加固操作系统和国产数据库 安全监测工作站： CPU：≥1 颗，每颗≥4 核，主频≥1.8GHz 内存：≥8GB，可扩展的最大内存≥48GB 硬盘：≥450GB*2SAS 硬盘 网卡：千兆以太网口≥4 个 显卡：专业显卡，显存容量 2GB 配置 DVD－ROMUSB 鼠标、键盘 1 套 显示器：24″高清液晶显示器，分辨率不低于 1920*1200，具备 DVI 和 VGA 接口 含国产安全加固操作系统	专用、可利旧。单台服务器可管理安全数据采集装置数量≥30 台
安全数据采集装置	CPU：≥1 颗，每颗≥4 核，主频≥1.5GHz 内存：≥8GB，可扩展的最大内存≥32GB 硬盘：≥500GSATA 硬盘（≥10000 转，传输速率≥6Gbps）， 网卡：千兆以太网口≥4 个 提供冗余电源及风扇 机架式，高度≤2U，配置导轨 含国产安全加固操作系统	专用、可利旧。单台服务器可采集主站、通信网络相关系统、设备，可采集配电终端设备≥10 万个
数据库服务器	CPU：≥2 颗，每个≥8 核，主频≥1.8GHz 内存：≥32GB，可扩展的最大内存≥64GB 硬盘：≥8TSAS 硬盘（≥10000 转，传输速率≥6Gbps），配置 RAID0，1（硬件实现），支持热插拔 网卡：千兆以太网口≥4 个 提供冗余电源及风扇 机架式，高度≤4U，配置导轨 含国产安全加固操作系统和国产数据库	专用、可利旧
网络流量采集装置	CPU：≥1 颗，每颗≥4 核，主频≥1.5GHz 内存：≥8GB，可扩展的最大内存≥32GB 硬盘：≥500GSATA 硬盘（≥10000 转，传输速率≥6Gbps），网卡：千兆以太网口≥4 个 提供冗余电源及风扇 机架式，高度≤2U，配置导轨 含国产安全加固操作系统	装置单端口流量采集带宽≥1Gbps

附表 1-2　　　　　　　　　　　　**配电网安全平台软件环境要求**

软件类别	软件环境
监控平台软件	监控平台： 操作系统环境：应使用国产安全操作系统，如麒麟、凝思安全监测工作站； 操作系统环境：应使用国产安全操作系统，如麒麟、凝思
安全数据采集装置软件	操作系统环境：应使用国产安全操作系统，如麒麟、凝思
数据库服务器软件	操作系统环境：应使用国产安全操作系统，如麒麟、凝思数据库 环境：应使用国产数据库，如达梦、金仓
网络流量探针	操作系统环境：应使用国产安全操作系统，如麒麟、凝思
配电终端设备监测组件	应支持配电终端操作系统版本，同时应支持对裁剪操作系统进行兼容适配与数据采集

附表 1-3　　　　　　　　　　　　**配电网安全平台典型配置表**

部署模式	安全接入区	部署位置	软件配置	备注
1+1	管理信息大区	省公司	监控平台	主站侧
			安全数据采集装置	主站侧和网络边界
			网络流量采集装置	主站侧和网络边界
			配电终端设备安全监测组件	配电终端设备操作系统内
	生产控制大区	省公司	安全数据采集装置	主站侧和网络边界
			网络流量采集装置	主站侧和网络边界
			配电终端设备安全监测组件	配电终端设备操作系统内
N+N	管理信息大区	地市公司	监控平台	主站侧
			安全数据采集装置	主站侧和网络边界
			网络流量采集装置	主站侧和网络边界
			配电终端设备安全监测组件	配电终端设备操作系统内
	生产控制大区	地市公司	安全数据采集装置	主站侧和安全接入区
			网络流量采集装置	主站侧和安全接入区
			配电终端设备安全监测组件	配电终端设备操作系统内
N+1	管理信息大区	省公司	监控平台	主站侧
			安全数据采集装置	主站侧和网络边界
			网络流量采集装置	主站侧和网络边界
			配电终端设备安全监测组件	配电终端设备操作系统内
	生产控制大区	地市公司	监控平台（可选）	主站侧
			安全数据采集装置	主站侧和安全接入区
			网络流量采集装置	主站侧和安全接入区
			配电终端设备安全监测组件	配电终端设备操作系统内

附录 2　配电网安全平台监测指标计算方式

一、安全监测覆盖率

配电自动化系统 1+1 建设模式的省公司：

$$安全监测覆盖率 = \frac{已部署安全监测模块的主站数量（I 区、Ⅳ区分开计数）}{2} \times 100\%$$

配电自动化系统 N+1 建设模式：

在省公司大四区配电主站应部署安全监测模块的基础上：

$$安全监测覆盖率 = \frac{已部署安全监测模块的地市主站数量（I 区）}{所有地市主站数量（I 区）} \times 100\%$$

配电自动化系统 N+N 建设模式：

$$安全监测覆盖率 = \frac{已部署安全监测模块的地市主站数量（I 区、Ⅳ区分开计数）}{所有地市主站数量（I 区、Ⅳ区分开计数）} \times 100\%$$

二、网络安全平台运行可靠率

$$平台运行可靠率 = 1 - \frac{当月平台离线总时长}{当月平台应在线总时长} \times 100\%$$

三、网络安全设备在线率

$$网络安全设备在线率 = 1 - \frac{当月网络安全设备离线总时长}{当月网络安全设备运行总时长} \times 100\%$$

备注：离线时长不包含因计划检修导致的网络安全设备离线。

四、紧急告警（事件）上报及时率

$$紧急告警报告及时率 = \frac{\max(100 - 当月所有紧急告警报告累计迟交天数, 0)}{100}$$

备注：紧急告警分析报告须在告警发生后 3 日内报上级归口管理部门，每个报告每延迟 1 日扣 1 分（满分 100 分，扣至 0 分为止）。

五、终端业务数据密通率

业务数据的密通率即按照 EB 格式加密的配电业务报文与未加密报文数量的比值，计算公式如下：

$$业务数据密通率 = \frac{当月密通业务数据流量}{当月明通业务数据流量 + 当月密通业务数据流量} \times 100\%$$

六、主站可信功能覆盖率

$$主站可信功能覆盖率 = \frac{部署可信功能的配电主机数量}{应配置可信功能的所有配电主机数量} \times 100\%$$